Uso de la Tecnología
en el Aula II

No se veía el día en que la computadora se utilizaría en la educación básica, el impacto que tendría en el desarrollo de la tarea educativa

Uso de la Tecnología en el Aula II

Gregorio Sanchez Avila

Máquinas-herramienta y sistemas de control
El Diseño Asistido por Computadora y algo más...

Número de Control de la Biblioteca del Congreso de EE. UU.:   2013916443
ISBN: Tapa Dura   978-1-4633-6600-1
               Tapa Blanda   978-1-4633-6599-8
               Libro Electrónico   978-1-4633-6609-4

Para realizar pedidos de este libro, contacte con:
Palibrio LLC
1663 Liberty Drive
Suite 200
Bloomington, IN 47403
Gratis desde EE. UU. al 877.407.5847
Gratis desde México al 01.800.288.2243
Gratis desde España al 900.866.949
Desde otro país al +1.812.671.9757
Fax: 01.812.355.1576
ventas@palibrio.com
463752

ÍNDICE

PREFACIO DEL PRIMER LIBRO 17

PROLOGO...19

INTRODUCCIÓN 21

CAPITULO I. LA ASIGNATURA TECNOLOGICA...23
  1. Programa de estudios 2011 23
    a) Introducción 23
    b) Fundamentación...23
    c) La tecnología como actividad humana..25
    d) Los conceptos de técnica y tecnología en la asignatura...................26
    e) Propósitos de la asignatura de Tecnología 27
    f) Tecnología I 28
    f1) Bloque I...28
    f2) Bloque II 30
    f3) Bloque III. 31
    f4) Bloque IV. 32
    f5) Bloque V. 33
    g) Tecnología II 34
    g1) Bloque I. 35
    g2) Bloque II. 36
    g3) Bloque III. 37
    g4) Bloque IV. 38
    g5) Bloque V. 40
    h) Tecnología III 41
    h1) Bloque I. 42
    h2) Bloque II. 43
    h3) Bloque III. 44
    h4) Bloque IV. 45
    h5) Bloque V. 47

2. Tecnología de la manufactura 48
   a. Preámbulo 48
   b. La tecnología como actividad humana.............................48
   c. Justificación...50
   d. Caracterización 51
   e. Competencias específicas en el alumno...........................51
      a) Reproduce y analiza objetos y sistemas de la manufactura....................51
      b) Selecciona diversas herramientas y máquinas, según el tipo de
         manufacturas a elaborar..52
      c) Selecciona insumos y energía según los requerimientos de la
         manufactura a elaborar..52
      d) Administra y gestiona acciones y recursos como
         parte de los procesos de la manufactura.........................52
      e) Comunica sus ideas y proyectos de la manufactura utilizando
         diferentes medios...53
      f) Interviene en sistemas de la manufactura según sus necesidades........53
      g) Diseña y resuelve problemas de manufactura de creciente
         complejidad 53
      g) Integra diversas fuentes de información y conocimiento
         para mejorar productos y procesos de manufactura 53
      h) Participa en procesos de cambio e innovación de productos y
         procesos de manufactura...54
      i) Evalúa procesos y productos de manufactura y
         prueba alternativas para mejorarlos..................................54
      j) Articula diversas técnicas en la manufactura según
         los productos a elaborar...54

CAPITULO II. LOS SISTEMAS MODERNOS DE MANUFACTURA.........55
   1. Introducción 55
   2. Historia de los sistemas de manufactura 56
   3. Antecedentes históricos y evolución 56
   4. Evolución de los sistemas de manufactura 59
   5. Incorporación del control numérico en las máquinas-herramienta......65
   6. Conceptos Elementales...67
   7. Definición de control numérico 68
   8. Justificaciones del empleo de las máquinas-herramienta de control
      numérico 69
   9. Control Numérico (CN) y Control Numérico Computarizado (CNC) 73
   10. Clasificación de las máquinas-herramienta
      de control numérico 74
   11. Comparación de las maquinas convencional con las CN y CNC.........75
      a) La parte operativa comprende..76

b) La parte de control 76
12. La incorporación de la computadora 78
13. Diseño Asistido por Computadora 79
14. Manufactura Asistida por Computadora (CAM) 80
15. Sistemas Flexibles de Manufactura 82
    a) Línea o grupo flexible 84
    b) Circuito flexible 84
    c) La célula flexible 85
    d) Escalera 85
16. La incorporación de los robots 86
    a) Celda centrada con robot 86
17. Aplicación de los sistemas flexible de manufactura en México 87
18. Automatización y flexibilidad de la industria 92
19. Sistemas de Manufactura Integrados por Computadora 95
20. La nueva era de aplicación de la computadora 99
21. Integración de sistemas 100
22. Ejes de una máquina de control numérico 101
23. Software, Hardware y Firmware 101
24. Programación de centros de maquinados 102
25. Operaciones preliminares 102
26. Compilación de datos para la elaboración del programa 103
27. Código de la Información 104

CAPITULO III. PROGRAMACION EN "CNC" 106
1. Lenguaje del programa 106
2. Estructura del programa 106
3. Composición de un bloque 107
4. Sistema de coordenadas absoluta e incremental 109
5. Funciones preparatorias 110
    a) Función "G" 110
    b) Función G90 Y G91 113
    c) Función G20 Y G21 113
    d) Función G00 113
    e) Función G01 114
    f) Función G02 y G03 116
    g) Función G04 117
    h) Función G41 y G42 117
6. Ciclos de maquinado 118
    a) Ciclos fijos de barrenado (G81) 119
    b) Ciclos fijos de barrenado con caja (G82) 120
    c) Ciclos fijos de barrenado profundo (G83) 121

d) Ciclos de roscado con machuelo (G84)............................122
7. Funciones auxiliares..123
    a) Función "M"..123
8. PROGRAMA CAD/CAM "MASTERCAM"........................125
    a) Extensión de nuevos archivos................................125
    b) Planos de las herramientas..................................126
    c) Origen de la herramienta....................................126
9. Planeación del proceso de manufactura con CAD/CAM.............126
10) Desarrollo de la manufactura en una máquina
    de control numérico computarizado.............................132
    a) Introducción...132
    b) Propósitos (Aprendizajes esperados)........................133
    c) Interpretación del dibujo...................................134
    d) Definición de procesos......................................135
    e) Selección de herramientas..................................135
    f) Simulación de programas.....................................135
    g) Generación del programa CNC...............................136
    h) Desarrollo de la manufactura de la pieza................142

CAPITULO IV. TECNOLOGIAS DE LA INFORMACIÓN Y
    LA COMUNICACIÓN (TIC)..151
1. Introducción..151
    a) Justificación..153
    b) Caracterización..154
    c) Competencias específicas en el alumno....................155
        a. Reproduce y analiza sistemas de información y comunicación......155
        b. Selecciona diferentes medios para el procesamiento
            de información y para su comunicación................155
        c. Selecciona diferentes fuentes de información para
            apoyar procesos productivos..........................155
        d. Administra y gestiona recursos para el procesamiento y
            comunicación de la información.......................156
        e. Interviene en la construcción de sistemas de información y
            comunicación de acuerdo a sus necesidades e intereses......156
        f. Diseña sistemas de información y comunicación para
            la resolución de problemas de creciente complejidad........156
        g. Participa en procesos de cambio e innovación de
            los sistemas de información y comunicación..............157
        h. Evalúa sus diseños de sistemas de información y
            comunicación y prueba alternativas para mejorarlos........157
        i. Articula los sistemas de información y comunicación
            con otros campos tecnológicos según las finalidades buscadas....157

2. El docente frente a una sociedad informática..158
3. Conceptos de informática..163
   a) Introducción a la informática...164
   b) Clasificación de las computadoras...164
   c) Sistemas de Cómputo...165
4. Reproducción de discos blandos 167
   a) Principio de almacenamiento de información
      en disco blando y método de copiado 168
   b) Programa para copiar discos en BASIC 168
5. El desarrollo de la computación y de la informática en México: 169
   a) Análisis de la situación actual...170
   b) Formación académica 173
   c) Modelos de planes de estudio en computación e informática.....174
      i) Formación profesional en informática................................175
      ii) Formación profesional en computación 175
      iii) Formación profesional en comunicaciones y sistemas digitales........176
      iiii) Formación profesional en sistemas de computación 176
   d) Consideraciones finales 176
6. La informática se incorpora en la educación básica 177
7. La computadora en la enseñanza 186
   a) El papel de la computación en la relación
      sujeto-objeto-conocimiento..188
   b) Modelo idealista...189
   c) Modelo mecanicista 190
   d) Modelo materialista..192
   e) El software educativo..193
8. Informática y teorías del aprendizaje 198
   a) Introducción 198
   b) Precisiones conceptuales 199
   c) Teorías y autores 201
9. Los ambientes manuales y computarizados sus
   diferencias en la geometría plana 214
10. Desarrollo de Habilidades Digitales...222
   11. Aula Telemática...223
   a) Elementos de un aula telemática 224
   b) Durante la sesión 225
12. Comunidades de aprendizaje en una sociedad informática..............226
13. Inteligencia artificial...238

CAPITULO V. LA REPRESENTACION EN 2D Y 3D..................................247
   1. Invitación a la Geometría 247

a) Objetivos 249

b) Contenidos-Conceptos.. 250

d) Actitudes 250

2. Sistema de representación...................................... 251

3. Antecedentes de la representación espacial................. 253

4. Elementos Geométricos Básicos 257

a) El punto.. 258

b) La recta 259

c) El plano.. 260

5. Relaciones Espaciales.. 261

6. Horizontal, Verticalidad e Inclinación 263

7. Paralelismo y Perpendicularidad.............................. 264

8. Deformación-escala... 265

9. Sistema de representación..................................... 266

10. Perspectiva Axonométrica 269

11. Sistema diédrico.. 271

CAPITULO VI. EL DISEÑO ASISTIDO POR COMPUTADORA (CAD).......273

1. Introducción 273

a) ¿Qué es?... 273

b) ¿Para qué sirve?.. 274

c) ¿Cómo funciona?.. 274

d) ¿Cómo se usa? 275

e) Particularidades... 275

2. Análisis y definición del programa CAD 278

3. Diseño y concreción del programa CAD 279

4. Espacio 3D 282

a) Esquema didáctico... 283

5. Etapa del proyecto de diseño asistido por computadora 284

6. La estructura del aprendizaje en el contexto de los sistemas CAD 286

f) Ventana de diálogo.. 325

g) Letreros de Mensajes.. 326

h) Barra de herramientas...................................... 326

12. Conociendo más de cerca el "AutoCad"..................... 329

A. Introducción 329

B. Interfase de AutoCad 329

a) La ventana principal de AutoCad........................... 329

b) El área gráfica 330

c) Las barras de menús.. 330

d) Barra de herramientas estándar............................ 330

e) Barra de propiedades....................................... 331

f) Barra de Comando 331

g) Barra de estado 331

h) Creación de dibujos nuevos 331

i) Crear un dibujo nuevo utilizando valores por defecto 332

j) Asistente configuración rápida 332

k) Guardar dibujos 332

l) Guardado automático del dibujo 333

C. Sistema de Coordenadas 333

a) Sistema de coordenadas absolutas 333

b) Determinación de coordenadas relativas 334

c) Sistema de coordenadas relativas polares 334

d) Introducción directa de distancia 334

D. Barra de herramientas de dibujo 335

a) Dibujar de línea 336

b) Polilínea 336

c) Líneas múltiples 337

d) Polígonos 337

e) Arcos 338

f) Círculos 339

g) Curvas Spline 339

h) Elipse 340

i) Sombreado de áreas 340

j) Texto 341

E. Barra de herramientas Modificar 342

a) Borrar 343

b) Copiar objetos 343

c) Copiar en simetría objetos 344

d) Desfase de objetos 344

e) Disposición de los objetos en forma de matriz 345

f) Creación de matrices polares 345

g) Creación de matrices rectangulares 345

h) Desplazamiento de objetos 346

i) Rotación de objetos 346

j) Atribución de escala a objetos 346

k) Atribución de una escala mediante un factor escala 347

l) Atribución de una escala por referencia 347

m) Estiramiento de objetos 348

n) Modificar la longitud de un objeto 348

o) Recorte de objetos 348

p) Alargamiento de objetos 349

q) Inserción de divisiones en un objeto 349

r) Achaflanar objetos 350

s) Empalme de objetos 350

t) Para empalmar dos segmentos de línea: 350

u) Descomposición de objetos 351

F. Referencia a puntos geométricos de objetos 351

a) Punto final... 353

b) Punto medio 353

c) Intersección 353

d) Intersección ficticia 353

e) Centro.. 354

f) Cuadrante 354

g) Tangente.. 354

h) Perpendicular 354

i) Inserción 354

j) Punto.. 354

k) Cercano 355

l) Rápido 355

m) Ninguno 355

n) Activación de modos de referencia 355

F. Zoom y encuadre 355

a) Ampliación/reducción y encuadre en tiempo real............ 356

b) Ventana de Zoom.. 357

c) Zoom Dinámico 357

d) Atribución de escala a una vista 358

e) Centrado 358

f) Zoom aumentar y zoom reducir.. 358

g) Zoom Todo y zoom extensión.. 359

G. Capas, colores y tipos de línea 359

a) Creación y denominación de capas................................... 359

b) Asignación de color a una capa.. 360

c) Asignación de tipo de línea a una capa 360

d) Control de la visibilidad de la capa.................................. 361

e) Activación y desactivación de capas................................ 361

f) Inutilización y reutilización de capas en todas las ventanas............... 361

g) Inutilización y reutilización de capas en la ventana actual.................... 361

h) Inutilización o reutilización de capas en ventanas gráficas nuevas....... 362

i) Bloqueo y desbloqueo de capas.. 362

H. Acotación 362

a) Creación de cotas 363

b) Cotas lineales 363

c) Cotas horizontales y verticales 364

d) Cotas alineadas..364

e) Cotas de línea de base y continúas 364

f) Cotas de Radio 365

g) Cotas angulares...365

h) Directrices y anotaciones..366

i) Creación de estilos de acotación 366

I. Imprimir un dibujo 367

CAPITULO VII. GRAFICACIONES CON COMPUTADORAS.................369

1. Dibujo de perspectiva en computadora...........................369

2. Pasos requeridos para dibujar en AutoCad.....................373

3. Practicando en Autocad...373

4. Lo que se va aprender de Autocad el docente para el alumno 409

5. Recursos didácticos y otras ayudas para el docente

el uso de la web...428

6. Lo que se va aprender de SolidWorks el docente

para el alumno de secundaria..430

1) Introducción 430

a) Crear y guardar un documento de pieza 431

b) Crear la base 431

c) Acotar la base 432

d) Extruir la base 433

e) Agregar el saliente 433

f) Tarea 433

CAPITULO VIII. CITA CON EL PENSAMIENTO 438

1. Breve historia de la escuela secundaria en México................438

a) La reforma del 2006 y la enseñanza de la ciencia

y la tecnología 442

2. El enfoque de competencia en la educación....................446

3. Las inteligencias múltiples en la escuela secundaria 472

4. Semblanza histórica del Instituto Politécnico Nacional............480

5. Breve reseña histórica del Ing. Juan de Dios Batiz Paredes 499

6. Historia de los Servicios Educativos Integrados

al Estado de México (SEIEM) 501

BIBLIOGRAFIA...505

A la memoria de mis padres y hermano

Juan Pedro Sánchez Esquivel (1916 – 1989)
Úrsula Guadalupe Ávila Chavarría (1924 - 2011)
Lauro Sánchez Ávila (1953 - 1985)

A mi esposa
Leonor

A mi sobrina
Cristina

PREFACIO DEL PRIMER LIBRO

Ser el más rico del cementerio no es lo que más me importa; acostarme por las noches y pensar que he hecho algo genial, eso es lo que más me importa.
Steve Jobs (1955-2011)

Tomando el título de un programa de History Channel "El hombre el momento y la máquina. Podría decirse el momento el periodo sabático, el hombre indudablemente dirigido hacia mi persona y la maquina una computadora, esa es mi percepción. La idea de realizar un libro durante el periodo sabático, paralelamente con el trabajo de investigación se inicia con las dificultades y problemas detectados en el aprendizaje del dibujo técnico en computadora Autocad en los alumnos de secundaria dentro del aula.

Este volumen hace un recorrido de la incorporación de las computadoras y sus avances tecnológicos con el propósito de mejorar la calidad educativa, se ha incrementado los procesos de enseñanza-aprendizaje. Proporcionan amplios beneficios y la oportunidad de optimizar conocimiento a través de diferentes programas educativos e informativos. No se requiere de un amplio conocimiento de la informática para su uso.

Se describe los avances de cómo se han involucrado la computadora dentro del campo educativo, creando un adecuado y enriquecedor ambiente para facilitar el proceso de la enseñanza- aprendizaje.

Con la finalidad de mejorar la calidad de la enseñanza ayudando a los alumnos a desarrollar la capacidad espacial y la lógica matemática con un aprendizaje no memorístico basado en el empleo de programas informáticos como son: 2D, 3D y Autocad, optimizando los recursos existentes en el plantel. Creando en el alumno un compromiso en el proceso de aprendizaje: habilidades desarrolladas, creatividad y preguntas fuera del aula, con ello rompe el esquema tradicional, se optimiza el tiempo y obtener mejores resultados en su desempeño académico. Con esto adquiere mayor compromiso del alumno en su aprendizaje y hace que el docente sea una guía durante todo el proceso más que una fuente de información en el interior de la misma. A lo largo del proceso de reflexión y analizando las aportaciones y propuestas de los diferentes autores, la realización de prácticas con los alumnos unidos al seguimiento del curso, valorando las ventajas e inconvenientes del método propuesto. Así, como los indicadores utilizados.

En el interior de las instituciones educativas y los docentes deben modificar sus estructuras y estrategias para incluir la computadora y sus avances en su trabajo diario para ofrecerles a los alumnos. Así como, los alcances sin límites en el terreno de la comunicación y este a su vez en el campo educativo favoreciendo el aprendizaje y abriendo nuevos horizontes para la computación y la educación que se quiere desarrollar.

Tomando el papel de autor realizo una descripción de los avances de cómo se han involucrado la computadora dentro del campo educativo, creando un adecuado y enriquecedor ambiente para facilitar el proceso de la enseñanza- aprendizaje.

Cada capítulo hace una reseña de la evolución de la computadora y la incorporación en la asignatura tecnológica, así como, una breve explicación de los comandos y como se utiliza el AutoCad una descripción de como comenzar a trabajar con dicho programa o software.

En el último capítulo que me pareció conveniente aprovechar este espacio presentar para el público lector los trabajos realizado durante los estudios de Doctorado varios artículos publicados, en ponencias.

Para crear una conciencia en los lectores la inquietud de escribir y publicar artículos plasmando sus pensamientos e ideas y no ser lectores natos. Aquellos que concluyeron estudios de posgrado, razón de más, su formación como investigador es una profesión de vida, desde la cual organizan los ámbitos de toda cotidianidad. Deseando que con ellos se prende una pequeña flama que espero que se riegue por toda la profesión de la docencia. Esa es mi esperanza.

Gregorio Sánchez Ávila

PROLOGO

Para mí la educación significa formar creadores, aun cuando
las creaciones de una persona sean limitadas en comparación
con las de otra. Pero hay que hacer innovadores, inventores, no
conformistas.

Jean Piaget

Este libro menciona la evolución de la manufactura desde
sus inicios hasta nuestros días y a su vez incluye una selección de
trabajos interesantes que giran alrededor de un tema apasionante y
controvertido, en la llamada asignatura tecnológica. Lo apasionante
tiene que ver, fundamentalmente, con el reto que implica tratar
de abordar los temas bajo una perspectiva tecnológica antes
convencional y con la incorporación de la computadora. Lo
controvertido se relaciona con las múltiples reacciones que el
termino tecnología educativa ha cursado desde su aparición hace
más de dos décadas.

El convencionalismo en la asignatura tecnológica en educación
no es suficiente, contrariamente a lo que muchos creen, no basta
con saber abordar los temas de la misma forma como nuestra
experiencia nos ha marcado a lo largo de una trayectoria como
docente. No se puede negar que un buen número de años de
escolaridad deja huella y no aprende de ellos. Pero no se puede
limitar la base teórica del educador a estos cambios tecnológicos.
Es necesario realizar los ajustes acordes a los cambios de los
tiempos, tener la mente alerta y receptiva a la nueva información
tanto al docente como a los alumnos de educación básica
(secundaria). La educación es un proceso permanente, polifacético,
inmerso en un contexto social a cambio continuo, no limitado a lo
que hace en la escuela.

El desarrollo tecnológico e industrial de México ha tenido
siempre como base el empuje y dinamismo humano, técnico de
sus participantes y esto, siempre en función de los conocimientos

adquiridos en el aula enriquecidos al concatenar la teoría con la práctica efectuada por el alumno.

En la educación básica (secundaria), la práctica y el estudio de la tecnología van más allá del **saber hacer** de una especialidad técnica. La asignatura de Tecnología pretende promover una visión amplia del campo de estudio al considerar los aspectos instrumentales de las técnicas, sus procesos de cambio, gestión e innovación y su relación con la sociedad y la naturaleza; además, recurre a la participación social en el uso, creación y mejora de los productos técnicos, así como de las implicaciones de éstos en el entorno.

En suma, los contenidos de esta asignatura en la educación secundaria se abordan desde una perspectiva humanista, enfocada en el desarrollo de un proceso formativo sistémico y holístico que permita la creación, aplicación y valoración de la tecnología.

INTRODUCCIÓN

Trabajemos sin prisa, pero sin tregua.
Jaime Torres Bodet

El aula esa pequeña realidad que existe en la escuela es el punto de encuentro entre el docente y el alumno. Este es el único espacio de "encuentro", "contacto" y "comunicación" que se integran en el proceso educativo y cada vez más complejo. Para crear un mejor contexto haciendo posible encontrar el camino del éxito y la huida del fracaso.

Con las innovaciones en la educación con el uso de la tecnología en el aula, hacen que el docente encuentre un abanico de posibilidades que van desde los recursos más simples hasta lo más sofisticados en computadoras.

Con la introducción de las TIC, su importancia incalculable tanto en el presente y futuro de la sociedad dentro del proceso educativo constituyendo un verdadero desafió para la educación secundaria (educación básica), al tener en cuenta que, cada día la informática avanza a pasos agigantados que amplía sus dimensiones en todas direcciones, extendiéndose con mayor fuerza en todas las ramas de la ciencia y la técnica.

El docente al poseer estás herramientas podrá tomar la decisión de seleccionar y utilizar la tecnología, que en muchas ocasiones lo hace de manera empírica como suele suceder basados en criterios y modas o en ofertas que presentan los fabricantes de equipos y costos software que lanzan año con año.

No obstante las limitaciones de recursos como consecuencias de la situación que atraviesa nuestro país no todos tenemos a disposición de esta tecnología, tenemos que ajustarlos al ámbito reducido de las instalaciones del plantel. No por ello se mantendrá estáticos, aprovechara al máximo estos recursos disponibles para nuestro caso se abordaran dos de ellas: en matemáticas y dibujo técnico.

Ambas disciplinas constituyen un elemento fundamental en el proceso formativo de los alumnos, permitiendo desarrollar su capacidad creativa al realizar modelos a partir de la información obtenida por ellos mismos o sugerida por el docente y con ello lograr un proceso metal y explote su creatividad en la solución de problemas.

Tanto las matemáticas como el dibujo tienen una gran incidencia en el desarrollo de la creatividad del alumno en los procesos conceptuales del pensamiento lógico, que le permita interpretar, elaborar y justificar el desarrollo de un proyecto hasta su conclusión.

CAPITULO I

LA ASIGNATURA TECNOLOGICA

A quien teme preguntar, le avergüenza aprender
Proverbio danés

1. Programa de estudios 2011

Tecnologías de la producción:
Máquinas Herramientas y Sistemas de Control

a) Introducción

En la educación secundaria la práctica y el estudio de la tecnología van más allá del **saber hacer** de una especialidad técnica. La asignatura de Tecnología pretende promover una visión amplia del campo de estudio al considerar los aspectos instrumentales de las técnicas, sus procesos de cambio, gestión e innovación y su relación con la sociedad y la naturaleza; además, recurre a la participación social en el uso, creación y mejora de los productos técnicos, así como de las implicaciones de éstos en el entorno.

En suma, los contenidos de esta asignatura en la educación secundaria se abordan desde una perspectiva humanista, enfocada en el desarrollo de un proceso formativo sistémico y holístico que permita la creación, aplicación y valoración de la tecnología.

b) Fundamentación

En su origen, la educación tecnológica en México se vinculó con las actividades laborales. Por tanto, surgió la necesidad de formar a los estudiantes de secundaria con alguna especialidad tecnológica, ante la perspectiva de su consecuente incorporación al ámbito laboral. El carácter instrumental de estas actividades era pertinente en el contexto nacional del momento, ya que el desarrollo de los procesos industriales demandaba personas con conocimientos y habilidades técnicas sobre diversas ramas de la industria.

Tradicionalmente, la educación tecnológica se ha orientado hacia una formación para el trabajo, y entre sus referentes disciplinarios prevalece una concepción de tecnología limitada a la aplicación de los conocimientos científicos. Esta forma de concebir la educación tecnológica en el nivel de secundaria predominó en función del desarrollo histórico del país y los contextos regionales y locales.

En la reforma de la educación secundaria de 1993 no se formularon programas de estudio para la educación tecnológica. Sin embargo, en la modalidad de secundarias generales hubo algunas modificaciones al incorporar nuevos componentes curriculares, por ejemplo: enfoque, finalidades, objetivo general, lineamientos didácticos y elementos para la evaluación y acreditación. Estas innovaciones se concretaron en los denominados *programas ajustados*; además, se propuso la disminución de la carga horaria de seis a tres horas a la semana.

En la modalidad de secundarias técnicas se renovó el currículo en 1995. En este modelo hubo un avance importante al incorporar el concepto de *cultura tecnológica* y seis ejes como parte de los componentes que impulsó la actualización pedagógica de la asignatura. El planteamiento se caracterizó porque ofreció a los estudiantes elementos básicos para la comprensión, elección y utilización de medios técnicos y el desarrollo de procesos. Además, se propusieron cargas horarias diferenciadas de 8, 12 y 16 horas semanales de clase para los diferentes ámbitos tecnológicos definidos en su modelo curricular.

En cuanto a la modalidad de telesecundaria, en el 2001 se incorporó un nuevo material a la asignatura de Tecnología para primer grado. La propuesta estableció opciones para abordar la tecnología –en los ámbitos de salud, producción agropecuaria, social, cultural y ambiental– que permitieran conocer, analizar y responder a las situaciones que se enfrentaran en los contextos rurales y marginales, sitios en donde se ubica la mayoría de las telesecundarias. Sin embargo, los trabajos de renovación de materiales educativos quedaron inconclusos. Aun con los esfuerzos en cada modalidad, es necesario actualizar la asignatura de Tecnología en el nivel de educación secundaria con el propósito de incorporar avances disciplinarios, pedagógicos y didácticos acordes con las nuevas necesidades formativas de los alumnos y las dinámicas escolares. De esta manera, se define un marco conceptual y pedagógico común para las diferentes modalidades del nivel de secundaria que permita incorporar componentes afines con los requerimientos educativos de los contextos donde se ofertan los servicios educativos correspondientes.

c) La tecnología como actividad humana

A lo largo de la historia el ser humano ha intervenido y modificado el entorno, por lo que ha reflexionado acerca de:

⁜ La necesidad que es preciso satisfacer y el problema que debe resolverse.
⁜ La relación entre sus necesidades y el entorno.
⁜ El aprovechamiento de los recursos naturales.
⁜ Las capacidades corporales y cómo aumentarlas.
⁜ Las estrategias para realizar acciones de manera más rápida, sencilla y precisa.
⁜ Las consecuencias de su acción, respecto a sí mismo y para el grupo al que pertenece.
⁜ Las formas de organización social.
⁜ La manera de transmitir y conservar el conocimiento técnico.

Estos aspectos han posibilitado la creación de medios técnicos; la capacidad para desarrollarlos es una construcción social, histórica y cultural. Los medios técnicos tienen como característica su relación con el entorno natural y expresan el uso ordenado y sistematizado de los diferentes saberes que intervienen en la solución de problemas de distinta naturaleza.

En vista de que es una construcción colectiva que requiere de la organización y el acuerdo político, económico e ideológico del grupo o grupos involucrados, el desarrollo de medios técnicos es un proceso social. También es un proceso histórico porque responde al desarrollo continuo de los pueblos en el tiempo, que transforman las formas y los medios de intervención en la naturaleza. Finalmente, es un proceso cultural porque se expresa en las diversas relaciones que los seres humanos establecen con los aspectos social, natural, material y simbólico; es decir, las formas mediante las cuales se construyen, transmiten y desarrollan los saberes, los valores y las formas de organización social, los bienes materiales y los procesos de creación y transformación para la satisfacción de necesidades.

La tecnología se ha configurado en un área específica del saber con un corpus de conocimientos propio. En éste se articulan acciones y conocimientos de tipo descriptivo (sobre las propiedades generales de los materiales, características de las herramientas, información técnica) y de carácter operativo o procedimental (desarrollo de procesos técnicos, manipulación de herramientas y máquinas, entre otros).

Los conocimientos de diversos campos de las ciencias sociales y naturales se articulan en el área de tecnología y se resignifican según los distintos contextos históricos, sociales y culturales para el desarrollo de procesos y productos técnicos.

d) Los conceptos de *técnica* y *tecnología* en la asignatura

En esta asignatura la **técnica** es el proceso de creación de medios o acciones instrumentales, estratégicas y de control para satisfacer necesidades e intereses; incluye formas de organización y gestión, así como procedimientos para utilizar herramientas, instrumentos y máquinas.

Como construcción social e histórica, la técnica cambia y se nutre constantemente, en una relación indisoluble entre teoría y práctica, mediante el acopio permanente de información que posibilita la innovación tecnológica.

La **tecnología,** por su parte, se entiende como el campo encargado del estudio de la técnica, así como de la reflexión sobre los medios, las acciones y sus interacciones con los contextos natural y social. Desde esta perspectiva, la tecnología implica una profunda función social que permite comprender e intervenir en los procesos técnicos encaminados a mejorar de manera equitativa la calidad de vida de la población. Por lo tanto, la asignatura de Tecnología es un espacio educativo orientado hacia la toma de decisiones para estudiar y construir opciones de solución a problemas técnicos que se presentan en los contextos social y natural.

e) Propósitos de la asignatura de Tecnología

1. El estudio de la tecnología en la educación secundaria deberá promover entre los alumnos los siguientes propósitos:
2. Identificar y delimitar problemas de índole técnica con el fin de plantear soluciones creativas para enfrentar situaciones imprevistas y así desarrollar mejoras respecto a las condiciones de vida, actual y futura.
3. Promover la puesta en práctica y el fortalecimiento de hábitos responsables en el uso y creación de productos por medio de la valoración de sus efectos sociales y naturales con el fin de lograr una relación armónica entre la sociedad y la naturaleza.
4. Diseñar, construir y evaluar procesos y productos; conocer y emplear herramientas y máquinas según sus funciones, así como manipular y transformar materiales y energía, con el fin de satisfacer necesidades e intereses, como base para comprender los procesos y productos técnicos creados por el ser humano.
5. Reconocer los aportes de los diferentes campos de estudio y valorar los conocimientos tradicionales, como medios para la mejora de procesos y productos, mediante acciones y la selección de conocimientos de acuerdo con las finalidades establecidas.
6. Planear, gestionar y desarrollar proyectos técnicos que permitan el avance del pensamiento divergente y la integración de conocimientos, así como la promoción de valores y actitudes relacionadas con la colaboración, la convivencia, el respeto, la curiosidad, la iniciativa, la creatividad, la autonomía, la equidad y la responsabilidad.
7. Analizar las necesidades e intereses que impulsan el desarrollo técnico y cómo impacta en los modos de vida, la cultura y las formas de producción para intervenir de forma responsable en el uso y creación de productos.
8. Identificar, describir y evaluar las implicaciones de los sistemas técnicos y tecnológicos en la sociedad y la naturaleza para proponer diversas opciones que sean coherentes con los principios del desarrollo sustentable.

f) Tecnología I

En primer grado se estudia la Tecnología como campo de conocimiento, con énfasis en los aspectos comunes a todas las técnicas y que permiten caracterizar a la técnica como objeto de estudio.

Se propone la identificación de las formas en que el ser humano ha transferido las capacidades del cuerpo a las creaciones técnicas, por ello se pone en práctica un conjunto de acciones de carácter estratégico, instrumental y de control orientadas hacia un propósito determinado. De esta manera, se analiza el concepto de delegación de funciones, la construcción y uso de herramientas, máquinas e instrumentos que potencian las capacidades humanas, en correspondencia con las características de los materiales en los cuales se actúa, los tipos de energía y las acciones realizadas.

También se promueve el reconocimiento de los materiales y la energía como insumos en los procesos técnicos y la obtención de productos. Asimismo, se pretende que los alumnos elaboren representaciones gráficas como medio para comunicar sus creaciones técnicas.

Finalmente, se propone la ejecución de un proyecto de reproducción artesanal, que permita articular y analizar todos los contenidos desde una perspectiva sistémica y con énfasis en los procesos productivos.

Lo anterior permitirá tener un acercamiento de los alumnos al análisis del sistema ser humano-producto, referido como el trabajo artesanal donde el usuario u operario interviene en todas las fases del proceso técnico.

f1) Bloque I.

Técnica y tecnología

En este bloque posibilita un primer acercamiento de la tecnología como estudio de la técnica, la cual se caracteriza desde una perspectiva sistémica como la unidad básica de estudio de aquellas.

Se promueve el reconocimiento del ser humano como creador de técnicas, que desarrolla una serie de actividades de carácter estratégico, instrumental y de control para actuar sobre el medio y satisfacer sus necesidades de acuerdo con su contexto e intereses.

También se pretende el estudio de la técnica como sistema y conjunto de acciones orientadas a satisfacer necesidades e intereses; se promueve el análisis de la relación de estos dos factores de los grupos sociales con la creación y el uso de las técnicas. Desde esta perspectiva, se propone la técnica como construcción social e histórica debido a la estrecha relación e incorporación de los aspectos culturales en las creaciones técnicas.

Una característica de la naturaleza humana es la creación de medios técnicos, por lo que uno de los propósitos de este bloque es que los alumnos se reconozcan como seres con capacidades para intervenir en la elaboración de productos como forma de satisfacer necesidades e intereses.

Propósitos

1. Reconocer la técnica como objeto de estudio de la tecnología.
2. Distinguir la técnica un sistema constituido por un conjunto de acciones para la satisfacción de necesidades e intereses.
3. Identificar los sistemas técnicos como el conjunto que integra las acciones humanas, los materiales, la energía, las herramientas y las máquinas.
4. Demostrar la relación entre las necesidades sociales y la creación de técnicas que las satisfacen.

Aprendizajes esperados

➢ Caracterizan la tecnología como campo de conocimiento que estudia las técnicas.
➢ Reconocen la importancia de la técnica como practica social para la satisfacción de necesidades e intereses.
➢ Identifican las acciones estratégicas, instrumentales y de control como componentes de la técnica.
➢ Reconocen la importancia de las necesidades e intereses de los grupos sociales para la creación y el uso de técnicas en diferentes contextos sociales e históricos.
➢ Aprendizajes esperados
➢ Caracterizan la tecnología como campo de conocimiento que estudia la técnica.
➢ Reconocen la importancia de la técnica como practica social para la satisfacción de necesidades e intereses.

> ➤ Identifican las acciones estratégicas, instrumentales y de control como componentes de la técnica.
> ➤ Reconocen la importancia de las necesidades e intereses de los grupos sociales para la creación y el uso de técnicas en diferentes contextos sociales e históricos.
> ➤ Utilizan estrategias de resolución para satisfacer necesidades e intereses.

f2) Bloque II

Medios técnicos

En este bloque se aborda el análisis y operación de herramientas, máquinas e instrumentos. Se promueve la reflexión en el análisis funcional y en la delegación de funciones corporales a las herramientas —como proceso y como fundamento del cambio técnico, se pretende que las actividades que realicen los alumnos permitan una construcción conceptual y así facilitar la comprensión de los procesos de creación técnica, desde las herramientas más simples hasta las máquinas y procesos de mayor complejidad.

El estudio de las herramientas se realiza a partir de las tareas en que se emplean, de los materiales que se procesan y de los gestos técnicos requeridos. Para el análisis de las máquinas se recomienda identificar sus componentes: el motor, la transmisión del movimiento, el operador y las acciones de control, así como la transformación de los insumos en productos. En el bloque también se promueve el reconocimiento de los medios técnicos como una construcción social, cultural e histórica y como forma de interacción de los seres humanos con el entorno natural.

Propósitos

1. Reconocer la delegación de funciones como una forma de extender las capacidades humanas mediante la creación y uso de herramientas y máquinas.

2. Utilizar herramientas, máquinas e instrumentos en diversos procesos técnicos.

3. Reconocer la construcción de herramientas, máquinas e instrumentos como proceso social, histórico y cultural.

Aprendizajes esperados

➢ Identifican la función de las herramientas, máquinas e instrumentos en el desarrollo de procesos técnicos.

➢ Emplean herramientas, máquinas e instrumentos como extensión de las capacidades humanas e identifican las funciones que se delegan en ellas.

➢ Comparan los cambios y adaptaciones de las herramientas, máquinas e instrumentos en diferentes contextos culturales, sociales e históricos.

➢ Utilizan las herramientas, máquinas e instrumentos en la solución de problemas técnicos.

f3) Bloque III.

Transformación de materiales y energía

En este bloque se retoman y articulan los contenidos de los bloques I y II para analizar los materiales desde dos perspectivas: la primera considera el origen, características y la clasificación de los materiales, y hace hincapié en la relación de sus características con la función que cumplen; la segunda propone el estudio de los materiales, tanto naturales como sintéticos.

Se propone el análisis de las características funcionales de los productos desarrollados en un campo tecnológico y su relación con materiales con los que están elaborados, así como su importancia en diversos procesos técnicos. Asimismo, se revisan las implicaciones en el entorno por la extracción, uso y transformación de materiales y energía, y la manera de prever riesgos ambientales.

La energía se analiza a partir de su transformación para la generación de la fuerza, el movimiento y el calor que posibilitan el funcionamiento de los procesos o la elaboración de productos; de esta manera será necesario identificar las fuentes y tipos de energía, así como los mecanismos para su conversión y su relación con los motores. También es necesario abordar el uso de la energía en los procesos técnicos, principalmente en el empleo y efecto del calor; además de otras formas de energía para la transformación de diversos materiales.

Propósitos

1. Distinguir el origen, la diversidad y las posibles transformaciones de los materiales según la finalidad.
2. Clasificar los materiales de acuerdo con sus características y su función en diversos procesos técnicos.
3. Identificar el uso de los materiales y de la energía en los procesos técnicos.
4. Prever los posibles efectos derivados del uso y transformación de materiales y energía en la naturaleza y la sociedad.

Aprendizajes esperados

➢ Identifican los materiales de acuerdo con su origen y aplicación en los procesos técnicos.
➢ Distinguen la función de los materiales y la energía en los procesos técnicos.
➢ Valoran y toman decisiones referentes al uso adecuado de materiales y energía en la operación de sistemas técnicos para minimizar el impacto ambiental.
➢ Emplean herramientas y máquinas para transformar y aprovechar de manera eficiente los materiales y la energía en la resolución de problemas técnicos.

f4) Bloque IV.

Comunicación y representación técnica

En este bloque se analiza la importancia del lenguaje y la representación en las creaciones y los procesos técnicos como medio para comunicar alternativas de solución. Se hace hincapié en el estudio del lenguaje y la representación desde una perspectiva histórica y su función para el registro y la transmisión de la información que incluye diversas formas, como los objetos a escala, el dibujo, el diagrama y el manual, entre otros.

Asimismo, se destaca la función de la representación técnica en el registro de los saberes, en la generación de la información y de su transferencia en los contextos de reproducción de las técnicas, del diseño y del uso de los productos.

Propósitos

1. Reconocer la importancia de la representación para comunicar información técnica.
2. Analizar diferentes lenguajes y formas de representación del conocimiento técnico.
3. Elaborar y utilizar croquis, diagramas, bocetos, dibujos, manuales, planos, modelos, esquemas y símbolos, entre otros, como formas de registro.

Aprendizajes esperados

➢ Reconocen la importancia de la comunicación en los procesos técnicos.
➢ Comparan las formas de representación técnica en diferentes momentos históricos.
➢ Emplean distintas formas de representación técnica para el registro y la transferencia de la información.
➢ Utilizan diferentes lenguajes y formas de representación en la resolución de problemas técnicos.

f5) Bloque V.

Proyecto de reproducción artesanal

En este bloque se introduce al trabajo con proyectos; se pretende el reconocimiento de sus diferentes fases, así como la identificación de problemas técnicos, ya sea para hacer más eficiente un proceso, o bien para crear un producto; se definirán las acciones a realizar; las herramientas, los materiales y la energía que se emplearán, así como la representación del proceso y su ejecución. El proyecto deberá hacer hincapié en los procesos técnicos artesanales, donde el técnico tiene el conocimiento, interviene y controla todas las fases del proceso.

El proyecto es una oportunidad para promover la creatividad e iniciativa de los alumnos, por lo tanto se sugiere que se relacione con su contexto, intereses y necesidades. Se propone la reproducción de un proceso técnico que integre los contenidos de los bloques anteriores, que dé solución a un problema técnico y sea de interés para la comunidad donde se ubica la escuela.

Propósitos

1. Identificar las fases, características y finalidades de un proyecto de producción artesanal orientado a la satisfacción de necesidades e intereses.
2. Planificar los insumos y medios técnicos para la ejecución del proyecto.
3. Representar gráficamente el proyecto de reproducción artesanal y el proceso para realizarlo.
4. Elaborar un producto o desarrollar proceso técnico cercano a su vida cotidiana como parte del proyecto de reproducción artesanal.
5. Evaluar el proyecto de reproducción artesanal y comunicar los resultados.

Aprendizajes esperados

➢ Definen los propósitos y describen las fases de un proyecto de reproducción artesanal.
➢ Ejecutan el proyecto de reproducción artesanal para la satisfacción de necesidades o intereses.
➢ Evalúan el proyecto de reproducción artesanal para proponer mejoras.

g) Tecnología II

En el segundo grado se estudian los procesos técnicos y la intervención en ellos como una aproximación a los conocimientos técnicos de diversos procesos productivos.

Se utiliza el enfoque de sistemas para analizar los componentes de los sistemas técnicos y su interacción con la sociedad y la naturaleza.

Se propone que mediante diversas intervenciones técnicas, en un determinado campo, se identifiquen las relaciones entre el conocimiento técnico y los conocimientos de las ciencias naturales y sociales, para que los alumnos comprendan su importancia y resignificación en los procesos de cambio técnico.

Asimismo, se plantea el reconocimiento de las interacciones entre la técnica, la sociedad y la naturaleza, y sus mutuas influencias en los cambios técnicos y culturales. Se pretende la adopción de medidas preventivas por medio de una evaluación técnica que permita considerar los posibles resultados no deseados en la naturaleza y sus efectos en la salud humana, según las diferentes fases de los procesos técnicos. Con el desarrollo del proyecto se pretende profundizar en las actividades del diseño, tomando en cuenta la ergonomía y la estética como aspectos fundamentales.

g1) Bloque I.

Tecnología y su relación con otras áreas de conocimiento

En el primer bloque se aborda el análisis y la intervención en diversos procesos técnicos de acuerdo con las necesidades e intereses sociales que pueden cubrirse desde un campo determinado. A partir de la selección de las técnicas, se pretende que los alumnos definan las acciones y seleccionen los conocimientos que les sean de utilidad según los requerimientos propuestos.

Actualmente, la relación entre la tecnología y la ciencia es una práctica generalizada; por lo que es conveniente que los alumnos reconozcan que el conocimiento tecnológico está orientado a la satisfacción de necesidades e intereses sociales. Es importante destacar que los conocimientos científicos se resignifican en las creaciones técnicas; además, optimizan el diseño, la función y la operación de productos, medios y sistemas técnicos. También se propicia el reconocimiento de las finalidades y los métodos propios del campo de la tecnología, para ser comparados con los de otras disciplinas.

Otro aspecto que se promueve es el análisis de la interacción entre los conocimientos técnicos y los científicos; para ello se deberá facilitar, por un lado, la revisión de las técnicas que posibilitan los avances de las ciencias, y por otro cómo los conocimientos científicos se constituyen en el fundamento para la creación y el mejoramiento de las técnicas.

Propósitos

1. Reconocer las diferencias entre el conocimiento tecnológico y el conocimiento científico, así como sus fines y métodos.
2. Describir la interacción de la tecnología con las diferentes ciencias, tanto naturales como sociales.

3. Distinguir la forma en que los conocimientos científicos se resignifican en la operación de los sistemas técnicos.

Aprendizajes esperados

➢ Comparan las finalidades de las ciencias y de la tecnología para establecer sus diferencias.
➢ Describen la forma en que los conocimientos técnicos y los conocimientos de las ciencias se resignifican en el desarrollo de los procesos técnicos.
➢ Utilizan conocimientos técnicos y de las ciencias para proponer alternativas de solución a problemas técnicos, así como mejorar procesos y productos.

g2) Bloque II.

Cambio técnico y cambio social

En este bloque se pretende analizar las motivaciones económicas, sociales y culturales que llevan a la adopción y operación de determinados sistemas técnicos, así como a la elección de sus componentes. El tratamiento de los temas permite identificar la influencia de los factores contextuales en las creaciones técnicas, y analizar cómo las técnicas constituyen la respuesta a las necesidades apremiantes de un tiempo y contexto determinados.

También se propone analizar el uso de las herramientas y máquinas en correspondencia con sus funciones y materiales sobre los que actúa, su cambio técnico y la delegación de funciones, así como la variación en las operaciones, la organización de los procesos de trabajo y su influencia en las transformaciones culturales.

El trabajo con los temas de este bloque considera tanto el análisis medio fin como el análisis sistémico de objetos y procesos técnicos; con la intención de comprender las características contextuales que influyen en el cambio técnico, se consideran los antecedentes y los consecuentes, así como sus posibles mejoras, de manera que la delegación de funciones se estudie desde una perspectiva técnica y social.

Asimismo, se analiza la delegación de funciones en diversos grados de complejidad, mediante la exposición de diversos ejemplos para mejorar su comprensión.

Propósitos

1. Reconocer la importancia de los sistemas técnicos para la satisfacción de necesidades e intereses propios de los grupos que los crean.
2. Valorar la influencia de aspectos socioculturales que favorecen la creación de nuevas técnicas.
3. Proponer diferentes alternativas de solución para el cambio técnico de acuerdo con diversos contextos locales, regionales y nacionales.
4. Identificar la delegación de funciones de herramientas a máquinas y de máquinas a máquinas.

Aprendizajes esperados

* Emplean de manera articulada diferentes clases de técnicas para mejorar procesos y crear productos técnicos.
* Reconocen las implicaciones de la técnica en las formas de vida.
* Examinan las posibilidades y limitaciones de las técnicas para la satisfacción de necesidades según su contexto.
* Construyen escenarios deseables como alternativas de mejora técnica.
* Proponen y modelan alternativas de solución a posibles necesidades futuras.

g3) Bloque III.

La técnica y sus implicaciones en la naturaleza

En este bloque se pretende el estudio del desarrollo técnico y sus efectos en los ecosistemas y la salud de las personas. Se promueve el análisis y la reflexión de los procesos de creación y uso de diversos productos técnicos como formas de suscitar la intervención, con la finalidad de modificar las tendencias de deterioro ambiental, como la pérdida de biodiversidad, contaminación, cambio climático y diversas afectaciones a la salud.

Los contenidos del bloque se orientan hacia la previsión de los impactos que dañan los ecosistemas. Las actividades se realizan desde una perspectiva sistémica para identificar los posibles efectos no deseados en cada una de las fases del proceso técnico.

El principio precautorio se señala como el criterio formativo esencial en los procesos de diseño, la extracción de materiales, generación y uso de energía, y elaboración de productos. Con esta orientación se pretende promover, entre las acciones más relevantes, la mejora en la vida útil de los productos, el uso eficiente de materiales, generación y uso de energía no contaminante, elaboración y uso de productos de bajo impacto ambiental y el reuso y reciclado de materiales.

Propósitos

1. Reconocer los impactos de los sistemas técnicos en la naturaleza.
2. Tomar decisiones responsables para prevenir daños en los ecosistemas, generados por la operación de los sistemas técnicos y el uso de productos.
3. Proponer mejoras en los sistemas técnicos con la finalidad de prevenir riesgos.

Aprendizajes esperados

➢ Identifican las posibles modificaciones en el entorno causadas por la operación de los sistemas técnicos.
➢ Aplican el principio precautorio en sus propuestas de solución a problemas técnicos, para prever posibles modificaciones no deseadas en la naturaleza.
➢ Recaban y organizan información de los problemas generados en la naturaleza por el uso de productos técnicos.

g4) Bloque IV.

Planeación y organización técnica

En este bloque se estudia el concepto de gestión técnica y se propone el análisis y la puesta en práctica de los procesos de planeación y organización de los procesos técnicos: la definición de las acciones, su secuencia, ubicación en el tiempo y la identificación de la necesidad de acciones paralelas, así como la puntualización de los requerimientos de materiales, energía, medios técnicos, condiciones de las instalaciones y medidas de seguridad e higiene, entre otros.

Se propone el diagnóstico de los recursos con que cuenta la comunidad, la identificación de problemas ligados a las necesidades e intereses, y el planteamiento de alternativas, entre otros factores, que permitan mejorar los procesos técnicos de acuerdo con el contexto.

Asimismo, se promueve el reconocimiento de las capacidades de los individuos para el desarrollo de la comunidad, y los insumos provenientes de la naturaleza, e identificar las limitaciones que determina el entorno, las cuales dan pauta para la selección de materiales, energía e información necesarios.

Este bloque brinda una panorámica para contextualizar el empleo de diversas técnicas en correspondencia con las necesidades e intereses sociales; representa una oportunidad para vincular el trabajo escolar con la comunidad.

Propósitos

1. Utilizar los principios y procedimientos básicos de la gestión técnica.
2. Tomar en cuenta los elementos del contexto social, cultural y natural para la toma de decisiones en la resolución de los problemas técnicos.
3. Elaborar planes y formas de organización para desarrollar procesos técnicos y elaborar productos, tomando en cuenta el contexto en que se realizan.

Aprendizajes esperados

➢ Planifican y organizan las acciones técnicas según las necesidades y oportunidades indicadas en el diagnóstico.
➢ Usan diferentes técnicas de planeación y organización para la ejecución de los procesos técnicos.
➢ Aplican las recomendaciones y normas para el uso de materiales, herramientas e instalaciones, con el fin de prever situaciones de riesgo en la operación de los procesos técnicos.

> ➤ Planean y organizan acciones, medios técnicos e insumos para el desarrollo de procesos técnicos.

g5) Bloque V.

Proyecto de innovación

En la primera parte del bloque se analizan los procesos de innovación tecnológica y sus implicaciones en el cambio técnico. Se destacan las fuentes de información que orientan la innovación, y el proceso para recabar información generada por los usuarios respecto a una herramienta, máquina, producto o servicio con base en su función, desempeño y valoración social.

Se propone el estudio de los procesos técnicos fabriles de mayor complejidad en la actualidad, cuyas características fundamentales son la flexibilidad en los procesos técnicos, un creciente manejo de la información y la combinación de procesos artesanales e industriales.

El proyecto pretende la integración de los contenidos de grados anteriores; en particular, busca establecer una liga de experiencia acumulativa en el bloque V, destinado a proyectos de mayor complejidad. El proyecto de innovación debe surgir de los intereses de los alumnos, según un problema técnico concreto de su contexto, orientado hacia el desarrollo sustentable y buscando que las soluciones articulen técnicas propias de un campo y su interacción con otros.

Propósitos

1. Utilizar las fuentes de información para la innovación en el desarrollo de sus proyectos.
2. Planear, organizar y desarrollar un proyecto de innovación que solucione una necesidad o un interés de su localidad o región.
3. Evaluar el proyecto y sus fases, considerando su incidencia en la sociedad, la cultura y la naturaleza, así como su eficacia y eficiencia.

Aprendizajes esperados

➢ Identifican y describen las fases de un proyecto de innovación.
➢ Prevén los posibles impactos sociales y naturales en el desarrollo sus proyectos de innovación.
➢ Recaban y organizan la información sobre la función y el desempeño de los procesos y productos para el desarrollo de su proyecto.
➢ Planean y desarrollan un proyecto de innovación técnica.
➢ Evalúan el proyecto de innovación para proponer mejoras.

h) Tecnología III

En este grado se estudian los procesos técnicos desde una perspectiva holística, en la conformación de los diversos campos tecnológicos y la innovación técnica, cuyos aspectos sustanciales son la información, el conocimiento y los factores culturales.

Se promueve la búsqueda de alternativas y el desarrollo de proyectos que incorporan el desarrollo sustentable, la eficiencia de los procesos técnicos, la equidad y la participación social.

Se proponen actividades que orientan las intervenciones técnicas de los alumnos hacia el desarrollo de competencias para el acopio y uso de la información, así como para la resignificación de los conocimientos en los procesos de innovación técnica.

Se pone especial atención en los procesos de generación de conocimientos, en correspondencia con los diferentes contextos socioculturales para comprender la difusión e interacción de las técnicas, además de la configuración y desarrollo de diferentes campos tecnológicos.

También se propone el estudio de los sistemas tecnológicos a partir del análisis de sus características y la interrelación entre sus componentes. Asimismo, se promueve la identificación de las implicaciones sociales y naturales mediante la evaluación interna y externa de los sistemas tecnológicos.

En este grado, el proyecto técnico pretende integrar los conocimientos que los alumnos han venido desarrollando en los tres grados, para desplegarlos en un proceso en el que destaca la innovación técnica y la importancia del contexto social.

h1) Bloque I.

Tecnología, información e innovación

Con los contenidos de este bloque se pretende el reconocimiento de las características del mundo actual como la capacidad de comunicar e informar en tiempo real los acontecimientos de la dinámica social de los impactos en el entorno natural, además de los avances en diversos campos del conocimiento.

En este bloque se promueve el uso de medios para acceder y usar la información en procesos de innovación técnica, con la finalidad de facilitar la incorporación responsable de los alumnos a los procesos de intercambio cultural y económico.

Se fomenta que los alumnos distingan entre información y conocimiento técnico e identifiquen las fuentes de información que pueden ser de utilidad en los procesos de innovación técnica, así como estructurar, utilizar, combinar y juzgar dicha información, y aprehenderla para resignificarla en las creaciones técnicas. También se fomenta el uso de las tecnologías de la información y la comunicación (TIC) para el diseño e innovación de procesos y productos.

Las actividades se orientan al reconocimiento de las diversas fuentes de información —tanto en los contextos de uso como de reproducción de las técnicas— como insumo fundamental para la innovación. Se valora la importancia de las opiniones de los usuarios sobre los resultados de las técnicas y productos, cuyo análisis, reinterpretación y enriquecimiento, por parte de otros campos de conocimiento, permitirá a los alumnos definir las actividades, procesos técnicos o mejoras para ponerlas en práctica.

Propósitos

1. Reconocer las innovaciones técnicas en el contexto mundial, nacional, regional y local.
2. Identificar las fuentes de información en contextos de uso y de reproducción para la innovación técnica de productos y procesos.
3. Utilizar las TIC para el diseño e innovación de procesos y productos.

4. Organizar la información proveniente de diferentes fuentes para utilizarla en el desarrollo de procesos y proyectos de innovación.
5. Emplear diversas fuentes de información como insumos para la innovación técnica.

Aprendizajes esperados

➢ Identifican las características de un proceso de innovación como parte del cambio técnico.
➢ Recopilan y organizan información de diferentes fuentes para el desarrollo de procesos de innovación.
➢ Aplican los conocimientos técnicos y emplean las TIC para el desarrollo de procesos de innovación técnica.
➢ Usan la información proveniente de diferentes fuentes en la búsqueda de alternativas de solución a problemas técnicos.

h2) Bloque II.

Campos tecnológicos y diversidad cultural

En este bloque se analizan los cambios técnicos y su difusión en diferentes procesos y contextos como factor de cambio cultural, por lo que se promueve el reconocimiento de los conocimientos técnicos tradicionales y la interrelación y adecuación de diversas innovaciones técnicas con los contextos sociales y naturales, que a su vez repercuten en el cambio técnico, y en la configuración de nuevos procesos técnicos.

Se implementa un conjunto de técnicas comunes a un campo tecnológico y a las técnicas que lo han enriquecido, es decir, la reproducción de las creaciones e innovaciones que se originaron con propósitos y en contextos diferentes. Se busca analizar la creación, difusión e interdependencia de distintas clases de técnicas y el papel de los insumos en un contexto y tiempo determinados.

Mediante el análisis sistémico de las creaciones técnicas se propone el estudio del papel desempeñado por la innovación, el uso de herramientas y máquinas, los insumos y los cada vez más complejos procesos y sistemas técnicos, en la configuración de los campos tecnológicos.

Propósitos

1. Reconocer la influencia de los saberes sociales y culturales en la conformación de los campos tecnológicos.
2. Valorar las aportaciones de los conocimientos tradicionales de diferentes culturas a los campos tecnológicos y sus transformaciones a lo largo del tiempo.
3. Tomar en cuenta las aportaciones de diversos grupos sociales en la mejora de procesos y productos.

Aprendizajes esperados

➢ Identifican las técnicas que conforman diferentes campos tecnológicos y las emplean para desarrollar procesos de innovación.
➢ Proponen mejoras a procesos y productos incorporando las aportaciones de los conocimientos tradicionales de diferentes culturas.
➢ Plantean alternativas de solución a problemas técnicos de acuerdo con el contexto social y cultural.

h3) Bloque III.

Innovación técnica y desarrollo sustentable

En este bloque se pretende desarrollar sistemas técnicos que consideren los principios del desarrollo sustentable, que incorporen actividades de organización y planeación compatibles con las necesidades y características económicas, sociales y culturales de la comunidad, y que consideren la equidad social y mejorar la calidad de vida.

Se promueve la búsqueda de alternativas para adecuar y mejorar los procesos técnicos, como ciclos sistémicos orientados a la prevención del deterioro ambiental, que se concretan en la ampliación de la eficiencia productiva y de las características del ciclo de vida de los productos.

Además da un primer acercamiento a las normas y los reglamentos en materia ambiental, como las relacionadas con el ordenamiento ecológico del territorio, los estudios de impacto ambiental y las normas ambientales, entre otros, para el diseño, la planeación y la ejecución del proyecto técnico.

Se incide en el análisis de alternativas para recuperar la mayor parte de materias primas, y tener menor disipación y degradación de energía, en el proceso de diseño e innovación técnica.

Propósitos

1. Tomar decisiones para emplear de manera eficiente materiales y energía en los procesos técnicos, con el fin de prever riesgos en la sociedad y la naturaleza.
2. Proponer soluciones a problemas técnicos para aminorar los riesgos en su comunidad, de acuerdo con los criterios del desarrollo sustentable.

Aprendizajes esperados

➤ Distinguen las tendencias en los desarrollos técnicos de innovación y las reproducen para solucionar problemas técnicos.
➤ Aplican las normas ambientales en sus propuestas de innovación con el fin de evitar efectos negativos en la sociedad y en la naturaleza.
➤ Plantean soluciones a problemas técnicos y elaboran proyectos de innovación.

h4) Bloque IV.

Evaluación de los sistemas tecnológicos

En este bloque se promueve el desarrollo de habilidades relacionadas con la valoración y capacidad de intervención en el uso de productos y sistemas técnicos. De esta manera se pretende que los alumnos puedan evaluar los beneficios y los riesgos, y definir en todas sus dimensiones su factibilidad, utilidad, eficacia y eficiencia, en términos energéticos, sociales, culturales y naturales, y no sólo en sus aspectos técnicos o económicos.

Se pretende que como parte de los procesos de innovación técnica se consideren los aspectos contextuales y técnicos para una producción en congruencia con los principios del desarrollo sustentable. Si bien el desarrollo técnico puede orientarse con base en el principio precautorio, se sugiere plantear actividades y estrategias de evaluación de los procesos y de los productos, de manera que el diseño, operación y uso de un producto cumplan con la normatividad en sus especificaciones técnicas y su relación con el entorno.

Al desarrollar los temas de este bloque es importante considerar que la evaluación de los sistemas tecnológicos incorpora normas ambientales, criterios ecológicos y otras reglamentaciones, y emplea la simulación y la modelación, por lo que se sugiere que las actividades escolares consideren estos recursos.

Para prever el impacto social de los sistemas tecnológicos es conveniente un acercamiento a los estudios de costo-beneficio, tanto de procesos como de productos; por ejemplo, evaluar el balance de energía, materiales y desechos, y el empleo de sistemas de monitoreo para registrar las señales útiles para corregir impactos, o el costo ambiental del proceso técnico y el beneficio obtenido en el sistema tecnológico, entre otros.

Propósitos

1. Elaborar planes de intervención en los procesos técnicos, tomando en cuenta los costos socioeconómicos y naturales en relación con los beneficios.
2. Evaluar sistemas tecnológicos en sus aspectos internos (eficiencia, factibilidad, eficacia y fiabilidad) y externos (contexto social, cultural, natural, consecuencias y fines).
3. Intervenir, dirigir o redirigir los usos de las tecnologías y de los sistemas tecnológicos tomando en cuenta el resultado de la evaluación.

Aprendizajes esperados

➢ Identifican las características y componentes de los sistemas tecnológicos.
➢ Evalúan sistemas tecnológicos tomando en cuenta los factores técnicos, económicos, culturales, sociales y naturales.
➢ Plantean mejoras en los procesos y productos a partir de los resultados de la evaluación de los sistemas tecnológicos.
➢ Utilizan los criterios de factibilidad, fiabilidad, eficiencia y eficacia en sus propuestas de solución a problemas técnicos.

h5) Bloque V.

Proyecto de diseño

En este bloque se incorporan los temas del diseño y la gestión para el desarrollo de proyectos de diseño. Se pretende el reconocimiento de los elementos contextuales de la comunidad que contribuyen a la definición del proyecto. Se identifican oportunidades para mejorar un proceso o producto técnico respecto a su funcionalidad, estética y ergonomía. Se parte de problemas débilmente estructurados en los que es posible proponer diversas alternativas de solución.

Asimismo, se trabaja el tema del diseño con mayor profundidad y como una de las primeras fases del desarrollo de los proyectos con la idea de conocer sus características.

En el desarrollo del proyecto se hace hincapié en el diseño y su relación con los procesos fabriles, cuya característica fundamental es la organización técnica del trabajo. Estas acciones se pueden realizar de manera secuencial o paralela según las fases del proceso y los fines que se buscan.

Respecto al desarrollo de las actividades de este bloque, el análisis de los procesos fabriles puede verse limitado ante la falta de infraestructura en los planteles escolares, por lo que se promueve el uso de la modelación, la simulación y la creación de prototipos, así como las visitas a industrias.

El proyecto y sus diferentes fases constituyen los contenidos del bloque, con la especificidad de la situación en la cual se intervendrá o cambiará; deberán evidenciarse los conocimientos técnicos y la resignificación de los conocimientos científicos requeridos, según el campo tecnológico y el proceso o producto a elaborar.

Propósitos

1. Identificar las fases del proceso de diseño e incorporar criterios de ergonomía y estética en el desarrollo del proyecto de diseño.
2. Elaborar y mejorar un producto o proceso cercano a su vida cotidiana, tomando en cuenta los riesgos e implicaciones en la sociedad y la naturaleza.
3. Modelar y simular el producto o proceso seleccionado para su evaluación y mejora.

Aprendizajes esperados

- ➢ Identifican y describen las fases de un proyecto de diseño.
- ➢ Ejecutan las fases del proceso de diseño para la realización del proyecto.
- ➢ Evalúan el proyecto de diseño para proponer mejoras.

2. Tecnología de la manufactura

a. Preámbulo

Con el fin de atender estas nuevas necesidades, el Plan de Estudios 2006 establece el Perfil de Egreso de la Educación Básica, el cual describe *competencias para la vida* como un referente para orientar los procesos educativos.

La asignatura de Tecnología (el Plan de Estudios 2011), retoma estas orientaciones para el desarrollo de los programas de estudio. Las competencias se consideran intervenciones con las cuales los alumnos afrontan situaciones y problemas del contexto donde confluyen los factores personal, social, natural y tecnológico. Esta definición orienta a entender que las competencias se caracterizan por:

- ✦ Integrar diferentes tipos de conocimiento: disciplinares, procedimentales, actitudinales y experienciales.
- ✦ Movilizar de forma articulada conocimientos para afrontar diversas situaciones.
- ✦ Posibilitar la activación de saberes relevantes según la situación y el contexto.

Es importante señalar que las competencias se desarrollan y convergen constantemente cuando los alumnos afrontan diversas situaciones de índole técnica. Así, según las características de dichas situaciones, las competencias se integran de manera distinta.

b. La tecnología como actividad humana

A lo largo de la historia el ser humano ha intervenido y modificado el entorno, por lo que ha reflexionado acerca de:

⁂ La necesidad que es preciso satisfacer y el problema que debe resolverse.

⁂ La relación entre sus necesidades y el entorno.

⁂ El aprovechamiento de los recursos naturales.

⁂ Las capacidades corporales y cómo aumentarlas.

⁂ Las estrategias para realizar acciones de manera más rápida, sencilla y precisa.

⁂ Las consecuencias de su acción, respecto a sí mismo y para el grupo al que pertenece.

⁂ Las formas de organización social.

⁂ La manera de transmitir y conservar el conocimiento técnico.

Estos aspectos han posibilitado la creación de medios técnicos; la capacidad para desarrollarlos es una construcción social, histórica y cultural. Los medios técnicos tienen como característica su relación con el entorno natural y expresan el uso ordenado y sistematizado de los diferentes saberes que intervienen en la solución de problemas de distinta naturaleza.

En vista de que es una construcción colectiva que requiere de la organización y el acuerdo político, económico e ideológico del grupo o grupos involucrados, el desarrollo de medios técnicos es un proceso social. También es un proceso histórico porque responde al desarrollo continuo de los pueblos en el tiempo, que transforman las formas y los medios de intervención en la naturaleza. Finalmente, es un proceso cultural porque se expresa en las diversas relaciones que los seres humanos establecen con los aspectos social, natural, material y simbólico; es decir, las formas mediante las cuales se construyen, transmiten y desarrollan los saberes, los valores y las formas de organización social, los bienes materiales y los procesos de creación y transformación para la satisfacción de necesidades.

La tecnología se ha configurado en un área específica del saber con un corpus de conocimientos propio. En éste se articulan acciones y conocimientos de tipo descriptivo (sobre las propiedades generales de los materiales, características de las herramientas, información técnica) y de carácter operativo o procedimental (desarrollo de procesos técnicos, manipulación de herramientas y máquinas, entre otros).

Los conocimientos de diversos campos de las ciencias sociales y naturales se articulan en el área de tecnología y se resignifican según los distintos contextos históricos, sociales y culturales para el desarrollo de procesos y productos técnicos.

Aunado a todo lo anterior, se presenta también para los docentes, una mayor vinculación con todas las asignaturas acorde con las necesidades reales que se presentan. De esta manera de ser más colaborativa en los procesos de la transformación educativa. Así como, la actualización de los conocimientos permitiendo ser mejores guías para los alumnos en conceptos modernos de la tecnología actual.

México progresará más rápidamente en todos los aspectos de su desarrollo cuanto más se intensifiquen por modificar los viejos esquemas y saliéndose de su área de confort o como menciona un locutor de una estación de radio "A salir de la mediocridad", el cambio lo tenemos en nosotros mismos, hagamos el cambio.

c. Justificación

Uno de los cambios más notables del desarrollo técnico, se manifiesta en la satisfacción de necesidades a través de los productos de la manufactura. Muchos de los objetos que usa a diario cualquier familia, se han hecho tan cotidianos, que poco se reflexiona acerca de las implicaciones del uso de nuevos bienes en nuestras formas de vida. Automóviles, refrigeradores, lavadoras, televisores, equipos de audio y video, herramientas eléctricas, utensilios de cocina, entre otros, son ejemplos de esos productos que demandan a los usuarios nuevos conocimientos y habilidades. La incorporación de los productos de la manufactura tiene implicaciones que promueven y agregan nuevas formas de organización, e interacción social y con el entorno. Por ejemplo, el uso de bienes como el automóvil, en el que se transfieren funciones de transporte, requiere conocimientos y habilidades particulares para el conductor e implica nuevas formas de organización para sus usuarios y de interacción con otras personas, al reducir tiempos de traslado.

Las demandas sociales hacia los sistemas educativos giran en torno al desarrollo de conocimientos y habilidades en los alumnos para el uso responsable y eficaz de productos de la manufactura, los cuales requieren de la interpretación de ciertos códigos y conocimientos para su mejor aprovechamiento. En este sentido la escuela secundaria debe promover aprendizajes para el estudio de los procesos y productos de la manufactura que permita a los alumnos intervenir en ellos y usarlos de manera informada, crítica y responsable.

d. Caracterización

El campo tecnológico de la manufactura se refiere al conjunto de técnicas cuyos productos son los bienes. Éstos están constituidos por unidades reemplazables e intercambiables que se diseñan y elaboran, bajo ciertas especificaciones, para su uso e incorporación en diferentes productos y sistemas. Por ejemplo, un tornillo o un componente de microelectrónica que formarán parte de una licuadora, o bien, de una computadora.

Cuando se habla de la producción en serie, los procesos de manufactura se caracterizan por una línea de ensamble que se subdivide en etapas. Cada una de las cuales puede ser integrada como un proceso independiente y especializado en el conjunto del proceso. La maquila se fundamenta en estos métodos. Sin embargo, en la actualidad existen manufacturas que aún se elaboran de manera artesanal.

Otro de los rasgos fundamentales de la manufactura, es una creciente automatización del control de diferentes fases del proceso productivo. Éste, en sus inicios, lo realizaban sólo personas especializadas, luego surge el empleo de aparatos eléctricos y actualmente es operado con el uso de la microelectrónica (característica de los sistemas más avanzados), que utiliza sistemas robotizados para optimizar tiempos y eficiencia de los procesos.

e. Competencias específicas en el alumno

a) Reproduce y analiza objetos y sistemas de la manufactura

* Identifica los componentes, las relaciones y las funciones en objetos de la manufactura
* Reconoce y lleva a cabo algunas acciones que constituyen la manufactura
* Realiza acciones de regulación y control en los sistemas de la manufactura
* Explica las interacciones del ser humano con los medios en los procesos de manufactura: artesanales, fabriles y de producción automatizada

b) Selecciona diversas herramientas y máquinas, según el tipo de manufacturas a elaborar

- Identifica las funciones que se han transferido a las herramientas y máquinas en los procesos de manufactura
- Usa diversas herramientas y máquinas según los componentes u objetos a elaborar
- Analiza a las herramientas y máquinas como la ampliación de sus capacidades y simplificación de sus acciones en los procesos de la manufactura

c) Selecciona insumos y energía según los requerimientos de la manufactura a elaborar

- Reconoce y compara los materiales y la energía para los procesos de la manufactura
- Comprende la relación entre las propiedades de diferentes materiales, los componentes que integran al objeto y los medios para su fabricación
- Utiliza diferentes materiales y fuentes de energía en procesos de manufactura, tomando en cuenta las implicaciones en la sociedad y la naturaleza

d) Administra y gestiona acciones y recursos como parte de los procesos de la manufactura

- Reconoce a la planeación y la organización como acciones fundamentales en los procesos de la manufactura
- Organiza las actividades de producción de un objeto para optimizar tiempos y recursos
- Planifica las acciones de la manufactura en secuencias lógicas para su ejecución
- Supervisa y controla acciones para mejorar los procesos de la manufactura
- Valora el trabajo colaborativo en la realización de cada una de las fases en las que participan

e) Comunica sus ideas y proyectos de la manufactura utilizando diferentes medios

✤ Reconoce diversos lenguajes técnicos como medio de comunicación según el tipo de manufactura

✤ Utiliza diversos medios para expresar y representar ideas, productos, sistemas y proyectos de manufactura

✤ Elabora e interpreta diversos manuales técnicos para el uso de objetos y operación de procesos de manufactura

f) Interviene en sistemas de la manufactura según sus necesidades

✤ Reconoce a la manufactura como la producción de bienes de uso cotidiano

✤ Utiliza objetos y sistemas de la manufactura, tomando en cuenta los aspectos sociales y naturales

✤ Valora las fases del proceso de la manufactura que pueden representar riesgos en la sociedad y la naturaleza

g) Diseña y resuelve problemas de manufactura de creciente complejidad

✤ Identifica situaciones problemáticas como oportunidades para el diseño de manufacturas

✤ Selecciona la mejor alternativa para la resolución de problemas de la manufactura

✤ Desarrolla proyectos de manufactura de acuerdo a criterios de eficiencia, calidad, acabado del producto, tomando en cuenta la previsión de riesgos sociales y naturales

✤ Elabora modelos para probar y analizar sus diseños técnicos

g) Integra diversas fuentes de información y conocimiento para mejorar productos y procesos de manufactura

✤ Realiza diseños sencillos basados en su experiencia para el desarrollo de sus proyectos de manufactura

✤ Utiliza diversas fuentes de información y conocimientos como insumos en procesos y proyectos de la manufactura

✤ Emplea conocimientos y métodos de análisis para resolver problemas de la manufactura

✤ Analiza y selecciona la información para diseñar y evaluar sus proyectos

h) Participa en procesos de cambio e innovación de productos y procesos de manufactura

✤ Establece analogías e identifica las funciones transferidas en las herramientas, máquinas y bienes de la manufactura
✤ Comprende los procesos de cambio de las manufacturas y su adecuación según el contexto
✤ Modifica y crea sistemas de la manufactura tomando en cuenta nuevos requerimientos para la producción de objetos
✤ Pone en práctica proyectos de innovación en los procesos de la manufactura atendiendo las condiciones del contexto social y natural
✤ Valora el trabajo creativo como fuente de las innovaciones en la manufactura y sus productos

i) Evalúa procesos y productos de manufactura y prueba alternativas para mejorarlos

✤ Identifica y realiza cambios pertinentes en diseños de la manufactura conforme los pone en práctica
✤ Prevé el riesgo ambiental en los procesos de la manufactura
✤ Verifica que los resultados del diseño de las manufacturas cumplan con los requerimientos y funciones esperados (productos seguros, duraderos, y de alta calidad)

j) Articula diversas técnicas en la manufactura según los productos a elaborar

✤ Identifica la diversidad y los niveles de complejidad de las técnicas que intervienen en la manufactura
✤ Comprende que la articulación de técnicas de la manufactura está conformada por las necesidades que satisface el objeto
✤ Analiza en los procesos de la manufactura en los que se articulan diversas técnicas
✤ Integra y organiza técnicas en sistemas de mayor complejidad, según las exigencias de las manufacturas

CAPITULO II

LOS SISTEMAS MODERNOS DE MANUFACTURA

El verdadero progreso consiste en renovarse
Alexandre Vinet

1. Introducción

La manufactura es el proceso para transformar la materia prima en productos útiles mediante el empleo de las máquinas-herramienta por parte del hombre.

En sus orígenes, la manufactura se llevaba a cabo con simples herramientas de mano (de ahí el termino manufactura en su origen); pero con la acumulación gradual de conocimientos, el hombre ha desarrollado herramientas, máquinas, materiales y técnicas que en la actualidad le permiten fabricar artículos o productos a gran velocidad, alta precisión y a gran escala, dando come resultado el desarrollo de los sistemas modernos de manufactura.

En los inicios de la manufactura, la calidad de los productos dependía en grado sumo de la habilidad del operario, lo cual implicaba serias limitaciones para producir productos de calidad, baratos y en grandes volúmenes. El desarrollo de las máquinas y de la técnica hicierón posible el empleo de personas con poca habilidad, el aumento de los volúmenes de producción y la reducción de los costos de fabricación y el mejoramiento de la calidad de los productos. Con ello se eliminan, la fatiga y los errores humanos.

La incorporación de la computadora ha dado un gran impulso decisivo en la demanda de producción de nuevas piezas y en el control de los procesos. El CNC, CAD/CAM, CAE, CAT, CAD, MRP, etc., estos facilitan el manejo de información de productos manufacturados existentes, así como también de las operaciones en productos a manufacturar.

El presente trabajo se desarrolla aplicando las técnicas modernas de manufactura de los elementos que conforma la caja reductora de velocidad. El empleo del CNC y CAD/CAM son de gran importancia en la obtención de piezas de excelente calidad y precisión. Como, la realización de distintas operaciones de maquinado en una sola máquina con ello se elimina el cambio de piezas por diversas máquinas. Además los tiempos de montaje disminuyen, en donde se deduce el ahorro de tiempo que es muy importante. Que si se compara con las máquinas convencionales no se realizarían con la calidad y la precisión en menor tiempo.

2. Historia de los sistemas de manufactura

La automatización de los procesos de manufactura ha dado lugar a avances sin precedente en e1 campo industrial. Ello ha sido posible gracias al desarrollo de las nuevas tecnologías, tales como la mecánica, la electrónica, la computación, la ciencia de los materiales, y sobre todo, el control y regulación de sistemas y procesos.

La incorporación de la computadora ha dado lugar a la automatización integral de los procesos de manufactura. Asimismo la aparición de la microelectrónica y de los microprocesadores, han hecho posible el desarrollo de técnicas de control complejas, la robotización y los sistemas de manufactura integrados por computadora. La aplicación de estas tecnologías reduce los costos de fabricación, aumentan la productividad, mejoran la calidad y la precisión de los productos.

3. Antecedentes históricos y evolución

Desde la antigüedad el hombre se ha sentido fastidiado por las máquinas que imitan los movimientos, las funciones o los actos de los seres vivos la realización de mecanismos animados a través de dispositivos hidráulicos, neumáticos o mediante poleas, palancas, tornillos, engranajes, levas y resortes, han sido constantemente utilizados desde la antigüedad para este fin. Dédalo, por ejemplo, construyo estatuas que se movían solas. Arquímedes (287-·212 a de J.C.) descubrió su famoso principio e inventó la leva, el resorte y el tornillo sin fin. Pero fue hasta mucho más tarde, cuando el perfeccionamiento de la mecánica permitió construir autómatas complejos. Dichas construcciones se dieron en los siguientes campos.

1. Religioso e histórico: construcción de monumentos.
2. Astronomía: construcción de modelos.
3. Entretenimiento: fabricación de dispositivos.
4. Decoración: fabricación de adorno.
5. El hombre: construcción de androides mecánicos.

El primer autómata digno de mención fue el gallo de la catedral de Estrasburgo (construida en 1354) que aparece al dar la hora, batiendo las alas y cantando.

En el renacimiento, los progresos tecnológicos fueron de importancia, por ejemplo, Leonardo construyó un león animado.

En el siglo XVIII, el francés Vaucanson construyó una serie de autómatas destinados a la corte o para servir de atracción en las ferias. De este modo el desarrollo de la mecánica de precisión en este siglo, hace posible la época de oro de los autómatas. En 1738 Vaucanson expuso en París una serie de autómatas entre los que destacaba un pato que según la propaganda bebía, comía digiriendo y evacuando el alimento; además, chapoteaba sobre el agua y graznaba.

El primer intento para controlar la manufactura, mediante un sistema de control, fue desarrollado por Joseph Jacquard en el año de 1801; joven inventor que vivía en París, planeó una máquina de tejer (que se le conoce como el telar de Jacquard) que utilizaba una banda de cartulina perforada, mediante la cual controlaba el diseño de la **fabricación**. Mediante el mejoramiento de la banda y de las perforaciones (que representaban el código) era posible tejer automáticamente, varios diseños florales.

De esta manera se dio comienzo a la mecanización y automatización de los procesos industriales. Había terminado la era de entretener a las cortes; en cambio se había descubierto la importancia de la automatización de las fábricas, es decir, la producción sin la intervención del hombre.

La automatización de los procesos industriales comenzó con la necesidad de definir la secuencia de operaciones para hacerlas repetitivas. El primer método fue la programación mediante levas. Se crearon varios dispositivos para determinar la secuencia de operaciones de una manera programada. El control del programa mediante dispositivos mecánicos es limitado, por lo que a finales del siglo XIX, se modificaron por otros, basados en sistemas eléctricos, hidráulicos o neumáticos.

En los procesos industriales se requiere calidad, precisión y uniformidad de los productos. Para cumplir con estos requisitos fue necesario desarrollar sistemas de control que permitieran tomar medidas de las variables críticas y modificar el proceso a fin de alcanzar los valores prefijados. Esto se hizo posible con el desarrollo de un sistema de retroalimentación, que hoy en día representa la clave para lograr la precisión y la calidad.

Con el advenimiento de la automatización nacen las máquinas transfer para la producción de grandes series de un tipo de piezas particulares. El nombre deriva del hecho que el bloque de metal forjado o fundido que debe ser trabajado oportunamente, se coloca en la máquina con un posicionamiento inicial (primera estación) y así sucesivamente es transferido automáticamente de una estación a otra en cada una de las cuales se completa un particular tipo de operaciones tales como fresado, barrenado, mandrilado, roscado, etc.

La necesidad de máquinas flexibles y versátiles para h fabricación de pequeños lotes de piezas diversas, series medianas, prototipos y piezas únicas, demandaron máquinas de alta precisión que desvinculara al hombre de la máquina; misma que se deja al operador solamente para supervisarla, Ello ha determinado el empleo de las máquinas-herramienta con control numérico, que en sus inicios para resolver utilizaron para resolver problemas de manufactura muy complicados corno sor: perfiles utilizados en la industria aeronáutica.

Es así como aparecen las máquinas-herramienta de control numérico, y se les llama así porque las informaciones proporcionadas a la máquina (posicionamiento de la mesa, desplazamientos de la misma, velocidad de rotación, avance de la herramienta, tipo herramienta, etc.) se recaban del dibujo de la pieza y del ciclo de fabricación de la pieza y memorizadas en forma numéricas se codifican en la cinta perforada o en cinta magnética. A esta fase, se le considera de programación que produce como resultado final la cinta perforada. Esta cinta sustituye al dibujo, que introducida en la unidad de gobierno de la máquina es leída en forma automática e interpretada y transformada en seriales que, amplificadas, accionan los servomecanismos de la máquina determinando los movimientos de traslación *y* de rotación necesarios para el funcionamiento y el movimiento relativo herramienta-pieza.

En el año de 1947 un pequeño constructor americano de hélices para helicóptero, John Parson, concibió una máquina comandada automáticamente con informaciones numéricas.

El desarrollo subsecuente era el de reducir las operaciones de control de la hélice;

operaciones que eran muy largas y costosas.

La máquina era una trazadora cuya mesa era comandada mediante una hoja perforada sobre la cual se indicaban las coordenadas de los puntos.

Fue hasta el año siguiente, cuando la USAF (United State Air Force) se interesó por los estudios y, experimentaciones de John Parson. El gobierno americano decidió financiar el proyecto y la construcción de una Fresadora comandada sobre tres ejes. Parson y el M.I.T. (Massachusetts Institute of Technology) se asociaron para concretar esta investigación.

Cinco años más tarde (1953) el MIT procedió a la demostración de una Fresadora para contorneados en tres ejes con resultados muy satisfactorios. El sistema de comando desarrollado se le denominó Control Numérico.

En 1955 se mostraron las primeras máquinas-herramienta de control numérico en la exposición de Chicago.

En 1956 la USAF distribuyó una orden de 170 máquinas-herramienta de control numérico a varios fabricantes americanos para su desarrollo.

En 1960 se presentaron en Chicago más de 100 máquinas de control numérico, haciendo su aparición los Centros de Maquinados de Control Numérico (CM/CN).

En 1964 la demanda de máquinas-herramienta de Control Numérico (MH/CN) era grande y hacia fines de aquel año el mercado mundial de las mismas aumentaba a 5800 unidades.

En diciembre de 1979 se ha estimado la distribución de MH/CN 120,000 unidades. Así siguió creciendo la demanda de MH/CN de modo que el empleo de estas máquinas dio por terminado el ciclo histórico de las máquinas-herramienta convencionales.

4. Evolución de los sistemas de manufactura

Los inicios de la manufactura se llevan a cabo con herramientas simples de mano, a medida que va aumentando los conocimientos y técnicas, es posible fabricar productos a gran velocidad, mayor precisión y en mayor escala. En la figura se muestra las formas convencionales de maquinado con los procesos modernos de manufactura.

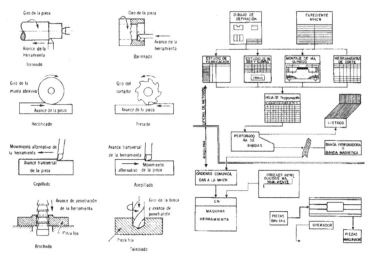

Proceso convencional de maquinado Proceso C.N.C de manufactura

En la figura representa un taller de tornos, empleando la fuerza motriz de un ayudante o aprendiz para poner en marcha el sistema de transmisión accionando la manivela y mover la rueda de transmisión del torno, mientras el maestro o tornero realiza el maquinado de la pieza; Podemos observar que aunque los procesos de manufactura se han desarrollado, las formas de las máquinas de siglos anteriores aún pueden reconocerse.

Taller de tornos

El punto de partida de los procesos de manufactura modernos se le acredita a ELI WHITNEY en 1792 con su máquina "Desmotadora de algodón" mostrada en la figura que consiste de una tolva que dirige las cápsulas de algodón a una rejilla atravesada con ganchos de alambre de un cilindro giratorio. Los ganchos jalan el algodón a través de la rejilla, separando las semillas. Junto a la rejilla, un cepillo giratorio recoge el algodón.

En ese momento un trabajador podía separar 25 Kg. de algodón al día, mientras que a mano se obtiene casi 1/2 Kg.

Desmotadora de algodón

En 1818, WHITNEY (1) inventa la fresadora, figura para la manufactura de armas por un pedido por el Gobierno, en 1838 es perfeccionada por GAY SILVER (3).

En 1850 el socio WHITNEY PRATT (2) la fresadora es perfeccionado y más robusto.

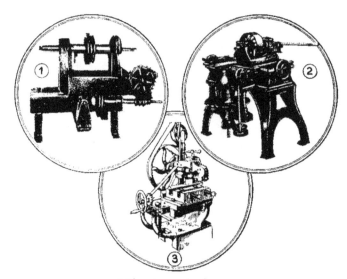

Máquinas de fresar

En 1875, aparecen las primeras fresadoras de pedal.

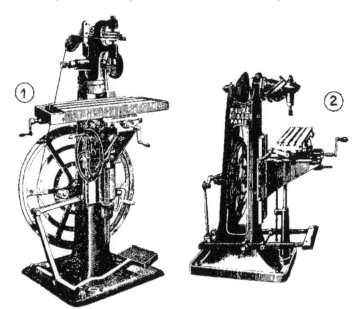

Máquinas de fresar de pedal

Como se puede observar los enormes progresos realizados desde una pequeña máquina hasta la fresadora universal, como lo muestra en la figura.

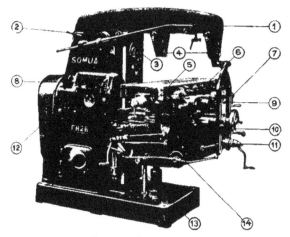

Fresadora universal moderna

Otro progreso industrial en el desarrollo de la manufactura en las máquinas - herramienta es el torno.

El torno más antiguo fue construido en 1569 por JACQUES BERSON provista de un husillo patrón de madera para roscar como lo muestra la siguiente figura.

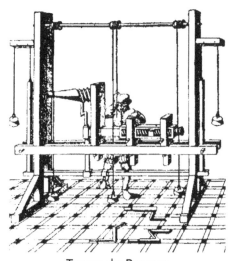

Torno de Berson

Después de 200 años aparece un torno para roscar siguiendo los planos del desaparecido LEONARDO DE VINCI por el francés SENOT en 1795, como se muestra en la figura.

Torno para roscar de Senot

En 1875 aparecieron los primeros tornos con bancada de fundición, fue éste el primer torno paralelo, mostrado en la figura y que técnicamente utilizado hasta el presente.

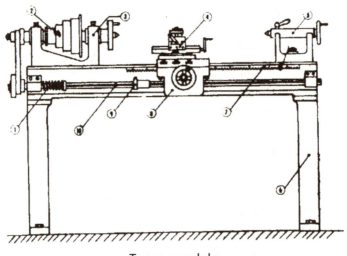

Torno paralelo

Para concluir esta breve reseña de la evolución de la manufactura, un hibrido que es la combinación de los servomecanismos y las computadoras, es así como surgen las máquinas de control numérico (CN), continuaron las de CNC (Control Numérico Computarizado). Aparecen los sistemas integrados como el CAD/CAM y por último los sistemas CIM (manufactura integrada por computadora) que es la total automatización en manufactura. Estos últimos se mencionan más adelante con más detalle.

5. Incorporación del control numérico en las máquinas-herramienta

Con los sistemas tradicionales de producción con máquinas-herramienta, el dibujo de la pieza representa una memoria con todas las informaciones necesarias; pero, como la máquina o tiene la capacidad de interpretar el dibujo, se hace necesario la intervención del hombre, quién lo lee, lo interpreta, recuerda lo escrito y lo comunica a la máquina, efectuando las maniobras necesarias para producir la pieza. De esta manera se crea así una unión indivisible hombre-máquina y puesto que los errores son inevitables, la pieza requiere de un control final.

Los procesos de manufactura en los últimos 30 años han cambiado significativamente y la mejor contribución se ha dado en la automatización avanzada, la cual se lleva a cabo mediante máquinas controladas automáticamente para ejecutar una gran variedad de trabajos. Estos equipos son capaces de combinar mejor los costos de manufactura, la productividad y la utilidad, lográndose una mayor eficiencia en la realización de las tareas de fabricación.

La aplicación de los sistemas de manufactura avanzados, entre los que se encuentran las máquinas-herramienta de control numérico, depende enormemente del volumen de producción. Estimativos de la proporción de la producción total de los países desarrollados en la categoría de lotes, varía entre el 70 y el 85 por ciento. La mayor proporción de manufactura por lotes es la razón por la cual actualmente se presta tanta atención a los sistemas avanzados de manufactura.

En la producción masiva, el método más adecuado es la utilización de máquinas de trasferencia en las que las piezas a manufacturar se trasladan automáticamente de una estación, de, mecanizado a otra. Cada cabezal ejecuta una o varias operaciones hasta que la pieza al alcanzar el final de la línea de producción se completen todas las operaciones necesarias.

En la producción por lotes una de las maneras de llevar a cabo la producción es por métodos 'convencionales de disposición de máquinas-herramienta. En este método las máquinas se agrupan por tipos, tales como fresadoras, tornos, taladros, rectificadoras, mandriladoras, etc. Los lotes de piezas pasan por algunos o todos los grupos de máquinas de acuerdo a una ruta planeada. Cada máquina requiere ser alimentada constantemente para alcanzar plena utilización. Uno de los principales problemas de este sistema de fabricación es el alto costo de manejo de piezas y de almacenamiento temporal.

Las máquinas de control numérico como sistema de producción se aplican para la fabricación de piezas principales e intermedias: Opitz y Wiendhal demostraron que para producción unitaria o en pequeños lotes, el 10 de las piezas son principales, pero que ellas representan el 50 del valor del producto; el 40 son piezas intermedias y representan el 30 del valor total: las restantes son piezas menores y representan solamente el 20 del valor total. Las piezas principales son costosas debido al valor considerable del material y porque requieren generalmente una gran cantidad de operaciones de maquillado. Para el mecanizado de estas piezas, los centros de maquinado y los centros de torneado accionados por control numérico son los más adecuados, dada la gran variedad de operaciones de maquinado que se pueden realizar en ellos. La ventaja principal de este sistema de producción es que la pieza se sujeta una sola vez, por lo que las máquinas son capaces de efectuar una gran variedad de operaciones de mecanizado en todas las caras de la pieza, (con excepción de la base) con la menor pérdida de tiempo y una elevada precisión.

Para la fabricación de lotes de piezas intermedias las máquinas-herramienta de control numérico como la fresadora, el torno, la mandriladora, etcétera, son generalmente el sistema de producción más económico. Estas máquinas resultan adecuadas la fabricación de partes intermedias requeridas por pequeños y medianos lotes que no requieren una gran variedad de operaciones de mecanizado que impliquen el uso de diferentes posiciones de la pieza.

La necesidad de máquinas flexibles, versátiles y de alta precisión para la fabricación de lotes pequeños, ha determinado el empleo de las máquinas-herramienta de control numérico, que anteriormente se utilizaban para resolver problemas de maquillado complejo como los perfiles de las piezas utilizadas en la industria aeronáutica.

Las máquinas-herramienta de control numérico son accionadas por un sistema de control numérico. Las informaciones dadas a la máquina (posicionamiento de la mesa, desplazamientos de la misma, velocidad de rotación, avance de la herramienta, tipo de herramienta, etc.) vienen recabadas del dibujo de la pieza y del ciclo de fabricación. Estas informaciones son codificadas y memorizadas en forma numérica en la cinta perforada, en casete, en disco flexible o en la computadora de la máquina. De ahí el nombre de máquinas-herramienta de control numérico. Esta información sustituye el dibujo de la pieza y es leída, interpretada y transformada en señales en la unidad de gobierno de la máquina, que amplificadas, accionan los servomecanismos de la máquina, determinando los movimientos de traslación y rotación necesarios para el funcionamiento relativo de pieza-herramienta.

6. Conceptos Elementales

Tanto las máquinas-herramienta de control numérico como las de tipo convencional efectúan desplazamientos lineales y angulares. De hecho se tienen traslaciones rectilíneas de la mesa (transversal y longitudinal) y del cabezal (vertical). Algunas máquinas están equipadas con mesas giratorias que permiten giros del tipo horizontal o vertical según el tipo de máquina. Otra posee cabezales rotatorios.

En las máquinas-herramienta de control numérico los movimientos son controlados por transductores de posición, los cuales miden las cotas (líneas o angulares) desde un centro de coordenadas preestablecido. Estas mediciones son realizadas con una precisión de 1/1000 mm o bien en segundos de grado Cuando las mesas se mueven (simultáneamente o bien secuencialmente) hacia una cierta posición, los transductores señalan continuamente a la unidad de gobierno de la máquina el avance de los ejes (mesas) con referencia al punto por alcanzar (recordándoles continuamente que deben alcanzar y pararse en el punto predeterminado con extrema precisión) justamente por confrontación entre la posición de estabilidad y la diferencia de desplazamiento lineal que falta para alcanzar la posición.

Las aplicaciones del control numérico a las máquinas-herramienta contemplan la tecnología de las máquinas-herramienta convencionales y el desarrollo de unidades de gobierno. Sin embargo, las precisiones requeridas de las máquinas de tipo convencional no son las deseadas, por lo que es necesario la construcción de máquinas capaces de recibir mejor las señales de la unidad de gobierno, con servomecanismos adaptivos, con órganos de movimiento que presenten los mínimos rozamientos y sobre todo con cadena cinemática (órganos de transmisión de movimiento) con los juegos mecánicos reducidos al mínimo y en muchos casos casi nulos mediante dispositivos para reprimir o eliminar los juegos mecánicos, como los tornillos sin fin de recirculación de esferas.

7. Definición de control numérico

Considerados los principios fundamentales de la tecnología del control numérico de las máquinas-herramienta, estamos en mejores condiciones de comprender el concepto de control numérico.

Con el término control numérico se define en general las técnicas y métodos que permiten gobernar una máquina mediante informaciones de tipo numérico, suministradas a un aparato acoplado a la máquina-herramienta.

La denominación "control numérico" derivada del término **numerical control** (con traducción poco pertinente) acuñado por el Instituto de Tecnología de Massachusetts, no indica un simple control de las operaciones seguidas por una máquina sino la de comandar dichas operaciones. Por ello es más adecuado hablar de comando numérico.

Por consiguiente, el control numérico, o si se prefiere, comando numérico tiene por objetivo fundamental de proveer a la máquina (destinada a un ciclo de trabajo determinado) las informaciones necesarias para su funcionamiento mediante equipo de tipo digital, explotando así las modernas técnicas de fabricación y de transmisión de datos.

Se puede por tanto afirmar, que el control numérico permite realizar de manera automática todas las operaciones fundamentales que en una máquina-herramienta convencional son reservadas al operador, reduciendo las operaciones del mismo al control y vigilancia de la máquina.

Por tanto, una definición que se juzga lo suficientemente representativa es la siguiente:

El control numérico es un sistema que a partir de un programa preestablecido, confeccionado mediante una serie de instrucciones numéricas codificadas de un modo adecuado, es capaz de dirigir automáticamente cualquier tipo de movimiento de uno o varios órganos o mecanismos, así como de memorizar el orden seleccionar y tipo de funcionamiento de los mismos.

Vinculando el empleo del control numérico a las máquinas-herramienta, se entiende el control numérico como el método de operar las máquinas-herramienta, en donde la acción del operador se traduce esencialmente en el suministro de instrucciones compuestas de caracteres alfa-numéricos.

Es de relevancia mencionar que siendo el control numérico un método de automatización de funciones, este debe aplicarse a aquel tipo de máquinas que se caractericen por tener una gran facilidad a diferentes trabajos.

8. Justificaciones del empleo de las máquinas-herramienta de control numérico

La finalidad de toda producción es la de producir artículos de calidad óptima y de bajo costo. Con el empleo y aplicación de máquinas-herramienta de control numérico es posible no solamente fabricar piezas a elevada precisión, sino también permiten una notable disminución de costos de producción, eliminación de fatiga humana, errores humanos y otros más. La justificación del empleo de estas máquinas redunda en el beneficio económico que se pone de manifiesto en los siguientes aspectos:

- Los tiempos de maquinado de las piezas se reduce considerablemente. Con un solo posicionamiento se pueden realizar múltiples operaciones de maquinado. El posicionamiento de la pieza se realiza en forma simple y rápida. El desplazamiento para el posicionamiento de las herramientas se lleva a cabo en forma rápida y precisa. Además los tiempos muertos causados por el factor humano se eliminan.
- El control de calidad se reduce considerablemente. La probabilidad de que las partes maquinadas estén fuera de las tolerancias especificadas es casi nula, puesto que una vez maquinaria la primera pieza y verificada, las demás serán exactamente iguales, ya que la máquina repetirá el maquinado con las mismas características.
- Eliminación de desperdicios de material. Debido a que el ciclo de maquinado de las MH-CNC es casi completamente automatizado, las posibilidades de error humano son muy limitadas. Un programa bien realizado hace que la acción del operador se reduzca a vigilar la máquina, a quitar la

pieza maquinada y a poner la pieza que ha de trabajarse en seguida.

- ∽ Eliminación de dispositivos o plantillas tradicionales. En las máquinas-herramienta de tipo convencional cuando se desea realizar trabajos de precisión y en serie se requiere de fabricación de dispositivos y plantillas que permitan la reducción de tiempos de fabricación y que por otro lado garanticen la precisión requerida. Estos dispositivos resultan generalmente costosos cuando se trata pequeños lotes de piezas. En las aplicaciones de las MH/CN por lo general no se emplean dispositivos, puesto que la respetabilidad y la precisión son características propias de las máquinas CN.
- ∽ Posibilidad de trabajar piezas complicadas con operadores no altamente calificados. Además el mismo operador puede operar simultáneamente otras máquinas CN. Ello redunda en una reducción considerable de mano de obra.
- ∽ Mayor precisión de maquinado. Las MH/CN tienen la capacidad de efectuar desplazamientos y operaciones de maquinado con gran exactitud. El sistema de accionamiento, los transductores de posición y los tornillos sin fin de recirculación de esferas son los encargados de hacer posible deslizamientos muy finos y precisos exentos casi de rozamiento. Además la precisión hace posible que casi sea nulo obtener piezas defectuosas.
- ∽ Posibilidad de hacer modificaciones sobre una pieza en cualquier momento sin tener que volver a fabricar o modificar costosas montaduras.
- ∽ Reducción de los movimientos internos en el taller. El hecho de utilizar un centro de maquinado CN o un centro de torneado CN de operaciones múltiples en vez de utilizar un grupo de máquinas-herramienta convencí males, los movimientos en el taller se reducen, puesto que todas las operaciones se realizan en una sola máquina.
- ∽ Reducción de espacios. En un proceso de fabricación determinado al utilizar centros de maquinado y de torneado en vez de grupos de máquinas-herramienta de tipo convencional, se está ahorrando espacio ya que las máquinas CN ocupan menos espacio que el grupo de máquinas que sustituyen. La reducción de espacio se logra también porque las piezas trabajadas en ellas permanecen

menos tiempo en el taller y porque no existen dispositivos y plantillas que almacenar.

&⁓ Posibilidad de programar y controlar más eficientemente el trabajo en el taller, puesto que se tiene un conocimiento exacto de los tiempos de producción de cada pieza por lo que se puede conocer el tiempo total de producción de un lote o de una serie de piezas.

Las prestaciones o beneficios mencionados que una MH/CN proporciona cada día son mejores debido al desarrollo constante que las mismas tienen a medida que pasa el tiempo. Un factor decisivo ha sido la incorporación de la computadora y del control adaptivo a los sistemas de control numérico.

El Control Numérico Computarizado (CNC), representa un salto cualitativo y cuantitativo en las prestaciones del control numérico. El CNC puede definirse. como un sistema en el cual las principales funciones del control numérico son efectuadas por una computadora con un sistema global de **software**, el cual puede ser modificado, aumentado o sustituido. Esto trae como consecuencia una simplificación enorme de fa programación, una flexibilidad de aplicación excepcional y la posibilidad de satisfacer las exigencias específicas de los usuarios.

El Control Adaptivo (CA), experimentado por primera vez en el Instituto de Tecnología de Massachusetts, representa un paso decisivo hacia la total automatización de la fábrica. En efecto, permite controlar en todo momento las condiciones específicas de trabajo de las MH/CN, variando las instrucciones de entrada del equipo de control numérico de acuerdo con las alteraciones imprevistas de los parámetros controlados. Los parámetros controlados por un equipo de control adaptivo son:

&⁓ Velocidad de corte.
&⁓ Velocidad de avance.
&⁓ Rotación del mandril o del husillo.
&⁓ Potencia del mandril o del husillo.
&⁓ Fuerza de corte.
&⁓ Momento flexionante.
&⁓ Temperatura de corte.
&⁓ Amplitud de las vibraciones.
&⁓ Etc.

Las máquinas-herramienta con un sistema CNC/CA hacen posible un alto rendimiento en la fabricación de partes y una programación más simple, más flexible y con mayores posibilidades de aplicación. Además es posible fabricar piezas mucho más complejas en su configuración geométrica. Algunas prestaciones de estos sistemas incorporados al control numérico son:

- Control inmediato y simultáneo de un mayor número de ejes (interpolación lineal, circular y helicoidal) en cualquier plano.
- Control automático de la velocidad vectorial sobre el perfil que se está trabajando.
- Aceleración y desaceleración controlada, incluso en interpolación circular al alcanzar la posición comandada.
- Programación en milímetros, pulgadas y a otras escalas.
- Memoria permanente para la memorización de los programas.
- Visualizador con tubo de rayos catódicos (TV):
- Compensación del juego en las inversiones de movimiento.
- Variación de la velocidad de giro y de los avances de los ejes.
- Simulación de programas en el monitor de la computadora a bordo de la máquina, con visualización grafica o alfanumérica.
- Corrección automática de longitud y diámetro de las herramientas.
- Visualización del porciento de potencia absorbida por el mandril de la máquina.
- Velocidad de corte constante.
- Programación directa mediante definición de rectas, radios y chaflanes.
- Creación de subprogramas que pueden ser llamados en el programa principal mediante una sola función.
- Definición de perfiles que pueden ser llamados para ciclos de desbaste y acabados.
- Posibilidad de ampliar la memoria mediante la integración de módulos de memoria permanente o volátil.
- Posibilidad de rotar en el plano parte o todo un programa.
- Posibilidad de repetir n veces un programa o parte para la realización de ciclos particulares.

6⌒ Aumento de la vida de la herramienta.

6⌒ Protección contra choques de pieza y herramienta.

6⌒ Simplificación de programas debido a que el sistema CA selecciona automáticamente las condiciones tecnológicas de trabajo ideales.

6⌒ Autodiagnóstico de fallas, que permiten localizar en cualquier parte del sistema fallas por colisión, funcionamiento o por operación.

6⌒ Y muchas otras más.

Lo anterior pone de manifiesto la gran flexibilidad y versatilidad de las MH/CN. Por consiguiente, hoy en día es indiscutible su empleo en cuanto a precisión, flexibilidad y eficiencia, motivo por el cual en países desarrollados las máquinas-herramienta convencionales han concluido su ciclo histórico.

9. Control Numérico (CN) y Control Numérico Computarizado (CNC)

Las máquinas de control numérico (CN) aparecieron en Estados Unidos, alrededor del año de 1942, durante la segunda guerra mundial, para resolver un problema de maquinado de una leva para los motores de aviones. El maquinado era imposible con una máquina convencional. La combinación de movimientos de una herramienta en varias direcciones al mismo tiempo, pedirle a un operador la coordinación de varios movimientos con una excelente precisión resultaba absurda. Para solucionar este problema y garantizar la precisión, fue necesario que la herramienta recorra una trayectoria definida por un gran número de puntos. Esta información a manejar exigió de una máquina con un calculador electrónico.

En 1945 se construyó de forma experimental la primera Máquina - Herramienta de control numérico en el M.I.T (MASSACHUSSETTS INSTITUTE OF TECHNOLOGY), el verdadero principio fue en 1952 en la exposición de Chicago y en Europa entre 1960 y 1961.

Los controles utilizados en esta primera generación, eran realizados con una lógica y un limitado número de funciones: se contaba con un bloque de memoria, realizando interpolaciones lineales únicamente.

El programa era leído bloque por bloque por medio de una cinta perforada. La elaboración de un programa requería cálculos largos y tediosos. Los lenguajes de asistencia a la programación aparecen, pero tienen un inconveniente que sólo funciona en grandes computadoras.

10. Clasificación de las máquinas-herramienta de control numérico

Las máquinas-herramienta de control numérico se pueden clasificar de varias maneras, algunas de ellas se mencionan a continuación:

1.- Máquinas simples CNC.
&⌢ Fresadoras
&⌢ Tomos
&⌢ Mandriladoras
&⌢ Taladradoras
&⌢ Etc.

2.- Máquinas múltiples CNC.
&⌢ Centros de maquinado.
&⌢ Centros de torneado.
&⌢ Centros de producción.

3.- Máquinas CNC de mandril horizontal o de mandril vertical.

4.- Máquinas CNC con cambio automático de las herramientas o sin cambio automático de las herramientas. Las de cambio automático de herramientas pueden ser de 12, 20, 30, 40, 90, 120, o más estaciones para herramientas.

5.- Máquinas CNC con control sobre 2 ejes se refiere sólo al control de la mesa (fresadora, mandriladora, etc. o bien al control de los ejes de un tomo. El de tres ejes se refiere al control de la mesa (X e Y) y al del posicionamiento vertical del mandril (Z). El control sobre 4 ejes se refiere al control de los tres anteriores más un cuarto eje que puede ser el de una mesa rotatoria, y así sucesivamente.

11. Comparación de las maquinas convencional con las CN y CNC

Las máquinas - herramienta de control numérico se han modificado para que las operaciones se realicen sin intervención del operador. En comparación con una máquina convencional, como se muestra a continuación:

a). La primera información para el operador es desplazar la pieza de la posición 1 a la posición 2 donde se encuentra la herramienta de corte se muestra en la figura.
b). Además de tomar un cierto número de decisiones que son:
   - Velocidad del desplazamiento, sentido de la mesa y de rotación de la herramienta.

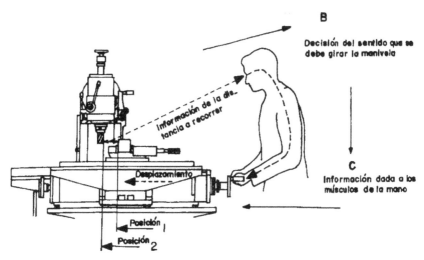

Operador de una fresadora convencional

En términos generales se citan el funcionamiento de este equipo.

a). La información sobre la posición de la mesa está dada por el captador o sensor de posición.
b). Este captador transmite una señal de error de posición al equipo de control.
c). Las órdenes de movimiento son transmitidas por una señal de control a los motores de los diferentes ejes.

a) La parte operativa comprende

La mesa que soporta a las piezas y que es móvil por medio de ejes de transmisión de movimientos. A este conjunto se le conoce como sistema mecánico.

Los motores encargados de proporcionar el movimiento a cada uno de los ejes.

Los variadores electrónicos de velocidad que permite al motor eléctrico alcanzar y mantener la velocidad comprendida entre la mínima y la máxima. Para controlar ésta velocidad, es necesario a nivel del motor, un generador taquimétrico que garantiza el control de la velocidad de rotación del motor. Un elemento de medida o captador de posición que permita obtener en todo momento la posición del móvil sobre cada eje. Estas descripciones son mostradas en el mecanismo de un centro de maquinado de Control Numérico (CN) como se indica a continuación:

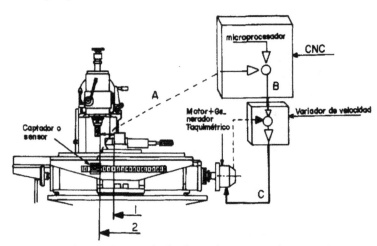

Funcionamiento de la fresadora con sistema CN

b) La parte de control

La función es transformar las órdenes codificadas del programa en instrucciones para los servomecanismos y obtener los desplazamientos de los órganos móviles.

La parte de control puede ser realizada en:

⌨ Lógica electrónica instalada en el equipo electrónico.

⌨ Lógica electrónica programable a partir de un microprocesador o una computadora que aumenta la eficiencia del conjunto del CN.

La parte de control comprende:

⌨ Un soporte de información sobre el que está registrado el programa de maquinado a realizar, en un lenguaje comprendido por el equipo de control.

Este elemento permite el control de los mecanismos de transmisión mecánica para que el móvil se aproxime a la posición correspondiente.

El control numérico computarizado (CNC), representa un salto cualitativo y cuantitativo en las prestaciones de CN. El CNC puede definirse como un sistema en el cual las principales funciones son efectuadas por una computadora, que puede ser modificada. Se muestra la figura, el sistema CNC.

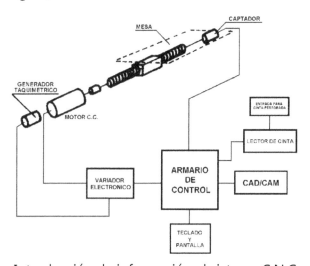

Introducción de información al sistema C.N.C

Esto trae como consecuencia una simplificación enorme de la programación, una flexibilidad de aplicación excepcional y la posibilidad de satisfacer las exigencias de los usuarios.

El desplazamiento del móvil (mesa o herramienta) de un punto a otro, implica el conocimiento:

- Del eje (X, Y, Z) donde se desplaza
- De las coordenadas del punto a alcanzar
- De la velocidad del desplazamiento de la mesa o la herramienta.

Los datos leídos controlan automáticamente el arranque, el sentido y la velocidad del motor y reductor que comanda los ejes. Con un órgano de transmisión de movimiento que se presenta juegos mecánicos reducidos al mínimo o casi nulos y para eliminarlos, son los tornillos de recirculación de esferas como lo muestra la figura a continuación.

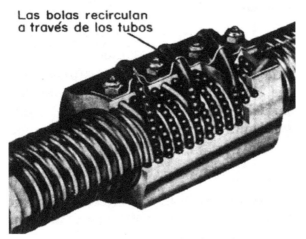

Las bolas recirculan a través de los tubos

Tornillo de recirculación de esferas

12. La incorporación de la computadora

Con la aparición de la computadora y del avance de las teorías modernas de control, los procesos industriales dieron un gran salto hacia adelante. La computadora dio un impulso decisivo en la gestión de producción, en el diseño de nuevas piezas y en el control de los procesos.

La gestión de producción por computadora vino a facilitar el manejo de información de existencias y de los productos manufacturados así como de las operaciones a realizar de los productos que se van a manufacturar.

El diseño de nuevas piezas por computadora ha revolucionado la industria del automóvil, de los electrodomésticos y de otros al reducirse drásticamente el tiempo de creación de una pieza así como su conexión a las máquinas que la fabrican.

El control de procesos por computadora ha hecho posible mejorar notablemente la calidad, la seguridad y la reducción de costos en energía, producción mantenimiento.

13. Diseño Asistido por Computadora

Las siglas CAD proceden del inglés "COMPUTER AIDED DESIGN", traducido al castellano significa "DISEÑO ASISTIDO POR COMPUTADORA". Nació en el Instituto Tecnológico de Massachusetts (MIT), quienes lograron representar un dibujo en una pantalla de computadora.

A partir de este momento se ha desarrollado enormemente, sobre todo en los últimos diez años, obteniéndose productos muy sofisticados, tales como: AUTOCAD, CAE.

El CAD realiza dibujos que permite reducir costos y tiempo así como aumentar notablemente la calidad del producto final. Las modificaciones se efectúan de forma sencilla y los errores se pueden eliminar con suma facilidad. Además la precisión proporcionada por los equipos de CAD supera ampliamente a la mejor precisión manual, como se observa en la figura.

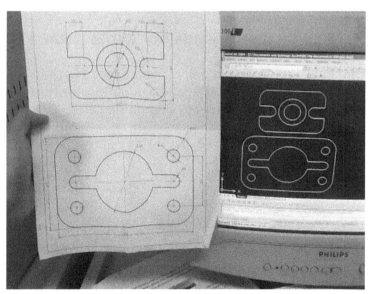

Dibujo realizado utilizando el CAD

A continuación se muestra un listado de las ventajas al emplear el CAD.

- Rápida producción de dibujos. Se puede producir dibujos tres veces más rápido que un dibujante de restirador; por consiguiente son recibidos más rápido en el mercado.
- Mayor precisión en los dibujos. La precisión depende de la habilidad y vista del dibujante y del espesor de los lápices utilizados. Permite que cualquier parte del dibujo sea agrandada para mostrar los componentes con más detalle.
- Dibujos más limpios. La presentación de un dibujo convencional depende completamente de la calidad de trabajo individual del dibujante, mientras que el graficador produce una calidad de trabajo superior.
- No se requiere la repetición de dibujos. Una vez que un dibujo o el dibujo de una pieza es terminado, éste puede ser archivado.
- Utilización de técnicas especiales de dibujo. Son dibujo en dos y tres dimensiones. Todas ellas pueden ser desplegadas en pantalla en muy diversas formas, como tipo de anchurados, sombreados, acotaciones, etc., etc.
- Cálculos de diseño y análisis más rápidos. Se realiza los cálculos de diseño y análisis en tiempos muy breves.

14. Manufactura Asistida por Computadora (CAM)

La Manufactura Asistida por Computadora (CAM), se refiere al proceso automatizado de manufactura, por medio de una computadora como se muestra en la figura siguiente.

Empleo del CAM

El CAM su función es la manufactura controlada por computadora. Sus campos más importantes son los siguientes:

- Técnicas de programación y manufactura CNC.
- Manufactura y ensamble mediante robots controlados por computadora.
- Sistemas flexibles de manufactura (FMS).
- Inspección asistida por computadora (CAI).
- Pruebas asistidas por computadora (CAT).

Las ventajas más significativas del CAM, en términos generales, son las siguientes:

- Altos niveles de producción con poca fuerza de trabajo.
- Mayor versatilidad de formas de manufactura
- Menos errores humanos y de sus consecuencias.
- Reducción de costos.
- Incremento de eficiencia en la fabricación (menos desperdicios de material).
- Respetabilidad de los procesos de producción mediante la utilización de datos procedentes de la base de datos del sistema.

Un sistema CAD/CAM es una integración de las técnicas de CAD y de CAM en un proceso completo de interacción. Esto significa que un componente puede ser diseñado o dibujado en la estación de trabajo CAD y que el dibujo que se encuentre en pantalla sea transferido (en señales eléctricas codificadas) a la máquina de CNC. Desde luego, esta es una explicación sencilla de cómo opera el sistema. Se menciona los beneficios al emplear la tecnología CAD/CAM son:

- Rápida producción de dibujos.
- Mayor precisión en la generación de dibujos de diseño
- Cálculos de diseño y análisis más rápidos.
- Repetibilidad de los procesos de producción mediante la información procedente de la base de datos del sistema.
- Reducción de costos.
- Mucha mayor versatilidad de formas de manufacturar.
- Menos posibilidad de errores humanos y de sus consecuencias.

⌨ Incremento de eficiencia en la fabricación (menos desperdicio de material).

Como se ha mostrado los beneficios al emplear esta tecnología, sin embargo, hay que hacer notar algunos aspectos importantes antes de tomar la decisión de adquirir e implementar estas tecnologías.

El inconveniente más notorio es el costo, haciendo un análisis rápido de lo que se necesitaría para implementar esta tecnología veríamos que:

1. Se debe solicitar el apoyo de personal capacitado, lo cual involucraría tiempo y dinero para realizar un estudio adecuado.
2. Antes de adquirir los equipos se debe contemplar su costo de mantenimiento (en muchas ocasiones no lo toman en cuenta).
3. Se debe tomar en cuenta el hecho de esta tecnología, es un proyecto enorme y probablemente sin término. La tecnología del presente será remplazada por la del mañana, y ésta por la tecnología desarrollada el día siguiente y así sucesivamente, en un ciclo infinito de renovación.
4. La capacitación, se debe tomar en cuenta que es continua y tiene que planearse, presupuestarse e implementarse en las buenas y las malas.

Sin embargo, aún con los inconvenientes mostrados, la aplicación de estas tecnologías, es algo muy prometedora ya que han probado ser benéficas sin duda alguna.

15. Sistemas Flexibles de Manufactura

En la actualidad los consumidores cada día son más exigentes al adquirir un producto o más productos, además de una amplia gama de variantes para satisfacer las necesidades y de una garantía de calidad.

En las empresas convencionales se rebasa su capacidad productiva y del nivel de calidad que demanda el mercado, así como la imposibilidad de atender las necesidades de los clientes y de sus variantes del producto a un costo razonable. Además estas empresas no pueden reaccionar con la agilidad necesaria a las innovaciones del nuevo producto.

A partir de este panorama se tuvo la necesidad de modernizar a las empresas para que sean capaces de competir con una variedad de productos terminados que reúnan excelentes características de calidad. Esto es la innovación hacia un sistema flexible de manufactura.

Un Sistema Flexible de Manufactura (FMS), es un sistema reprogramable capaz de producir automáticamente una gran variedad de productos. Tiene por objeto proporcionar a las empresas de medios de producción automáticos que permitan una productividad elevada y adaptable a los cambios en las características del producto y en los programas de fabricación. Para ello se proyectan e instalan equipos. Varias máquinas CNC, estaciones de inspección y transporte coordinado, todo por computadora. Realiza la simulación para verificar la efectividad para predecir el comportamiento de los componentes del sistema. Además prevenir y tomar las medidas correctivas apropiadas cuando son necesarias. Los componentes básicos de un FMS son los siguientes:

- 💻 Estaciones de proceso. Emplean máquina CNC, que realizan las operaciones de maquinado de partes. Para optimizar los procesos utilizan otros equipos de procesamiento, como estación de inspección, ensamble, troquelados, etc.
- 💻 Almacén y manejo de materiales. El manejo automático de materiales se utiliza para transportar las piezas de trabajo entre las estaciones de procesamiento y llevarlas al almacén y viceversa.
- 💻 Sistema de control computarizado. Se emplea para coordinar las actividades de las estaciones de trabajo y del sistema de manejo de materiales de FMS.

Disposición de equipos en un sistema flexible de manufactura entre los que podemos citar:

- 💻 Línea o grupo flexible
- 💻 Circuito flexible
- 💻 La célula Flexible
- 💻 Escalera
- 💻 Celda centrada con robot

a) Línea o grupo flexible

Es la más apropiada para sistemas, en que las piezas se van procesando progresivamente desde una estación a la siguiente en una bien definida secuencia de operación en una sola dirección sin flujo de retorno.

Dependiendo de la flexibilidad y de las características del almacén es posible configurarlo con flujo de retorno, figura.

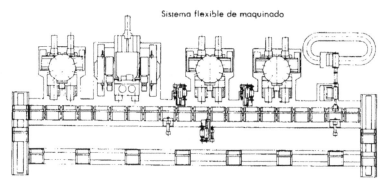

Sistema flexible de maquinado

Sistema Flexible en Línea

b) Circuito flexible

La configuración de circuito básico se muestra en la figura. Las piezas fluyen en una dirección alrededor del circuito, con la posibilidad de detenerse en cualquier estación. La estación de carga y descarga son generalmente localizadas en una terminal del circuito.

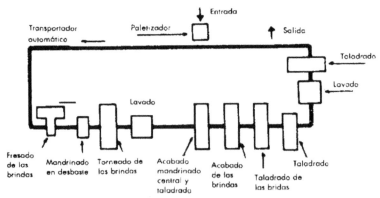

Sistema Circuito Flexible

c) La célula flexible

Equipadas con máquinas CNC, un sistema de cambio de herramienta de gran capacidad, un sistema de carga y descarga automático de piezas, así como de un sistema de control dimensional integrado, como se muestra en la figura a continuación.

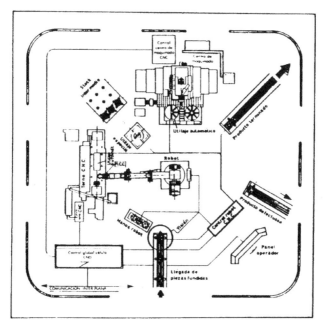

Sistema Circuito Flexible

Son capaces de mecanizar totalmente o casi totalmente una cierta categoría de piezas, incluyendo fases de control de calidad. Todas las máquinas trabajan con piezas de la misma referencia.

d) Escalera

Es una adaptación del sistema de circuito en las cuales están localizadas las estaciones de trabajo. Esta disposición reduce el viaje de recorrido de las piezas entre estaciones como lo muestra la figura siguiente.

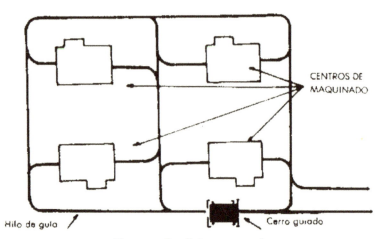

Sistema flexible en escalera

16. La incorporación de los robots

La incorporación de los robots en la industria ha provocado cambios en la organización de los procesos de producción. Ahora el enfoque organizacional está orientado hacia procesos. con dispositivos versátiles y reprogramables, y no a procesos a realizarse mediante seres humanos. Los robots pueden realizar tareas diversas y no tareas específicas como muchas de las máquinas de los procesos industriales convencionales. Sólo es necesario reprogramar el robot para que éste realice otras tareas.

a) Celda centrada con robot

Finalmente la configuración celda con robot es una forma relativa de sistema flexible, en el cual se utiliza como sistema de manipulación de materiales como lo demuestra la figura a continuación.

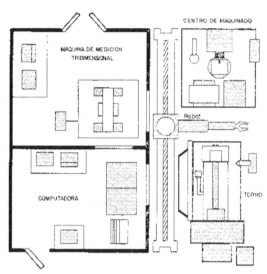

Sistema Flexible Celda con Robot

17. Aplicación de los sistemas flexible de manufactura en México

Mariusz Henryk Bednarek
Centro de Graduados e Investigación
Instituto Tecnológico de San Luis Potosí

Los sistemas flexibles de manufactura no solo servirán para producir más y con mejor calidad, sino también harían que la economía mexicana fuera más independiente y más desarrollada tecnológicamente. En este texto el autor analiza la posibilidad de aplicar en México dichos sistemas.

La meta principal de los sistemas flexibles de manufactura, conocidos como SMF, es aumentar la automatización y el potencial económico de aquellas empresas que producen en serie. Esta meta puede alcanzarse con la utilización de las máquinas de control numérico de las maquinas manipuladas con programación (robots) y con los sistemas de componentes flexibles para el transporte. Dichas maquinas cuentan para su dirección, con una unidad de control programables, que permite la manufactura automática de diferentes productos, sin la necesidad de detener la línea de producción para cambiar herramientas, unidades de manufactura, etcétera.

El uso de los sistemas flexibles de manufactura se ha propagado en muchos países como, por ejemplo, Gran Bretaña, Estados Unidos, Alemania y la Unión Soviética. En México es ya necesario introducir este tipo de sistemas para producir un mayor número de manufactura, de una calidad aceptable que requieran de menos maquinaria, obreros y equipos. Además, así México podrá mantenerse a la vanguardia de los avances de la tecnología mundial.

La instalación de sistemas flexibles de manufactura en una empresa requiere de grandes recursos financieros. Esto no solo se debe a que hay que comprar las máquinas y los equipos correspondientes, sino también a que hay que preparar a la empresa este tipo de trabajo.

En virtud de que la situación económica de México en este momento es muy delicada, cada inversión debe de ir precedida por un análisis sobre cómo recuperar el capital en forma rápida eficaz.

La aplicación de los SMF ofrecería principalmente dos ventajas. En primer término mejoraría la calidad de los productos hachos en México y ayudaría a que estos compitieran, en forma más eficaz, en los mercados internacionales. Esto haría que la economía del país fuera más independiente y estuviera menos sujeta a los cambios en el precio del crudo. En segundo término, aumentaría el uso de las máquinas de control numérico que se inició hace varios años en México.

La elaboración de los métodos apropiados para el buen funcionamiento de los SFM se complica por dos razones fundamentales: una es que el tema es muy novedoso y la otra, que en México falta experiencia en este campo.

Con el fin de evaluar la aplicación de los SFM utilizamos un método. Si analizamos paso por paso las actividades que aparecen en dicha figura podríamos concluir que lo más importante, a la hora de aplicar los SFM, sería lo siguiente: primero evaluar el nivel de organización técnica que requeriría la empresa para la aplicación y la explotación de los SMF; segundo, realizar una evaluación económica que vendría precedida por un cálculo aproximativo de la complejidad de las piezas que formarían el conjunto previsto para las máquinas de los SMF.

En este trabajo no hablaremos de los análisis de desarrollo de la empresa ni de los proyectos a mediano plazo, debido a que éstos desempeñan un papel secundario.

La tarea de esta evaluación es la verificación de diferentes métodos de la maquinaria con la posibilidad de uso un conjunto de piezas de trabajo.

Para esto, esto puede usar como base la siguiente fórmula: M = F (K, E, P), en donde M a la efectividad económica; K a costos; E a efectos y P a la magnitud de productos.

Como puede observarse en la fórmula, existe dos elementos que influyen, de manera determinante, en cualquier evaluación; es decir, los costos (K) y los efectos (E).

Los costos de aprovechamiento de los SMF dependen de una serie de factores que podríamos enumerar de la siguiente forma:

1. Los costos de la materia prima;
2. Los costos de la mano de obra directa;
3. Los costos de la energía;
4. Las pérdidas por la mala producción;
5. Los costos de la explotación de las máquinas y del equipo auxiliar;
6. La magnitud del programa de producción;
7. Los costos de la mano de obra indirecta;
8. Los costos de la preparación del lugar de trabajo;
9. Los costos de mantenimiento de las máquinas, del equipo y de las instalaciones:
10. Los costos de la amortización de las máquinas, del equipo y de las instalaciones;
11. Los costos de la explotación de las herramientas y de los sujetadores y
12. Los costos especiales.

Los posibles efectos de la aplicación de los SMF están representados en el cuadro.

La presentación será posible después de la verificación económica si, entre otras cosas, los datos de que dispone la empresa permiten desarrollar los cálculos.

La evaluación económica está ligada al concepto de la complejidad de la pieza. Dicha complejidad desempeña un papel principal al simplificar los cálculos necesarios para hacer la evaluación. En el caso de las máquinas de control numérico el crecimiento de la complejidad de la forma geométrica de la pieza aumenta la rentabilidad de las máquinas. Por ello, en lugar de evaluar todas las piezas que forman el conjunto, se debe evaluar solo la representatividad de los conjuntos. Se decidió emplear el mismo método para la evaluación económica de los SMF, ya que la base de estos son las máquinas de control numérico.

La complejidad de la pieza es el parámetro de la pieza maquinada; influyen en esta complejidad el número de las superficies maquinadas, las formas y la exactitud de maquinado que en el conjunto máquina-pieza responde al cambio en los parámetros de corte, en los movimientos de las herramientas y en los cambios de fijación.

La complejidad de la pieza se calcula con el auxilio de unas tablas especiales en las que se obtienen los coeficientes necesarios para cada grupo de piezas; por ejemplo, piezas cónicas, cilíndricas, etcétera. Este cálculo depende del diseño de la pieza y consiste en la determinación del número de operaciones de las herramientas que fueron necesarias para ejecutar todas las superficies de la pieza. Así, los números de operaciones se multiplican por los coeficientes de complejidad que aparecen en las tablas. Posteriormente, los resultados de la multiplicación se suman y, de esta manera, obtenemos el grado de complejidad en su forma geométrica.

El último elemento en el análisis de los SMF es la evaluación del nivel organización técnica que requeriría la empresa para la aplicación y la explotación de estos sistemas.

Esta evaluación es esencial, pues la aplicación de los SMF en una empresa que no está preparada puede provocar graves rezagos y pérdidas.

La evaluación del nivel de organización se debe elaborar de acuerdo con los siguientes criterios:

1. Una definición precisa de los requisitos que deben cumplirse antes de la aplicación de SMF.
2. A cada uno de estos requisitos debe corresponder una calificación en una escala numérica.
3. Es necesario fijar una calificación mínima aceptables del nivel de preparación de la empresa.

Lo anterior puede servir como base para que los expertos decidan si la empresa está o no lista para trabajar con los SMF. Cuando la decisión es negativa, es decir, cuando la empresa no cumple con el nivel mínimo de preparación, es necesario elaboración un programa que permita alcanzar este nivel.

En realidad, se trata de crear un modelo teórico de aplicación y explotación de los SMF que después, en la práctica, será corregido. Dicho modelo se constituye tomando en cuenta el carácter de la aplicación y de la explotación de los SMF, los cuales, según la teoría de G. Nadler, pueden presentarse como el sistema organizacional. Para definir dicho sistema elementos: objetivo, entradas y salidas del sistema, equipo, procesos realizados dentro del sistema, ambiente y personal asignado.

En la bibliografía que acompaña a este trabajo figuran las investigaciones previas sobre la aplicación y la explotación de los SMF. Por ello, nos hemos limitado aquí a explicar solo los problemas inherentes a dicha aplicación.

Con el objeto de no excluir ninguno de los aspectos relacionados con los SMF, haremos una enumeración somera de los trabajos que, a este respecto, se llevarán a cabo en el futuro:

1. La preparación y la verificación del modelo de evaluación económica.
2. La verificación de los efectos de la aplicación de los SMF y la elaboración de las fórmulas matemáticas correspondientes.
3. La verificación de los principios y los datos que apoyan la hipótesis de que la rentabilidad del uso de los SMF aumenta con la complejidad geométrica de las piezas.
4. La elaboración y posterior verificación del modelo de aplicación y de explotación de los SMF.

Todos estos trabajos se desarrollarán en el Centro de Graduados e Investigación del Instituto Tecnológico de San Luis Potosí y culminarán con la preparación de proyecto denominado "Aplicación práctica de los sistemas flexible de manufactura", que utilizará diseños y procesos de manufactura, auxiliados por CAD/CAM.

Bibliografía

1. Bednarek, M., "The Selected Problems of FMS Application in Polish Industrial Plants", Proceedings ICPR, núm. 8, Stuttgart, Alemania, 1985.
2. _____ "Problemas selectos de aplicaciones de sistemas flexibles de manufactura", Tercera Reunión Académica de Ingeniería Mecánica, San Luis Potosí, 1985.

3. Nadler, G. Work System Design. The Ideal System, Richard. D., I Swin Inc., Home Wood, Illinois, 1967.
4. Holland, R.J., "Flexible Manufacturing Systems", SME, Dearborn, Michigan, EE.UU, 1984.
5. Ranky, P., The Design and Operation of FMS, North-Holland Publ. Co., 1983

18. Automatización y flexibilidad de la industria

Dr. Arturo Sánchez Carmona
Investigador titular del Departamento de Ingeniería Eléctrica y Computación de la Unidad Guadalajara del Cinvestav.
Dirección electrónica: arturo@gdl.cinvestav.mx.

La automatización se trata con frecuencia como un aspecto estratégico en los procesos tecnológicos. Más aún, no es raro encontrar proyectos o procesos tecnológicos en los que un alto grado de automatización es considerado como un factor importante de éxito. Por ejemplo, es común encontrar en los medios informativos anuncios de empresas fabricantes de bienes manufacturados que nos muestran a sus sistemas automatizados como los principales protagonistas que trabajan sin descanso con el objeto de convencernos de que nuestra próxima compra es una joya de avance tecnológico, no únicamente por su diseño, sino por el proceso como ha sido manufacturado.

Sin embargo, a finales de los años 90 el Departamento de Producción Innovadora del Instituto de Investigación en Sistemas e Innovación de la Sociedad Fraunhofer[1] detectó una disminución en el grado de automatización en los procesos de la industria alemana, así como una baja considerable en la inversión en este rubro. A finales de 1999 el Dr. Gunter Lay, adscrito al citado departamento, se dio a la tarea de identificar las razones de esta tendencia y sus posibles consecuencias por medio de la realización de una encuesta a empresas alemanas. Se recibieron 1442 respuestas y los resultados fueron publicados en mayo de 2001. De las respuestas recibidas, más del 60% provino de la industria metalmecánica (maquinaria y productos terminados). En un segundo lugar se encontraron las industrias relacionadas con instrumentos de precisión y la ingeniería eléctrica con casi el 20% de las respuestas. En cuanto al número de empleados, alrededor del 50% de las empresas que respondieron tenían hasta 99 empleados. El siguiente sector fue empresas de 100 a 200 empleados con casi un 20% de respuestas.

Resultados

Los resultados confirmaron lo que se había detectado con anterioridad. Se encontró que alrededor del 35% de las empresas con sistemas automatizados de flujo de materiales o ensamble redujeron o planean reducir el grado de automatización, mientras que alrededor del 25% de las empresas con equipo altamente automatizado redujeron o planean reducir el grado de automatización. De éstas, el 44% hizo la reducción o hará la reducción aun cuando considera la inversión en automatización importante o muy importante.

Dentro de las razones para reducir el grado de automatización, 65% contestó que lo hacían para poder producir lotes más pequeños de productos y 57% para lograr mayor flexibilidad en el proceso productivo. A la pregunta de por qué producir lotes más pequeños, 51% contestó que requerían ser capaces de producir lotes para satisfacer pedidos individuales, mientras que el 80% de las empresas contestó que requerían trabajar en campañas o corridas reducidas o medianas. Es importante notar que el 41% contestó que también realizaba campañas o corridas grandes. Más interesantes aún fueron las tasas de rechazo y porcentajes de gastos generales registrados. En el caso de empresas sin sistemas altamente automatizados, éstos fueron del 6.5% y 32.5%, respectivamente. Las empresas con sistemas altamente automatizados registraron 5.1% y 31.9%, mientras que las que redujeron sus sistemas automatizados reportaron 4.1% y 28%, también respectivamente.

Conclusiones del estudio

Para buena parte de la industria, los mercados son muy dinámicos. Día con día demandan una mayor variedad de productos con una mayor calidad a un mejor precio, en un tiempo menor y con menor costo (y en algunas ocasiones elaborados y eliminados al final de su ciclo de vida con procedimientos amigables al ambiente).

Considerando lo anterior, se puede inferir de los resultados de la encuesta que los conceptos actuales de automatización flexible no aseguran, en muchas ocasiones, los grados de flexibilidad requeridos para responder a las demandas de los mercados. Cambios en la tasa de ventas o cambios de producción para acomodar nuevos productos se dan solamente con un costo muy alto en los sistemas muy automatizados. Es notable que casi un 50% de las compañías encuestadas con alto nivel de facturación hayan reducido drásticamente o planean reducir los niveles de automatización, particularmente en el flujo de materiales. Por lo tanto, resulta necesario establecer conceptos efectivos para la automatización flexible que tomen en cuenta soluciones de organización y así lograr la integración con sistemas que atienden niveles superiores en la estructura de la empresa, por ejemplo con sistemas de ejecución de manufactura.

Lecciones para la industria en México

Aun cuando en México no existe un censo de empresas según su régimen de producción, tanto en la industria de manufactura como en la de proceso, el número de empresas que operan en régimen por lotes es muy alto. La experiencia alemana nos muestra que un alto grado de automatización, tanto en equipo como en organización, puede que no sea la mejor estrategia a seguir para ser más competitivos. Parece ser que una de las enseñanzas de contar con altos grados de automatización ha sido para los alemanes el de un conocimiento sistematizado y profundo de sus procesos productivos. Así pues, una vez que se ha modificado la tecnología de automatización que restringía su flexibilidad, han sabido utilizarla para dar respuesta a las demandas de los mercados internacionales.

Por lo tanto, el introducir sistemas automatizados en la industria nacional, si bien puede traer beneficios importantes, debe ser realizado utilizando conceptos flexibles y sistemas de automatización apropiados a nuestros modelos de producción y organización, que exploten de manera conveniente las tecnología de automatización e información disponibles en nuestro país y que respondan a la situación actual en los mercados internacionales.

Tanto la comunidad científica internacional (e.g., *International Federation of Information Processing*), así como algunas agrupaciones profesionales (e.g. *Manufacturing Execution Systems Association, World Batch Forum*), universidades y agrupaciones comerciales ya cuentan con grupos interdisciplinarios que trabajan intensamente en temas que podrían ayudar a resolver el problema detectado por el Dr. Lay. Es importante destacar las herramientas para el modelado del ciclo de vida de empresas que consideran estos aspectos (por ejemplo GERAM), así como los estándares y documentos relacionados con la implantación de estos modelos (por ejemplo, los estándares de la ISA para el control de lotes y su integración a la empresa). En México existen grupos tanto universitarios como comerciales que realizan tanto investigación como desarrollo tecnológico en automatización (ya sea en sus facetas formales o tecnológicas), quizás no en la medida que a muchos de nosotros nos gustaría. La coyuntura detectada por el Dr. Lay y su equipo puede significar una gran oportunidad para acortar la brecha tecnológica en este ámbito y generar tanto las nociones necesarias de automatización flexible como la tecnología requerida, tales que tengan un impacto positivo en la industria nacional.

Nota

1. *Think-tank* alemán en aspectos relacionados con el desarrollo tecnológico y su impacto socioeconómico en ámbitos nacionales e internacionales. Dirección electrónica: www.isi.frh.de

19. Sistemas de Manufactura Integrados por Computadora

El Sistema de Manufactura Integrado por Computadora (CIM), se describe la completa automatización de la empresa, como se muestra en la figura con todos los procesos operando bajo el control de una computadora. En otros términos, la información completa en la organización global de la producción, desde la entrada de una orden de suministro a lo largo de todas las etapas del proceso hasta el embarque del producto elaborado. La tecnología CIM e integra:

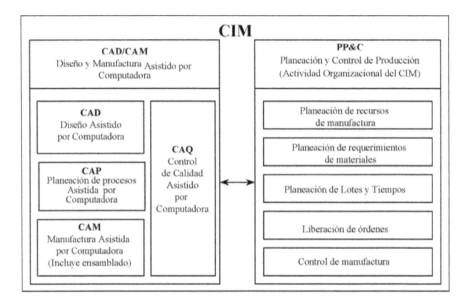

- ✒ Ingeniería de diseño.
- ✒ Ingeniería de manufactura
- ✒ Planeación de la producción
- ✒ Control de producción
- ✒ Administración integral
- ✒ Ventas
- ✒ Mercadotecnia
- ✒ Procesos automatizados

La integración total de todos los departamentos de una organización requiere un sistema de comunicación de información que optimice automáticamente la relación costo – beneficio. A esto se le llama manufactura Integrada por Computadora (CIM).

La moderna empresa manufacturera se considera como un todo, se puede pensar que todos los procesos pueden ser automatizados. Estos sistemas son una técnica que permite la integración de grandes y complejos sistemas. Los componentes más importantes de un sistema CIM son los siguientes:

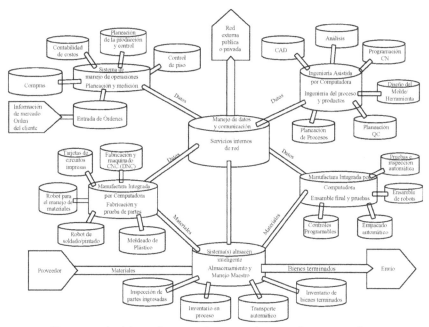

Sistema de Manufactura Integrado por Computadora

1. **Ingeniería asistida por computadora** (CAE – COMPUTER AIDED ENGINEERING).-

⌨ El sistema CAE comprende:
⌨ Diseño Asistido por Computadora (CAD)
⌨ Diseño de dispositivos y herramientas
⌨ Diseño del control de calidad (CAQC)
⌨ Análisis de esfuerzos
⌨ Diseño de sistemas de manufactura
⌨ Planeación del proceso (CAPP)

Esta última área integra la tecnología de grupo y relaciona al CAD con el CAM y se denomina Planeación del Proceso Asistida por Computadora (CAPP).

2. **Administración de operaciones**.- Es la adquisición de todos los materiales requeridos para manufacturar el producto, lo cual involucra la contabilidad de costos.

La planeación y el control de la producción, para asegurar que el producto circule eficientemente y así mantener el equipo ocupado. Además de satisfacer las necesidades del consumidor. El control de la empresa es importante para asegurar el establecimiento de datos de producción; deben ser apropiados para la planeación y el control de la producción, de tal forma que la continuidad planteada sea efectiva en la elaboración del producto.

3. **Manufactura asistida por computadora** (CAM). - se refiere al proceso automatizado de manufactura, el cual es controlado mediante computadoras. Abarca los procesos tales como: fresado, torneado, taladrado, etc., etc.
El término CAM ha llegado a entenderse como el director general de todas las disciplinas mencionadas y de cualquier otra tecnología de manufactura controlada por computadora. Las tecnologías o campos importantes son los siguientes:

   - Técnicas de programación y manufactura CNC.
   - Manufactura y ensamble mediante robots controlados por computadora.
   - Inspección asistida por computadora (CAI).
   - Pruebas asistidas por computadora (CAT).

Ventajas más significativas del CAM, en términos generales, son las siguientes:

   - Altos niveles de producción con poca fuerza de trabajo.
   - Mucha mayor versatilidad de formas de manufacturar.
   - Menos posibilidad de errores humanos y de sus consecuencias.
   - Reducción de costos.
   - Incremento de eficiencia en la fabricación (menos desperdicio de material).
   - Repetibilidad de los procesos de producción mediante la utilización de datos procedentes de la base de datos del sistema.
   - Productos de calidad superior

4. **Almacén inteligente de materiales**.- El almacenaje y recuperación de materiales, componentes y productos terminados es otro componente importante de los sistemas

CIM. Incluye no solamente la recepción de materiales y los productos terminados, también el almacenaje y control de trabajos en proceso.

5. **Control de materiales**.- Incluye una lista de materiales BOM (BILL OFF MATERIALS), de ensambles, componentes de conjuntos y subconjuntos, materiales en bruto y compras de existencia y en proceso.

Además emplea el MRP (MATERIALS REQUEREMENT PLANNING), tiene como función conducir las ventas totales y las demandas de producción, haciendo uso de la estructura del BOM, permite no solo calcular los requerimientos de las nuevas órdenes de compra y las de trabajo, sino identificar cualquier orden de existencia que se requiera comprar anticipadamente, retardar o bien cancelar. Un sistema CIM es sumamente complicado, por lo que se describió de manera muy general.

20. La nueva era de aplicación de la computadora

En los años sesenta, no sólo se desarrollan los procesos industriales, sino que apareció una nueva era de aplicaciones. Apareció el diseño de piezas por computadora que consistió en la descripción detallada de una pieza. Los primeros estudios datan de esa época, en la que ingenieros de la compañía General Motors Corporation (USA) desarrollaron un sistema de diseño asistido por computadora ayudados por especialistas de IBM. El sistema constaba de un tablero en donde un ingeniero de proyectos utilizaba una pluma a la luz para su activación. La computadora estaba preparada para que a partir de los trazos aproximación del diseñador reconstruyera la pieza. A este sistema se le conoce hasta hoy como Diseño Asistido por Computadora (CAD- Computer Aided Design).

Más tarde se incorporó al CAD la posibilidad de la integración en la fábrica, asistiendo al diseñador para obtener el programa de maquinado de las máquinas-herramienta que interviene en la fabricación de las partes manufacturar, así como la manipulación de las mismas, ya sea por dispositivos especiales o mediante robots. A este segundo sistema se le denomina Manufactura Asistida por Computadora (CAM Computer Aided Manufacturing).

21. Integración de sistemas

Los sistemas CAD, CAM y los Robots, son actualmente sistemas de automatización avanzados, en los que las computadoras son parte esencial d su control. Las computadoras, por consiguiente, como parte decisiva de la manufactura automatizada, controlan sistemas de manufactura autónomos, tales como máquinas-herramienta, soldadoras, contadoras laser, robots industriales y máquinas de ensamble; asimismo, controlan líneas de producción. La tendencia de estos sistemas es la integración para el control total de la fábrica en todas sus funciones, eliminando papeleo y la intervención en los procesos de producción; desde el diseño, pasando por la planificación de la producción, hasta las pruebas para asegurar la calidad de los productos. A estos sistemas se les conoce como "Sistema de Manufactura Integrados por Computadora" (CIM-Computer Integrated Manufacturing), término que describe la completa automatización de la fábrica. Mediante la tecnología de los sistemas CIM, se logra la integración de las operaciones de manufactura (tan fragmentadas en los sistemas convencionales de producción) y la simplificación de la misma. Los esfuerzos de integración se han venido realizando principalmente en los siguientes sistemas:

- 🖥 Diseño asistido por computadora (CAD)
- 🖥 Manufactura asistida por computadora (CAM)
- 🖥 Planeación del proceso por computadora (CAPP)
- 🖥 Ingeniería asistida por computadora (CAE)
- 🖥 Inspección asistida por computadora (CAI)
- 🖥 Control y aseguramiento de la calidad (CAQ)
- 🖥 Tecnología de grupos (GT)
- 🖥 Sistemas de administración y base de datos (DBMS)
- 🖥 Otros.

La integración de estos sistemas ha hecho posible controlar sistemas muy complejos de producción. Asimismo, han hecho posible mis altas prestaciones en cuanto a calidad, precisión, flexibilidad, eficiencia, economía y competitividad.

22. Ejes de una máquina de control numérico

Los ejes de una máquina-herramienta de control numérico se denomina de acuerdo a las normas EIA (Electronics Industries Association) RS-267-a y la norma ISO (International Standard Organization) R-841.

- ⌨ Los ejes principales traslación se denomina como X, Y, Z.
- ⌨ Los ejes de traslación para movimientos secundarios paralelos a los ejes X, Y, Z se denomina respectivamente como U, V, W.
- ⌨ Los ejes de rotación en torno X, Y, Z se denomina como A, B, C.

En cada caso el eje Z es paralelo al eje del mandril de la máquina. Es importante notar que direcciones y sentidos de traslación y rotación son relativos a una herramienta que se mueve respecto a la pieza fija como es el caso del torno. El cambio en los centros de maquinado la herramienta es fija y la pieza es la que se mueve. El sentido positivo del motor de los ejes de la máquina se indica por un ápice. " ' "

$$X', Y', Z'$$
$$U', V', W'$$
$$A', B', C'$$

Con ello se entiende que $+X' = -X$; $+Y = -Y'$; etc.

Esta circunstancia permite al programador manejar los mismos signos de las cotas del dibujo de la pieza a fabricar respecto a un cero pieza.

23. Software, Hardware y Firmware

La programación se efectúa mediante códigos particulares (lenguajes), lo cual no es comprensible, al menos que se piense en la palabra *software*, que representa el conjunto de los diversos lenguajes y procesos de elaboración de los datos necesarios para la preparación de la cinta perforada o bien rara la preparación de las informaciones que se introducen en la computadora de la máquina herramienta de control numérico. En el sentido mis amplío *software* es cualquier tipo de información o de datos que han de introducirse en la unidad de gobierno de la máquina. En contraposición al **software** se tiene la palabra **hardware**, palabra con la cual se indica la unidad de gobierno como equipo que posee las características propias bien definidas y difíciles de modificarse.

En las unidades de gobierno de más reciente fabricación, se habla **firmware**, que es un *hardware* predispuesto mediante *software;* se trata de una unidad de gobierno realizada con circuitos particulares y con memorias que asumen las características deseadas a través de una programación desde fábrica.

24. Programación de centros de maquinados

La programación de una MH/CNC se realiza de dos maneras: manual y automáticamente.

La programación manual se realiza en una hoja de trabajo, información que se vacía en un soporte de información adecuado (cinta perforadora, banda magnética, disco flexible de computadora o bien directamente en la computadora a bordo de la MH/CNC).

La programación automática se lleva a cabo mediante sistema de programación computarizada con el auxilio de un postprocesador, que se encargará de transformar las informaciones del lenguaje de programación de la computadora a lenguaje de programación de la MH/CNC.

El objetivo en este capítulo es la programación manual de un Centro de Maquinado con Control Numérico Computarizado, considerado como la máquina herramienta más importante y las más representativa de las máquinas herramienta de control numérico, ya que ha sido diseñada para realizar operaciones de maquinado múltiple en 3, 4, 5, 6, 7, 8, 9, 10, 11, 12 o más ejes simultáneamente.

25. Operaciones preliminares

Antes de describir el proceso de la programación se requiere considerar las características de la mesa de trabajo de la máquina, tales como: tamaño del campo operativo (X, Y, Z), carrera de los ejes (en X Y, Z) y tamaño de las piezas a trabajar, Esto tiene por objeto lograr que los movimientos de pieza y herramienta no se colisiones.

26. Compilación de datos para la elaboración del programa

La compilación de datos para la programación se realiza en la hoja de trabajo de planeación de datos tecnológicos, geométricos y ciclos de trabajo. Esta información se recaba y se ordena de acuerdo a las reglas de programación, para ser transferida al soporte de información: cinta perforada, cassettes, disco flexible o directamente a la memoria de la computadora de la máquina-herramienta CNC. El proceso de compilación de datos se lleva a cabo de la siguiente manera:

1.- Determinar en el dibujo el punto de referencia (OR) de los ejes de la máquina CNC: Este es un punto estratégico para el inicio de las operaciones de maquinado, que permite trabajar con comodidad para el cambio de pieza a maquinar. Este punto de referencia las máquinas de fabricación más reciente lo traen grabado en la memoria de la computadora de la máquina CNC.

2.- Definir el cero máquina (OM) de la máquina-herramienta CNC para así poder determinar la posición de la pieza de trabajo y la posición de los elementos de fijación (pernos, blocks, grapas, tornillos, etc.).

3.- Determinar el cero pieza (OP), que es el origen de coordenadas del dibujo de la pieza, que en la programación es importante puesto que es la base del sistema de coordenadas para la fabricación de la pieza.

4.- Definir un punto de referencia de inicio y fin del ciclo de maquinado. Algunos programadores utilizan el punto de referencia (OR) preestablecido por el fabricante. Otros utilizan un punto de referencia a placer que les sea cómodo, dependiendo de la configuración y tamaño de la pieza.

5.- Determinar el ciclo de trabajo tomando en cuenta la secuencia de las herramientas de modo que cada herramienta se utilice una sola vez en el ciclo total de maquinado de la pieza.

6.- Especificar todos los datos de los portaherramientas requeridos en la programación de cada herramienta tales como: pinzas, boquillas, extensiones, conos, porta-herramientas, cono morse, etc.

7.- Determinar la longitud de cada herramienta (L). Esta dimensión debe ser preseleccionada por el programador; o bien medirla en el equipo de preparación de herramientas (tool presetting). Sistemas más modernos utilizan sistemas de calibración de máquina y herramienta con equipo de rayos laser los cuales facilitan en la preparación de las herramientas; además de ser mucho más rápido es mucho más preciso.

8.- Definir la distancia de la nariz del husillo al plano de la mesa de trabajo o de la mesa rotatoria. Esta distancia se determina considerando la longitud del conjunto herramienta-portaherramienta, la geometría (dimensiones) de la pieza y la distancia conveniente para minimizar los desplazamientos rápidos y de trabajo sobre la pieza de trabajo.

9.- Determinar las condiciones tecnológicas de corte para cada herramienta. Todos los datos recopilados en la hoja de trabajo que se han mencionado serán utilizados para la programación.

27. Código de la Información

El código de la información puede ser **EIA RS 244** o **ISO R 1113**. Este código puede ser identificado en forma automática por la unidad de control. El sistema de programación está basado en este código. El programa está dividido en bloques de información que especifican cada operación y predisponen a la máquina para ciclos particulares de trabajo.

La máquina ejecuta todas las informaciones contenidas en un bloque antes de proceder a la lectura de un nuevo bloque. Cada bloque de información está subdividido en palabras. El control de las funciones de una MH/CNC (Máquina-Herramienta CNC) se realiza normalmente por medio de los siguientes tipos de palabras:

- Número de secuencia
- Funciones preparatoria
- Coordenadas de desplazamiento
- Coordenadas para interpolaciones
- Velocidad de rotación del mandril
- Herramientas
- Funciones varias

Tomado de la tesis de Gregorio Sánchez Ávila "Manufactura de un conjunto de caja reductora de velocidad" para obtener el título de Ingeniero Industrial Mecánico del Instituto tecnológico de Tlalnepantla, Estado de México, 2001.

* Imagen en el interior del aula de informática en la Escuela Secundaria Técnica 6 (EST 6), Tlalnepantla, Estado de México, México.

**"ventajas y desventajas de CAD/CAM" MI René Ramón Martínez Arroyo, Departamento de Ingeniería Industrial y Manufactura. Instituto de Ingeniería y Tecnología. Universidad Autónoma de Cd. Juárez. remartin@uacj.mx y MC Rodrigo Arturo Cárdenas y Espinosa, Instituto de Ingeniería. Universidad Nacional Autónoma de México. rcardenase@ii.unam.mx

CAPITULO III

PROGRAMACION EN "CNC"

Las computadoras son inútiles.
Solo pueden darte respuestas
Pablo Picasso

1. Lenguaje del programa

El lenguaje del programa contiene los códigos e indicaciones geométricas para el proceso de mando del maquinado. El programa emplea el código **ISO**, en este se puede introducir "anotaciones" dentro del propio programa. Estás contienen indicaciones para el operador y se escribe entre paréntesis.

2. Estructura del programa

El programa se compone de un programa principal y de subprogramas (para operaciones repetidas). A su vez están formados por bloques o líneas de información empleando símbolos alfanuméricos y signos, como lo muestra la figura.

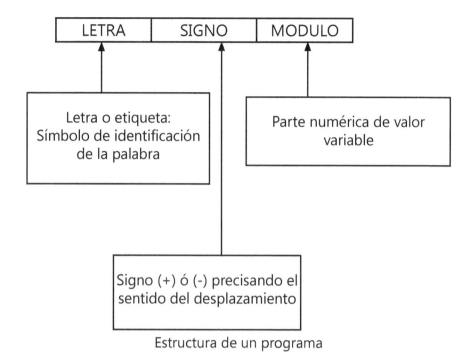

Estructura de un programa

3. Composición de un bloque

Son conjuntos de instrucciones para una secuencia determinada, cada bloque se compone de palabras, cada palabra tiene una dirección seguida de números (acompañado de un signo "+" o "-" antes de los números). La figura se muestra un ejemplo de cómo se puede componer un bloque y además se muestra la tabla con el significado de cada una de las funciones.

O __	N __	G __	X __	Y __	F __	S __	T __	M __
Número del programa	Número de secuencia	Función preparatoria	Coordenada en "x"	Coordenada en "y"	Función de avance	Función del husillo	Función de la herramienta	Función miscelánea

Ejemplo de la composición de un bloque

Tabla de la descripción de las funciones

FUNCION	CODIGO	DESCRIPCION DEL CODIGO	MARGEN DE DESIGNACIÓN
Numero de programa	:(ISO)/ 0(EIA)	Los datos numéricos que siguen a uno de estos códigos (direcciones) significan un número de programas.	1 ~ 9999
Numero de secuencia	N	Los datos numéricos que siguen a este código significan un numero de secuencia	1 ~ 9999
Función preparatoria	G	Para designar el modo de operación de control como de interpolación lineal, circular, etc.	1 ~ 99
Palabra de coordenadas	X.Y.Z	Para designar el movimiento de los ejes X. Y. Z	±99999.999
Palabra	A.B.C.	Para designar el movimiento de los ejes adicionales A. B. C	±99999.999
de	R	Para designar el radio de un arco	±99999.999
coordenadas	I.J.K	Para designar los valores de coordenadas del centro del arco	±99999.999
Función de avance	F	Para designar las velocidades de avance	1 ~ 1500
Función del husillo	S	Para designar las velocidades del husillo	0 ~ 9999
Función de la herramienta	T	Para designar el número de herramienta	0 ~ 99
Función miscelánea	M	Para designar un control de conexión del lado de la máquina	0 ~ 99
Numero de descentramiento	H.D.	Para designar el número de descentramiento de la herramienta	0 ~ 64
Parada momentánea	P.X	Para designar el número el tiempo de una parada momentánea	0 ~ 99999.999
Designación del número de programa	P	Para designar el número de programa secundario	1 ~ 9999

Cómputo repetitivo	L	Cómputo repetitivo en el programa secundario o ciclo establecido	1 ~ 9999
Parámetro	Q.R	Para designar el parámetro en el ciclo establecido	±99999.999

4. Sistema de coordenadas absoluta e incremental

Se llama sistema de coordenada absoluta tiene su punto de origen (0,0). En el caso del incremental establece las coordenadas de un punto por acumulación sobre las del punto anterior.

Como el sistema de coordenadas absolutas, no existe riesgo de errores, por lo tanto se utiliza siempre que sea posible.

A continuación se muestra un ejemplo un recorrido de una pieza empleado ambos sistemas de coordenadas en la figura siguiente.

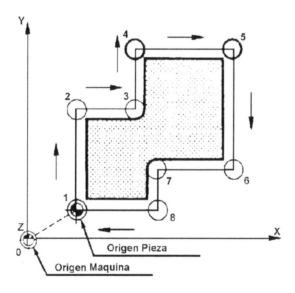

Sistema Absoluto   **Sistema Incremental**

Punto	Coordenadas	
1	X12	Y7
2		Y25
3	X32	
4		Y47
5	X52	
6		Y22
7	X32	
8		Y7
1	X12	

Punto	Coordenadas	
1	X12	Y7
2		Y+18
3	X+20	
4		Y +15
5	X+20	
6		Y-25
7	X-20	
8		Y-15
1	X-20	

Sistema de coordenadas Absoluta e Incremental

5. Funciones preparatorias

a) Función "G"

Este código determina el modo en que la maquina realiza las trayectorias. Primero la letra **G** seguida por una cifra de dos números. A continuación se muestra un ejemplo de las funciones para el torno **"HITACHI SEIKI 3NE 300"** y centro de maquinado **"HITACHI SEIKI VA35".** Lo anterior no quiere decir que las funciones son universales o sea para todas las toda la maquinaria existente, cada marca tiene sus códigos, sus funciones son muy particulares para cada una de ellas, por lo que se tendrá que consultar el respectivo manual de operación y programación.

Tabla de la descripción de las funciones G para torno

CODIGO	FUNCION
G00	Interpolación lineal, avance rápido
G01	Interpolación lineal, avance programado
G02	Interpolación circular con sentido horario, avance programado
G03	Interpolación circular con sentido antihorario, avance programado
G04	Parada programada
G10	Ajuste del valor del descentramiento
G20	Entrada en pulgadas
G21	Entrada en mm.
G27	Comprobación del retorno al punto de referencia
G28	Retorno al punto de referencia
G29	Retorno al punto de referencia
G30	Retorno al segundo punto de referencia
G32	Corte de rosca (recto o cónico)
G40	Cancelación de la compensación de la herramienta
G41	Compensación de la herramienta a la izquierda
G42	Compensación de la herramienta a la derecha
G50	Programación del cero absoluto y ajuste de la velocidad máxima
G74	Ciclo taladrado picado en el eje Z
G75	Ranurado en el eje X
G90	Ciclo de cilindrado
G92	Ciclo de roscado
G94	Ciclo de careado
G96	Control de velocidad de superficie constante
G97	Cancelación de la velocidad de superficie constante
G98	Avance por minuto
G99	Avance por revolución

Tabla de la descripción de las funciones **G** para centro de maquinado

CODIGO	FUNCION
G00	Interpolación lineal, avance rápido
G01	Interpolación lineal, avance programado
G02	Interpolación circular con sentido horario, avance programado
G03	Interpolación circular con sentido antihorario, avance programado
G04	Parada programada
G09	Desaceleración
G17	Selección del plano XY
G18	Selección del plano ZX
G19	Selección del plano ZY
G20	Entrada en pulgadas
G21	Entrada en mm.
G40	Cancelación de la compensación de la herramienta
G41	Compensación de la herramienta a la izquierda
G42	Compensación de la herramienta a la derecha
G49	Cancelación de la compensación de la longitud de la herramienta
G80	Cancelación de ciclo establecido
G83	Ciclo de barrenado
G84	Ciclo de roscado con machuelo
G90	Programación absoluta
G91	Programación relativa
G92	Programación del punto cero absoluto
G94	Avance por minuto (rev. /min.)
G95	Avance por revolución
G97	Velocidad de corte constante
G98	Programación del número de revoluciones del husillo

NOTA

Cuando se activa la máquina, se establecen las funciones de **código G. MODALES**, es decir, que una vez especificados permanecen en activo hasta que se programe otro **código G.** El grupo con la marca * son **NO MODALES**, son efectivos en el bloque del programa.

b) Función G90 Y G91

Para iniciar un programa se emplean las funciones **G90** o **G91**. Para programación absoluta se utiliza **G90**, para incremental **G91**.

Tanto la función G90 como la G91 son efectivas hasta que termina el programa o son reemplazadas la una por la otra. También se pueden emplear los dos sistemas en un mismo programa.

Cuando no se indica la función, la máquina dispone de un control que interpreta los desplazamientos como absolutos (función G90).

c) Función G20 Y G21

Para programar las unidades en sistema inglés **ó** sistema métrico, se emplea las funciones **G20** para pulgadas y **G21** para milímetros.

El no indicar ninguna función, la maquina interpretará los datos en milímetros (**G21**). Igual que la función **G90**.

También hay que indicar la compensación del radio de la herramienta con el mismo valor del sistema de unidades seleccionado.

d) Función G00

La función permite desplazar la herramienta en cualquiera de los ejes X, Y, Z, a la velocidad máxima en línea recta. Se emplea cuando la herramienta no está arrancando material y se necesita posicionarse en un punto determinado, como son: acercar o alejarse de la pieza de trabajo, cambio de herramienta, etc.

El emplear esta función, debe tener un margen de seguridad para evitar que la herramienta y el material tengan contacto.

Así mismo, conocer la trayectoria que va realizar, de tal manera que no encuentre obstáculos en el camino.

Al inicio, la herramienta recorre haciendo un ángulo de 45° con los ejes programados hasta alcanzar una de las coordenadas para continuar siguiendo una dirección paralela a uno de los ejes, representada en la figura.

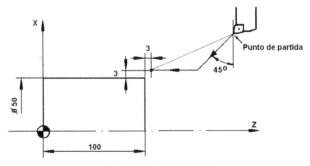

N10 G00 X56. Z103.
Aproximación al punto de trabajo

En el caso de alejamiento de la herramienta la trayectoria es a la inversa, como se muestra en la figura.

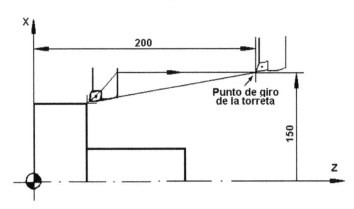

N80 G00 X150 Z200
Alejamiento del punto de trabajo

Para la trayectoria del eje X se debe tomar el valor del diámetro de la pieza. Se consigue de esta manera que el diámetro sea maquinado.

e) Función G01

La herramienta se desplaza desde el punto inicial hasta el punto de trabajo en línea recta con un avance programado.

Se emplea para todas las operaciones de arranque de material, siempre que sea en línea recta como son: cilindrar, refrentar, conicidades, chaflanes y operaciones de taladrado. Como lo muestran tres ejemplos en las figuras. La letra F indica el avance con que se realiza el desplazamiento.

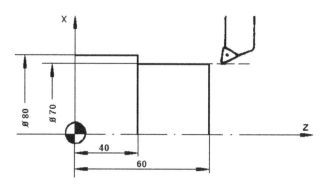

N10 G01 X70 Z40 F11

Operación de cilindrado

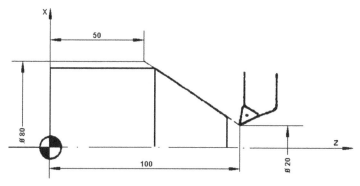

N10 G01 X80 Z50 F11

Operación de conicidad

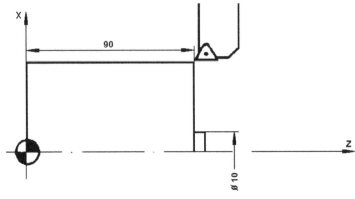

N10 G01 X10 Z90 F11

Operación de refrentado

f) Función G02 y G03

La función se conoce como interpolación circular desplazando la herramienta en trayectorias circulares, la maquina se encarga de calcular los puntos necesarios para generar la trayectoria circular. Para realizar se necesita el punto inicial, el final del arco, el valor del radio y el sentido en que se debe desplazar la herramienta. Este último dato se indica mediante la función **G02** o **G03**.

Para elaborar el programa se indica el sentido de la interpolación junto con las coordenadas del punto inicial (A), el punto final (B), el valor del radio (R), Previamente seleccionado el sentido de la interpolación.

G02 – *Interpolación circular en sentido horario*
G03 – *Interpolación circular en sentido antihorario*

Como se muestra en las figuras. La utilización de cada función. Dentro de esta función se designa la compensación del radio de la herramienta (función **G41** y **G42**).

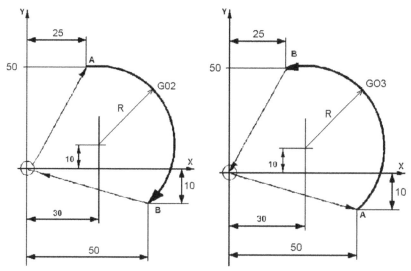

N10 G02 X25. Y50. I 0.0 J20 N10 G03 X50. Y-10. I 0.0 J20.

Interpolación en sentido horario   Interpolación circular en sentido antihorario

g) Función G04

En esta función, la máquina se para por un período designado después de la dirección P. El tiempo de parada momentánea puede también designarse después de la dirección X, seguido de **G04.**

G04 P o G04 X

Ejemplo de cómo programar esta función

G04 P2500 Tiempo de parada momentánea de 2.5 segundos.
G04 P500   Tiempo de parada momentánea de 0.5 segundos.
G04 X2.5   Tiempo de parada momentánea de 2.5 segundos.

El tiempo de parada momentánea máxima es de 99999.99 segundos.

h) Función G41 y G42

Esta función es para determinar el contorno de un perfil, si es a la izquierda o a la derecha, además de indicar el lugar donde se encuentra la herramienta con respecto a la pieza de trabajo. Se debe situar en la línea del perfil mirando en la dirección del avance de la herramienta; sí ésta realiza el maquinado por la izquierda, se llama compensación a la izquierda y al contrario se llama compensación a la derecha.

La herramienta se colocara en la posición designada realizando una trayectoria paralela al perfil de la pieza y a una distancia igual al radio de la misma. Para realizar correctamente esta función es necesario tener los siguientes datos:

- El valor del radio de la herramienta
- La posición teórica de la herramienta

Radio de la herramienta a la izquierda

En la figura muestra el radio de la herramienta como está colocado a la derecha del perfil.

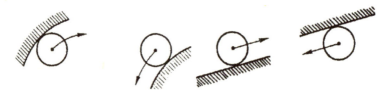

Radio de la herramienta a la derecha

6. Ciclos de maquinado

Estos ciclos son definidos por las funciones G y en esta sección mencionaremos los ciclos fijos de maquinado más comunes, para la anulación del ciclo se emplea la función **G80**.

Además, un ciclo fijo comprende las cuatro operaciones mostrado en la figura.

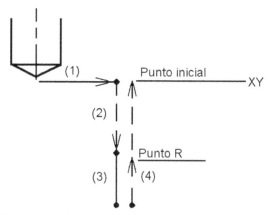

(1) Posición en el plano.
(2) Avance rápido al punto R
(3) Maquinado
(4) Retroceso al punto inicial o al punto R
     Operación básica de un ciclo fijo

a) Ciclos fijos de barrenado (G81)

Este ciclo se emplea en piezas de un solo nivel y antes de programar es necesario consultar el manual de programación.

En la figura se muestra la realización de este ciclo y la descripción del mismo.

- Desplazamiento en avance rápido en XY.
- Desplazamiento en avance rápido en Z.
- Cancelación del avance rápido por el ciclo de barrenado (G81).
- Subida rápida a punto establecido(R).

La figura muestra un ejemplo de utilización de este ciclo y además como se programa.

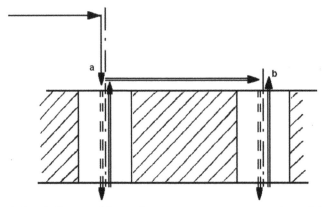

Con ésta información, el programa para este ciclo es el siguiente:

```
N20      R-25   S1000 M03
N30      G81    Z-8    F125
N40      X20    Y30
N50      X20    Y20
N60      G80    X-20   Y100   M00
```

Ciclo fijo de barrenado

b) Ciclos fijos de barrenado con caja (G82)

Contiene las mismas características que G81 con un alto temporizado en el fin del avance de trabajo.

La temporización se programa en segundos a un máximo 99.99 seg. En G82, G87 y G89. Empleando las letras H, P, F, O, EF. La figura muestra de este ciclo.

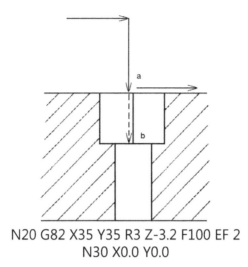

N20 G82 X35 Y35 R3 Z-3.2 F100 EF 2
N30 X0.0 Y0.0

Ciclo fijo de barrenado con caja

c) Ciclos fijos de barrenado profundo (G83)

Este ciclo comprende lo siguiente:

- ✓ Desplazamiento en XY
- ✓ Aproximación rápida en Z
- ✓ Barrenado a la velocidad programada hasta el punto "b"
- ✓ Salida rápida hasta el punto "R"
- ✓ Cuando alcanza la medida final "d" la salida de la herramienta con un avance rápido
- ✓ El valor de penetración se programa con la letra "Q"
- ✓ Valor final y la salida de la herramienta

La figura muestra la función de este ciclo y el programa.

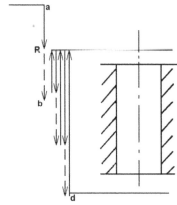

N20 G83 X 62. Y 62. Z –25 R 5. Q 5. S 1000 F 25.
N30 X 0.0 Y 0.0

Ciclo barrenado profundo y programa

d) Ciclos de roscado con machuelo (G84)

Este ciclo comprende lo siguiente:

- ᐁ Desplazamiento rápido en XY
- ᐁ Aproximación rápida
- ᐁ Roscado a la velocidad programada en función al paso de la rosca (sentido horario)
- ᐁ Alto a la profundidad del barreno
- ᐁ Inversión del giro de rotación
- ᐁ Salida de la herramienta en velocidad de trabajo

Se puede utilizar el símbolo "ER" descrito en el ciclo G82.
En la figura se muestra la función del ciclo y el programa.

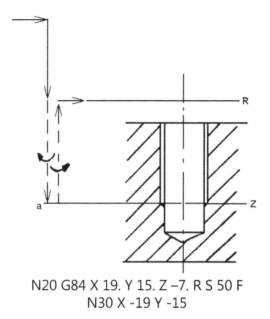

N20 G84 X 19. Y 15. Z –7. R S 50 F
N30 X -19 Y -15

Ciclo de roscado con machuelo

7. Funciones auxiliares

a) Función "M"

Este código hace referencia al modo de funcionamiento de la máquina. Primero la letra M seguida por una cifra de dos números. Se muestra en la tabla para el centro de torneado.

Tabla Descripción de las funciones M para en centro de torneado

CODIGO	FUNCION
M00	Parada del programa
M01	Parada opcional
M02	Fin del programa
M03	Inicio con rotación de avance del husillo
M04	Inicio con rotación inversa del husillo
M05	Parada del husillo
M08	Refrigerante ON

M09	Refrigerante OFF
M21	Detector de errores ON
M22	Detector de errores OFF
M23	Biselado ON
M24	Biselado OFF
M30	Fin del programa
M98	Llamada de subprogramas
M99	Fin de subprogramas

NOTA:

No se debe asignar más de dos funciones en un bloque, sólo se ejecutará la última M. Se muestra en la tabla para el centro de maquinado.

Tabla Descripción de las funciones M para el centro de maquinado

CODIGO	FUNCION
M00	Parada del programa
M01	Parada opcional
M02	Fin del programa
M03	Inicio con rotación de avance del husillo
M04	Inicio con rotación inversa del husillo
M05	Parada del husillo
M06	Cambio de herramienta
M19	Orientación del husillo
M30	Fin del programa
M48	Liberación de cancelación del limite
M49	Cancelación de limite
M98	Llamada de subprogramas
M99	Fin de subprogramas

Las funciones G y M aquí están referidas a un tipo de máquina, cada máquina especial adopta las funciones necesarias para realizar su trabajo. Sin olvidar que tanto en un centro de torneado, como un centro de maquinado, no emplean las mismas funciones, ya que el trabajo que desarrollan cada una de ellas es distinto. De cualquier forma, tanto estas funciones como la forma de programación son específicas de cada máquina de control numérico computarizado y hay que estudiarlo para cada caso en concreto.

8. PROGRAMA CAD/CAM "MASTERCAM"

El uso de computadoras para el diseño geométrico y la generación de programas de CNC, permite l realización inmediata de cambios y resultados.

El CAD/CAM ha revolucionado el diseño mecánico y los procesos de producción, ahorra tiempo, recursos y costo de producción con sus respectivas eficiencias y seguridad.

El "MASTERCAM", es un software que trabaja en ambiente Windows. Es la solución completa desde una simple hasta una compleja en diseño y manufactura.

Ofrece una herramienta poderosa para todas las necesidades, incluyendo la geometría y creación de superficies y generación de rutas de maquinado de las herramientas. Con esto elabora una doble base de datos eficiente y muy precisa.

Haciendo este software, fácil de usar, es rápido y reduce el tiempo de programación. Además de crear la geometría y prepara los detalles de ingeniería, tales: como acabados de impresión, graficación de trayectorias, códigos de CNC.

Se menciona una breve información que es:

- **EXTENSIÓN DE NUEVOS ARCHIVOS**
- **PLANOS DE LA HERRAMIENTA**
- **ORIGEN DE LA HERRAMIENTA**

a) Extensión de nuevos archivos

*.MC7: Son archivos que incluyen información de herramientas y trayectorias de maquinado.

*.TL7: Son librerías de herramientas tales como velocidad del husillo, velocidad de avance de penetración y diámetros de las herramientas.

*.MT7: Son archivos para librerías de materiales, contiene información de los diferentes materiales que pueden ser maquinados.

*.DF7: Son librerías de parámetros para las trayectorias asociadas y de superficies.

*.OP7: Son librerías de operaciones que incluyen las trayectorias específicas las cuáles pueden aplicarse a la geometría actual y pueden importarse o exportarse desde "MASTERCAM".

b) Planos de las herramientas

En el menú secundario de "MASTERCAM", el plano de la herramienta (Tplane) es el plano en que la herramienta alcanza y maquina la pieza. El plano de la herramienta es un plano en dos dimensiones que representa el sistema de coordenadas de la máquina (X, Y). Usted puede establecer el plano de la herramienta de muy diferentes maneras a su geometría.

c) Origen de la herramienta

El sistema de coordenadas del sistema utiliza una posición de base fija de "MASTERCAM", el punto de referencia principal para toda geometría o trayectoria creada.

El origen de la herramienta se define el punto de referencia del plano de la herramienta (X0, Y0, Z0). El origen de la herramienta siempre es igual al origen del sistema o a menos que sea asignado.

9. Planeación del proceso de manufactura con CAD/ CAM.

La aplicación de esta tecnología CAD/CAM, se realiza de las siguientes etapas:

1. **Generación de dibujos de las piezas para manufacturar.**
2. **Selección de herramientas.**
3. **Generación de trayectoria de maquinado.**
4. **Simulación de trayectorias de maquinado en 2D y 3D.**
5. **Comunicación de programa CNC de PC a máquina CNC.**
6. **Realización de primera pieza.**
7. **Corrida de producción.**

1.- **Generación de dibujos de las piezas para manufacturar.**
En este paquete se realiza los dibujos, pero los planos del presente proyecto se realizaron en AUTOCAD con la extensión *.DXF, para ser aceptados y posteriormente realizar los procesos y generación del programa de CAM.

Se realiza de la siguiente manera: En el menú principal, el comando FILE (archivo) seguido el comando CONVERTERS (convertir), se indica la extensión (*.DXF) y por último READ FILE (leer archivo) aparece un cuadro de dialogo para indicar la ruta del archivo a extraer como se ve en la figura

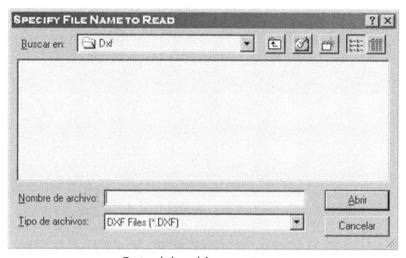

Ruta del archivo a extraer

2.- Selección de herramientas. La hoja de proceso de operación indica las herramientas empleadas para realizar las operaciones en el centro de maquinado.

3.- Generación de trayectoria de maquinado. La hoja CR-SO-01 indica las secuencias para realizar las operaciones con los parámetros de corte para el centro de maquinado.
Una vez extraído el dibujo del archivo se procede a la generación de trayectoria de herramientas o recorridos de herramientas siguiendo la secuencia siguiente:

MENÚ PRINCIPAL:

- **TOOLPATH** (RUTA DE HERRAMIENTAS)
- **DRILL** (BARRENAR) marca el sentido de la trayectoria
- **DONE** (HECHO) aparece con cuadro de dialogo con los parámetros de la herramienta, se muestra en la figura.

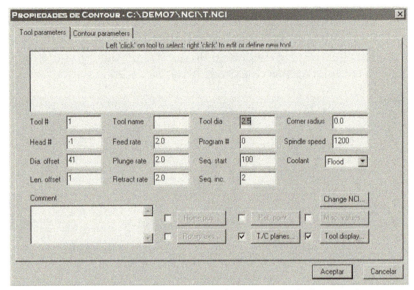

Cuadro de dialogo con los parámetros de la herramienta

Para llamar la librería de herramientas, se coloca el puntero del ratón en el rectángulo en blanco superior y con el botón derecho un click. Aparece un cuadro dialogo con la librería de herramienta como se muestra en la figura. Aparece un total de 249 diferentes tipos de herramientas.

Librería de la herramienta

Se selecciona una herramienta en este caso una broca de centros (CENTER DRILL 5.00 mm) y un click en OK. Regresando al cuadro anterior con la herramienta seleccionada, como lo muestra en la figura.

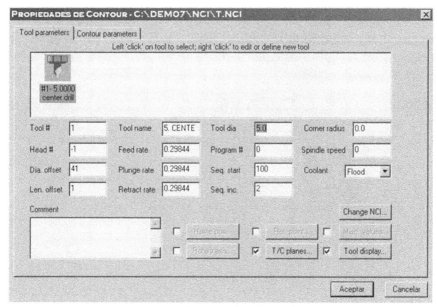

Herramienta seleccionada

Se menciona el significado de cada texto y el valor de las especificaciones de la herramienta seleccionada:

- ⌨ **TOOL #**.- No. de herramienta (1)
- ⌨ **HEAD #**.- No. de cabeza (-1)
- ⌨ **DIA. OFFSET**.- Compensación del diámetro de la herramienta. (41)
- ⌨ **LEN. OFFSET**.- Compensación de la longitud de la herramienta. (1)
- ⌨ **TOOL NAME**.- Nombre de la herramienta (broca de centros)
- ⌨ **FEED RATE**.- Velocidad de corte (Avance)
- ⌨ **PLUNGE RATE**.- Velocidad de penetración de corte
- ⌨ **RETRACT RATE**.- Velocidad de retroceso
- ⌨ **TOOL DIA**.- Diámetro de la herramienta.
- ⌨ **PROG #**.- No. de programa
- ⌨ **SEQ. STAR**.- inicio de secuencia
- ⌨ **SEQ. INC**.- incremento de secuencia

- 🖥 **CORNER RADIUM**.- Radio de la esquina
- 🖥 **SPINDLE SPEED**.- Velocidad del husillo
- 🖥 **COOLANT**.- Refrigerante

En la segunda carpeta **CONTOUR PARAMETERS** (planos de referencia) se dan los parámetros complementarios de la herramienta seleccionada anteriormente y la forma de trabajar. Se muestra en la figura el cuadro de dialogo y los espacios para los valores que se requieren.

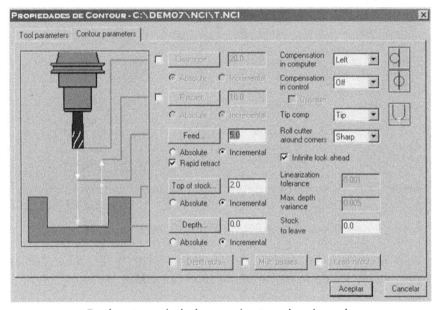

Parámetros de la herramienta seleccionada

Los primeros 2 cuadros son por DEFAULT (no anotar) y los restante, se escriben parámetros de la herramienta en este caso la broca de centro.

- 🖥 **FEED**.- Avance (5.00 mm)
- 🖥 **TOP OF STOCK**. - Punto superior (0.0) en absoluto.
- 🖥 **DEPTH**.- Profundidad (-10) en absoluto.
- 🖥 **LEFT**.- Compensación del diámetro de la herramienta a la izquierda.
- 🖥 **TIP**.- Compensación de la punta de la herramienta.
- 🖥 **SHARP**.- Deja un perfilado agudo en las esquinas.

NOTA:

Esta operación se repite dependiendo del número de herramientas con que se va a trabajar.

Para concluir con la operación, el siguiente cuadro de dialogo de la figura (JOB SETUP) para dar las medidas y material de la pieza a trabajar.

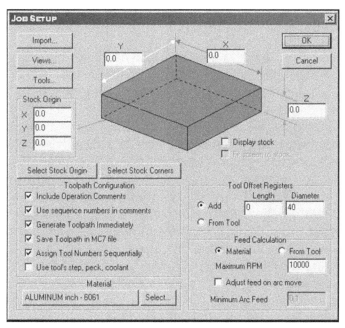

JOB SETUP

En este cuadro solo se anota los valores de ejes X, Y, Z. Seleccionar el tipo de material de la pieza (aluminio pulgadas 6061) y las RPM máximas (10,000).

4.- **Simulación de trayectorias de maquinado en 2D y 3D.**
5.- **Comunicación de programa CNC de PC a máquina CNC.**
6.- **Realización de primera pieza.**
7.- **Corrida de producción.**

Los puntos del 4 al 6 son realizados por la propia computadora, así mismo la generación del programa. El punto 7 es la fabricación de la pieza.

10) Desarrollo de la manufactura en una máquina de control numérico computarizado

a) Introducción

Puede pensarse que el control numérico de las maquinas herramienta fue concebido para mejorar los procesos. Pero esto no fue así, en realidad el control numérico dio solución a problemas técnicos surgido a consecuencia de diseño de piezas cada vez más difíciles de maquinar.

Sin embargo, en la actualidad las maquinas herramienta han perfeccionado tales procesos y por lo tanto, han aumentado la precisión y calidad a niveles difícilmente de superar.

El hombre que maneja una maquina convencional como el torno paralelo, vertical, revolver, fresadora vertical, horizontal y universal fabricar una pieza conforme a lo indicado en un dibujo o plano de fabricación. Jamás se imaginó que todas las operaciones manuales que realizan de manera rutinaría sean convertidas en instrucciones para ser realizados y proporcionadas por una hoja de trabajo. Estas ordenanzas controlan la secuencia de las operaciones, la selección de la herramienta apropiada. En ellas están determinadas las velocidades de rotación del husillo y el avance de cada una de las herramientas más adecuadas para alcanzar el objetivo esperado.

Estas máquinas especializadas son guiadas por dispositivos electromecánicos capaces de realizar una infinidad de operaciones específicas por medio de instrucciones bien cifradas por medio de un programa elaborado de manera manual o por medio de un software como el Mastercam. Antiguamente se realizaba a mano y posteriormente se pasaban a una tarjeta perforada, cinta perforada o cinta magnética.

Estas trabajan en base a un sistema de coordenadas dependiendo de tipo de maquinaría, estas se le indican la dirección del movimiento del husillo con respecto a la pieza de trabajo.

Se realizara el desarrollo de la manufactura de una pieza iniciando con el dibujo realizado en AutoCad 2D, seguido en SolidWorks

b) Propósitos (Aprendizajes esperados)

Demostrar las etapas necesarias para la fabricación de una pieza en un centro de maquinado con el fin de introducir al alumno a estas nuevas tecnologías, siguiendo la secuencia mencionada a continuación:

1) Encendido y preparación de la maquina
2) Interpretación del dibujo
3) Definición de procesos
4) Selección e herramientas
5) Elaboración de programas
6) Simulación de programas
7) Montaje del material
8) Establecimiento de coordenadas de trabajo
9) Establecimiento de la compensación de la altura de las herramientas
10) Verificación del programa en vacío
11) Correr el programa con corte
12) Desmontar la pieza terminada

De lo anterior mencionado para la realización de la actividad y alcanzar el propósito trazado, va depender mucho de la iniciativa para sus alumnos y del ámbito de las instalaciones del aula de informática, la capacidad de las computadoras. Solo se realizara de manera virtual (puntos del 2 al 6), quedara en la iniciativa y creatividad del docente en adquirir este software y una laptop con capacidad para los tres programas y un cañón para proyectarlo. Como sabemos que no se cuentan con este tipo de maquinaria y que cuentan con las convencionales, solo se realizara la simulación como lo menciona el plan 2011 menciona que se realice visitas a una institución de educación media superior y/o superior de ser posible brinde las facilidades de realizarlo de manera física y alcanzar los aprendizajes esperados. Haciendo votos que se logre concretar los puntos mencionados y el aprendizaje sea significativo tanto en la parte docente como en el alumnado. Presentamos de manera general un ejemplo del desarrollo de la manufactura de una pieza.

c) Interpretación del dibujo

Para efectuar el maquinado de una pieza es muy impórtate interpretar los dibujos, que eso depende la correcta asimilación de las formas de las piezas de trabajo.

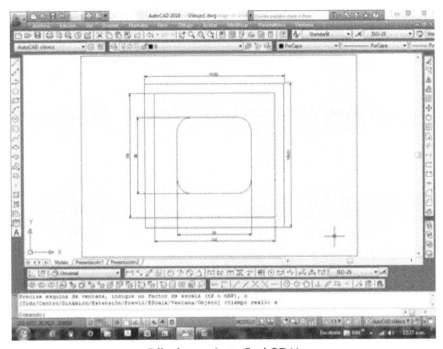

Dibujo en AutoCad 2D**

También ayuda a comprender los procesos que se realizará, los puntos de localización para la programación, la selección de herramientas y otras funciones.

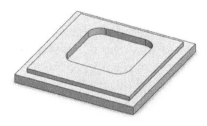

Dibujo en 3D con Solid Works**

d) Definición de procesos

Con base en el dibujo de la pieza que se desea fabricar. Se elabora una lista de procesos de maquinado que nos permite seleccionar las herramientas más adecuadas para alcanzar el propósito esperado.

e) Selección de herramientas

Cuando se realice el listado de herramientas debemos indicar todas las características de cada una de ellas para efectuar la programación.

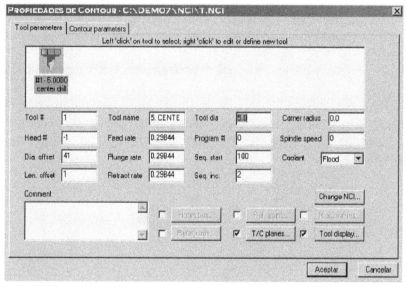

Cuadro de dialogo para la selección de las herramientas*

f) Simulación de programas

Una vez elaborado el programa en Mastercam se efectúa la simulación de la trayectoria de la herramienta o herramientas. La simulación se puede realizar de manera continua, o paso a paso.

Pieza realizada en el simulador de Mastercam

g) Generación del programa CNC

Una vez seleccionada la herramienta, los parámetros de trabajo la máquina procede a realizar el programa para el centro de maquinado. Como se muestra impreso dicho programa a continuación:

```
8525                                    N0205X109.068
N0005G91G28X0Y0Z0                       N0210Z10.F500.
N0010G17G90G21G40G80                    N0215M05
N0015G92XYZ0                            N0220G91G28Z0
N0020G49                                N0225G90T02
N0025G90T01                             N0230G0X0Y0G49
N0030G0X0Y0G49                          N0235M06
N0035M06                                N0240Z-35.
N0040Z-35.                              N0245G43H02Z10.
N0045G43H01Z10.                         N0250M03S750
N0050M03S350                            N0255G00
N0055G00Z10.                            N0260X179.918Y252.745
N0060X109.068Y161.595                   N0265G01Z-5.F1500.
N0065G01Z-5.F1500.                      N0270Y243.271F750.
N0070Y154.596F750.                      N0275X186.217
N0075X257.067                           N0280Y252.745
N0080Y161.595                           N0285X179.918
N0085X109.068                           N0290Y255.92
N0090Y174.295                           N0295X176.743
N0095X96.368                            N0300Y240.095
N0100Y141.896                           N0305X189.393
N0105X269.767                           N0310Y255.92
N0110Y174.295                           N0315X179.918
N0115X109.068                           N0320Z10.F500.
N0120Y186.995                           N0325M05
N0125X83.668                            N0330M03S750
N0130Y129.196                           N0335G00
N0135X282.467                           N0340X179.918Y252.745
N0140Y186.995                           N0345G01Z-5.F1500.
N0145X109.068                           N0350Y243.271F750.
N0150Y199.695                           N0355X186.217
N0155X70.968                            N0360Y252.745
N0160Y116.496                           N0365X179.918
N0165X295.167                           N0370Y255.92
N0170Y199.695                           N0375X176.743
N0175X109.068                           N0380Y240.095
N0180Y212.395                           N0385X189.393
N0185X58.268                            N0390Y255.92
N0190Y103.795                           N0395X179.918
N0195X307.868                           N0400Z10.F500.
N0200Y212.395                           N0405M05
```

N0410M03S750
N0415G00
N0420X186.217Y63.446
N0425G01Z-5.F1500.
N0430Y72.92F750.
N0435X179.918
N0440Y63.446
N0445X186.217
N0450Y60.27
N0455X189.393
N0460Y76.095
N0465X176.743
N0470Y60.27
N0475X186.217
N0480Z10.F500.
N0485M05
N0490G91G28Z0
N0495G90T03
N0500G0X0Y0G49
N0505M06
N0510Z-35.
N0515G43H03Z10.
N0520M03S1000
N0525G99G81X77.568Y
240.095R-1.5Z-3.5F1250.0
N0530Y76.095
N0535X288.568
N0540Y240.095
N0545X257.568
N0550X108.568
N0555Y76.095
N0560X257.568
N0565X295.568Y101.095
N0570Y215.095
N0575X70.568
N0580Y101.095
N0585Y111.095
N0590Y205.095
N0595X295.568
N0600Y111.095
N0605X236.968Y100.395

N0610Y115.395
N0615Y130.395
N0620Y145.395
N0625Y170.795
N0630Y185.795
N0635Y200.795
N0640Y215.795
N0645X218.968
N0650Y200.795
N0655X227.968
N0660Y185.795
N0665X218.968
N0670Y170.795
N0675Y145.395
N0680Y130.395
N0685X227.968
N0690Y115.395
N0695X218.968
N0700Y100.395
N0705X147.168
N0710Y115.395
N0715Y130.395
N0720Y145.395
N0725Y170.795
N0730Y185.795
N0735Y200.795
N0740X129.168
N0745X138.168
N0750Y185.795
N0755X129.168
N0760Y170.795
N0765Y145.395
N0770Y130.395
N0775X138.168
N0780Y115.395
N0785X129.168
N0790Y100.395
N0795G80
N0800M05
N0805G91G28Z0
N0810G90T04

```
N0815G0X0Y0G49
N0820M06
N0825Z-35.
N0830G43H04Z10.
N0835M03S1550
N0840G99G81X129.168Y
200.795R-21.Z-23.F1250.0
N0845X138.168
N0850X147.168
N0855X129.168Y185.795
N0860X138.168
N0865X147.168
N0870X129.168Y170.795
N0875X147.168
N0880X129.168Y145.395
N0885X147.168
N0890X129.168Y130.395
N0895X138.168
N0900X147.168
N0905X129.168Y115.395
N0910X138.168
N0915X147.168
N0920X129.168Y100.395
N0925X147.168
N0930X218.968
N0935X236.968
N0940X218.968Y115.395
N0945X227.968
N0950X236.968
N0955X218.968Y130.395
N0960X227.968
N0965X236.968
N0970X218.968Y145.395
N0975X236.968
N0980X218.968Y170.795
N0985X236.968
N0990X218.968Y185.795
N0995X227.968
N1000X236.968
N1005X218.968Y200.795
N1010X227.968
N1015X236.968
N1020X218.968Y215.795
N1025X236.968
N1030G80
N1035M05
N1040G91G28Z0
N1045G90T05
N1050G0X0Y0G49
N1055M06
N1060Z-35.
N1065G43H05Z10.
N1070M03S1000
N1075G99G81X70.568Y
205.095R-20.Z-22.F1250.0
N1080X295.568Y111.095
N1085X70.568
N1090X295.568Y205.095
N1095G80
N1100M05
N1105G91G28Z0
N1110G90T06
N1115G0X0Y0G49
N1120M06
N1125Z-35.
N1130G43H06Z10.
N1135M03S650
N1140G99G81X70.568Y
215.095R-21.Z-23.F1250.0
N1145X295.568Y101.095
N1150Y215.095
N1155X70.568Y101.095
N1160G80
N1165M05
N1170G91G28Z0
N1175G90T07
N1180G0X0Y0G49
N1185M06
N1190Z-35.
N1195G43H07Z10.
N1200M03S450
```

N1205G99G81X77.568Y
240.095R-23.Z-25.F1250.0
N1210X288.568Y76.095
N1215X257.568
N1220X108.568
N1225X77.568
N1230X288.568Y240.095
N1235X257.568
N1240X108.568
N1245G80
N1250M05
N1255G91G28Z0
N1260G90T08
N1265G0X0Y0G49
N1270M06
N1275Z-35.
N1280G43H08Z10.
N1285M03S300
N1290G99G81X77.568Y
240.095R-26.Z-28.F1250.0
N1295X288.568
N1300Y76.095
N1305X77.568
N1310G80
N1315M05
N1320G91G28Z0
N1325G90T09
N1330G0X0Y0G49
N1335M06
N1340Z-35.
N1345G43H09Z10.
N1350M03S650
N1355G01X0Y0Z0
N1360M05
N1365M03S650
N1370G00Z10.
N1375X274.218Y102.205
N1380G01Z-3.F1500.
N1385Y213.985F375.
N1390Z10.F500.
N1395M05
N1400M03S650
N1405G00
N1410X91.918Y102.205
N1415G01Z-3.F1500.
N1420Y213.985F375.
N1425Z10.F500.
N1430M05
N1435G91G28Z0
N1440G90T10
N1445G0X0Y0G49
N1450M06
N1455Z-35.
N1460G43H10Z10.
N1465M03S1000
N1470G00
N1475X88.68Y240.095
N1480G01Z-2.F1500.
N1485G17G02X88.68Y240.095I-
11.113J0F375.
N1490G01Z10.F500.
N1495M05
N1500M03S1000
N1505G00
N1510X299.68Y240.095
N1515G01Z-2.F1500.
N1520G02X299.68Y240.095I-
11.113J0F375.
N1525G01Z10.F500.
N1530M05
N1535M03S1000
N1540G00
N1545X299.68Y76.095
N1550G01Z-2.F1500.
N1555G02X299.68Y76.095I-
11.113J0F375.
N1560G01Z10.F500.
N1565M05
N1570M03S1000
N1575G00
N1580X88.68Y76.095
N1585G01Z-2.F1500.

```
N1590G02X88.68Y
7.6.095I-11.113J0F375.
N1595G01Z10.F500.
N1600M05
N1605M03S1000
N1610G00
N1615X113.82Y240.095
N1620G01Z-3.F1500.
N1625G02X113.82Y240.095I-
5.252J0F375.
N1630G01Z10.F500.
N1635M05
N1640M03S1000
N1645G00
N1650X262.82Y240.095
N1655G01Z-3.F1500.
```

h) Desarrollo de la manufactura de la pieza

Una vez terminado todo el proceso y verificado se procederá a pasar el programa elaborado a la memoria del centro de maquinado y correr el programa sin corte y posteriormente con corte, desmontar y comprobar sus dimensiones conforme al dibujo de fabricación.

Centro de maquinado ***

Panel de control del Centro de maquinado ***

Piezas elaborados y terminadas en el Centro de maquinado ***

*Tomado de la tesis de Gregorio Sánchez Ávila "Manufactura de un conjunto de caja reductora de velocidad" para obtener el título de Ingeniero Industrial Mecánico del Instituto tecnológico de Tlalnepantla, Estado de México, 2001.

**Tomadas en el aula de informática realizadas por los alumnos de la EST 6 de Máquinas-Herramienta y Sistemas de Control (MHSyC).

***Tomada en el interior del laboratorio de manufactura avanzada del Instituto Tecnológico de Tlalnepantla, Estado de México.

A continuación se muestran las siguientes tablas que recomienda el manual **"HITACHI SEIKI"**

Tabla de aceites para corte recomendados
para diferentes tipos de metales

Material	Taladrado	Escariado	Torneado	Fresado	Roscado
Aluminio	*Petróleo** *Aceite graso* *Aceite soluble*	*Petróleo* *Aceite mineral*	*Aceite soluble*	*Aceite soluble* *Aceite graso* *Aceite mineral* *En seco*	*Aceite soluble* *Petróleo* *Aceite graso*
Latón	*En seco* *Aceite soluble* *Petróleo*	*En seco* *Aceite soluble*	*Aceite soluble*	*En seco* *Aceite soluble*	*Aceite graso* *Aceite soluble*
Bronce	*Aceite soluble* *Aceite graso* *Aceite mineral* *En seco*	*Aceite soluble* *Aceite graso* *Aceite mineral* *En seco*	*Aceite soluble*	*Aceite soluble* *Aceite graso* *Aceite mineral* *En seco*	*Aceite graso* *Aceite soluble*
Hierro fundido	*En seco* *Chorro de aire* *Aceite soluble*	*En seco* *Aceite soluble* *Aceite graso* *Aceite mineral*	*Aceite soluble* *En seco*	*En seco*	*Aceite sulfurado* *Aceite graso* *Aceite mineral*
Acero fundido	*Aceite soluble* *Aceite graso* *Aceite mineral* *Aceite sulfurado*	*Aceite soluble* *Aceite graso* *Aceite mineral*	*Aceite soluble*	*Aceite soluble* *Aceite graso* *Aceite mineral*	*Aceite graso* *Aceite mineral*
Cobre	*Aceite soluble* *En seco* *Aceite graso* *Aceite mineral* *Petróleo*	*Aceite soluble* *Aceite graso*	*Aceite soluble*	*Aceite soluble* *En seco*	*Aceite soluble* *Aceite graso*

Hierro maleable	En seco Agua gaseosa	En seco Agua gaseosa	Aceite soluble	En seco Agua gaseosa	Aceite graso Agua gaseosa
Metal monel	Aceite graso Aceite soluble	Aceite graso Aceite soluble	Aceite soluble	Aceite soluble	Aceite graso
Acero: Aleaciones Forjaduras	Aceite soluble Aceite graso Aceite mineral Aceite sulfurado	Aceite soluble Aceite graso Aceite mineral Aceite sulfurado	Aceite soluble	Aceite soluble Aceite graso Aceite mineral	Aceite sulfurado Aceite graso
Acero al manganeso (12 al 15%)	En seco				
Acero suave	Aceite soluble Aceite graso Aceite mineral Aceite sulfurado	Aceite soluble Aceite graso Aceite mineral	Aceite soluble	Aceite soluble Aceite graso Aceite mineral	Aceite soluble Aceite graso Aceite mineral
Acero de herramientas	Aceite soluble Aceite graso Aceite mineral Aceite sulfurado	Aceite soluble Aceite graso Aceite sulfurado	Aceite soluble	Aceite soluble Aceite graso	Aceite sulfurado Aceite graso
Hierro forjado	Aceite soluble Aceite graso Aceite mineral Aceite sulfurado	Aceite soluble Aceite graso Aceite mineral	Aceite soluble	Aceite soluble Aceite graso Aceite mineral	Aceite soluble Aceite graso Aceite mineral

*Como petróleo se entiende el refinado
diáfano o de lámparas (N. del T.)

Tabla de Avance para Brocas de Alta Velocidad
El avance en las brocas está determinado por el diámetro y por la clase de material a taladrar.

DIÁMETRO DE LA BROCA EN MM.	DIÁMETRO DE LA BROCA EN PULGADAS.	PARA TRABAJO EN GENERAL, AVANCE POR REVOLUCION EN MM.	PARA TRABAJO EN GENERAL, AVANCE POR REVOLUCION EN PLG.	PARA ACERO INOX. AUSTENITICO. AVANCE POR REV. EN MM.	PARA ACERO INOX. AUSTENITICO. AVANCE POR REV. EN PLG.
Hasta 2.38	Hasta 3/32	0.04 0.06	0.0015 0.0025	0.05 0.08	0.0020 0.0035
3.17 a 3.96	1/8 a 5/32	0.05 0.10	0.0020 0.0040	0.06 0.15	0.0025 0.0060
4.76 a 5.56	3/16 a 7/32	0.07 0.15	0.0030 0.0060	0.10 0.23	0.0040 0.0090
6.35 a 7.94	1/4 a 5/16	0.10 0.20	0.0040 0.0080	0.13 0.30	0.0050 0.0120
9.52 a 11.11	3/8 a 7/16	0.15 0.25	0.0060 0.0010	0.19 0.38	0.0075 0.0150
12.70 a 14.29	1/2 a 9/16	0.20 0.30	0.0080 0.0120	0.25 0.46	0.0100 0.0180
15.87 a 17.46	5/8 a 11/16	0.22 0.33	0.0090 0.0130	0.28 0.51	0.0110 0.0200
19.05 a 20.64	3/4 a 13/16	0.25 0.35	0.0100 0.0140	0.32 0.53	0.0125 0.0210
22.22 a 23.81	7/8 a 5/16	0.27 0.38	0.0110 0.0150	0.34 0.56	0.0135 0.0220
25.40 a 28.57	1 a 1.1/8	0.30 0.40	0.0120 0.0160	0.38 0.61	0.0150 0.0240
31.75 a 38.10	1.1/4 a 1.1/2	0.30 0.46	0.0140 0.0180	0.44 0.68	0.0175 0.0270
Arriba de 38.10	Arriba de 1.1/2	0.40 0.51	0.0160 0.0200	0.51 0.76	0.0200 0.0300

NOTA

TODO TRABAJO NUEVO DEBERÁ EMPEZARSE A TALADRAR CON LA VELOCIDAD RECOMENDADA MÁS BAJA Y EL AVANCE MENOS PESADO, AUMENTANDO LA VELOCIDAD HASTA OBTENER EL MÁXIMO RENDIMIENTO POR AFILADO.

Tabla de Condiciones de Corte General

MATERIAL DE TRABAJO	TIPO DE MAQUINADO					
	FRESADO CILIDRICO	TALADRADO	ROSCADO CON MACHUELO	ESCARIADO	TALADRADO DE EXTREMO H.S.S.	PERFORACION
Acero	V = 80 - 120 Fz = .05 - 0.3	V = 20 - 25 Fr =0.05 - 0.3	V = 8 - 11	V = 5 - 8 Fr = 0.2 - 0.5	V = 30 - 35 Fr = 0.02 - 0.1	V = 80 - 90 Fr = .05 - 0.1
Hierro fundido	V = 70 - 120 Fz = .05 - 0.4	V = 18 - 25 Fr = .08 - 0.35	V = 8 - 12	V = 8 -12 Fr = 0.3 - 1.0	V = 20 - 35 Fz = 0.1	V = 70 - 100 Fr = .05 - 0.25
Aluminio	V = 300 - 500 Fz = .03 - 0.2	V = 40 - 50 Fr = 0.1 - 0.2	V = 12 - 15	V = 10 - 15 Fr = 0.5 - 1.0	V = 60 - 80 Fz = 0.2	V = 150 - 200 Fr = .05 - 0.2
Acero inoxidable	V = 50 - 70 Fz = .05 - 0.1	V = 10 - 12 Fz = .05 - 0.1	V = 4 - 5		V = 14 - 20 Fz = 0.07	
Fundición Gris	V = 30 - 40 Fz = .05 - 0.1	V = 25 - 30 Fz = 0.1 - 0.25	V = 8 - 12		V = 25 - 30 Fz = 0.1 - 0.25	V = 25 - 30 Fz = 0.1 - 0.25

Tabla de Avance por revolución para las brocas

TIPO DE MATERIAL	Avance mm/revolución											
	Diámetro de la broca											
	4	6	8	10	12	15	20	30	40	50	60	80
Acero R< 60	10	15	20	20	25	30	35	40	45	50	50	55
Acero 60 < R < 90	8	12	16	18	20	20	24	28	30	35	45	50
Acero R > 90	5	7	10	12	15	18	22	25	28	30	30	35
Fundición gris DB < 250	12	15	20	25	30	35	40	50	60	60	60	65
Fundición gris DB > 250	12	15	20	25	25	30	35	35	40	45	50	50
Bronce y Latón	15	20	25	30	40	45	50	60	65	70	75	80
Aluminio	13	18	22	26	30	35	40	50	60	65	70	75

R = Resistencia a la tensión en daN/mm²
DB = Dureza Brinell

Diámetros de Brocas para Machuelear

ROSCA UNIFICADA		
MACHUELO	HILOS/PULGADA	BROCA (PULG.)
1/16	64NS	3/64
3/32	48NS	49
1/8	40NS	38
5/32	32NS	1/8
5/32	36NS	30
3/16	24NS	26
3/16	32NS	22
7/32	24NS	16
7/32	32NS	12
¼	20NC	7
¼	28NF	3
5/16	18NC	F
5/16	24NF	I
3/8	16NC	5/16
3/8	18NS	21/64
3/8	24NF	Q
7/16	14NC	U
7/16	20NF	25/64
½	13NC	27/64
½	20NF	29/64
9/16	12NC	31/64
9/16	18NF	33/64
5/8	11NC	17/32
5/8	18NF	37/64
11/16	11NS	19/32
11/16	16NS	5/8
¾	10NC	21/32
¾	16NF	11/16
13/16	10NS	23/32
7/8	9NC	49/64
7/8	14NF	13/16
7/8	18NS	53/64

15/16	9NS	53/64
1	8NC	7/8
1	14NF	15/16

Rosca NPT para Tubo

ROSCA NPT PARA TUBO		
MACHUELO	HILOS/PULGADA	BROCA (PULG.)
1/16	27.0	D
1/8	27.0	R
¼	18.0	7/16
3/8	18.0	37/64
½	14.0	45/64
¾	14.0	59/64
1	11.5	15/32

Brocas Especificadas con Número

N°	DIAMETRO EN PLG.	N°	DIAMETRO EN PLG.	N°	DIAMETRO EN PLG.	N°	DIAMETRO EN PLG.
1	0.2280	21	0.1590	41	0.0960	61	0.0390
2	0.2210	22	0.1540	42	0.0935	62	0.0380
3	0.2130	23	0.1510	43	0.0890	63	0.0370
4	0.2090	24	0.1520	44	0.0860	64	0.0360
5	0.2055	25	0.1495	45	0.0820	65	0.0350
6	0.2040	26	0.1470	46	0.0810	66	0.0330
7	0.2010	27	0.1440	47	0.0785	67	0.0320
8	0.1990	28	10.1405	48	0.0760	68	0.0310
9	0.1960	29	0.1360	49	0.0730	69	0.0292
10	0.1935	30	0.1285	50	0.0700	70	0.0280
11	0.1910	31	0.1200	51	0.0670	71	0.0260
12	0.1890	32	0.1160	52	0.06350	72	0.0250
13	0.1850	33	0.1130	53	0.0595	73	0.0240
14	0.1820	34	0.1110	54	0.0550	74	0.0225
15	0.1800	35	0.1100	55	0.0520	75	0.0210
16	0.1770	36	0.1065	56	0.0465	76	0.0200
17	0.1730	37	0.1040	57	0.0430	77	0.0180
18	0.1695	38	0.1015	58	0.0420	78	0.0160
19	0.1660	39	0.0995	59	0.0410	79	0.0145
20	0.1610	40	0.0980	60	0.0400	80	0.0135

Brocas Especificadas con Letra

LETRA	DIAMETRO EN PULGADAS	LETRAS	DIAMETRO EN PULGADAS
A	0.234	N	0.302
B	0.238	O	0.316
C	0.242	P	0.323
D	0.246	Q	0.332
E	0.250	R	.0339
F	0.257	S	0.348
G	0.261	T	0.358
H	0.266	U	0.368
I	0.272	V	0.377
J	0.277	W	0.386
K	0.281	X	0.397
L	0.290	Y	0.404
M	0.295	Z	0.413

CAPITULO IV

TECNOLOGIAS DE LA INFORMACIÓN Y LA COMUNICACIÓN (TIC)

> Las computadoras tienen mucha memoria pero nada de
> imaginación
> **Anónimo**

1. Introducción

Las TIC han llegado a ser uno de los pilares básicos de la sociedad y hoy es necesario proporcionar al ciudadano una educación que tenga que cuenta esta realidad.

Menciona María Eugenia que las posibilidades educativas de las TIC han de ser consideradas en dos aspectos: su conocimiento y su uso.

El primer aspecto es consecuencia directa de la cultura de la sociedad actual. No se puede entender el mundo de hoy sin un mínimo de cultura informática. Es preciso entender cómo se genera, cómo se almacena, cómo se transforma, cómo se transmite y cómo se accede a la información en sus múltiples manifestaciones (textos, imágenes, sonidos) si no se quiere estar al margen de las corrientes culturales. Hay que intentar participar en la generación de esa cultura. Es ésa la gran oportunidad, que presenta dos facetas:

- Integrar esta nueva cultura en la Educación, contemplándola en todos los niveles de la Enseñanza.
- Ese conocimiento se traduzca en un uso generalizado de las TIC para lograr, libre, espontánea y permanentemente, una formación a lo largo de toda la vida

El segundo aspecto, aunque también muy estrechamente relacionado con el primero, es más técnico. Se deben usar las TIC para aprender y para enseñar. Es decir el aprendizaje de cualquier materia o habilidad se puede facilitar mediante las TIC y, en particular, mediante Internet, aplicando las técnicas adecuadas. Este segundo aspecto tiene que ver muy ajustadamente con la Informática Educativa.

No es fácil practicar una enseñanza de las TIC que resuelva todos los problemas que se presentan, pero hay que tratar de desarrollar sistemas de enseñanza que relacionen los distintos aspectos de la Informática y de la transmisión de información, siendo al mismo tiempo lo más constructivos que sea posible desde el punto de vista metodológico.

Llegar a hacer bien este cometido es muy difícil. Requiere un gran esfuerzo de cada profesor implicado y un trabajo importante de planificación y coordinación del equipo de profesores. Aunque es un trabajo muy motivador, surgen tareas por doquier, tales como la preparación de materiales adecuados para el alumno, porque no suele haber textos ni productos educativos adecuados para este tipo de enseñanzas. Tenemos la oportunidad de cubrir esa necesidad. Se trata de crear una enseñanza de forma que teoría, abstracción, diseño y experimentación estén integrados.

Las discusiones que se han venido manteniendo por los distintos grupos de trabajo interesados en el tema se enfocaron en dos posiciones. Una consiste en incluir asignaturas de Informática en los planes de estudio y la segunda en modificar las materias convencionales teniendo en cuenta la presencia de las TIC. Actualmente se piensa que ambas posturas han de ser tomadas en consideración y no se contraponen.

De cualquier forma, es fundamental para introducir la informática en la escuela, la sensibilización e iniciación de los profesores a la informática, sobre todo cuando se quiere introducir por áreas (como contenido curricular y como medio didáctico).

- Por lo tanto, los programas dirigidos a la formación de los profesores en el uso educativo de las Nuevas Tecnologías de la Información y Comunicación deben proponerse como objetivos: Contribuir a la actualización del Sistema Educativo que una sociedad fuertemente influida por las nuevas tecnologías demanda.
- Facilitar a los profesores la adquisición de bases teóricas y destrezas operativas que les permitan integrar, en su práctica docente, los medios didácticos en general y los basados en nuevas tecnologías en particular.

- Adquirir una visión global sobre la integración de las nuevas tecnologías en el currículum, analizando las modificaciones que sufren sus diferentes elementos: contenidos, metodología, evaluación, etc.
- Capacitar a los profesores para reflexionar sobre su propia práctica, evaluando el papel y la contribución de estos medios al proceso de enseñanza-aprendizaje.

Finalmente, considero que hay que buscar las oportunidades de ayuda o de mejora en la Educación explorando las posibilidades educativas de las TIC sobre el terreno; es decir, en todos los entornos y circunstancias que la realidad presenta.

a) Justificación

Actualmente se engloba en este término a la televisión, la radio, los videos, las calculadoras, los teléfonos celulares, la computadora, los lenguajes de programación, las aplicaciones computacionales, el Internet, la Intranet, entre otros.

Las nuevas actividades económicas dependen fuertemente de estas tecnologías, desde la prestación de servicios a través del Internet y las comunicaciones, pasando por el comercio electrónico y aquellas empresas de desarrollo de productos de entretenimiento y software.

Estas tecnologías no se limitan a los procesos empresariales, ellas se incorporan en diversos aspectos de nuestra vida cotidiana. Las TIC, como suelen llamarse, también han originado transformaciones en numerosas profesiones y actividades: en la concepción y gestión de proyectos, en el periodismo, en la práctica médica, en las empresas, en los institutos de investigación, en la administración pública y en la producción artística, entre otros. Las barreras existentes entre las tareas de creación y de ejecución, tradicionalmente realizadas por profesionistas con niveles de formación y remuneración muy diferentes, se han transformado sustancialmente. En muchos casos, estas tareas pasaron a ser hechas por una sola persona, apoyada por diversos medios técnicos, como la computadora.

Hoy en día, las tecnologías de la información y la comunicación representan una fuerza determinante del proceso de cambio social, surgiendo como sostén de un nuevo tipo de sociedad, la sociedad de la información y la civilización cognitiva.

Los desafíos de la emergente sociedad de la información demandan en las personas el desarrollo de nuevos conocimientos y habilidades. Esto debido a los cambios en el sistema comunicativo tales como: la creciente incorporación de tecnologías de información y comunicación y sus transformaciones; el incremento de sus usuarios de diversos grupos sociales; así como la aplicación de diversas técnicas comunicativas en diferentes ámbitos y contextos.

Lo anterior lleva a plantear la necesidad de que la escuela secundaria facilite un acercamiento que dé cuenta de la diversidad de los usos de los medios de la comunicación y una nueva forma de acceder, intercambiar y procesar la información en el marco de la diversidad cultural; se promueva el estudio de las técnicas relacionadas con el uso y la creación de las tecnologías de la información y la comunicación y permita a los alumnos afrontar de manera informada y responsable diversas situaciones en su vida cotidiana.

b) Caracterización

Comunicar significa poner en común, intercambiar información, en este sentido, las técnicas de la información y la comunicación se refieren a tres aspectos funcionales relacionados entre sí:

La búsqueda, almacenamiento y procesamiento de la información, el control y automatización de máquinas, herramientas y procesos, y la comunicación, que incluye la generación, transmisión e intercambio de la información

Las técnicas de la comunicación cobran importancia con la creación de la escritura, la imprenta, el telégrafo, el teléfono, la radio, la televisión, las computadoras, los satélites y las redes de información, que han propiciado el intercambio a nivel global, la elaboración y la distribución de lenguajes: códigos, símbolos, sonidos e imágenes, que son del dominio público y cada vez más accesibles para diferentes sectores de la población. En la actualidad, el mundo está integrado por redes de información que favorecen actividades vinculadas a la educación, la producción y las transacciones comerciales, entre otros. El uso de las técnicas de la comunicación ha generado el surgimiento consecuente de comunidades virtuales, cuyo medio fundamental es la computadora.

c) Competencias específicas en el alumno

a. Reproduce y analiza sistemas de información y comunicación

- Identifica en los sistemas de información y comunicación sus componentes, las relaciones y sus funciones.
- Reconoce y lleva a cabo acciones en sistemas de información y comunicación para reproducirlos (basadas en la imprenta, el telégrafo y la telefonía).
- Realiza acciones técnicas de regulación y control en sistemas de información y comunicación.
- Explica las interacciones de los seres humanos con diferentes medios de información y comunicación (como la radio, la televisión, computadoras, procesadores de la información, programas y componentes periféricos de comunicación y la comunicación satelital).

b. Selecciona diferentes medios para el procesamiento de información y para su comunicación

- Identifica diversos medios que facilitan el intercambio y el procesamiento de la información.
- Utiliza medios para procesar y comunicar información, según la finalidad.
- Elabora manuales, códigos y programas para la representación y procesamiento de la información y operación de diversos medios de comunicación.
- Analiza diversos medios (computadoras, teléfonos, radio, televisión, entre otros) y explica las funciones que facilitan el procesamiento e intercambio de información.

c. Selecciona diferentes fuentes de información para apoyar procesos productivos

- Reconoce a las fuentes de conocimiento y de la información como insumos para los sistemas técnicos y otros procesos productivos.
- Comprende, a través de la práctica de las técnicas y su análisis, así como de los saberes empíricos, las fuentes de información tecnológica.

✤ Utiliza diversas fuentes de información como insumos para el procesamiento y generación de la información, bajo criterios de previsión ambiental.

d. Administra y gestiona recursos para el procesamiento y comunicación de la información

✤ Reconoce a las actividades de planeación y organización como parte de los sistemas de información y comunicación.
✤ Organiza los sistemas de información y comunicación para optimizar tiempos y recursos según sus finalidades.
✤ Planifica acciones de supervisión y control conforme a los protocolos y las normas establecidas.
✤ Valora el trabajo colaborativo en el procesamiento y comunicación de la información.

e. Interviene en la construcción de sistemas de información y comunicación de acuerdo a sus necesidades e intereses

✤ Reconoce diversos medios e insumos como parte de los procesos de información y comunicación para la satisfacción de necesidades e intereses.
✤ Utiliza diversos medios y sistemas de información y comunicación de acuerdo a contextos y situaciones.
✤ Valora las implicaciones sociales y naturales al poner en práctica sistemas de información y comunicación.

f. Diseña sistemas de información y comunicación para la resolución de problemas de creciente complejidad

✤ Identifica situaciones problemáticas como oportunidades para el diseño de sistemas de información y comunicación.
✤ Selecciona la mejor alternativa para la solución de problemas de procesamiento y comunicación de la información de acuerdo a necesidades e intereses.
✤ Desarrolla sistemas para procesar y comunicar información conforme las exigencias de la actividad productiva de acuerdo a criterios de eficacia, eficiencia y la previsión de riesgos ambientales.
✤ Elabora modelos y simulaciones para probar y mejorar sus diseños de sistemas de información y comunicación.

g. Participa en procesos de cambio e innovación de los sistemas de información y comunicación

- Identifica en los sistemas tradicionales de información y comunicación las funciones delegadas en los sistemas electrónicos.
- Establece analogías para la transformación de los sistemas de información y comunicación según las necesidades.
- Comprende los procesos de cambio en los sistemas de información y comunicación según sus antecedentes y consecuentes en diferentes contextos.
- Modifica y crea sistemas de comunicación e información de acuerdo a nuevos requerimientos.
- Pone en práctica proyectos de innovación de sistemas de información y comunicación.
- Valora a la creatividad como una fuente de innovación en los sistemas de comunicación y procesamiento de la información.

h. Evalúa sus diseños de sistemas de información y comunicación y prueba alternativas para mejorarlos

- Identifica y realiza cambios pertinentes a sus diseños para facilitar el procesamiento y comunicación de la información, conforme los lleva a la práctica
- Prevé el riesgo ambiental en el desarrollo de sistemas de información y comunicación
- Verifica que los resultados alcanzados en sus diseños de comunicación e información satisfacen la necesidad o finalidad establecida

i. Articula los sistemas de información y comunicación con otros campos tecnológicos según las finalidades buscadas

- Identifica la diversidad y complejidad de las técnicas que intervienen en los sistemas de información y comunicación
- Comprende que la articulación de diversas técnicas en este campo tecnológico está orientada a facilitar el procesamiento y comunicación de la información

✤ Analiza los procesos de información y comunicación donde se articulan diversas técnicas Integra y organiza técnicas con otros campos tecnológicos

2. El docente frente a una sociedad informática

La incorporación de la informática en una sociedad cada día más cambiante en la educación básica, el docente nunca se imaginó el auge en el proceso educativo se ha visto reflejado significativamente y haciendo hincapié que su uso no es una moda pasajera. Sin embargo, es aún insuficiente ante los nuevos retos tecnológicos cambiantes, esto no quiere decir que se justifique, ni que representa una inmediata la solución de los problemas de enseñanza y de aprendizaje con los alumnos en el interior del aula.

Como menciona Escolano Benito (1996), al definir la profesión docente en la actualidad, lo hace en torno a tres papeles básicos:

El primero un guía el aprendizaje de los alumnos, así como su desempeño en la docencia clásica relacionadas con la tutoría, la gestión didáctica y la innovación. Además el profesor debe ser un ingeniero de la instrucción.

El segundo los aspectos éticos y socializadores de la profesión, un agente de primer orden en el proceso de socialización metódica, formador de los valores, actitudes y otras pautas de conducta que exhibe o vincula constituyen un marco de referencia normativa para las personas en formación.

Así como evaluador, la función fundamental de control social, el sistema exámenes, la formulación de las estrategias de reproducción, movilidad, igualitarismo y compensación.

El tercero, el docente se vincula a las necesidades de autorrealización de los estudiantes en su formación. Enlazar las tradiciones ya enraizadas y como enfatizar el papel del docente como preceptor, partenaire o terapeuta.

Alonso y Gallego (1996) mencionan que en la actualidad deben desempeñar quince funciones básicas que son interesantes sus propuestas para su formación y perfeccionamiento en el desempeño de su docente con los estudiantes. De las cuales me llamaron la atención las siguientes:

🖰 Favorecer el aprendizaje de los alumnos como principal objetivo
🖰 Estar predispuestos a la innovación

🖰 Utilizar los recursos psicológicos del aprendizaje
🖰 Poseer una actitud positiva ante la integración de nuevos medios tecnológicos en el proceso de enseñanza – aprendizaje
🖰 Integrar los medios tecnológicos como un elemento más del diseño curricular
🖰 Diseñar y producir medios tecnológicos

Lo anterior me hace reflexionar tan consientes están los docente para este cambio de los tiempos de los estudiantes que recibimos año con año cargados de inquietudes, en muchas ocasiones con más conocimientos en el uso de la computadora o en el Internet que el propio docente. Que tan abierto se encuentra para recibir este cambio continuo de los tiempos. Será capaz de acéptalos o rechazarlos, en definitiva decir que los acepta, pero en la realidad sigue con sus conceptos tradicionalistas. Que no son nada atractivos, ni mucho menos cubran sus expectativas por parte de los estudiantes dentro del aula.

El docente como profesional debe estar atento a toda la posibilidad de comunicación más adecuada, exitosa y atractiva el proceso de aprendizaje de los estudiantes. Hacerse una crítica de su propia práctica desde la reflexión de sus intervenciones como docente, y que pueda ayudar a "aprender a aprender" en una sociedad cambiante y en constante evolución.

Tomando el texto de la profesora Marabotto: "A él le corresponde explorar y valorar cómo interactúan estos medios con el aprendizaje, qué efectos producen en el estilo cognitivo de los alumnos, cómo elegir los más adecuados y disponer una experiencia significativa para su utilización como herramienta en situaciones de enseñanza-aprendizaje."(Marabotto, M.I. 1996: 53).

El profesor debe conocer su material, pero además a ser un experto gestor de información, un buen administrador de los medios en su entorno dinámico en el aprendizaje de sus alumnos. Un eficaz para el manejo de la información y la comunicación con las nuevas tecnologías, que están cambiando los modos de ejercer las funciones de los docentes en la formación de las futuras generaciones.

Una de las necesidades prioritaria que debe contemplarse para la integración de las nuevas tecnologías en los procesos de enseñanza-aprendizaje para la educación:

- Seleccionar el material y planificar su utilización desde el enfoque didáctico
- Facilitar, mediar, no forzar al estudiante para que realice actividades para las que no está preparado
- Coordinar con los padres cuyos estudiantes tengan una computadora en casa.
- Asesorar a los padres sobre el uso de la televisión y otros audiovisuales en casa

El diseño de proyectos formativos acomodados a cada situación; una constante motivación; la selección de experiencias y actividades que permitan lograr objetivos educativos; la orientación que facilite la elección libre e inteligente de quienes se forman; la evaluación constante de procesos logrados, que facilite el esfuerzo por conseguir nuevas metas.

"El papel del maestro-educador, como auténtico líder pedagógico, la utilización de conocimientos y de los recursos tecnológicos al servicio de intereses supremos que, basados en el desarrollo de los valores

El perfil de profesor, un permanente afán de perfeccionarse y actualizarse constantemente en sus técnicas docentes, desde un proceso constante de investigación y evaluación de su propia práctica pedagógica.

Menciona Gento (1996): el diseño de proyectos formativos acomodados a cada situación; una constante motivación; la selección de experiencias y actividades que permitan lograr objetivos educativos; la orientación que facilite la elección libre e inteligente de quienes se forman; la evaluación constante de procesos logrados, que facilite el esfuerzo por conseguir nuevas metas. El papel del maestro-educador, como auténtico líder pedagógico, la utilización de conocimientos y de los recursos tecnológicos al servicio de intereses supremos que, basados en el desarrollo de los valores

El perfil de profesor, un permanente afán de perfeccionarse y actualizarse constantemente en sus técnicas docentes, desde un proceso constante de investigación y evaluación de su propia práctica pedagógica.

También menciona Fernández Arenas (1995), se debería contemplar al formador en su papel total: como planificador, como procesador de información y ayuda al aprendizaje y como evaluador del aprendizaje del alumno. Todo esto contemplado bajo la óptica del contexto cambiante.

El profesor no debe competir con las fuentes informativas, sino un analizador de las mismas. En el momento que vivimos no basta con saber el contenido de la materia para impartirla bien. El nuevo docente, utiliza y le da buen uso a la tecnología de la información y la comunicación.

"La enseñanza fundada en la memorización de los hechos desaparecerá y se hará hincapié en el desarrollo de las competencias necesarias para manejar un volumen muy creciente de informaciones, de forma lógica y pluridisciplinar. Los alumnos deberán aprender a elegir y a explotar la información"(UNESCO, 1990:128).

"Hoy no resulta suficiente pedirle al profesor únicamente estar informado. Al profesor le pedimos otras cosas tales como fomentar la convivencia, la participación, la cooperación, la autonomía del alumno, la autocrítica, la ética, la reflexión. Expresiones que suelen identificar modelos docentes que otorgan a los profesores el papel de agentes de cambio e innovación educativa". (De Pablos Pons, J. 1996).

La tarea del profesor se dirige a que los alumnos aprendan por ellos mismos, realizarán numerosos trabajos prácticos de exploración. La figura del docente como facilitador. Aquel docente capaz de preparar oportunidades de aprendizaje para sus alumnos.

Como lo menciona el profesor Oliver: "El profesor debe actuar más como animador e investigador del entorno y como motivador y puente entre el medio ambiente de la población escolarizada, el mundo científico y cultural que como transmisor y reproductor a priori de los contenidos que de este mundo dimanan, ello justifica algunas exigencias al profesorado de una parte, y al currículum de formación de otra." Oliver (1989:65).

La sociedad de la información y las nuevas tecnologías que de ella se derivan dentro de la escuela, de manera accesible y natural, es preciso recurrir a este nuevo papel del profesor y no limitarse a ello, ya que de otro lado, los cambios propuestos también afectan de lleno al papel que el alumno desempeña en su aprendizaje.

Las dificultades que encontramos con nuestros estudiantes asumen el papel de receptores de la información que el docente transmite. Sin embargo, si pretendemos que el aprendizaje en los estudiantes pase de una concepción tradicional y por tanto memorística a otra más significativa, desempeñe un papel activo y participativo, colaborando en la búsqueda, localización, intercambio e interpretación de la información, se logrará el aprendizaje que como simple acumulación de información. Hacerlo más significativo para la resolución y el replanteamiento de problemas reales. Sólo así pasarán a ser constructores activos de su conocimiento.

Como consecuencia de lo anterior, aparece un nuevo reto en la formación de los maestros ante la aparición de nuevas formas culturales. Es así como el mundo de lo tecnológico se está convirtiendo en un componente esencial de la formación del profesorado. Sin embargo nos preguntamos si desde la escuela es considerado como un componente cultural y curricular de importancia destacada.

Como lo menciona Gutiérrez Martín (2003), "La utilización de las nuevas tecnologías interactivas en la enseñanza, al igual que la de cualquier otro medio audiovisual, debe servir al profesor para superar el modelo comunicativo unidireccional y no para reforzarlo. Podría darse la paradoja de estar preocupándonos por conseguir un máximo nivel de interacción entre los alumnos y los medios mientras descuidamos la propia interacción humana, la más importante y enriquecedora, de cuya calidad va a depender el que nuestros alumnos aprendan a utilizar los medios para expresarse y no se consideran únicamente como receptores de información" (Gutiérrez Martín, A. 1996).

Las funciones del trabajo docente no se limitan solamente al ámbito reducido del aula, el conocimiento debe constituirse en un proceso reflexivo que se realice a partir de las propias ideas de los docentes. La colaboración permanente entre la práctica escolar y la investigación por parte de los estudiantes permitirá que la educación pueda dominar y explotar del mejor modo posible lo que unos consideran como instrumento intelectual, cada vez en mayor, como una potente herramienta en manos del educador, que le permite preparar a los estudiantes para enfrentarse al mundo actual.

Menciona Escolet (1992), "Las reformas educativas inciden excesivamente en nuevas legislaciones, nuevas estructuras, nuevos medios, nuevos contenidos. Sin embargo, el eje de la reforma está en los facilitadores del aprendizaje, en los maestros y profesores, que son los que realmente pueden llevarla a cabo o sepultarla para siempre"

Bibliografía

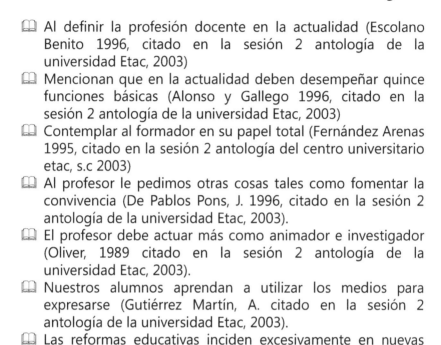

- Al definir la profesión docente en la actualidad (Escolano Benito 1996, citado en la sesión 2 antología de la universidad Etac, 2003)
- Mencionan que en la actualidad deben desempeñar quince funciones básicas (Alonso y Gallego 1996, citado en la sesión 2 antología de la universidad Etac, 2003)
- Contemplar al formador en su papel total (Fernández Arenas 1995, citado en la sesión 2 antología del centro universitario etac, s.c 2003)
- Al profesor le pedimos otras cosas tales como fomentar la convivencia (De Pablos Pons, J. 1996, citado en la sesión 2 antología de la universidad Etac, 2003).
- El profesor debe actuar más como animador e investigador (Oliver, 1989 citado en la sesión 2 antología de la universidad Etac, 2003).
- Nuestros alumnos aprendan a utilizar los medios para expresarse (Gutiérrez Martín, A. citado en la sesión 2 antología de la universidad Etac, 2003).
- Las reformas educativas inciden excesivamente en nuevas legislaciones, nuevas estructuras (Escolet, M.A. 1992, citado en la sesión 2 antología de la universidad Etac, 2003).

3. Conceptos de informática

El nuevo enfoque de la asignatura pretende que los alumnos lleven a cabo actividades que se centran en el estudio del hacer, para promover el desarrollo de competencias tecnológicas de intervención, resolución de problemas, diseño y gestión. Asimismo, deja de ser una actividad de desarrollo (Plan y programas de estudio, 1993) para concebirse como asignatura (Plan y programas de estudio 2006).

Los recursos de apoyo para la enseñanza y aprendizaje de la Tecnología se redefinen y dejan de considerarse como talleres para concebirse como laboratorios, con la idea de incorporar aspectos pedagógicos y didácticos que permitan prácticas educativas relevantes y pertinentes en congruencia con el enfoque de la asignatura.

a) Introducción a la informática

Definición de informática.- Es la ciencia que se encargue de estudiar los procedimientos, los métodos, las formas de procesar la información, mediante sistemas de cómputo. Es una rama de las matemáticas.

Computación.- Es la rama de la informática que se encarga del control, administración y conservación de los sistemas de cómputo. Abarca el conocimiento de equipo, software y operación de ambos conceptos.

Computadora.- Es una maquina electrónica que permite manejar y procesar información a muy alta velocidad y en grandes cantidades. Consta de equipos adicionales que se les denominan periféricos y que amplían las capacidades de la misma.

b) Clasificación de las computadoras

1.- Por su tipo:

- 💻 **Analogía**.- Son aquellos equipos en que los datos que procesa de medir la magnitud de variables físicas estos valores los convierte en pulsos eléctricos para ser procesados. Por ejemplo: termostato, núcleo eléctrico, sistema de reloj, báscula, panel principal del metro.
- 💻 **Digital**.- son sistemas que recibe información de números, procesa la información como nombres que dan como resultado números.

La computadora personal (PC), han crecido en las grandes computadoras para instituciones educativas como la UNAM, ITESM, IPN, etcétera.

Se ha incorporado en la industria automotriz, en relojes digitales utilizados de manera general, que también se incorporó en el deporte-ciencia mejor conocido como ajedrez.

- 💻 **Hibridas**.- Son sistemas que reciben suministros de datos de la magnitud de variables físicas que después se convierte a números o dígitos y son procesados como tal.

2.- Por su uso

- 💻 **De propósito general**.- Estas computadoras están diseñadas para resolver una gran diversidad de problemas sin tener que modificar los elementos físicos que la componen (son las más comerciales). Ejemplo: Pc´s, grandes computadoras, etc.
- 💻 **De propósito particular**.- Son aquellas computadoras que resuelven problemas específicos para las cuales fueron diseñadas. Por ejemplo: Control los procesos de energía eléctrica, reloj electrónico.

3.- Por su tamaño

- 💻 Macro computadoras o súper computadoras
- 💻 Mini computadora o Pc's
- 💻 Lap Top.
- 💻 Note Book
- 💻 Tablet.

c) Sistemas de Cómputo

Un sistema de cómputo consta de las siguientes partes:

Hardware.- Todo el equipo y elementos físicos que constituyen o parte de un sistema de cómputo. Se le conoce como la parte tangible.

Principal:

- 💻 Gabinete y estructura.
- 💻 Fuente de poder y ventilador.
- 💻 Tarjeta principal o tarjeta madre, contienen: Micros chips, Memoria RAM y ROM, Procesador (en versiones antiguas de computadoras se contaban con el Microprocesador y Coprocesador matemático).
- 💻 Ranuras de expansión,
- 💻 Disco duro.
- 💻 Puertos paralelos y seriales.
- 💻 Monitor
- 💻 Ratón
- 💻 Teclado

Secundario:

- Unidad de tarjetas.
- Unidad lectoras: Cd's y DVD.
- Scanner.
- Lectora de código de barras.
- Tarjeta digitalizadora.
- Impresora multifuncional.
- Gráficadoras (plotter).
- Modem Fax.
- Bocinas.
- Unidad lectora USB, SD, etc.
- Dispositivos diversos: T.V, radio, video.
- En equipos antiguos se utilizaban unidades de discos flexibles de 5-1/4 y 3-1/2, disco óptico y unidades de cinta magnética.

Software.- Es la serie de elementos de programación que necesita un sistema de cómputo para realizar tareas, si este no puede funcionar el sistema. Es la parte intangible mejor conocido como programas en los que se encuentran:

- **Sistema operativo**.- Es una serie de instrucciones, comandos y utilerías cuya función es administrar, controlar y supervisar todos los procesos relativos a una computadora. Es el intermediario entre el usuario y la computadora u ordenador (como se le conoce en los países europeos). Sin este sistema no sería posible utilizarla. Dentro de los sistemas operativos se encuentran:
- **El sistema operativo monousuario**.- utilizado en computadoras individuales, donde se puede acceder a un solo comando a la vez. En los que se encuentran MS-DOS, PS/2, OS/2, DR-DOS. La interfaces gráficas, son los sistemas que controlan el equipo a base de elementos gráficos en la introducción de imágenes y sonido.
- **El sistema operativo multifuncional**.- Permite el acceso a sus comandos a más, de un usuario en todo momento, generalmente controla las redes de computadoras, entre los que se encuentran en el mercado están UNIX, LAN, NOVELL, PARADOX, VAX.

NetWare de Novell el famoso de sistema operativo de red donde el software de red del equipo cliente se incorpora en el sistema operativo del equipo. El equipo personal necesita ambos sistema operativos para gestionar conjuntamente las funciones de red y las funciones individuales.

El software del sistema operativo de red se integra en un número importante de sistemas operativos conocidos, incluyendo Windows 2000 Server/Professional, Windows NT Server/Workstation, Windows 95/98/ME y Apple Talk.

- ⌨ **Paquetería de aplicación.-** Se encuentra el Office (Word, Excel, Power Point, Access), Diseño (AutoCad, Solidworks, Corel Draw, etc.)
- ⌨ **Lenguajes de programación** (Visual Basic, Visual C++, etc.).

Firmware.- Surge cuando interactúan el Hardware y Software. Es la parte operativa del sistema.

4. Reproducción de discos blandos

Francisco Reséndiz Rodríguez
UAP, México

Si usted posee una microcomputadora con baja capacidad de memoria y solo cuenta con una unidad de disco, puede copiar discos en Basic. A continuación se describe la técnica para lograrlo.

El uso de computadoras personales en la escuela, en el laboratorio, en el trabajo e incluso en el hogar requiere, con frecuencia, de la utilización de discos blandos (*floppy disks*), los cuales constituyen el elemento común para almacenamiento de información. A pesar de que la duración de los discos es prolongada -más de 50 horas de trabajo continuo- resulta conveniente conservar la información en más de un disco, con el objeto de preservarla ante eventualidades tales como desastres naturales o accidentes. En el caso de que el usuario sea quien genere la información –programa de datos- en una microcomputadora, la obtención de copias se realiza en forma directa; sin embargo, cuando la información ya se encuentra en uno o más discos, el copiado o reproducción puede presentar un problema, especialmente en productos muy comerciales como los juegos y programas para aplicaciones administrativas.

Existen diversos programas para copiar de un disco a otro, cada uno con características específicas según los intereses de sus creadores. En caso de que se cuente con los recursos materiales y con dos unidades de discos (*floppy disks*), el método de copiado puede aprovechar ambas: una unidad para alojar al original y la otra, para la copia.

a) Principio de almacenamiento de información en disco blando y método de copiado

El sistema de copiado utiliza la memoria de la microcomputadora (memoria RAM) como intermediario para almacenar la información de un disco a otro en forma transitoria. Cuando la capacidad de memoria es superior a la de los discos, el proceso se realiza en un solo paso; sin embargo, en caso contrario, se debe llevar a cabo en varias transferencias.

La técnica que aquí se trata, se aplica al caso de una microcomputadora con baja capacidad de memoria (Apple II+, 48K) inferior a la del disco (143 K) y cuando se dispone de una unidad de disco (1). En este sistema, la grabación magnética de la información en disco de 5 ¼" emplea un formato con 35 pistas (**tracks**), cada una de las cuales posee 16 sectores de 256 bytes de extensión. El orden asignado a las pistas se inicia con la cero en el borde exterior y termina con la 34 en el área más cercana al centro del disco. El usuario dispone únicamente de 30 pistas para el almacenamiento de su información, puesto las tres primera y la numero 17 se emplea para alojar al Sistema Operativo de Discos (DOS) y al directorio del disco respectivamente.

b) Programa para copiar discos en BASIC

El programa BASIC se basa en la subrutina RWST (Lectura y Escritura de un sector en una pista), que se explica en el manual del sistema operativo del fabricante del equipo. La subrutina RWST ocupa solo 35 *bytes* de memoria por lo que se decidió situarla en las localidades 768-803, las cuales están disponibles para los usuarios. En la subrutina se seleccionaron únicamente tres variables que representan el número mínimo para tener acceso a las pistas y sectores del disco, así como a las localidades de memoria para el almacenamiento transitorio de la información.

El programa se divide en dos partes: la primera (5-140) permite almacenar la subrutina RWST en las direcciones 768-803; la segunda (145-550), transfiere la información del disco original a la memoria de la microcomputadora y al disco copia en cinco pasos, que se realizan sin intervención del usuario; además, ejecutar la transferencia en grupo de ocho pistas que ocupan 32 768 *bytes* de la memoria, que se alojan en forma transitoria de la dirección 4 096 a la 36 865, para posteriormente enviarlos al disco copia. El proceso se efectúa cuatro veces hasta completa la transferencia de 32 pistas y en el último paso se completan las tres pistas restantes.

La ejecución del programa implica la "iniciación" previa del disco copia con el método normal para definir sus pistas y sectores; por otra parte, aunque el sistema operativo del disco use tres pistas (0, 1, 2), el programa las regraba completamente haciendo que el disco copia sea una reproducción idéntica del original. Aquellos discos que antes no podían detenerse durante su ejecución ahora son directamente accesibles y su contenido está especificado en el catálogo del mismo.

En esta versión actualizada el 19 de Agosto de 2013, tomado del artículo publicado la revista Ciencia y desarrollo Noviembre-Diciembre 1986, vol. XII, núm.71. Universidad Autónoma de Puebla, Apdo. Postal 679, 72000, Puebla, Puebla.

5. El desarrollo de la computación y de la informática en México:

Formación académica y planes de estudio

El desarrollo de una tecnología nacional en el campo de la computación y de la informática exige reflexionar sobre la formación de profesionales idóneos y sobre las formas concretas de lograrla

La imperiosa necesidad de aportar elementos propios al desarrollo nacional de la computación y de la informática da origen a una multitud de ideas, de proyectos y necesidad cuya consideración es fundamental.

Al respecto surge una serie de preguntas que podríamos formular de la manera más espontánea y sin jerarquía: ¿Hacia dónde debemos dirigirnos? ¿Será necesario desarrollar compiladores y sistemas operativos propios o seguiremos importándolos?, ¿Continuaremos importando arquitecturas, unidades de disco, ensambladores y paquetes de aplicación?, ¿Vale la pena que dependamos enteramente del extranjero para todo lo relacionado con este campo vital?

Creemos firmemente que no. Consideramos que ya estamos listos para empezar la tarea de organización y de ajuste que nos permita emprender por lo menos parte de nuestro camino y estamos seguros de que tenemos los medios necesarios para lograrlo.

¿De dónde surge esta confianza? Proviene de dos aspectos diferentes: primero de la certeza de que esta labor la debemos emprender quienes nos dedicamos a la computación, que participamos en las tareas académicas, que comercializamos equipos e industrializamos software (programas de computadora); segundo, de la experiencia con profesionales egresados de algunas universidades y centros de estudio que han demostrado tener la capacidad de innovar y de crear.

a) Análisis de la situación actual

A la luz del conocimiento que hemos adquirido de la computación en nuestro medio, quisiéramos prestar un breve resumen de los problemas que se han detectado de los logros que ya existen y de los objetivos que se podrían alcanzar a largo plazo.

En el área de la administración informática debemos esforzamos para que suja de nuestra aulas estudiantes sensibles a los problemas que enfrenta actualmente la administración de una empresa moderna, pública y privada. En este campo hemos sorteado algunos importantes escollos; por ejemplo hemos creado sistemas de información que manejan y controlan departamentos enteros en secretarias de estado, y que se encargan de las tareas prácticas de la administración, tales como el manejo de recursos contables y de recursos humanos (actualmente capital humano). Asimismo, hemos avanzado, aunque de manera insuficiente, en el campo de la planeación financiera. En esto nos ha ayudado el hecho de que los sistemas importados no se adecuan a nuestra realidad debida tanto a nuestra legislación como a nuestras particularidades e idiosincrasia. Cualquiera que haya intentado adaptar un "paquete" de contabilidad extranjero sabe de lo que estamos hablando. Hace falta uniformar y documentar nuestros sistemas administrativos para reducir al mínimo los esfuerzos y las duplicidades. Hace falta también, encontrar un método para homogeneizar su diseño y así ampliar su uso en equipos diversos.

En el campo de la administración de los recursos de cómputo hace falta producir manuales estandarizados de procedimientos que aseguren su utilización eficiente y confiable. Debemos aportar nuestra creatividad en el diseño de políticas para el control de costos y presupuesto de los equipos, así como para su proceso de selección. Es imprescindible elaborar proyectos agiles para la auditoria de operación de sistemas de computación, que nos permitan formular una opinión propia sobre cómo y cuándo modernizarlos o reemplazarlos. Debería ser usuario, y no proveedor, quien decida el grado, el modo y el alcance de la renovación o modernización del paquete instalado.

Por otra parte, la adquisición, la selección y la configuración de los equipos de cómputo constituyen un punto álgido de esta discusión, ya que son precisamente la "materia prima" sobre la que se trabaja. Hasta ahora, es mínima la cantidad de recursos que se destina a la creación de equipos de diseño nacional, lo cual consideramos peligroso y mortificante. Las experiencias que hemos tenido en este campo muestran que es factible incursionar con éxito en el área de arquitectura y diseño de microcomputadoras, de cierto tipo de equipo para procesamiento distribuido y de redes locales de cómputo. Además, se podrían producir localmente ciertas partes de equipos y circuitos, previo acuerdo con el fabricante en el extranjero que, de todas formas, los compra a subditribuidores.

En el campo del teleproceso podemos y debemos crear protocolos de comunicación que sean compatibles con las principales computadoras comerciales. Calculamos que buena parte de los problemas que provienen del mal uso del equipo instalado en nuestro país se debe precisamente a la falta de intercomunicación. Este problema es complejo, debido a la gran diversidad de protocolos, no tanto de programación, sino de manejo de señales eléctricas. La conversión, por ejemplo, de protocolos sincrónicos a protocolos asincrónicos requiere de la participación de circuitos y de arquitecturas especiales, que se podrían desarrollar sin dificultad alguna; de ello ya tenemos ejemplos.

La creación de redes públicas para la comunicación de datos rebasa, por lo general, el enfoque que los individuos pueden darle, razón por la cual los gobiernos suelen invertir decisivamente en su planeación. Este fue el caso de Francia, y en México no hay ninguna razón que nos impida intentarlo. Como ya dijimos, los requisitos tecnológicos no son insuperables. Existen ejemplos nacionales de diseño de módems y hay investigadores que trabajan activamente en el desarrollo multiplexores estadísticos configurables y equipos para redes síncronas locales.

Aunque parezca que el quehacer matemático está lejos de este tipo de consideraciones, creemos que esta disciplina tiene mucho que ofrecer; más que aportaciones teóricas se podría elaborar un conjunto de "paquetes" y sistemas de procesamiento matemático que permita sustituir programas que realmente no tenemos necesidad de importar. Un caso concreto lo ofrece la macroeconomía, con su constante necesidad de manipulación de grandes matrices y de conjunto de datos. Otros son la estadística, la simulación, la programación lineal y las series de tiempo, que ya utiliza ampliamente el sector público en sus labores de planeación. Podemos dar ejemplos de sistemas de manufactura local en esta área que compiten ventajosamente con los más reconocidos en el extranjero. Conviene recalcar, asimismo, que en este aspecto ni siquiera tenemos derecho de quejarnos de nuestro atraso tecnológico, ya que para la creación de dichos sistemas no hace falta nada más que las computadoras ya existentes y, evidentemente, compromiso y dedicación.

Tal vez haga falta darle al estudiante una orientación académica que le muestre las posibilidades de innovación en la computación y que le otorgue la oportunidad de hacerlas realidad. Para esto pensamos que es necesario un estudio adecuado de la teoría de la computabilidad resaltan sus capacidades para servir de modelo y de simular procesos.

Es en las áreas de programación donde nuestro potencial humano y académico puede producir realmente sistemas de calidad. Si bien el análisis y el diseño de algoritmos pertenecen a un campo eminentemente teórico, no ocurre lo mismo con la ingeniería de software, a la que deberíamos estimular mediante una mayor difusión de los sistemas que se producen en diversos lugares del país y que muchas veces pasan inadvertidos. Podemos hacer mucho en lo que se refiere, por ejemplo, a la programación de sistemas. Es perfectamente posible diseñar preprocesadores y macroexpansores para aplicaciones diversas, así como emprender el diseño de un compilador especializado para describir y dirigir, por ejemplo, el control de procesos industriales.

Ya es tiempo de difundir los diseños de sistemas operativos para microcomputadoras que existen en el pais. Nada debe impedirnos dar un gran salto hacia adelante en ese campo. En todo caso, el enemigo que debemos vencer es el atraso en nuestros sistemas de enseñanza de programación, y la inexplicable demora en producir libros de texto; problemas que apenas comenzamos a atacar.

Existen varios ejemplos de sistemas de información creados en el país. En este sentido debemos estimular a los estudiantes para que encaminen sus esfuerzos a su creación, comenzando con proyectos pequeños, pero integrales que incluyan documentación y que sean fácilmente manejables. Solo hace falta una computadora y un grupo de estudiantes y de profesores inquietos alrededor de ella para diseñar sistemas de información de todo tipo, para luego pasar a hacer lo mismo en la industria nacional, que tanta necesidad tiene de innovación.

En pocas palabras: no hay justificación alguna para no tener sistemas de información bien hechos, eficientes y documentados. Los componentes están a la vista de todos.

Por último, las aplicaciones de sistemas dan oportunidad para convertir en realidad las promesas de la computadora y de la informática, pues permiten ofrecerle al ciudadano común el fruto de nuestro conocimiento. Es este nuestro compromiso y nuestro deber.

b) Formación académica

Para alcanzar las metas que acabamos de esbozar es fundamental la existencia de profesionales sólidamente preparados. El estudio y la investigación permitirán alcanzar el nivel de desarrollo independiente que requiere nuestro país. Esta preocupación por una buena formación profesional existe desde hace tiempo en la comunidad académica; incluso, se ha adoptado ya medidas en las instituciones de educación superior para satisfacerla.

Sin embargo, estos esfuerzos carecen de definición y de cohesión, así como de claridad en las prioridades. Falta todavía un plan general de desarrollo tecnológico en los campos ya mencionados.

Consciente de estas dificultades, la Asociación Nacional de Instituciones de Educación en Informática (ANIEI), que agrupa casi a la totalidad de las universidades, escuelas superiores e institutos que imparten programas de computación y de informática, se concentró durante un tiempo considerable en la elaboración del trabajo "Modelos curriculares en informática-computación". En este proyecto –que nosotros tuvimos la oportunidad de coordinar- un comité de doce profesores de otras tantas universidades e institutos del país.

c) Modelos de planes de estudio en computación e informática

Falta definición y sobra ambigüedad cuando hablamos de informática y de computación. Esto implica y empobrece los planes de estudio para formar profesionales en estos campos. Cada universidad, y a veces cada escuela, tiene si propia concepción de lo que son la informática y la computación y sucede frecuentemente que se desperdician recursos considerables en la solución de un problema que aún no se ha clasificado. No es de sorprender, por consiguiente, que la situación refleje atraso, dudas y desaciertos.

La idea central de los modelos es, precisamente, elaborar un catálogo básico de estudio en computación e informática, del que se puedan nutrir las carreras profesionales que se ofrecen en el país. La formación de un grupo multidisciplinario de estudio garantizará la amplitud de criterios, que es un requisito básico para el trabajo de esta naturaleza.

Uno de los objetivos principales es disponer de un marco conceptual solido que permita crear nuevos planes de estudio y, si corresponde, adecuar los actuales, así como reducir al mínimo, so no es que eliminar de todo, dispersión y la ambigüedad que actualmente aquejan al sistema educativo en las áreas de informática y de computación.

La metodología que se adoptó en la elaboración del trabajo fue la siguiente:

1. Determinación del marco conceptual.
2. Generación de la información: recopilación, organización y síntesis de áreas de conocimiento; incluyendo temas, campos de aplicación, aspectos de aplicación, casos de interés etcétera.
3. Clasificación y análisis de la información previamente producida, y homogeneización de los criterios en términos

de la estructura conceptual propuesta. Se trata de fijar los campos de acción de la informática en general, sin excluir ninguna actividad importante, pero evitando un relativismo de adiciones injustificadas. Con esto en mente, el comité, al que ya aludimos, preparo una lista de cinco áreas de conocimiento en computación e informática. Estas son las siguientes: 1) Medio social; 2) Equipos de computación; 3) Matemáticas; 4) *Software* básico, y 5) *Software* de aplicación.

Cada una de estas áreas se divide en subáreas que, a su vez, se subdividen. Cada área (subárea y sus subdivisiones) tiene una función específica en el quehacer profesional, que se ha definido de acuerdo con el alcance de sus objetivos explícitos. Cada subdivisión de una subárea cuenta además con un grupo de temas de estudio que podrían –en el caso de un plan de estudios- convertirse en materias.

Por otro lado, cabe mencionar que se determinaron cuatro áreas de desarrollo profesional en informática y computación que ayudaran a que los planes de estudio formen profesionales que reúnan las siguientes características:

i) Formación profesional en informática

Objetivos: Preparar profesionales que cuenten con los conocimientos necesarios sobre la empresa: su estructura, su operación, sus necesidades de información, así como sus alcances y objetivos, que les permita evaluar, seleccionar e instalar sistemas de computación para resolver problemas en la misma empresa y así administrar los recursos informáticos.

ii) Formación profesional en computación

Objetivos: Preparar profesionales que sean capaces de aprovechar al máximo los recursos informáticos; de desarrollar nuevas aplicaciones en el área de diseño y concepción de lenguajes de programación; de construir traductores; de diseñar e instalar sistemas operativos y manejadores de bases de datos; de definir, diseñar y elaborar paquetes específicos, y de desarrollar las metodologías necesarias.

iii) Formación profesional en comunicaciones y sistemas digitales

Objetivos: Preparar profesionales en el campo del diseño, de la manufactura y del mantenimiento de equipo de computación, así como en el de las aplicaciones de orientación o de apoyo a la industria. Dichos profesionales deberán contar con los conocimientos de computación necesarios para analizar, diseñar, desarrollar e instalar sistemas más correspondientes.

iiii) Formación profesional en sistemas de computación

Objetivos: Preparar profesionales con los conocimientos necesarios para analizar, diseñar, desarrollar e instalar sistemas de computación, en su sentido más amplio utilizado las metodologías y facilidades para el desarrollo general de software y sistemas: por ejemplo, intercomunicaciones de equipos, sistemas de información en tiempo real, interacción con sistemas operativos, teleprocesamiento, etcétera.

d) Consideraciones finales

El informe de Modelos Curriculares refleja la expresión de la comunidad educativa nacional a la que el comité consulto a lo largo de todo el trabajo. Sin interferir con la libertad académica que toda institución de educación superior tiene derecho a ejercer, sin pretender opacar las diferencias que las caracterizan, el informe debe servir, como ya se dijo, para orientar, normar, comparar, definir y adecuar. Si eso se logra, habrá cumplido con su objetivo.

Por otra parte, esta exposición quedaría incompleta sin una discusión de las políticas del gobierno federal en materia de informática. Ellas determinaran, en buena medida, el comportamiento de los que se dedican a distribuir, diseñar y crear sistemas de cómputo y de programación, que requieren no de un trato especial, pero sí de estrategias de apoyo bien delimitadas.

Resulta alentador que se otorgue a la informática un carácter prioritario y que por medio de instituciones como CONACYT y Nacional Financiera, se elaboren proyectos para apoyarla. Dichos proyectos debe coordinarse con políticas nacionales en materia de importaciones y sustitución de las mismas.

Con el reciente ingreso de México al Acuerdo General de Aranceles y Comercio (GATT) la situación podría dar un giro radical. Esto debe servir para reforzar aún más los esfuerzos de coordinación y superación, tanto en el nivel académico, que fue tratado en este artículo, como en un nivel que lo rebasa y que tiene consecuencias en el aparato producto del país. Creemos contar con el necesario para abrir nuestro propio camino y esperamos haber contribuido a esclarecer algunos de los aspectos que nos permitirán lograrlo.

En esta versión actualizada el 19 de Agosto de 2013, tomado del artículo publicado la revista Ciencia y desarrollo Mayo-Junio 1987, vol. XIII, núm.7$. Universidad Autónoma de Puebla, Apdo. Postal 679, 72000, Puebla, Puebla.

6. La informática se incorpora en la educación básica

(De la calculadora a la computadora)

La incorporación de la tecnología computacional en la educación básica, han tomados un auge en el proceso de aprendizaje significativamente y haciendo hincapié que su uso ni es superfluo, ni es trivial. Sin embargo, es aún insuficiente ante los nuevos retos, esto no quiere decir que se justifique, ni que representa una inmediata la solución de los problemas de enseñanza y de aprendizaje con los alumnos en el interior del aula.

En pleno siglo XXI, con la incorporación de las TIC que ha tomado un impulso tal, que se ha incorporado en todos los ámbitos de nuestra sociedad, en aspectos sociales, económicos y científicos, incluyendo a la educación. Se tendrá que reflexionar tanto las autoridades educativas y en especial a los docentes, de una manera seria y responsable sobre las implicaciones que puede tener su aplicación como un apoyo eficaz y eficiente para la enseñanza y el aprendizaje. Es importante considerar que cuando se habla de tecnología informática o "tecnología computacional", no solo involucran a las computadoras Pc´s y Laptops y las Tablets, sino que también las calculadoras electrónicas en sus diversas modalidades. Sin menospreciar las potencialidades en cálculo que puede tener el uso de ellas en el interior del aula. Las computadoras personales y la utilización de software que realice operaciones similares, tenemos por ejemplo la hoja de cálculo electrónica "Excel" de Office.

Existen las calculadoras electrónicas básicas, las científicas, las gráficadoras y las llamadas ocasionalmente hand-held, que además de granear ya portan software compatibles con las microcomputadoras. De hecho solo existen investigaciones didácticas donde se usan computadoras personales hand-held, sino que también existen muchas que toman en cuenta a las calculadoras de bolsillo (flores, 1991 y 1995; Wenzelburger, 1993; Cedillo, 1995).

Esta tecnología, cada vez más al alcance de los individuos y las instituciones, no solo ha afectado al aspecto algorítmico, en el cual ha buscado desde hace siglos la descarga de trabajo operativo que resulta mecánico, sino que también ofrece las oportunidades gráficas y el impacto que esto tiene en la construcción de los conocimientos y en el desarrollo de habilidades (Hitt, 1998). Las computadoras y las calculadoras permiten además una retroalimentación casi instantánea del usuario, pues su capacidad de manejo de información permite a estos aparatos dar respuestas rápidas a las acciones emprendidas por el usuario y esté utilizando habilidades que no solo se quedan en los algoritmos está en posibilidades de aceptar o no la respuesta, de rectificar si es necesario las condiciones sin estar supeditado a otra persona, a un suceso o a un texto. El resultado es un ciclo como el que sigue (Dixon, 1991:107):

Estas herramientas, por su misma construcción y programación, permite también dar énfasis a la necesidad de una comunicación correcta, puesto que las maquinas requieren que se les indique que hacer de una manera más o menos precisa, pues siguen algoritmos, y entonces los objetos que se manejan o se construyen deben ser lo que se pretende y no solo parecer que lo son. Por ejemplo, al utilizar software para geometría dinámica

De hecho, como menciona Alessandra Mariotti (2000), esta acción que comúnmente es llamada el examen de arrastre puede llevar al estudiante a un genérico de las construcciones; es decir una perspectiva teórica del conocimiento matemático.

Podemos notar, por tanto, que este tipo de software permite al alumno trabajar con construcciones casi geométricas. Seamos realistas la computadora también tiene limitaciones ante el infinito y no solo con una construcción en el papel en el cual, quizá por error o por casualidad, el alumno pudo haber dibujado algo interesante, pero falso. Si el alumno logra percatarse (por sí mismo o con ayuda del profesor) de esta característica del software, puede aprovechar la retroalimentación inmediata que proporciona el aparato y corregir, es decir llegar a obtener un control lógico de la construcción a través de la interiorización de la función de arrastre y aprovechar al mismo tiempo el ciclo que se mencionó arriba. Además, en este punto se puede ir dilucidando la diferencia entre lo que Laborde denomina dibujo y figura, lo cual está relacionado con la capacidad del individuo de "ver" más allá de la representación gráfica que tiene enfrente y llegar a un grado de abstracción mayor (Hoyles y Jones, 1998: 124).

Una cuestión insoslayable es que el uso de estas herramientas tecnológicas no proporcionará una solución a todos los problemas educativos. De hecho, en algunas ocasiones no existe garantía de que proporcione soluciones a algún problema en particular y, en otras, podrá generar más problemas aún. Mucho depende del profesor el éxito o el fracaso de su uso. En otras palabras, sería ingenuo pensar que el uso de la informática y la tecnología en educación, por sí mismo, representa una mejora en el aprendizaje de la matemática: es el profesor, con su labor, quien tendrá la responsabilidad de plantear las actividades en función del curso que está impartiendo a fin de utilizar racionalmente esta herramienta. Aceptar que con la sola introducción de esta tecnología a la educación se resolverán los problemas educativos y que el individuo aprenderá casi automáticamente, implica aceptar que la capacidad cognitiva del ser humano es equiparable a la de una computadora actual y negar la complejidad de los fenómenos educativos.

Un supuesto que aparece comúnmente en los argumentos en favor del uso de la tecnología informática es su modernidad, que desestima (implícita o explícitamente) otras tecnologías o, incluso, algunos temas en la matemática que (aunque solo podría ser aparentemente) no pueden ser abordados con su uso, y las califica de "viejas u obsoletas". Sin embargo, el carácter de obsolescencia que puede tener una técnica o un conocimiento se mide más en términos de las expectativas y el sentido de utilidad social y no del tiempo que tiene funcionando (o de que se inventó). Tales expectativas y la utilidad de una tecnología en el salón de clase quedan muy determinadas por las creencias del profesor. Es decir, es el docente quien puede darle el sentido de obsolescencia a una técnica o a un conocimiento de acuerdo con sus creencias, lo cual se refleja directamente en sus actitudes y su conocimiento al respecto, por lo que se hace necesario que sea el uno de los que más conozcan estas herramientas y reflexiones responsablemente en su uso e implicaciones.

Ahora bien, para conocer más a fondo este apoyo educativo se pueden revisar sus funciones. Estas se basan entre otras cosas en las potencialidades que tienen esos aparatos para realizar operaciones a gran velocidad para modelar gráficamente la información y para servir como un medio de comunicación. A continuación se proponen tres funciones: Como herramienta algorítmica: Esta es la función "clásica" de las calculadoras electrónicas en las clases de matemáticas. Estos aparatos se han utilizado ya como un medio para realizar cálculos que ocupan mucho tiempo o son complicados. Sin embargo, aún no se liberan algunas áreas de todo el cálculo engorroso que lleva a desarrollar habilidades para resolver situaciones repetitivas y complejas, pero que desatiende habilidades de análisis y razonamiento.

Un ejemplo de que en el ámbito algorítmico estos aparatos calculadores han entrado en la enseñanza de la matemática es el relacionado con el uso de las tablas matemáticas para el cálculo de logaritmos y la obtención de valores para las funciones trigonométricas. Cada vez es más común ver que en los concursos de algebra y trigonometría en las calculadoras científicas aparecen en los pupitres en los alumnos en lugar de los cuadernillos que contienen decenas de columnas llenas de números. Se pretende que esto no sea en detrimento del aprendizaje, sino que permita el uso del tiempo que se invierta en aprender a usar las tablas, ya no utilizan los logaritmos ni las funciones trigonométricas en aprender el uso de los mismos logaritmos y de las funciones trigonométricas a través de los resultados que proporciona las calculadoras. Como mediador.

Por sus capacidades, tanto de cómputo como de graficación, las computadoras y las calculadoras electrónicas se presentan como un medio que sirve para poner al estudiante en contacto con cierto conocimiento. Esta función, de hecho no es nada trivial y es donde al parecer hay más obstáculos en su utilización, pues el conocimiento que se aprende queda mediado por la computadora (ya que es una herramienta), que lo afecta y lo modifica.

Como medio relacionado con la comunicación: básicamente se puede hablar de dos vertientes cuando se utiliza a las computadoras en su función relacionada con la comunicación: considerar una función de la tecnología para comunicación y otra función como medio de comunicación.

Así pues, por un lado, el uso de este tipo de aparatos al interior del aula puede permitir a los alumnos entablar una comunicación con base en las actividades que realicen con computadoras y calculadoras. Consideremos que, por ejemplo, la necesidad sus resultados y el uso de estos aparatos con una estructura de funcionamiento tan rígida, lleva a la necesidad de que sus comunicaciones sean lo suficientemente concisas como para los demás puedan aplicar esta información en sus respectivos aparatos. Recordemos el comentario que se hizo un par de páginas antes sobre la necesidad de que los objetos sean algo y no solo parezca que son.

Por otro lado, con el impulso tanto comercial como académico, las computadoras se han convertido en un medio de comunicación al alcance de cada vez más personas. Un uso racional, con actividades concretas cuidadosamente planeadas, permite poner al alcance de los alumnos la posibilidad de contactarse y establecer comunicación con personas de todo el mundo, pensando un poco en el Internet, por ejemplo. Sin embargo, no todo se queda en el uso de navegadores con acceso a la información actualizada que anteriormente era muy difícil de conseguir, y del correo electrónico, sino que también se puede hablar de educación a distancia, de trabajos en equipo y colegiados entre individuos y de consultas con expertos que geográficamente se encuentran lejos.

Por otro lado, también conviene hablar de un par de niveles que en el uso de la tecnología puede hacer el docente. Estos niveles de uso, ni excluyentes ni incluyentes entre si necesariamente, se refieren a las potencialidades que en el trabajo docente puede tener la tecnología para facilitar la labor del profesor; están expuestos a continuación:

- 🖥 Un nivel externo, donde las computadoras y las calculadoras son utilizadas por el docente para la elaboración de material didáctico y exámenes que se empleará de manera impresa.
- 🖥 Un nivel expositivo, donde la tecnología es utilizada por el profesor como un medio para exponer algún tema o concepto a través de medios audiovisuales y utilizando herramientas como cañones y proyectores de pantalla liquida que permite mostrar de manera masiva lo que está ocurriendo en la pantalla de la calculadora o de la computadora.

Hay que recalcar que esta tecnología ofrece la posibilidad (que puede ser explotada muy eficazmente) de guardar la información en soportes magnéticos y que, a lo largo de un curso o de varios cursos, puede ser modificada para irla adaptando o mejorando de acuerdo con las necesidades que el profesor capta en sus cursos. Guardar la información (exámenes o apuntes, por ejemplo) solamente en medios impresos hace que una posterior modificación sea engorrosa y difícil, pero la tecnología actual permite la actualización permanente e incluso mejorar la presentación, por ejemplo con imágenes.

Los niveles mencionados en el uso de la tecnología están relacionados un poco con las funciones que se mencionaron anteriormente, pero con la diferencia fundamental de que mientras aquellas se refieren a su relación con el alumno y con su aprendizaje, estos están directamente relacionados con una labor exclusivamente docente. Asimismo, mientras que las funciones están siendo investigadas y estudiadas por la necesidad de averiguar los procesos cognitivos del alumno y las ventajas o desventajas que representa el uso de esta tecnología, los niveles de uso fueron objeto de estudio hace un par de décadas. Creo vale la pena recordarlos, más que nada para proporcionar un apoyo al profesor en su trabajo docente relacionado con actividades educativas orientadas sobre todo a la preparación de clases, elaboración de materiales y revisión de tareas y exámenes, todas ellas tareas que no pueden evitarse al ser profesor.

Sin embargo, son necesarias algunas precauciones. El uso de calculadoras o computadoras no implica el acortamiento de los cursos, pues con una visión simplista se podría afirmar que se están eliminando todas aquellas técnicas que se aprenden en la escuela.

Si se considera a la enseñanza de la matemática orientada hacia la resolución de problemas, hacia la construcción de conocimiento por parte del alumno, hacia el aprendizaje de las principales nociones matemáticas, hacia el desarrollo de habilidades para conjeturar y razonar, así como hacia la aprehensión de una cultura matemática amplia, el aprendizaje de las técnicas no es prioritaria, aunque no es conveniente eliminarlas. El asunto está en el énfasis que se le otorga a cada uno de los aspectos que se incluyen en un curso. El uso de tecnologías electrónicas aplicables al cálculo y la modelación permiten acortar los tiempos de aquellos procesos que, finalmente, una maquina puede realizar y permitir de esta manera disponer de mayor tiempo dedicado al estudio de los objetos matemáticos, el análisis de los resultados de los cálculos o las modelaciones, la interpretación de los conceptos y los datos, etcétera, considerando seriamente su función como mediadora.

Una visión corta y miope como la de que el uso de las calculadoras y las computadoras elimina la posibilidad de que el alumno desarrolle conceptos y nociones, y de que les bloquean las posibilidades de razonamiento, es tan irresponsable como pensar que van a resolver todos los problemas educativos. El uso racional y cuidadosamente planeado de actividades con estas herramientas puede permitir alargar los cursos en el sentido de profundizar en aquellas nociones claves para cada uno de ellos. Al eliminar tiempo dedicado a los cálculos engorrosos y automáticos, al hacer a un lado construcciones geométricas hechas a mano, que son estáticas y hasta confusas por la profusión de trazos, que da tiempo para el análisis y la interpretación de datos, es decir, para la profundización de los conceptos.

Mucho importa entonces que exista un equilibrio entre las distintas opciones que tiene el docente en cuanto a tecnología, es decir, entre tecnología informática, la de papel y lápiz, y alguna otra tecnología disponible. Este equilibrio debe ser percibido por el alumno para que asiera en posibilidad de discernir qué tipo de técnicas o tecnologías debe usar con base en la situación a la que se enfrenta. El simil que proporciona De la Rosa (2001:37) resulta ilustrador:

> *"Un empleo habitual ayudara al estudiante a entender el uso apropiado de la tecnología, por ejemplo, si tuviéramos que ir de compras, de acuerdo con la distancia, emplearemos la tecnología (trasporte) adecuada: iríamos caminando, si la tienda se encuentra, por ejemplo, a 100, 150... 400 metros; en bicicleta si está a 500... 1000 metros y en automóvil si hay que recorrer algunos kilómetros. Vemos que el equilibrio consiste precisamente en saber cuándo la tecnología facilita las tareas cognitivas [...] y no caer en el error del uso inadecuado".*

Es casi un hecho innegable que el uso eficiente de la tecnología pone al alcance del docente y de sus alumnos conocimientos que hasta hace poco era prácticamente imposible tomar en cuenta; como en el caso de la geometría no euclidiana, fractal y proyectiva, y las ecuaciones de mayor que 2 en los cursos de algebra (pensando específicamente en el nivel medio).

Es también un hecho relevante que el docente determine el nivel de comprensión que debe tener el alumno sobre los procesos que realiza la maquina electrónica. Ocasionalmente, será necesario que el alumno comprenda el procedimiento que se realiza al interior de los circuitos, pero también es posible utilizarla como **caja negra**, de la que se obtienen resultados a partir de datos introducidos y que no es necesario que el alumno y el docente dilucide y comprenda a plenitud los procesos que se realizaron en el interior de los apartados, por no ser el punto central de curso (De la Rosa, 2001:37).

Sin embargo, lo anterior nos lleva a remarcar la importancia de que el alumno sea mesurado al momento de tomar un aparato de este tipo como el medio de validación del conocimiento que se genera. Se podrá hablar de manera particular en los aspectos relacionados con su uso en la enseñanza de la demostración matemática, pues se ha visto repetidamente que el uso de la tecnología no necesariamente lleva a crear la necesidad en los alumnos de realizar una demostración de los resultados que observan, sino que se requieren algunos mecanismos extras que el profesor debe promover (Villiers, 1996). En el caso particular de la matemática misma se ha estado viendo un avance tremendo en el uso de informática y de las computadoras en su investigación, por lo que se ha llegado a afirmar que existe la *"matemática experimental".* Como consecuencia de lo anterior, por ejemplo, se ha difundido en algunos niveles la idea de que la demostración matemática, hasta hoy conocida como cadena de deducciones, tiene los días contados (Horgan, 1993), pero como Colette Laborde (2000) afirma, las investigaciones sobre el aprendizaje de la demostración utilizando computadoras no solo concluye que su enseñanza no está en peligro, sino que presentan evidencia de que es necesaria.

Existe el peligro de que se le otorgue una autoridad a las maquinas sobre la resolución de los problemas al aceptar el alumno cualquier respuesta que los circuitos electrónicos proporcionen. Así como se pretende que el uso de estas herramientas descarguen de los cursos tiempo que pueda ser usado en el análisis, razonamiento e interpretación de los resultados proporcionados por las máquinas, también es necesario que dentro de esos ratos de análisis y razonamientos se incluyan aspectos relacionados con estimaciones que lleven a que la validación de los resultados proporcionados por la tecnología y del conocimiento que se genera este bajo la responsabilidad del mismo alumno.

Otra consideración que debe tomarse en cuenta es lo referente al software de microcomputadoras y la capacidad del equipo disponible. No es necesario conseguir equipo muy avanzado y nuevo, ni utilizar los mejores y más caros paquetes disponibles en el mercado. El hincapié se hace en que el equipo electrónico es un apoyo y no el centro de la enseñanza de la matemática. En el momento en que el docente acude a su ayuda no es para que el alumno se convierta en un experto en el uso de software de hecho hay programas en los que se pueden eliminar algunas opciones a conveniencia de la clase, sino para que haga un uso dirigido hacia el aprendizaje de conocimientos matemáticos.

Bajo esta perspectiva se puede pensar en software para microcomputadoras de bajo costo y cuyos requerimientos del sistema sean, comparativamente, muy bajos con respecto a los que actualmente se piden en el mercado. Repetimos, con algunos cambios: el tamaño y colores de un programa computacional no es proporcional a sus posibles usos educativos. Paquetes relativamente pequeños en la mayoría de los casos son gratuitos que se pueden obtener en la Internet, tienen mucho potencial para ser explotado, sin tener que acudir a alguna marca o empresa en particular del software que se utilice debe cubrir las necesidades educativas de cierta actividad y proporcionar medios para observar los procesos cognitivos del alumno. La tecnología computacional es un potente apoyo para la enseñanza y el aprendizaje de la matemática en la escuela; sin embargo, no solo es la solución a todos los problemas educativos sino que también abre las puertas a nuevos problemas. Es responsabilidad del profesor utilizar estos medios de manera racional y consciente, así como afrontar, con una nueva postura y una nueva visión, el reto de su entrada en el campo educativo investigando y experimentando.

Bibliografía

🕮 Adell Segura, Jordi. La navegación hipertextual en la Word-Wide Web; implicaciones para el diseño de materiales educativos. Ponencia presentada en el II congreso de Nuevas Tecnologías de la Información y Comunicación para la Educación. Univesitat de les Iiles Balears, Palma de Mallorca, España. http://inti.uji.es/docs/nti/edutec95.html.

📖 Cedillo Avalos, Tenoch E. "introducción al algebra mediante su uso: una alternativa factible mediante calculadoras programables". Educación Matemática, 7(3): 106-121, 1995.

📖 Cedillo Avalos, Tenoch E. "Introducción al algebra mediante su uso: una alternativa factible mediante calculadoras programables". Educación Matemática, 7(3): 106-121, 1995.

📖 De la Rosa Nolasco, Adrian. "La calculadora como instrumento de mediación". Correo del maestro, 5(56): 20-40, 2001.

📖 Díaz-Arriaga Casales, Alejandro; el al "Hacia las aplicaciones de las matemáticas en la escuela media superior en México". En Sagula, Jorge E. (ed.)

📖 Alemonos del /// Simposio de educación Matemática, Argentina: Universidad Nacional de Lujan, 2001.

📖 Dixon, Obert. Maíhograph/cs. Dover Publications, EEUU, 1991.

📖 Flores Peñafiel, Alfinio. 1995 "Explorando funciones con una calculadora grafica". Educación Matemática, IO (2): 23-45. www.didactique.imag.fr/preuve/Resumes/de   Villers98/ deVillers98.html.

7. La computadora en la enseñanza

Elizabeth Carbajal H.
Candelario Pesina S.
DGEST, SEP, México.

Una labor educativa autentica motiva al alumno a conocer y reconocer su realidad circundante y, con ello, a capacitarse para la transformación de su entorno. En esta tares, la aplicación adecuada de la computadora, como parte de nuestro contexto social, tendrá optimas repercusiones en el sistema educativo nacional.

La educación es el conjunto de acciones a asimilar la realidad circundante; la educación sistemática, el conjunto de acciones planificadas que tiende a la asimilación de la realidad. La apropiación de esta puede darse de diferentes maneras; sin embargo, en este artículo haremos referencia a la apropiación del conocimiento para la transformación del entorno.

La escuela, como uno de los espacios de la educación, debe ser integradora de una serie de elementos que propicien que cada alumno elabore su propio conocimiento, sea capaz de autodeterminarse, conozca su realidad y la reconozca como susceptible de cambio. La computación en estos tiempos es parte del contexto social, es decir, es un elemento de la realidad social, aprehendible y transformable.

La importancia de la introducción de la computación en la escuela radica en que este instrumento electrónico es el vehículo por el que llegan las nuevas tecnologías de la información (NTI) a nuestros niveles educativos. Es cierto que esa introducción no está libre de riesgos perjudiciales y que efecto puede ser poco benéfico tanto en el alumno como en el maestro; sin embargo, si estas nuevas tecnologías son empleadas adecuadamente, sin duda su repercusión en el sistema educativo será favorable al desarrollo de las potencialidades del alumno.

En una sociedad cada vez más impregnada de tecnología computacional, parece clara la necesidad de ayudar a los alumnos a familiarizarse con la NTI. Empero, es importante aclarar que no basta con la presencia de expertos en informática en los centros escolares para que las computadoras sean debidamente aplicadas hace falta la intervención directa de psicólogos y pedagogos.

Desde el punto de vista pedagógico, es indispensable utilizar todas las herramientas que las nuevas tecnologías puedan aportar, para lograr el máximo rendimiento de los esfuerzos del alumno y del maestro. Sin embargo, no se debe olvidar que la computadora representa un medio educativo y que por lo tanto, no debe considerarse al margen de los demás elementos del sistema de enseñanza-aprendizaje sino como factor de un contexto en el que el maestro desempeña un papel integrador. Asimismo se debe recordar que los efectos educativos de los medios están relacionados con el proceso de funcionamiento al que le somete; de esta manera, la razón de ser de cada medio corresponde a su contexto funcional.

Estamos en el comienzo de una nueva era en la educación; por ello, resulta importante definir los aspectos más relevantes que debe contemplar la introducción de la computación en la escuela a saber:

&ℯ Utilizar los equipos de cómputo como un conjunto de recursos para mejorar la calidad de la enseñanza en lo relativo a los contenidos del plan de estudios, los procesos de aprendizaje y los aspectos interdisciplinarios correspondiente estas nuevas tecnologías aporten elementos pedagógicos o educativos no se asequibles por otros medios.

- Introducir en el plan de estudios nuevos temas –estos podrían formar parte de una materia ya existente, o bien instaurar una nueva- que respondan a las capacidades, los conocimientos y las destrezas exigidos por una educación adaptada a las necesidades de la sociedad actual.
- Crear conciencia de las aplicaciones e implicaciones sociales, económicas y políticas de estas nuevas tecnologías de la información y la comunicación, así como de las posibilidades y los límites de los sistemas informáticos.
- Poner a disposición de profesores y alumnos programas educativos para computadoras, en cantidad y calidad suficiente, orientados a la consecución de los objetivos mencionados.

Ahora bien, el proceso de diseño e implantación de programas para la computación de calidad es difícil, largo y costoso; en él habrán de intervenir especialistas en informática, profesores de grupo, pedagogos y psicólogos, así como centros docentes en donde se analicen las aportaciones reales de estos programas y métodos de enseñanza y aprendizaje.

a) El papel de la computación en la relación sujeto-objeto-conocimiento

En México, la incorporación de los medios electrónicos a la educación requiere de una serie de cambios que suponen la adecuación de los nuevos conocimientos al entorno social en el que se apliquen.

Aludiendo al futuro de nuestro sistema educativo y a la mencionada "modernidad" dentro de la actual política educativa, es importante reflexionar acerca de la filosofía que sustenta al uso de la computadora como herramienta didáctica, como objeto de estudio y la relación entre sujeto, objeto y conocimiento. Lo anterior resulta de suma importancia, debido a que la forma en que se conciba esta relación repercutirá en las acciones que se ejerzan al introducir la computación en la escuela sea como objeto de estudio, o como herramienta didáctica.

A la relación entre el sujeto, el objeto y el conocimiento la llamaremos, como lo hace Adam Schaff, en relación cognoscitiva; comenzaremos, como él, por analizar el papel de la computación desde tres perspectivas diferentes: el modelo idealista, el mecanicista y el materialista. Partimos de que es inevitable adoptar uno de estos tres modelo, dado que nuestra concepción del mundo está "socialmente condicionada por los sistemas de valor que aceptación y que poseen todos ellos un carácter de clase" y, por ende nuestra acciones serán congruentes con el esquema del cual somos producto.

b) Modelo idealista

En la relación cognoscitiva concebida en el modelo idealista predomina el sujeto, a quien se considera productor del objeto que percibe. En este modelo se llega al conocimiento sin tener contacto directo con el objeto, ya que solo se da en el nivel de la percepción, sin interacción alguna, por lo que se convierte en una relación subjetivista. Aquí el individuo está concebido de manera aislada de la sociedad, por ello asume un papel individualista.

Bajo este enfoque, la introducción de la computación a la educación se toma en su sentido más simple y menos original: la recepción. Bajo esta perspectiva se encuentra las llamadas *máquinas de enseñar* (ME), cuyo uso lleva al alumno a observar y acumular información. El conocimiento que adquiere a través de su relación con el objeto es subjetivo; es decir, ya no importa cómo se relaciona con lo que le rodea, sino como memoriza el material que se le presenta en la pantalla de la computadora.

Como se mencionó antes idealismo el sujeto y el objeto no se relacionan mucho y en ocasiones simplemente esa relación no se da; así, cuando se trata de una capacitación en computación, está dirigida solo a los maestros y de manera muy superficial, ya que si se parte de esta concepción, los únicos capacitados para el manejo informático son precisamente los especialista en informática. A los maestros solo les correspondería aprender un poco a manejar el teclado, pero no a programar. Los alumnos serán meros espectadores de una información que no modifican, y solo registran a través de la percepción.

El maestro no participa en la elaboración de los programas de computación que manejará en sus clases; estos los realizan especialistas en informática que nada tienen que ver con la educación. Ellos solo adecuan objetivos educacionales, ya en si parcializados y muy fragmentados, que no son complementarios ni auxiliares de la clase educativa, sino que se limitan a repetir los objetivos del programa educativo. Los maestros no pueden cambiar los programas ni el orden. En una educación concebida bajo el enfoque idealista, se elaboran programas computacionales en los que se presenta una información determinada y después una serie de preguntas; si el alumno no las contesta acertadamente, tendrá que repasar el programa completo y recomenzar las veces necesarias hasta que, a fuerza de repetir, maneja el contenido como información memorística.

Desde esta perspectiva, el proceso enseñanza-aprendizaje se ve como la mera transmisión de conocimiento del maestro al alumno, quien recibe pasivamente la información. Como puede observarse el proceso de enseñanza-aprendizaje se torna más bien en una instrucción en la que no importa cómo se efectúe el aprendizaje. El maestro, igual que la computadora, es un instrumento más que no propicia la creatividad del alumno, ni se preocupa por la forma como se adquieren los conocimientos.

En cuanto a la relación maestro alumno, se dan lazos de dependencia por parte del segundo y autoritarismo por parte del primero. El alumno no tiene iniciativa para realizar nada, ya que el maestro quien decide cómo y qué debe hacer. Este es la autoridad, el que "sabe" que es lo mejor para aquél y, por lo tanto, quien decide qué enseñanza; pero, en el caso de la computación, en este modelo ni siquiera él decide qué elementos incluye el *software* educativo que se manejara en clase.

c) Modelo mecanicista

En este modelo, el objeto actúa sobre el aparato perceptivo del sujeto; si bien aquí el objeto ya no es la creación del sujeto, este sigue siendo pasivo, receptivo y contemplativo. Conocimiento es una copia del objeto, originada mediante una relación mecánica entre el objeto y el sujeto. Aquí, este solo registra los estímulos que vienen del exterior, pero sin modificarlos y mucho menos aplicarlos. Al igual que en el modelo anterior, el sujeto se concibe como descontextualizado de la sociedad.

En este enfoque se considera a la computadora como una maquina diseñada para un cierto conocimiento, o conjunto de conocimientos. Se pretende que se comparte como un transmitir capaz de actuar en concordancia con el ritmo de aprendizaje del sujeto.

El maestro utiliza los programas computacionales de una manera más flexible que en el enfoque anterior, pero asimismo poco creadora. Los programas presentan aquí un "menú" del tema a tratar; el maestro puede elegir el orden en que presenta cada sección y además decide si las muestras todas a los alumnos, o no. Si algo no queda claro, puede incluso repetir el programa, y su aun así sigue confuso, entonces da verbalmente la explicación de esta manera, el alumno no crea nada, solo observa lo que ofrece el programa de computación en la pantalla. Es cierto que puede empezar donde lo desee y volver a cualquier parte del programa, pero siempre se trata de una relación mecánica debido a que se basa en estimulo-respuesta.

Puede aún haber una capacitación en computación tanto para el maestro como para los alumnos, pero la relación que guarden el sujeto cognoscente y el objeto de conocimiento en el aula siempre será mecánica, debido a que no se promueve la acción recíproca de los elementos.

Los programas se realizan con grupos interdisciplinarios; en ellos, se dice, participan especialistas en informática, psicólogos y pedagogos, pero sin tomar en cuenta al maestro del grupo.

Desde la perspectiva mecanicista, el proceso enseñanza-aprendizaje es, en realidad, un proceso en el que se pretende que el alumno refleje ciertas conductas previamente determinadas y manifestadas en un programa escolar; esas conductas, expresadas como objetivos, al igual que en el modelo idealista, presentan la realidad fragmentada y descontextuada socialmente, por lo que sólo se espera del alumno conductas observables, sin importar los procesos que las generan a novel intelectual, o de condicionantes sociales.

El alumno guarda una relación de dependencia con respecto al maestro, de tal manera que se ven frenada su iniciativa y su creatividad. No propone cambios y de hacerlo el maestro no los aceptaría. Este fomenta la competencia entre sus alumnos, por lo que se pierde el sentido colectivo y cada uno de ellos se preocupa mas por sus propios logros que por los grupales.

d) Modelo materialista

En este modelo no se puede hablar del predominio de uno de los elementos de la relación cognoscitiva (como el del sujeto en el idealismo y del objeto en el mecanismo), ni se puede asegurar que la existencia de uno dependa del otro, ya que en este modelo se reconoce que el sujeto y el objeto "mantienen una existencia objetiva y real y ejercen acción uno sobre otro. Sin embargo, si puede decirse que el sujeto cobra más relevancia debido a que siempre es activo por lo que deja algo de sí mismo en el conocimiento que produce y del que también es producto.

Dentro del marco de la computación, una posición materialista consiste en concebir a las maquinas computadoras en su exacta dimensión, es decir, sin sobreestimar sus capacidades y funciones, ni considerar que son un cacharro más del conductismo.

Como objeto de estudio, la computación debe estimular las funciones cerebrales superiores a la vez que el alumno aprende a controlar a la máquina y no al revés. De esta idea surgen las llamadas máquinas para la cognición cuyo software propicia la creatividad del alumno y del espacio para que este elabore su propio conocimiento. En este punto, la computación debiera ser objeto de estudio tanto para los alumnos como para maestros.

Otro uso de la computadora para el maestro la señala como herramienta didáctica, la cual debe convertirse en una vía para cumplir los objetivos educativos y de formación de alumno. De ningún modo debe tomarse a la maquina como "expositor" o suplente del maestro.

Aunque ya ha sido explicado este punto cabe remarcar que si el maestro utiliza la computadora en el aula con objeto de ayudar a sus alumnos a que integren su conocimiento a través de la elaboración del mismo, sin perder de vista los objetivos sociales que deben ir implícitos en los lineamientos educativos y además se propicia el ejercicio de autodeterminación, entonces diremos que la computadora está cumpliendo cabalmente su papel desde la perspectiva materialista.

En este sentido, la elaboración de software debe llevarse a cabo considerando los siguientes factores: los intereses sociales; el tipo de individuo que se quiere formar y al que va dirigido; los objetivos educativos más significativos; la formación de especialistas en informática; la experiencia práctica de psicólogos y pedagogos; la experiencia práctica de los maestros de grupo, y la opinión de los alumnos.

De esta manera se asegura un software útil y con un enfoque acorde con los requerimientos del colectivo escolar.

Un programa computacional de enfoque materialista debe ser, en todo caso una propuesta con la cual el alumno pueda ampliar su propia experiencia, pueda acceder a él en cualquier punto, que le omita, modifique o agregue elementos de acuerdo con su criterio.

Aquí se considera al aprendizaje como "un proceso dialectico en el cual la transformación de esquemas cognoscitivos se da a lo largo del desarrollo biológico, social y psicológico del individuo, como producto de las prácticas sociales ideológicas y económicas que caracterizan a una clase social determinada".

Se trata, pues de una serie de transformaciones que se dan en el nivel del esquema de referencia, como respuesta a una serie de condiciones socioeconómicas que enmarcan la clase social a la que pertenece el individuo. Bajo esta idea, no puede considerarse que en el proceso de enseñanza-aprendizaje uno sea el que aprende y el otro enseña, sino que como ya se argumentó, este es un proceso en el cual hay un continuo intercambio de experiencias prácticas y teóricas, que lo mismo permiten enseñar que aprender en una misma tarea.

Por lo anterior, es conveniente que la relación entre alumno y maestro sea una comunicación abierta y franca, en la que no predomine el verbalismo, la ocultación, la soberbia ni el autoritarismo por parte del maestro; una relación en la cual las respectivas creatividades los hagan crecer conforme uno aprenda del otro.

e) El software educativo

Con base en el análisis anterior, es importante considerar que los programas de computación aplicados a la educación requieren para su elaboración una base teórica. Esta deberá tener en cuenta aspectos contextuales que lleven hacia una aplicación apropiada y realista de la computación en la enseñanza y el aprendizaje. Aunque no debemos "importar" soluciones que han sido pensadas para circunstancias concretas, en ocasiones muy alejadas de nuestra realidad social, será ilógico crear las nuestras sin evaluar la experiencia de otros países. En este punto, la tarea docente es muy importante, ya que debe enfrentarse a la búsqueda de aplicaciones en la escuela y no conformarse solo con los usos que vende la publicidad y cuyo fin es el lucro y no el cumplimiento de objetivos educativos concretos.

La elaboración de software educativo es cometido importantísima que deben cumplir tanto especialista en pedagogía y psicología, como en informática trabajando en forma interdisciplinaria para lograr resultados óptimos.

Con base en diversas investigaciones realizadas en México y en otros países, a continuación se desglosan las características del software educativo que, a nuestro juicio, son las idóneas.

1. Los programas deben ofrecer al usuario (habitualmente debería der el alumno) un rápido acceso. Se debe considerar que los alumnos y maestros no son programadores especialistas y no se han habituado a la presencia de la computadora en la escuela ni a la forma en que se debe pretende resolver con ella. Así, los programas de computación aplicados a la educación (PCAE) deben asociar hábitos y rapidez con sencillez.

2. Deben ser de propósitos específicos, en tanto que cada programa trate con una clase particular de objetos. Se parte de que la actividad intelectual es aquella encaminada a la resolución de problemas en el sentido de que, ante una situación d consecuencias desconocidas (problemas sin respuestas), deben buscarse respuestas. En este intento, nos vemos precisados a formular preguntas concretas, basadas en la observación de las circunstancias y los objetos que constituyen el problema. Cuanto mejores sean los medios de observación, serán más precisas las preguntas que planteemos y, en consecuencia nos aproximaremos más hacía la solución del problema. Esto llevará al concepto de descubrimiento y, previamente al de experimentación.

3. Los PCAE deben ser experimentales e interactivos. Se sabe que cualquier estudio contiene aspectos significativos y otros que no los son, dependiendo del objeto del mismo. Así la interacción es necesaria para observar lo deseado y nada más; esto facilita también determinar qué aspectos del comportamientos de los objetos dependen de que parámetros en particular. La cantidad de la interacción no es lo importante, sino la cantidad.

4. Los PCAE deben crear hábitos deseables en el alumno. Se parte de la idea de que la resolución de problemas es, además de importante, una labor de habilidad practica que nos lleva a pensar en objetivos que alternativamente pueden pretender un programa de computación. La educación tiene mucho de adquisición de hábitos considerados deseables, como la lectura, la escritura, etcétera; estos se adquieren con la práctica, y la computadora es una herramienta auxiliar muy eficaz si se dispone de programas apropiados.

5. Los PCAE deben ser de complemento temático. Su función es mostrar aspectos interesantes que no pueden estudiarse en clase, sobre objetos de los que si se ha hablado en el aula. Esos programas pueden hacer que el alumno intuya caminos por donde proseguir su estudio y tal vez hasta encuentre una justificación a los objetivos de estudio propuestos.

6. Debe cubrir objetivos educativos concretos y despertar la curiosidad del alumno. Hay que determinar muy bien las finalidades de cada sesión en la que se use de estos programas. Estos exigen, mucho antes de saber cómo se resolverá un programa, un trabajo de definición de objetivos específicos y, de alguna forma, también condiciona la propia estructura del programa. Si se cumplen objetivos concretos y significativos, hay muchas posibilidades de despertar la curiosidad del alumno, elemento muy importante para que él mismo pueda proseguir la investigación sobre el tema.

7. Los PCAE deben considerar factores derivados de su uso esencialmente colectivo. Este aspecto es particularmente significativo, debido a que el alumno se encuentra dentro de una microcolectividad –la escolar- que refleja en mucho la macrocolectividad en donde se desarrolla gran parte de su personalidad, donde está sometido a una intensa comunicación oral o visual con sus compañeros, maestros, programas educativos, etcétera. Por esto, los programas de computación deben propiciar que los alumnos intercambien opiniones y experiencias, así como actitudes de ayuda mutua y no fomentar la competencia; en este sentido, el inconveniente seria la cantidad y distribución de *hardware*, pero aun así, si es un programa realizado pensando en los elementos que describimos en este punto, permite en todas condiciones el fomento del sentimiento colectivista.

8. Debe hacer explícitos los aspectos que se consideran significativos y objeto de estudio o práctica. Este punto está muy ligado al número seis, porque cuando se intenta resolver un problema con la computadora, toda la ambición se centra en hacerla funcionar a toda costa "como sea". Logra esto no siempre es tarea fácil. En el camino hacia este fin, suele aparecer propiedades y características de los objetos con los que se trata, y entre esta relación sujeto-objeto se hallaran aquellas que el docente debe hacer explicitas al alumno para la consecución del objetivo de estudio concreto. Descubrir cuáles son los rasgos que el alumno debe captar y cómo hacer que los capte fácilmente es lo más importante en este punto.

9. El enfoque pedagógico de los PCAE debe adecuarse a las técnicas didácticas actuales; esto supone que el profesor pueda modificar alguna parte de los programas y determinar los niveles de cada estudiante de los mismos; que se permita una enseñanza tanto individual como colectiva; que se incluyan diagnósticos de entrada, así como pruebas y que se considere la evaluación final; que se admitan respuestas libres; que el alumno pueda acceder libremente a distintas partes de los programas y que pueda cambiar sus niveles de dificultad. También es necesario que los programas generen mensajes motivadores y de refuerzo a las respuestas correctas e incorrectas del alumno y, finalmente, que aprovechen adecuadamente las posibilidades del sistema físico (hardware). Otro aspecto importante es que los programas de computación deben ser gráficos, tanto en sentido literal como en el figurado; esto, debido a que "una imagen dice más que mil palabras", lo que pone en claro por qué se requiere, aun en un grado mínimo, producir imágenes y asociaciones de ideas en el cerebro del alumno.

10. Deben tener flexibilidad en el manejo, es decir, que el programa no se aborde por el uso indebido de teclas, que pueda salirse de él sin completarlo, que puedan saltarse instrucciones de funcionamiento, que permita la elección fácil de opciones por medio de "menús" claros y bien presentados. Estos es así, porque los usuarios, alumnos y maestros, no son expertos en informática y, además, el uso

del programa debe adecuarse al tipo de alumnos y a las condiciones contextuales.
11. Debe elaborarse un manual para el profesor y el alumno, con sugerencias de uso, aplicaciones y ejemplos.

Referencias y Notas

📖 Consideremos que el uso de cualquier técnica educativa, no únicamente las NTI, puede resultar sumamente benéfico para el alumno y la tarea docente, siempre y cuando la teoría de conocimiento y la posición filosófica del maestro admitan que las técnicas solo son medios y no un fin en sí mismas.

📖 Schaff, A., Historia y Vedad, Ed. Grijalbo, México, 1974, p 94.

📖 Ibídem.

📖 Se llama "menú" al contenido del programa presentado al principio de este a manera de índice.

📖 Schaff, A., Op. cit, p. 86.

📖 Llamaremos aquí "funciones cerebrales superiores" a la atención, la memoria, el razonamiento, el juicio lógico, la abstracción, el análisis y la síntesis, según lo señalado por el Instituto Mexicano de Psiquiatría durante el curso "Trastornos por déficit de la atención con o sin hiperactividad", celebrado en 1987.

📖 Este concepto se maneja también como "máquinas de simulación cognoscitiva", las cuales se diseñan para disimular algún tipo de acción o actitud humana de carácter inteligente. Se trata de que la maquina opere lo más cercano posible a como lo haría el cerebro humano. Este concepto es manejado por Mora, J.L., "Transmisión del conocimiento por medio de máquinas para el aprendizaje". Revista de Computación 010, Vol. 4, núm. 7, México, Septiembre de 1984, pp. 77-81.

📖 Ruiz Larraguivel, E., "Reflexiones en torno a las teorías de aprendizaje", Perfiles educativos, núm. 2, Nueva Época, CISE-UNAM, México, 1983, pp. 44-45.

En esta versión actualizada el 19 de Agosto de 2013, tomado del artículo publicado la revista Ciencia y desarrollo Septiembre-Octubre 1989, vol. XV, núm. 88. Departamento de Actividades Académicas y Departamento de Actualización de personal Directivo, Dirección General de Educación Secundaria técnica, Secretaria de Educación Pública (SEP).

8. Informática y teorías del aprendizaje

Santos Urbina Ramírez
Universitat de les Illes Ballears

El autor hacer un recorrido por las principales teorías del aprendizaje y sus autores más relevantes, siguiendo una trayectoria temporal, con la finalidad de establecer de qué manera sus concepciones han influido e influyen en los procesos de diseño y las situaciones de aplicación de los programas informáticos educativos. Para ello se ofrece una somera descripción de las aportaciones más relevantes de cada autor o teoría y, a continuación, se analizan sus aplicaciones en el campo del software educativo.

a) Introducción

El software educativo puede ser caracterizado no sólo como un recurso de enseñanza- aprendizaje sino también de acuerdo con una determinada estrategia de enseñanza; así el uso de un determinado software conlleva unas estrategias de aplicación implícita o explícita: ejercitación y práctica, simulación, tutorial; uso individual, competición, pequeño grupo.

Obviamente, también el software con lleva unos determinados objetivos de aprendizaje, de nuevo, unas veces explícitos y otras implícitos.

Esta ambigüedad en cuanto a su uso y fines es algo totalmente habitual en nuestra realidad educativa. El diseño de programas educativos, cuando responde a una planificación estricta y cuidadosa desde el punto de vista didáctico, puede no verse correspondido en la puesta en práctica, dándose una utilización totalmente casual y respondiendo a necesidades puntuales. Sin embargo, también puede ocurrir la situación inversa: un determinado tipo de software no diseñado específicamente, con unas metas difusas y sin unos destinatarios definidos, puede ser utilizado con una clara intencionalidad de cara a la consecución de determinados objetivos en el grupo-clase. Ambos planteamientos son habituales.

Ahora bien, cuando nos referimos al diseño y elaboración de ese software con una determinada intencionalidad educativa, más o menos explícita, sí que existe siempre de forma manifiesta o tal vez latente, una concepción acerca de cómo se producen los procesos de enseñanza/ aprendizaje. Y es precisamente a eso a lo que nos vamos a referir en este artículo: a los presupuestos teóricos sobre los procesos de enseñanza/aprendizaje (implícitos o no) que fundamentan el desarrollo de software educativo y cómo lo condicionan.

Huelga decir que cuando estas consideraciones no son explícitas, en gran parte de las ocasiones, los presupuestos de partida pueden tener un origen diverso, pero en cualquier caso responden a cómo los creadores entienden el proceso de enseñanza/aprendizaje.

¿De qué manera afectan estos presupuestos teóricos al software educativo? De acuerdo con Gros (1997) afecta a los contenidos en cuanto a su selección, organización, adaptación a los usuarios; a las estrategias de enseñanza de los mismos y a su forma de presentación, es decir, al diseño de las pantallas y a la forma como el usuario puede comunicarse con el programa de la forma más eficaz.

Lo que sí es frecuente es que, independientemente de la finalidad pretendida, la concepción del educador acerca de cómo se ha de utilizar un material prevalecerá.

b) Precisiones conceptuales

Creemos conveniente, antes de centrarnos en el tema que nos ocupa, clarificar algunos aspectos que ayuden a dar una visión más precisa de lo expuesto.

Clasificaciones de software educativo.

Gros (1997) propone una clasificación en base a cuatro categorías: tutoriales, práctica y ejercitación, simulación, hipertextos e hipermedias. Según la autora se trata de una clasificación con límites difusos en cuanto podemos encontrar materiales que comparten características de varias categorías.

- Tutorial: enseña un determinado contenido.
- Práctica y ejercitación: ejercitación de una determinada tarea una vez se conocen los contenidos. Ayuda a adquirir destreza.

&⤳ Simulación: proporciona entornos de aprendizaje similares a situaciones reales.

&⤳ Hipertexto e hipermedia: Entorno de aprendizaje no lineal.

Gros distingue entre hipermedia y multimedia aunque la única diferencia estribaría en la linealidad o no linealidad.

Otra clasificación más genérica nos la ofrecen Colom, Sureda y Salinas (1988) refiriéndose a:

&⤳ Aprendizaje a través del ordenador: el ordenador es utilizado como instrumento de ayuda para la adquisición de determinados conocimientos. Aquí estarían englobados los programas de Enseñanza Asistida por Ordenador (EAO).

&⤳ Aprendizaje **con** el ordenador: el ordenador como herramienta intelectual, facilitador del desarrollo de los procesos cognitivos. Se aplica en la resolución de problemas. Pero los autores se refieren específicamente a los lenguajes de programación (especialmente LOGO, del cual hablaremos más adelante).

Martínez y Sauleda (1995) coinciden con Gros parcialmente, aunque estos autores engloban en la categoría "Uso instruccional" tanto programas tutoriales como de ejercitación y práctica, y en la categoría "Uso demostrativo o conjetural" estarían situados los programas de simulación (añadiendo los que ellos denominan "juegos realisticos" y "juegos de rol").

Teorías del aprendizaje y teorías de la instrucción.

En cuanto a la expresión "**teorías del aprendizaje**" entendemos que se refiere a aquellas teorías que intentan explicar cómo aprendemos. Tienen, por tanto, un carácter **descriptivo**.

Es preciso referirse también a las "**teorías de la instrucción**", que pretenden determinar las condiciones óptimas para enseñar. En este caso, tienen un carácter **prescriptivo**.

Tal vez hubiera sido más acertado hacer referencia en el título también a estas últimas ya que nos referiremos a unas y a otras en diferentes ocasiones.

A efectos prácticos, no hemos considerado oportuno clasificar o englobar las teorías y autores, que a continuación pasaremos a revisar, en grandes bloques o paradigmas, debido a las difusas fronteras que existen en algunas ocasiones y a su difícil adscripción a uno u otro grupo.

c) Teorías y autores

La perspectiva conductista: Skinner.

Aunque un gran número de autores podrían consignarse bajo la etiqueta de conductismo, sin lugar a dudas, la mayor influencia ejercida en el campo educativo vendrá de la mano de **Skinner**, formulador del condicionamiento operante y la enseñanza programada.

El conductismo parte de una concepción empirista del conocimiento. La asociación es uno de los mecanismos centrales del aprendizaje. La secuencia básica es: E - R.

La principal influencia conductista en el diseño de software la encontramos en la teoría del **condicionamiento operante** de Skinner. Cuando ocurre un hecho que actúa de forma que incrementa la posibilidad de que se dé una conducta, este hecho es un reforzador. Según Martí (1992, 65) "las acciones del sujeto seguidas de un reforzamiento adecuado tienen tendencia a ser repetidas (si el reforzamiento es positivo) o evitadas (si es negativo). En ambos casos, el control de la conducta viene del exterior". En palabras de Skinner (1985, 74), "toda consecuencia de la conducta que sea recompensante o, para decirlo más técnicamente, reforzante, aumenta la probabilidad de nuevas respuestas".

Sus desarrollos en cuanto al diseño de materiales educativos se materializarán en la enseñanza programada y su célebre máquina de enseñar.

Según Martí (1992) podemos extraer las siguientes derivaciones educativas de esta tendencia:

- Papel pasivo del sujeto
- Organización externa de los aprendizajes
- Los aprendizajes pueden ser representados en unidades básicas elementales.
- Leyes de aprendizaje comunes a todos los individuos.

Las primeras utilizaciones educativas de los ordenadores se basan en la enseñanza programada de Skinner, consistiendo en la "presentación secuencial de preguntas y en la sanción correspondiente de las respuestas de los alumnos" (Martí, 1992, 66).

A este uso del ordenador se le denominará EAO (o CAI en inglés, Computer Assisted Instruction): se centra en programas de ejercitación y práctica muy precisos basados en la repetición. Bajo las premisas de la individualización de la instrucción, la EAO cobrará un gran auge a partir de mediados de los años 60 de la mano de Patrick Suppes (Delval, 1986; Solomon, 1987).

Tal y como apuntan Araújo y Chadwick (1988), cada paso capacita al sujeto para abordar el siguiente, lo que implica que el material debe elaborarse en pequeñas etapas permitiendo así numerosas respuestas que deben ser convenientemente reforzadas. La secuencia del material será lineal y consustancial a la propia materia en el mayoría de los casos.

Para Skinner, el sujeto no ha de tener ninguna dificultad si el material ha sido bien diseñando. Hay que destacar, pues, la importancia de los buenos programadores de material.

Sintetizando las aportaciones de diversos autores (Colom, Sureda, Salinas, 1988; Martí, 1992) en el siguiente cuadro pasamos a exponer las ventajas e inconvenientes más relevantes de la EAO:

- Sin embargo la EAO ha continuado desarrollándose solventando algunos de los inconvenientes descritos.
- Pese a las muchas críticas recibidas, según Gros (1997, 38) muchos programas actuales se basan en los presupuestos conductistas: "descomposición de la información en unidades, diseño de actividades que requieren una respuesta y planificación del refuerzo".

Al aprendizaje significativo de Ausubel.

La teoría del aprendizaje significativo de Ausubel se centra en el aprendizaje de materias escolares fundamentalmente. La expresión "significativo" es utilizada por oposición a "memorístico" o "mecánico".

Para que un contenido sea significativo ha de ser incorporado al conjunto de conocimientos del sujeto, relacionándolo con sus conocimientos previos.

Ausubel (1989) destaca la importancia del aprendizaje por **"recepción"**. Es decir, el contenido y estructura de la materia los organiza el profesor, el alumno "recibe". Dicha concepción del aprendizaje se opondría al aprendizaje por **"descubrimiento"** de Bruner.

En cuanto a su influencia en el diseño de software educativo, Ausubel, refiriéndose a la instrucción programada y a la EAO, comenta que se trata de medios eficaces sobre todo para proponer situaciones de descubrimiento y simulaciones, pero no pueden sustituir la realidad del laboratorio.

Destaca también las posibilidades de los ordenadores en la enseñanza en tanto posibilitan el control de muchas variables de forma simultánea, si bien considera necesario que su utilización en este ámbito venga respaldada por "una teoría validada empíricamente de la recepción significativa y el aprendizaje por descubrimiento" (Ausubel, Novak y Hanesian, 1989, 339).

Sin embargo, uno de los principales problemas de la EAO estriba en que "no proporciona interacción de los alumnos entre sí ni de éstos con el profesor" (Ausubel, Novak y Hanesian, 1989, 263). Señala también el papel fundamental del profesor, por lo que respecta a su capacidad como guía en el proceso instructivo ya que "ninguna computadora podrá jamás ser programada con respuestas a todas las preguntas que los estudiantes formularán (...)" (Ausubel, Novak y Hanesian, 1989, 339).

Por otra parte, prefiere la instrucción programada mediante libros y critica la técnica de fragmentación en pequeños pasos propia de la EAO inicial, y se muestra partidario de aquellos materiales bien estructurados que favorecen la individualización.

No se refiere más explícitamente a software, aunque, como veremos más adelante, influirá en Gagné.

Aprendizaje por descubrimiento: Bruner.

Aprendizaje por descubrimiento es una expresión básica en la teoría de Bruner que denota la importancia que atribuye a la acción en los aprendizajes. La resolución de problemas dependerá de cómo se presentan estos en una situación concreta, ya que han de suponer un reto, un desafío que incite a su resolución y propicie la transferencia del aprendizaje. Los postulados de Bruner están fuertemente influenciados por Piaget.

"Lo más importante en la enseñanza de conceptos básicos, es que se ayude a los niños a pasar progresivamente de un pensamiento concreto a un estadio de representación conceptual y simbólica más adecuada al pensamiento" (Araujo y Chadwick, 1988, 40-41). De lo contrario el resultado es la memorización sin sentido y sin establecer relaciones. "Es posible enseñar cualquier cosa a un niño siempre que se haga en su propio lenguaje" (Araujo y Chadwick, 1988, 41). Según esto, y centrándonos en un contexto escolar, "si es posible impartir cualquier materia a cualquier niño de una forma honesta, habrá que concluir que todo curriculum debe girar en torno a los grandes problemas, principios y valores que la sociedad considera merecedores de interés por parte de sus miembros" (Bruner, 1988, 158). Esto ilustraría un concepto clave en la teoría de Bruner: el curriculum en espiral.

Por otra parte, refiriéndonos a los materiales para el aprendizaje, Bruner propondrá la estimulación cognitiva mediante materiales que entrenen en las operaciones lógicas básicas.

El descubrimiento favorece el desarrollo mental, "consiste en transformar o reorganizar la evidencia de manera de poder ver más allá de ella" (Araujo y Chadwick, 1988):

- Sobre una secuencia instructiva:
- Disponer la secuencia de forma que el estudiante perciba la estructura.
- Promover la transferencia.
- Utilización de contraste.
- Ir de lo concreto a lo abstracto en función del grado de maduración del sujeto.
- Posibilitar la experiencia de los alumnos.
- Revisiones periódicas a conceptos ya aprendidos (curriculum en espiral).

Proceso de enseñanza:

- Captar la atención.
- Analizar y presentar la estructura del material de forma adecuada.
- Importante que el alumno describa por sí mismo lo que es relevante para la resolución de un problema.
- Elaboración de una secuencia efectiva.
- Provisión de refuerzo y retroalimentación que surge del éxito de problema resuelto.

La teoría de Piaget.

El enfoque básico de Piaget es la epistemología genética, es decir, el estudio de cómo se llega a conocer el mundo externo a través de los sentidos atendiendo a una perspectiva evolutiva.

Para Piaget el desarrollo de la inteligencia es una adaptación del individuo al medio. Los procesos básicos para su desarrollo son:

adaptación (entrada de información) y organización (estructuración de la información). "La adaptación es un equilibrio que se desarrolla a través de la asimilación de elementos del ambiente y de la acomodación de esos elementos por la modificación de los esquemas y estructuras mentales existentes, como resultado de nuevas experiencias" (Araujo y Chadwick, 1988, 67).

Establece tres estadios del desarrollo, que tienen un carácter universal: sensoriomotor, operaciones concretas y operaciones formales.

Desde esta óptica, el planteamiento de una secuencia de instrucción, según Araujo y Chadwick (1988):

Ha de estar ligada al nivel de desarrollo del individuo (aunque un individuo se encuentre en un estadio puede haber regresiones, y también puede darse que en determinados aspectos el individuo esté más avanzado que en otros).

- La secuencia ha de ser flexible.
- El aprendizaje se entiende como proceso.
- Importancia de la actividad en el desarrollo de la inteligencia.
- Los medios deben estimular experiencias que lleven al niño a preguntar, descubrir o inventar.
- Importancia del ambiente.

Si bien Piaget no se mostrara partidario de la "instrucción por ordenador" (Araujo y C Chadwick, 1988, 177) (preconiza la discusión, juegos, modelaje, experiencia empírica,...) la influencia de sus ideas se dejará notar fuertemente en Papert.

Procesamiento de la información: Gagné.

Su teoría pretende ofrecer unos fundamentos teóricos que puedan guiar al profesorado en la planificación de la instrucción.

En su teoría, aprendizaje e instrucción se convierten en las dos dimensiones de una misma teoría, puesto que ambos deben estudiarse conjuntamente.

El fundamento básico es que para lograr ciertos resultados de aprendizaje es preciso conocer (Gros, 1997):

a) Las condiciones internas que intervienen en el proceso.

b) Las condiciones externas que pueden favorecer un aprendizaje óptimo.

Siguiendo a Gros (1997), en sus inicios sus estudios tienen un enfoque cercano al conductismo y progresivamente irá incorporando elementos de otras teorías. Así podría decirse que Gagné, aunque se sitúa dentro del cognitivismo, utiliza elementos de otras teorías para elaborar la suya:

&⌐ Conductismo: especialmente de Skinner, da importancia a los refuerzos y el análisis de tareas.
&⌐ Ausubel: la importancia del aprendizaje significativo y de la motivación intrínseca.
&⌐ Teorías del procesamiento de la información: el esquema explicativo básico sobre las condiciones internas.

¿Cómo explica Gagné las diferentes **condiciones internas** que intervienen en el aprendizaje? Elabora un esquema que muestra las distintas fases en el proceso de aprendizaje, teniendo en cuenta que estas actividades internas tienen una estrecha conexión con las actividades externas, lo que dará lugar a determinados resultados de aprendizaje (Araujo y Chadwick, 1988; Gros, 1997). Estas fases son: motivación, comprensión, adquisición, retención, recuerdo, generalización, ejecución y realimentación. Veamos pues como las condiciones externas afectan a los diferentes procesos internos que tienen lugar durante el aprendizaje.

Gagné define las condiciones externas como aquellos eventos de la instrucción que permiten que se produzca un proceso de aprendizaje. Viene a ser la acción que ejerce el medio sobre el sujeto. Así, la finalidad del diseño instructivo es intentar que estas condiciones externas sean lo más favorables posibles a la situación de aprendizaje.

Se trata, pues, de organizar las condiciones externas para alcanzar un determinado resultado de aprendizaje, adecuando la instrucción a cada proceso de aprendizaje: ordenar los factores externos para mejorar la motivación del alumno, su atención, su adquisición, su retención, etc.

Según los resultados de aprendizaje que se pretendan alcanzar deberán organizarse las condiciones externas. Para Gagné (1987) dependiendo del tipo de aprendizaje a realizar se requerirán diferentes tipos de capacidades: habilidades intelectuales, información verbal, estrategias cognitivas, actitudes o destrezas motoras.

Si hasta aquí hemos sintetizado los fundamentos de su teoría del aprendizaje, veamos ahora las bases de su teoría de la instrucción.

Siguiendo las aportaciones de Gros (1997) para realizar el diseño instructivo los pasos a seguir son los siguientes:

Identificar el tipo de resultado que se espera de la tarea que va a llevar a cabo el sujeto (lo que viene a llamarse "análisis de la tarea"). Ello posibilitaría descubrir qué condiciones internas son precisas y qué condiciones externas son convenientes.

Una vez determinado el resultado que se desea alcanzar hay que identificar los componentes procesuales de la tarea, es decir, los requisitos previos, de manera que sirvan de apoyo al nuevo aprendizaje.

Teniendo en cuenta que la teoría de Gané pretende ofrecer un esquema general como guía para que los educadores creen sus propios diseños instructivos, adecuados a los intereses y necesidades de los alumnos, veamos la repercusión de su teoría en el diseño de software.

Las aportaciones de Gagné supusieron una alternativa al modelo conductista para el diseño de programas, centrándose más en los procesos de aprendizaje. Sus dos contribuciones más importantes son según Gros (1997):

a) Sobre el tipo de motivación (los refuerzos). Considerar en un programa el refuerzo como motivación intrínseca (recordemos que en un programa conductista el refuerzo es externo). Por ello, el feedback es informativo, que no sancionador, con el objeto de orientar sobre futuras respuestas.

b) El modelo cognitivo de Gagné es muy importante en el diseño de software educativo para la formación. Su teoría ha servido como base para diseñar un modelo de formación en los cursos de desarrollo de programas educativos. En este sentido, la ventaja de su teoría es que proporciona pautas muy concretas y específicas de fácil aplicación.

En síntesis, la teoría de Gagné proporciona unas pautas de trabajo para la selección y ordenación de los contenidos y las estrategias de enseñanza, siendo así de gran utilidad para los diseñadores. Es de destacar la labor de **Merrill**, que desarrollará una teoría de la instrucción (no de aprendizaje) a partir de la Gagné.

En la actualidad, un objetivo prioritario de Merril "es el desarrollo de modelos prescriptivos para la elaboración de materiales educativos informáticos" (Gros, 1997, 66). Merril considera necesario proporcionar una metodología y herramientas que sirvan de guía en el diseño y desarrollo de materiales informáticos educativos. Considera la fase de desarrollo como fundamental para un uso efectivo del ordenador en educación, añadiendo que la finalidad del ordenador es ser de utilidad al profesor, no sustituirlo (Gros, 1997).

El constructivismo de Papert.

Papert, creador del lenguaje LOGO, propone un cambio sustancial en la escuela: un cambio en los objetivos escolares acorde con el elemento innovador que supone el ordenador.

El lenguaje LOGO será el primer lenguaje de programación diseñado para niños. Utilizará instrucciones muy sencillas para poder desplazar por la pantalla el dibujo de una tortuga, pudiendo construir cualquier figura geométrica a partir de sus movimientos. Su pretensión básica es que los sujetos lleguen a dominar los conceptos básicos de geometría. Aunque en realidad, detrás de ello existe una "herramienta pedagógica mucho más poderosa", fundamento de todo aprendizaje: el aprendizaje por descubrimiento (Crevier, 1996, 86).

Para Papert, el ordenador reconfigura las condiciones de aprendizaje y supone nuevas formas de aprender.

Ya hemos comentado que una fuente importante de su obra serán las teorías de Piaget, con quien estuvo estudiando durante cinco años en el Centro de Epistemología Genética de Ginebra. Sin embargo, según Crevier (1996, 85), aunque coincidentes en los planteamientos generales, mientras Piaget no veía mayores ventajas en el uso del ordenador para "modelizar la clase de estructuras mentales que postulaba", Papert se sintió rápidamente atraído por esa idea. Tanto es así que pronto entrón en contacto con los investigadores pioneros en Inteligencia Artificial, campo del que recibiría también notorias influencias.

Es de aquí que recogerá su "interés por simular con el ordenador los procesos cognitivos con el fin de estudiar con más detalle su naturaleza" (Martí, 1992, 82). Por otro lado, parte de los postulados piagetianos, entendiendo al sujeto como agente activo y "constructivo" del aprendizaje.

Para ello, Papert plantea a Piaget desde una vertiente "más intervencionista" (Papert, 1987, 186). Así, dos serán los aspectos de este autor sobre los que Papert incidirá más, máxime entendiendo que Piaget no los desarrolló suficientemente: las estructuras mentales potenciales y los ambientes de aprendizaje (Papert, 1987).

Intentará que mediante el ordenador el niño pueda llegar a hacerse planteamientos acerca de su propio pensamiento, tarea esta difícilmente realizable sin su concurrencia.

El lenguaje LOGO será una pieza clave, pues mediante la programación el niño podrá pensar sobre sus procesos cognitivos, sobre sus errores y aprovecharlos para reformular sus programas (Martí, 1992). En otras palabras, la programación favorecerá las actividades metacognitivas. Como apunta Martí (1992), Papert toma de Piaget:

- ᓬ La necesidad de un análisis genético del contenido.
- ᓬ La defensa constructivista del conocimiento.
- ᓬ La defensa del aprendizaje espontáneo y, por tanto, sin instrucción.
- ᓬ El sujeto es un ser activo que construye sus teorías sobre la realidad interactuando con esta.
- ᓬ Confrontación de las teorías con los hechos -conocimiento y aprendizaje fruto de la interacción entre sujeto y entorno.

El lenguaje LOGO supone un "material lo suficientemente abierto y sugerente para elaborar sus propios proyectos, modificarlos y mejorarlos mediante un proceso interactivo" (Martí, 1992, 84).

Para Papert la utilización adecuada del ordenador puede implicar un importante cambio en los procesos de aprendizaje del niño. Se trata, pues, de un medio revolucionario, ya que puede llegar a modificar las formas de aprender.

Pero el uso del ordenador no debe limitarse al uso escolar tradicional, relegando al alumno a un segundo plano. El ordenador debería ser una herramienta con la que llevar a cabo sus proyectos y tan funcional como un lápiz (Papert, 1987).

La visión de Papert sobre las posibilidades del ordenador en la escuela como una herramienta capaz de generar cambios de envergadura es ciertamente optimista: "La medicina ha cambiado al hacerse cada vez más técnica; en educación el cambio vendrá por la utilización de medios técnicos capaces de eliminar la naturaleza técnica del aprendizaje escolar" (Papert, 1995, 72).

Valoración crítica del lenguaje LOGO

Partiendo de las aportaciones de Delval (1986) y Martí (1992) podemos realizar las siguientes valoraciones: Los planteamientos de Papert son, tal vez, demasiado optimistas ya que la utilización mayoritaria de ordenadores en las escuelas se corresponde con la realización de "ejercicios rutinarios y repetitivos" de escaso interés (Delval, 1986, 233). Según Martí (1992), Papert enfatiza la necesidad de partir de experiencias concretas y conocidas. Sin embargo, las diferencias individuales al utilizar el LOGO para resolver un mismo problema pueden hacer que las diferencias sean muy notables.

Algunas investigaciones llevadas a cabo en escuelas en las que se utiliza LOGO refieren cambios apenas apreciables (Delval, 1986).

Que el niño aprenda de sus propios proyectos y de su interacción con el ordenador es muy positivo, pero sería precisa la figura de un guía que le permitiera extraer conceptos y nociones.

Es importante la posibilidad de reflexionar sobre los errores, sin embargo, es posible no encontrar solución a los mismos, lo cual puede ocasionar resultados totalmente contrarios a los esperados si no existe una posible guía acerca de cómo resolver la situación problemática.

Papert no ofrece propuestas concretas sobre el contexto educativo en que se ha de utilizar LOGO.

Constructivismo y mediación.

Martí (1992) propone la superación de las limitaciones a los métodos de Papert mediante una propuesta basada en un doble eje: Aplicación a situaciones específicas instructivas del constructivismo y Mediación del aprendizaje (a través del medio informático y a través de otras personas).

Es posible que a través de la exploración individual el sujeto pueda adquirir determinados esquemas generales de conocimiento, pero mucho más difícil será que consiga alcanzar aprendizajes específicos.

Será necesario definir la situación instructiva partiendo de las ideas previas de los sujetos, de sus intuiciones y también será preciso definir el tipo de intervención de otras personas: profesor y alumnos.

La utilización de un determinado vehículo o medio para la aprehensión de los significados supone tener en cuenta las características específicas de ese medio. Así, el ordenador propiciará un contexto de aprendizaje diferente al de otro medio.

Asimismo, partiendo de los postulados vygotskianos cabe destacar el papel del adulto y los iguales en el proceso de aprendizaje, ofreciendo una labor de andamiaje que apoyará al sujeto en su aprendizaje. Para entender el concepto de andamiaje es preciso hacer referencia a otro punto clave en la teoría de Vygotsky; nos referimos al concepto de Zona de Desarrollo Próximo (ZDP). Como Vygotsky señala "no es otra cosa que la distancia entre el nivel real de desarrollo, determinado por la capacidad de resolver independientemente un problema, y el nivel de desarrollo potencial, determinado a través de la resolución de un problema bajo la guía de un adulto o en colaboración con otro compañero más capaz" (Vygotski, 1979, 133).

En este sentido, algunos de los autores de tendencia neovygotskiana destacan el importante papel que juega el profesor en la utilización de software instructivo. Es el caso de Mercer y Fisher (1992), para los que el papel más relevante en todo proceso de enseñanza-aprendizaje reside en la comunicación, en el contexto cultural y en el lugar donde dicho proceso se lleva a cabo. Así, los autores aluden al ya mencionado concepto de andamiaje, o a la ayuda que el profesor ofrece al alumno para que pueda solventar por sí mismo una situación problemática, para determinar su aplicabilidad a situaciones de EAO.

Mercer y Fisher consideran que pese a la importancia de la fase de diseño de software, en cuanto a los resultados instructivos, su aplicación en cada situación distinta supondrá también unos procesos y problemática diferentes. De esta manera, los procedimientos y resultados de cualquier actividad basada en el ordenador surgirán a través de la charla y actividad conjunta entre maestro y alumnos. Es decir, el mismo software usado con combinaciones diferentes de maestros y alumnos en ocasiones diferentes, generará actividades distintas. Estas actividades distintivas se llevarán a cabo en escalas de tiempo diferente, generarán problemas diferentes para los alumnos y maestros y casi tendrán ciertamente resultados de aprendizaje diferentes. Aparte del propio software, la influencia fundamental en le estructura y resultados de una actividad basada en el ordenador vendrá ligada a la figura del maestro.

Reflexiones finales.

En nuestra opinión existen tres factores determinantes a la hora de aproximarnos al software educativo desde el punto de vista de las teorías del aprendizaje: el diseño del mismo, el contexto de aprendizaje y el papel del sujeto ante el aprendizaje.

El diseño condicionará totalmente el resultado final de la aplicación ya que reflejará los presupuestos teóricos de los autores, cómo consideran que el programa ha de ofrecer la información al sujeto, de qué manera puede actuar éste; en suma, reflejará sus concepciones sobre la enseñanza y el aprendizaje.

Sin embargo, como ya se dijo con anterioridad, la aplicación del material vendrá condicionada por el contexto de utilización. Ello incluye no sólo el lugar donde se va a utilizar sino también el rol del educador, en el caso de que lo hubiera, como diseñador de situaciones de enseñanza. Así, un programa concebido para el aprendizaje individualizado puede ser utilizado por un educador en el aula para realizar actividades de aprendizaje cooperativo. La figura del enseñante devine, pues, clave en contextos formativos formales ya que, en última instancia, será quien decida acerca de la manera de utilización del material que independientemente de los resultados obtenidos sean o no óptimos. De la misma manera, el enseñante puede considerar necesario intervenir para clarificar determinados aspectos del programa o puede decidir mantenerse al margen y seguir minuciosamente las indicaciones didácticas del programa.

El tercer factor a que aludíamos hace referencia al papel del sujeto ante el material. Este podrá oscilar entre dos extremos, entre un comportamiento activo o totalmente pasivo. Estará muy ligado a las características personales del sujeto ante el aprendizaje y determinará diversos tipos de interacción con el programa.

Respecto a la idoneidad de utilizar un software determinado basado en una u otra teoría, obviamente dependerá de diversos criterios tales como: la sintonía conceptual con sus planteamientos; criterios de utilidad; criterios de disponibilidad, etc. Aunque tal vez, los que prevalezcan sean estos dos últimos dado que como ya se ha mencionado los materiales pueden adaptarse en muchas ocasiones a la metodología utilizada.

Por supuesto, hay que tener en cuenta que determinadas teorías avalarán mejor que otras determinados tipos de programas. Así, es posible que pese a las limitaciones de los más sencillos programas de EAO sean más que suficientes para una utilización de ejercitación y práctica.

Por otra parte, destacar la importancia de continuar investigando sobre la aplicación del ordenador desde perspectivas Mediacionales; ello afectaría en mayor medida al diseño de los contextos de aprendizaje con ordenador que a los propios materiales informáticos, pero es sin duda un planteamiento totalmente acorde con los presupuestos educativos actuales.

Bibliográfica

- ARAÚJO, J.B. y CHADWICK, C.B. (1988). **Tecnología educacional. Teorías de la instrucción**. Barcelona. Paidós.
- AUSUBEL, D.P.; NOVAK, J.D. y HANESIAN, H. (1989). **Psicología cognitiva. Un punto de vista cognoscitivo.** Méjico. Trillas.
- COLOM, A.; SUREDA, J. y SALINAS, J. (1988). **Tecnología y medios educativos**. Madrid. Cincel.
- CREVIER, D. (1996). **Inteligencia artificial**. Madrid. Acento.
- DELVAL, J. (1986). **Niños y máquinas. Los ordenadores y la educación.** Madrid, Alianza.
- GAGNÉ, R. M. y GLASER, R. (1987). Foundations in learning research, en **Instructional technology: foundations**. GAGNÉ, R. (Ed). Hillsdale. Lawrence Erlbaum Associates Inc. Publishers.
- GROS, B. (coord.) (1997). **Diseños y programas educativos**. Barcelona. Ariel.
- MARTÍ, E. (1992). **Aprender con ordenadores en la escuela**. Barcelona, ICE-Horsori.
- MARTÍNEZ, M.A. y SAULEDA, N. (1995). Informática: usos didácticos convencionales, en **Tecnología educativa. Nuevas Tecnologías aplicadas a la educación**. RODRÍGUEZ, J.L. y SÁENZ, O. (dirs). Alcoy. Marfil.
- MERCER, N. y FISHER, E. (1992). How do teachers help children to learn? An analysis of teacher's interventions in

computer-based activities. **Learning and Instruction. Vol. 2**. 339-355.

📖 PAPERT, S. (1987). **Desafío de la mente. Computadoras y educación**. Buenos Aires, Galápago.

📖 PAPERT, S. (1995). **La máquina de los niños**. Barcelona. Paidós.

📖 SKINNER, B.F. (1985). **Aprendizaje y comportamiento**. Barcelona. Martínez-Roca.

📖 SOLOMON, C. (1987). **Entornos de aprendizaje con ordenadores**. Barcelona. Paidós-MEC.

📖 VYGOTSKI, L.S. (1979). El desarrollo de los procesos psicológicos superiores. Barcelona. Crítica.

9. Los ambientes manuales y computarizados sus diferencias en la geometría plana

Gregorio Sánchez Ávila
SEIEM-EST 6

Resumen
La idea central que subyace es la realización de una reflexión sobre los ambientes manuales y computarizados utilizando Logo para la enseñanza de la Geometría Plana o Geometría de Euclides, son mucho más fáciles de aprender y consisten principalmente del uso de la regla, escuadras y del compás, dichos instrumentos son difíciles de aplicar a problemas más complejos que surgen de generalizaciones de los problemas geométricos bidimensionales. Se concluye que es indispensable que los estudiantes se familiaricen con ambos ambientes por dos razones: el ambiente computacional se presta a resolver problemas científicos y técnicos actuales y presumiblemente futuros y se lleva bien con la automatización de la labor numérica por medio de la computadora; los manuales valen la pena aprenderlos por la influencia que tienen sobre la organización del razonamiento. Por su naturaleza ideal las demostraciones son exactas y generales, mientras que los métodos numéricos, por más decimales que se lleven y por más casos particulares que se revisen, siempre tendrán un elemento de aproximación y por lo tanto de incertidumbre, situación aceptable al resolver problemas prácticos pero no aceptable al trabajar con la teoría.

Introducción

Se han desarrollado diversas herramientas computacionales para apoyar la enseñanza de la Geometría Plana por medio de la computadora. Las herramientas son de muy diversa índole que tiene algunas facilidades gráficas basadas en geometría de coordenadas hasta los orientados a dibujo profesional (Autocad), pasando por otros especializados en la enseñanza de la geometría como el uso general orientado a la enseñanza con facilidades gráficas como Logo. En esta disertación discutiremos las diferencias entre los ambientes manuales en la enseñanza de la Geometría y el ambiente computacional que provee este software.

El ámbito manual

El ambiente manual más común en la enseñanza de la Geometría en salón de clase es el uso de los instrumentos más comunes para trazar figuras y hacer mediciones. Los principales instrumentos son la regla graduada, el compás, el transportador, las escuadras y la goma de borrar. En algunos casos se cuenta con papel milimétrico, calculadora electrónica y curvígrafo o pistola francesa para dibujar curvas. Con estos instrumentos se pueden trazar y prolongar rectas que pasen por dos puntos, rectas perpendiculares a una recta dada que pase por un punto determinado, la medición de longitudes, trazar rectas paralelas a otra dada y que pase por un punto, encontrar el punto de intersección de dos rectas no paralelas, medir ángulos, trazar ángulos con medida dada y vértice en un punto especificado, trazar una recta que forme un ángulo determinado con una recta existente, trazar círculos y arcos de círculo, determinar la posición donde se cortan arcos de círculo. Pudiendo hacer estas operaciones primitivas se pueden hacer con cierta facilidad operaciones más complejas como construir un triángulo con lados de longitud determinada (siempre y cuando los lados satisfagan la desigualdad del triángulo), construir un cuadrado con lado especificado, construir paralelogramos, polígonos regulares, polígonos irregulares cuyos vértices están predeterminados, trazar tangentes a círculos que pasen por un punto determinado, cuadriláteros con lados especificados (que cumplan las restricciones necesarias) en posiciones determinadas, construir polígonos regulares, construir curvas con expresiones determinadas (por ejemplo parábolas, elipses, hipérbolas.)

El ambiente computacional al geométrico de Logo

Logo es un lenguaje de computadora está orientado al aprendizaje (más que a la enseñanza) y está ligado a las teorías del suizo Jean Piaget. Su principal creador ha sido Seymour Papert estuvo trabajando con Piaget y compartía gran parte de sus ideas sobre la educación. Así podríamos decir que el fundamento teórico de los trabajos de Papert y que dan todo su sentido a Logo son: *"Lo que un individuo puede aprender, y cómo lo aprende, depende de los modelos con que cuenta. Esto plantea, a su vez, la cuestión de cómo los aprendió. De tal modo, las "leyes del aprendizaje" deben referirse al modo en que las estructuras intelectuales se desarrollan una a partir de otra y a cómo adquieren, en el proceso, forma tanto lógica como emocional".* Pero quizá sea más comprensible y gráfico tal y como lo explica él: *"El niño asimila los conocimientos de la misma forma que asimila el alimento; el aprendizaje, como proceso, se puede comparar a la transformación que sufre el alimento asimilado. El niño asimila conocimientos constantemente por medio de esquemas que se mantienen hasta el momento en que resulta necesario sustituirlos con otros esquemas nuevos, porque los anteriores se han vuelto insuficientes. Toda información nueva se compara con el esquema que el niño se ha creado y éste tiene validez hasta que aguanta la comparación; cuando ya no es así, se tiene un desequilibrio que implica la necesidad de volver a equilibrar, a reorganizar la estructura cognitiva".*

Piaget (citado Briones 2008) "La asimilación es la integración de elementos exteriores a estructuras cognoscitivas en evolución o ya acabadas en el organismo"

Este tipo de aprendizaje activo realiza las enseñanzas, en palabras de Benjamín Franklin "Me dices lo olvido, Me enseñas lo recuerdo, Me Involucras lo Aprendo".

Papert invirtió años al estudio de las posibilidades de la informática en la educación. Como resultado de su trabajo nació el **Logo** que es un método para dialogar con el ordenador, basado en un número relativamente pequeño de instrucciones básicas, con las que el usuario lleva a cabo el programa.

Las facilidades geométricas básicas permiten escribir texto y dibujar, una limitada gama de colores, el inconveniente de este programa el no trazar curvas o círculos. Solamente maneja rectas, por lo que para trazar un círculo hay que dibujar un polígono de muchos lados, el cual se aproxima al círculo.

En este sentido, es un lenguaje de procedimiento. Indicando órdenes, las funciones llamadas "gráficas primitivas" por su creador son entidades que sustituyen a los instrumentos tradicionales como regla, compás, trasportados, etc. Cada entidad se ejecuta mediante una sola orden. Este se puede desarrollar el "Micromundo de la tortuga".

La tortuga así llamado por él, es un triángulo orientado que puede comandarse desde el teclado de la computadora, desplazándola por la pantalla, de modo que el alumno puede realizar líneas con el uso de comandos ejecutados de modo. Estas órdenes son comprensibles por cualquier alumno. Que es utilizado desde los primeros años de edad escolar (preescolar, luego en la primaria), y madura en la medida que va creciendo el alumno, y que desafortunadamente no se lleva a la práctica, debido a desconocimiento de los docente o falta de interés por conocerlo, sin saber que es una útil herramienta para desarrollar su inteligencia lógico-matemática y espacial (Gardner 2007). Si se toma en cuenta que la versión esta en español.

Papert considera que en el uso de la computadora, es ésta quien controla al alumno, mientras en el ambiente **Logo** es el alumno quien toma las riendas y "programa", lo que quiere controlar de la computadora. Esto que parece tan simple conlleva un cambio substancial en el concepto de la educación. El fundamento está en que el alumno se convierta en un "epistemólogo" como le gusta decir, es decir, desarrollar el pensamiento y se hace consciente de la forma en que construye las nuevas ideas y su aprendizaje. Indicarle a la tortuga a realizar un movimiento primeramente, hacerlo mentalmente y transferir esa reflexión a la pantalla, con lo cual ya se está llevando a cabo una reflexión sobre las propias acciones y los propios pensamientos.

Como sabemos que el verdadero constructor de un aprendizaje es quien aprende y no quien enseña, es aquí donde se hace consciente de ello y lo disfruta. De esta forma el aprendizaje es más autónomo y autodirigido y deja de ser consecuencia de una situación en la que sólo se escuchan explicaciones. La ventaja de trabajar de esta manera establece como necesidad la reflexión sobre el "pensamiento" propio, hacia la tortuga y su representación posterior, facilitando la expresión de sus pensamientos, su capacidad que tanto su quejan que supuestamente carecen los alumnos.

> Marabotto (citado Fernández, 2007) "Al docente le corresponde explorar y valorar cómo interactúan estos medios con el aprendizaje, que efectos producen en el estilo cognitivo de los alumnos, como elegir los más adecuados y disponer una experiencia significativa para su utilización como herramienta en situaciones enseñanza –aprendizaje"

La ventaja de trabajar y establecer la necesidad la reflexión sobre el "pensamiento" propio, en la tortuga y su representación posterior, se facilita la expresión de los pensamientos, capacidad de la que tantas veces nos quejamos que carecen nuestros alumnos.

Al alumno, utilizando estas órdenes básicas, puede llegar a familiarizarse con la geometría plana, los sistemas de coordenadas, o incluso conceptos más abstractos, como variable, que vivirá como propio y que sabrá perfectamente de dónde han salido, "de su cabeza". Esos conceptos siempre serán significativos para él y además él mismo se sentirá más "significativo" como constructor que es de su propio conocimiento. Lo que está aprendiendo le está dando poder gráfico, siendo un elemento motivador fundamental, y además una ayuda para mejorar su atención, capacidad de concentración y de anticipación, así como para un mayor desarrollo de su intuición.

Esto lleva al niño, de forma natural, a hacerse matemático. Se trata, en definitiva, de que el niño aprenda a pensar al reflexionando sobre lo que hace, "haciendo" matemáticas de forma creativa. Al tiempo se producirá un deleite en el alumno y el profesor por los resultados obtenidos, que casi siempre serán visibles, por lo que el trabajo realizado se carga de trascendencia y los alumnos muestran entusiasmo ante los nuevos retos.

> Menciona Freire (2007) "....en el proceso de aprendizaje, sólo aprende verdaderamente, aquel que se apropia de lo aprendido, transformándolo en aprehendido, con lo que puede, por eso mismo, reinventarlo; aquel que es capaz de aplicar lo aprendido-aprehendido a las situaciones existentes concretas. Por el contrario, aquel que es

<<llenado>> por otro, de contenidos cuya inteligencia no percibe, de contenidos que contradicen su propia forma de estar en su mundo, sin que sea desafiado, no aprende"

Por supuesto conlleva a cometer errores, pero como sabemos que "de los errores se aprende" y que es preciso el error y la corrección para afianzar y aclarar los conceptos y sus límites. Pero la experiencia docente también nos enseña que los alumnos son muy dados a borrar toda una operación cuando se han equivocado y volver a empezar. Tienen el impulso de ocultar sus errores porque se les valora sólo por los aciertos y cada error es, o puede ser, un menoscabo en su aprecio. La verdad es que no debería ser así, ya que localizar y razonar sobre los errores nos enseña mucho.

Por ejemplo, hacer un escrito a lápiz y corregirlo varias veces es tan pesado la primera vez que se hace el borrador, como la última. Con la computadora, una vez escritas las correcciones son más fáciles y la limpieza del acabado es la misma para los que tienen más facilidad que para lo que no la tienen. Ese fenómeno es observable en las aulas y muy especialmente en las de Educación especial, de las que pondré algún ejemplo. El alumno pasa de rechazar la escritura como medio de expresión por lo desastroso de sus resultados, a estar encantado de usarla ya que tiene garantizados unos resultados que de otra forma no conseguiría.

El gran problema de la aplicación del LOGO tal como fue concebido por Papert en las aulas y la causa en gran medida de su pérdida de vigor en su uso actual es que se fundamente en una enseñanza "sin programa" y por tanto en un aprendizaje al más puro estilo piagetiano. Y eso en nuestra concepción actual de la enseñanza es muy difícil de implantar, no ya por el profesorado en sí, sino por la propia sociedad que tiene un concepto distinto de la educación y hoy por hoy sigue siendo un objetivo tan ambicioso como en el momento en que lo plantea.

Diferencias entre el ambiente manual y el ambiente Logo

Tomado del primer Libro de Euclides (citado Murray-Lasso) En la obra de Euclides los "libros" son equivalentes a lo que hoy en día llamaríamos "capítulos."

La influencia de Euclides (c. 300 A. C.) con su monumental libro *Elementos*, ha sido tan grande que no obstante que se sabe que tiene ciertos defectos y que para corregirlos hay necesidad de hacerle algunas adiciones a sus postulados, en gran medida el mundo sigue enseñando la Geometría Elemental de acuerdo con su plan diseñado hace 2300 años. Sus cinco postulados son:

1. Se puede dibujar una línea recta de cualquier punto a cualquier punto.
2. Se puede prolongar una línea recta finita continuamente en línea recta.
3. Se puede describir un círculo (circunferencia) con cualquier centro y distancia
4. Todos los ángulos rectos son iguales entre sí.
5. Si una línea recta que cae sobre dos líneas rectas de manera que los ángulos internos del mismo lado son menos que dos ángulos rectos, las dos líneas rectas si se prolongan indefinidamente se cruzan de aquel lado en el que están los ángulos que suman menos de dos ángulos rectos. (A este postulado se le conoce como el *postulado de las líneas paralelas* porque se puede sustituir por uno más sencillo que dice que por un punto que no está sobre una recta dada se puede trazar una y sólo una línea paralela a la recta dada. La definición 23 de las 23 definiciones de Euclides nos dice que las líneas rectas paralelas son líneas rectas que estando en el mismo plano al ser prolongadas indefinidamente no se juntan en ninguna de las dos direcciones. Es sabido que este postulado es equivalente a postular que la suma de los ángulos de un triángulo es igual a dos rectos).

Muchas de las diferencias entre el ambiente manual y el ambiente Logo se debe a que el ambiente manual tiene una enorme influencia de las ideas originales de Euclides. Debido a la manera en que presenta sus postulados, Euclides insiste en utilizar como herramientas fundamentales para hacer construcciones geométricas el compás y la regla sin graduaciones. El equivalente de instrumentos de medición como la regla graduada y el transportador, ambos de los cuales estaban prohibidos por los griegos. Por otra parte el compás, aunque lo puede utilizar Logo, le crea dificultades especiales, pues es más difícil detectar donde se cruzan dos arcos producidos por el compás El propio trazo del círculo en Logo carece de la naturalidad que tiene un círculo trazado con un compás, debido a que en realidad con Logo no se pueden dibujar curvas sino que se tienen que aproximar como una sucesión finita de rectas muy cortas. Uno de los puntos sutiles es que en el ambiente manual se utilizan los poderes del cerebro de hacer reconocimiento de patrones, una de las áreas más difíciles de la inteligencia artificial cuando se intenta hacer por medio de las computadoras, pero que forma parte de lo que se llama sentido común cuando lo hace un cerebro humano.

Conclusión

La discusión sobre los diferentes ambientes de aprendizaje es muy importante y en este artículo apenas hemos rayado la superficie del tema. Hemos tratado de enfatizar que una buena parte de la diferencia entre el ambiente manual y el computarizado en la enseñanza de la geometría se debe a la diferencia de enfoques entre la geometría axiomática no métrica de Euclides y la geometría analítica métrica con algunos aspectos de geometría diferencial finita en la que está basado el ambiente de Logo. Este enfoque explica por qué los griegos insistían en usar una regla sin graduación y no admiten el transportador sino que hablan de ángulos rectos. Por otro lado comienza por colocar ejes perpendiculares y unidades de longitud en cada eje para así poder determinar puntos por medio de dos números. Utiliza fórmulas algebraicas y trigonométricas para determinar distancias con gran precisión y prefiere resolver ecuaciones simultáneas para determinar con gran precisión puntos de cruce en vez de recurrir a trazos geométricos.

Es importante que los estudiantes se familiaricen con los ambientes analíticos y métricos. Para ayudar a hacerlo existen excelentes libros con un enfoque computacional. Sin embargo, no debemos abandonar los ambientes geométricos puros pues hasta que no se domine la "inteligencia artificial", dichos métodos no han sido superados para la enseñanza del razonamiento y de actividades de importancia central en las matemáticas como la demostración matemática. En eso, no obstante el interés reciente en la formalización de la lógica, y el perfeccionamiento de la axiomatización de la geometría, los griegos siguen siendo supremos en la geometría elemental que nos legaron a través de Euclides y su legado.

Bibliografía

Briones, Guillermo. (2008). Teorías de las Ciencias Sociales y de la Educación. *Epistemología,* Trillas, México, 1a. Reimp.

📖 Fernández Muñoz, Ricardo. "Docencia e Investigación" *Revista de la Escuela Universitaria de Magisterio de Toledo ISNN: 1133-9926 Número1 (versión digital) Año XXVI - Enero/Diciembre de 2001.* http://www.uclm.es/profesorado/ricardo/Docencia_e_Investigacion/RicardoFdez.htm

📖 Freire, Paulo (2007). ¿extensión o comunicación?, *la conciencia en el medio rural*, Siglo Veintiuno Editores, México.

📖 Gardner, H. (2007). Estructuras de la mente, *La teoría de las múltiples inteligencias*, F.C.E., México, 6a.

📖 McFarlane, Angela (2001). El aprendizaje y las tecnologías de la información, Experiencias, promesas, posibilidades, Aula XXI/Santillana, España, 1a.

📖 Murray-Lasso, M.A. (2000). "Ambientes Manuales y computarizados en la Geometría Plana: Caso Logo" División de Estudios de Posgrado de la Facultad de Ingeniería, UNAM, Correo Electrónico: walpole@prodigy.net.mx

10. Desarrollo de Habilidades Digitales

La incorporación de las tecnologías de la información y la comunicación en el campo de formación Desarrollo Personal y para la Convivencia, supone la posibilidad de generar ambientes de aprendizaje que utilicen medios y modalidades que contribuyan al desarrollo del alumno como persona y como ser social, cercanas a las que utiliza en ambientes extraescolares.

Herramientas como el procesador de textos, el presentador de diapositivas y las redes sociales, permiten a las personas crear, compartir, publicar, colaborar y poner a discusión, textos propios que incorporan recursos multimedia y donde podrán poner a discusión y análisis diferentes puntos de vista en los que se vea reflejada la pluralidad de ideas, el respeto a la diversidad, participación ciudadana, etc. Esta posibilidad tecnológica, cuando el profesor la conoce e incorpora habitualmente a sus actividades, promueve paralelamente tanto las competencias del Desarrollo Personal y para la Convivencia, como el desarrollo de habilidades digitales en el alumno y el profesor.

Adicional a estas herramientas, el profesor puede utilizar también materiales educativos digitales, que ofrecen propuestas didácticas que toman como punto de partida los aprendizajes esperados del programa de estudio. Estos materiales, aprovechan los recursos expresivos de las imágenes fijas y en movimiento, del video y del audio, para presentar escenarios y situaciones de aprendizaje donde puede realizar actividades que le permitan promover la creación del pensamiento artístico, la convivencia, promoción de la salud, cuidado de sí y acercarse a la diversidad cultural y lingüística del país.

Cuando el alumno y profesor interactúan con estos materiales digitales de forma cotidiana, no sólo se logra que los alumnos tengan aprendizajes significativos, sino que se les introduce al manejo de la tecnología, se familiariza con las nuevas formas de construir, estructurar y navegar por estos nuevos medios.

En secundaria, el aula Telemática dispone del portal de aula Explora, software que responde a las necesidades de comunicación y colaboración entre docentes y alumnos en entornos colaborativos; además de un banco de materiales educativos digitales y dispositivos que son parte del equipamiento, juntos crean ambientes que facilitan la adquisición y desarrollo de habilidades digitales en situaciones de aprendizaje.

11. Aula Telemática

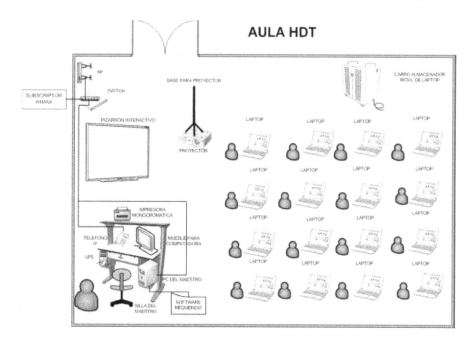

Las aulas telemáticas son espacios escolares donde se emplea las TIC como mediadoras en los procesos de aprendizajes y enseñanza que se integran mediante un modelo tecnológico que contempla el equipamiento de las aulas de escuela de educación con Laptops ligeras y una Pc´s para el docente la cual será usada como servidor.

a) Elementos de un aula telemática

- 🖥 Computadora para el docente Pc´s.
- 🖥 Pizarrón interactivo
- 🖥 Proyector
- 🖥 Equipo de sonido (bocinas)
- 🖥 Impresoras.
- 🖥 Teléfono Vo. IP.
- 🖥 Laptops.
- 🖥 Carrito para Laptops.
- 🖥 Internet.
- 🖥 Kit de ruteadores para red inalámbrica.
- 🖥 Software en portal local con herramientas de colaboración y organización.

El aula cuenta con ciertos servicios como:

- 🖥 Mantenimiento y soporte.
- 🖥 Asesoría y pedagógica.

Una característica importante del portal de aula Explora es que al ser pensada como una herramienta de trabajo colaborativo, tanto docentes como alumnos deben de iniciar una sesión dentro de la plataforma, esto con el fin de tener una identidad dentro de las actividades y secuencias diseñadas por el docente. Después de iniciada la sesión, alumnos y docentes tienen acceso a las herramientas de colaboración y materiales que se les hayan asignado, según el ciclo escolar, grado, grupo y asignatura(s).

De lo anterior se observa que la tecnología utilizada como un recurso didáctico, tiene un enorme potencial en el espacio escolar, sin embargo, también requiere una actitud responsable y consciente de los riesgos que implica. En la escuela, se requiere fomentar entre los alumnos una cultura de uso de tecnologías sustentada en valores como la ética, la legalidad y la justicia. El papel del profesor es fundamental para el cumplimiento de este objetivo. Un portal que apoya con información, sugerencias y recursos que apoyan la construcción de esta ciudadanía es Clic Seguro (www.clicseguro.sep.gob.mx), pues contempla, no sólo que los estudiantes tengan acceso y sepan manejar las tecnologías necesarias para vivir y trabajar en el Siglo XXI, sino que aprendan a usarlas para convivir armónicamente sin arriesgar su integridad o la de otros y procurando que sus experiencias en el ciberespacio sean lo más agradables y seguras posibles.

Para aprovechar los recursos disponibles en el Aula Telemática durante el tiempo de clase, es necesario que considere:

Previamente

- 💻 Revisar los programas de estudios y ubicar el aprendizaje esperado.
- 💻 Revisar los materiales educativos que pueden utilizarse durante la situación de aprendizaje que esté diseñando. Revise varios, explore y consulte el Plan de Clase sugerido.

Diseñar la sesión de aprendizaje, teniendo como guía los aprendizajes esperados, los materiales digitales o impresos que utilizará, el momento adecuado para trabajar con Explora, así como la forma de evaluación.

b) Durante la sesión

- 💻 Preparar el equipo de cómputo para el trabajo con el grupo (PC, equipos de alumnos, proyector, pizarrón, etc.).
- 💻 Adaptar la planeación que diseñó, de acuerdo a la respuesta y necesidades del grupo.
- 💻 Cerrar la sesión de aprendizaje con un ejercicio de integración o una actividad de evaluación.
- 💻 Apagar y guardar el equipo.

Después de la sesión:

- 💻 Reflexione sobre la experiencia de aprendizaje.
- 💻 Valore en qué medida la situación, actividades, el uso de los materiales, el funcionamiento del equipo y Explora, tuvieron relevancia para propiciar los aprendizajes esperados.

⌨ Lleve su experiencia e impresiones a las sesiones de trabajo colegiado.

En esta versión actualizada el 19 de agosto de 2013, tomado del artículo publicado de la página de Internet del gobierno del estado de México.
http://qacontent.edomex.gob.mx/idc/groups/public/
documents/edomex_archivo/apoyo_basica_pdf_aulatelaa.pdf.

12. Comunidades de aprendizaje en una sociedad informática

SEIEM MARZO 2010

Resumen

En la introducción del artículo se presentan, a grandes rasgos, los cambios sociales que han provocado la llegada de la Sociedad de la Información y su repercusión en la educación y la escuela. En el segundo apartado explicamos las bases del proyecto de Comunidades de Aprendizaje y sus implicaciones en la aceleración de los aprendizajes, el desarrollo de las capacidades del alumnado, la maximización del tiempo para la formación, la transformación del entorno, la aparición de altas expectativas, el aprendizaje dialógico y la participación de la comunidad. El tercer apartado se centra en cómo se formaliza la organización de las Comunidades de Aprendizaje para que éstas sean más abiertas, participativas e inclusivas. Finalmente se aborda el papel de la dirección, inspección y administración y cómo se redefinen estos roles tradicionales con la implementación del proyecto.

Descriptores: Escuela, Comunidades de Aprendizaje, Transformación, Sociedad de la Información para todos y todas, Comunidad, Inclusión, Exclusión, Participación, Organización educativa, Dirección, Inspección, Diálogo igualitario, Administración.

En la actual sociedad de la información, donde la educación no depende tanto de lo que ocurre en el aula como de las interacciones que establece el alumnado en todos sus ámbitos de acción, el proyecto de Comunidades de Aprendizaje aparece como una respuesta educativa que rompe con la estructura tradicional de la escuela para abrir sus puertas a la participación de toda la comunidad.

El aprendizaje ya no depende tanto de lo que ocurre en el aula como de las interacciones que se establecen en todos los contextos en que las personas intervienen: escuelas, domicilios, colonias, club deportivo, medios de comunicación, etc. Tener un sentido crítico o ser capaz de reflexionar y adoptar unos criterios claros para argumentar y actuar son hoy herramientas más importantes que la capacidad de almacenar muchos datos. Por ello, el sistema escolar no debe continuar con el mismo tipo de escuela, formas de organización y métodos de enseñanza que en la sociedad industrial.

El proyecto de comunidades de aprendizaje se opone diametralmente a esta tendencia hacia la dualización y se enmarca dentro de la segunda fase del paradigma informacional, caracterizada por cierta tendencia hacia una sociedad de la información para todas las personas. Así, pretende transformar las escuelas heredadas de la sociedad industrial en centros en los que participa toda la comunidad para dotar a sus hijos e hijas de una educación que garantice la igualdad de oportunidades y la no exclusión de la sociedad de la información

Las comunidades de aprendizaje pretenden alcanzar una sociedad de la información ara todas las personas mediante la aceleración del aprendizaje. Se trata de que el alumnado pueda alcanzar resultados educativos iguales o superiores a los de aquellas personas que disfrutan de situaciones de privilegio económico o social. Por esta razón, el proyecto va dirigido especialmente a aquellos centros con más carencias, problemas de desigualdad y pobreza, en los que las condiciones externas parecen apuntar más hacia el fracaso escolar y la exclusión.

En este contexto, resulta fundamental que el alumnado desarrolle al máximo sus capacidades sin verse limitado por las condiciones externas, para lo cual es imprescindible que se maximice el tiempo dedicado a actividades formativas. Uno de los criterios más significativos en este sentido es el de no sacar de clase a los alumnos y las alumnas rezagadas o que necesiten algún tipo de refuerzo, ya que esto haría incrementar más y más este retraso respecto a sus compañeras y compañeros. Al contrario, se ubican en el aula todos los recursos necesarios: se coordinan varios profesores y profesoras en la misma aula, se introduce voluntariado, se cambian las agrupaciones del alumnado para optimizar al máximo los aprendizajes y se apuran todas

Las posibilidades organizativas para ubicar en el aula regular los recursos que se consideren convenientes, muy en consonancia con el actual movimiento por la escuela inclusiva (Puigdellívol, 1997), como una clara apuesta por el determinante papel que juega la comunidad en la lucha contra la exclusión social y educativa. Las actividades de formación complementaria, como las clases de idioma a los niños y niñas inmigrantes recién llegados o algunas clases de refuerzo, se realizarán fuera del horario lectivo, al mediodía o por la tarde. Se trata de organizar de la mejor manera posible, y no de forma estanca, el tiempo dedicado al aprendizaje y de que el clima general de la escuela se oriente en esta dirección. Esto implica que los familiares y otras personas del entorno hagan suyo el centro para su propia formación, aprendiendo a utilizar los ordenadores y entrar a Internet en el aula de Las comunidades de aprendizaje pretenden alcanzar una sociedad de la información para todas las personas mediante la aceleración del aprendizaje. Se trata de que el alumnado pueda alcanzar resultados educativos iguales o superiores a los de aquellas personas que disfrutan de situaciones de privilegio económico o social. Por esta razón, el proyecto va dirigido especialmente a aquellos centros con más carencias, problemas de desigualdad y pobreza, en los que las condiciones externas parecen apuntar más hacia el fracaso escolar y la exclusión.

En este contexto, resulta fundamental que el alumnado desarrolle al máximo sus capacidades sin verse limitado por las condiciones externas, para lo cual es imprescindible que se maximice el tiempo dedicado a actividades formativas. Uno de los criterios más significativos en este sentido es el de no sacar de clase a los alumnos y las alumnas rezagadas o que necesiten algún tipo de refuerzo, ya que esto haría incrementar más y más este retraso respecto a sus compañeras y compañeros. Al contrario, se ubican en el aula todos los recursos necesarios: se coordinan varios profesores y profesoras en la misma aula, se introduce voluntariado, se cambian las agrupaciones del alumnado para optimizar al máximo los aprendizajes y se apuran todas

Las posibilidades organizativas para ubicar en el aula regular los recursos que se consideren convenientes, muy en consonancia con el actual movimiento por la escuela inclusiva (Puigdellívol, 1997), como una clara apuesta por el determinante papel que juega la comunidad en la lucha contra la exclusión social y educativa. Las actividades de formación complementaria, como las clases de idioma a los niños y niñas inmigrantes recién llegados o algunas clases de refuerzo, se realizarán fuera del horario lectivo, al mediodía o por la tarde. Se trata de organizar de la mejor manera posible, y no de forma estanca, el tiempo dedicado al aprendizaje y de que el clima general de la escuela se oriente en esta dirección. Esto implica que los familiares y otras personas del entorno hagan suyo el centro para su propia formación, aprendiendo a utilizar los ordenadores y entrar a Internet en el aula de informática. La escuela se convierte en el eje educativo de toda la comunidad (Elboj et al. 2002).

Siguiendo a Vygotsky (1979) y en la línea de las teorías sociales (Habermas 1987, 1998) y educativas (Freire 1997) más referenciadas actualmente en el mundo, el desarrollo de este proyecto supone no adaptarse a las condiciones desfavorables del entorno, sino transformarlas. La relación tradicional de la escuela con las personas de su entorno, que solían adoptar una actitud pasiva para la recepción de un servicio público, es sustituida por una interacción mucho más estrecha y activa, en que familiares, profesorado, alumnado y toda la comunidad cambian radicalmente su comportamiento y se erigen en protagonistas de la educación en todas sus dimensiones. Cuando las barreras entre la escuela y su entorno desaparecen para conformar una comunidad de aprendizaje, el contexto en toda su globalidad cambia radicalmente. Y lo hace, sobretodo, por la participación activa de todos los miembros que la componen, convertidos en agentes educativos capaces de dar respuesta a las demandas que plantea hoy la sociedad de la información. La escuela o el profesorado, de forma aislada, difícilmente podrían afrontar con éxito esta tarea.

Este proceso de transformación parte de unas altas expectativas hacia las posibilidades del alumnado y de toda la comunidad. No se trata de evitar que los niños y niñas suspendan ni de que no abandonen la escuela para disminuir así los índices de fracaso escolar, sino de desarrollar al máximo las capacidades de todos y todas. No pretendemos compensar los déficits, sino acelerar el aprendizaje para proporcionar a toda la comunidad educativa los aprendizajes instrumentales que se requieren en la sociedad de la información. Partimos de un currículum de máximos que se construye sobre la confianza en las capacidades de todo el alumnado y sobre la certeza de que todas las personas poseemos inteligencia cultural (CREA 1995-1998). Este concepto supera la noción tradicional de inteligencia, muy vinculado a los instrumentos de medida de las habilidades académicas (test de inteligencia), ya que contempla tanto esta dimensión académica como también las habilidades prácticas y las cooperativas.

Esta inteligencia cultural permite que las personas podamos relacionarnos en un plano de igualdad, independientemente de nuestro estatus o nuestra posición de poder, para entendernos y llegar a acuerdos. Las interacciones que se llevan a cabo mediante un diálogo igualitario, democrático, horizontal y en el que todas las personas tienen las mismas posibilidades de intervenir constituyen la base para el aprendizaje humano y un instrumento fundamental para consensuar acciones comunes en vistas a la superación de desigualdades. El aprendizaje dialógico (Flecha 1997) actúa como pilar fundamental de las comunidades de aprendizaje, ya que permite la educación y formación del alumnado n los contenidos que le harán competitivo en la sociedad de la información a la vez que establece un marco para la interacción orientado hacia la solidaridad, la igualdad y la transformación social.

Los retos que se plantea el proyecto de comunidades de aprendizaje exigen la participación de la comunidad en todos los espacios, incluida el aula. El diálogo en la escuela tiene que abarcar al conjunto de la comunidad de aprendizaje, incluyendo familiares, voluntariado, profesionales, alumnado y profesorado. Todas las personas influyen en el aprendizaje y todos y todas deben planificarlo conjuntamente. El centro educativo se transforma en un espacio en el que las familias comparten sus preocupaciones, resuelven sus dudas, encuentran soluciones conjuntas a los problemas de su vida diaria y, sobre todo, se forman.

Puesto que toda la comunidad decide desde un principio cuál es la educación que quiere para sus hijas e hijos, todo el mundo es responsable. Tanto el aula como los órganos de dirección y gestión del centro dejan de ser el coto privado de profesores y profesoras para dejar paso a la participación coordinada de padres, madres y voluntariado. La estructura escolar se flexibiliza a favor de la optimización del aprendizaje. Seguidamente veremos cómo se concreta esta nueva organización.

Informática.

La escuela se convierte en el eje educativo de toda la comunidad (Elboj et al. 2002). Siguiendo a Vygotsky (1979) y en la línea de las teorías sociales (Habermas 1987, 1998) y educativas (Freire 1997) más referenciadas actualmente en el mundo, el desarrollo de este proyecto supone no adaptarse a las condiciones desfavorables del entorno, sino transformarlas. La relación tradicional de la escuela con las personas de su entorno, que solían adoptar una actitud pasiva para la recepción de un servicio público, es sustituida por una interacción mucho más estrecha y activa, en que familiares, profesorado, alumnado y toda la comunidad cambian radicalmente su comportamiento y se erigen en protagonistas de la educación en todas sus dimensiones. Cuando las barreras entre la escuela y su entorno desaparecen para conformar una comunidad de aprendizaje, el contexto en toda su globalidad cambia radicalmente. Y lo hace, sobretodo, por la participación activa de todos los miembros que la componen, convertidos en agentes educativos capaces de dar respuesta a las demandas que plantea hoy la sociedad de la información. La escuela o el profesorado, de forma aislada, difícilmente podrían afrontar con éxito esta tarea.

Este proceso de transformación parte de unas altas expectativas hacia las posibilidades del alumnado y de toda la comunidad. No se trata de evitar que los niños y niñas suspendan ni de que no abandonen la escuela para disminuir así los índices de fracaso escolar, sino de desarrollar al máximo las capacidades de todos y todas. No pretendemos compensar los déficits, sino acelerar el aprendizaje para proporcionar a toda la comunidad educativa los aprendizajes instrumentales que se requieren en la sociedad de la información. Partimos de un currículum de máximos que se construye sobre la confianza en las capacidades de todo el alumnado y sobre la certeza de que todas las personas poseemos inteligencia cultural (CREA 1995-1998). Este concepto supera la noción tradicional de inteligencia, muy vinculado a los instrumentos de medida de las habilidades académicas (test de inteligencia), ya que contempla tanto esta dimensión académica como también las habilidades prácticas y las cooperativas.

Esta inteligencia cultural permite que las personas podamos relacionarnos en un plano de igualdad, independientemente de nuestro estatus o nuestra posición de poder, para entendernos y llegar a acuerdos. Las interacciones que se llevan a cabo mediante un diálogo igualitario, democrático, horizontal y en el que todas las personas tienen las mismas posibilidades de intervenir constituyen la base para el aprendizaje humano y un instrumento fundamental para consensuar acciones comunes en vistas a la superación de desigualdades. El aprendizaje dialógico (Flecha 1997) actúa como pilar fundamental de las comunidades de aprendizaje, ya que permite la educación y formación del alumnado en los contenidos que le harán competitivo en la sociedad de la información a la vez que establece un marco para la interacción orientado hacia la solidaridad, la igualdad y la transformación social.

Los retos que se plantea el proyecto de comunidades de aprendizaje exigen la participación de la comunidad en todos los espacios, incluida el aula. El diálogo en la escuela tiene que abarcar al conjunto de la comunidad de aprendizaje, incluyendo familiares, voluntariado, profesionales, alumnado y profesorado. Todas las personas influyen en el aprendizaje y todos y todas deben planificarlo conjuntamente. El centro educativo se transforma en un espacio en el que las familias comparten sus preocupaciones, resuelven sus dudas, encuentran soluciones conjuntas a los problemas de su vida diaria y, sobre todo, se forman.

Puesto que toda la comunidad decide desde un principio cuál es la educación que quiere para sus hijas e hijos, todo el mundo es responsable. Tanto el aula como los órganos de dirección y gestión del centro dejan de ser el coto privado de profesores y profesoras para dejar paso a la participación coordinada de padres, madres y voluntariado. La estructura escolar se flexibiliza a favor de la optimización del aprendizaje.

Seguidamente veremos cómo se concreta esta nueva organización informática. La escuela se convierte en el eje educativo de toda la comunidad (Elboj et al. 2002).

Siguiendo a Vygotsky (1979) y en la línea de las teorías sociales (Habermas 1987, 1998) y educativas (Freire 1997) más referenciadas actualmente en el mundo, el desarrollo de este proyecto supone no adaptarse a las condiciones desfavorables del entorno, sino transformarlas. La relación tradicional de la escuela con las personas de su entorno, que solían adoptar una actitud pasiva para la recepción de un servicio público, es sustituida por una interacción mucho más estrecha y activa, en que familiares, profesorado, alumnado y toda la comunidad cambian radicalmente su comportamiento y

se erigen en protagonistas de la educación en todas sus dimensiones. Cuando las barreras entre la escuela y su entorno desaparecen para conformar una comunidad de aprendizaje, el contexto en toda su globalidad cambia radicalmente. Y lo hace, sobretodo, por la participación activa de todos los miembros que la componen, convertidos en agentes educativos capaces de dar respuesta a las demandas que plantea hoy la sociedad de la información. La escuela o el profesorado, de forma aislada, difícilmente podrían afrontar con éxito esta tarea.

Este proceso de transformación parte de unas altas expectativas hacia las posibilidades del alumnado y de toda la comunidad. No se trata de evitar que los niños y niñas suspendan ni de que no abandonen la escuela para disminuir así los índices de fracaso escolar, sino de desarrollar al máximo las capacidades de todos y todas. No pretendemos compensar los déficits, sino acelerar el aprendizaje para proporcionar a toda la comunidad educativa los aprendizajes instrumentales que se requieren en la sociedad de la información. Partimos de un currículum de máximos que se construye sobre la confianza en las capacidades de todo el alumnado y sobre la certeza de que todas las personas poseemos inteligencia cultural (CREA 1995-1998). Este concepto supera la noción tradicional de inteligencia, muy vinculado a los instrumentos de medida de las habilidades académicas (test de inteligencia), ya que contempla tanto esta dimensión académica como también las habilidades prácticas y las cooperativas.

Esta inteligencia cultural permite que las personas podamos relacionarnos en un plano de igualdad, independientemente de nuestro estatus o nuestra posición de poder, para entendernos y llegar a acuerdos. Las interacciones que se llevan a cabo mediante un diálogo igualitario, democrático, horizontal y en el que todas las personas tienen las mismas posibilidades de intervenir constituyen la base para el aprendizaje humano y un instrumento fundamental para consensuar acciones comunes en vistas a la superación de desigualdades. El aprendizaje dialógico (Flecha 1997) actúa como pilar fundamental de las comunidades de aprendizaje, ya que permite la educación y formación del alumnado en los contenidos que le harán competitivo en la sociedad de la información a la vez que establece un marco para la interacción orientado hacia la solidaridad, la igualdad y la transformación social.

Los retos que se plantea el proyecto de comunidades de aprendizaje exigen la participación de la comunidad en todos los espacios, incluida el aula. El diálogo en la escuela tiene que abarcar al conjunto de la comunidad de aprendizaje, incluyendo familiares, voluntariado, profesionales, alumnado y profesorado. Todas las personas influyen en el aprendizaje y todos y todas deben planificarlo conjuntamente. El centro educativo se transforma en un espacio en el que las familias comparten sus preocupaciones, resuelven sus dudas, encuentran soluciones conjuntas a los problemas de su vida diaria y, sobre todo, se forman.

Puesto que toda la comunidad decide desde un principio cuál es la educación que quiere para sus hijas e hijos, todo el mundo es responsable. Tanto el aula como los órganos de dirección y gestión del centro dejan de ser el coto privado de profesores y profesoras para dejar paso a la participación coordinada de padres, madres y voluntariado. La estructura escolar se flexibiliza a favor de la optimización del aprendizaje.

Seguidamente veremos cómo se concreta esta nueva organización.

Así, las Comunidades de Aprendizaje deben abrir vías para la participación de todos y todas. Para ello, se hace imprescindible transformar las relaciones de poder que habitualmente se mantienen en la escuela por una nueva estructura más abierta, participativa e igualitaria. Esto no implica perder de vista que existen distintas funciones

y responsabilidades dentro de la comunidad, es decir, que es diferente ser familiar que profesor, profesora, colaborador o colaboradora.

Ya desde los primeros momentos de transformación de la escuela en Comunidad de Aprendizaje, cuando se decide qué aspectos de la realidad escolar se pretenden cambiar, padres, madres, profesorado, alumnado y todos los agentes de la comunidad participan en la tarea de analizar el estado de las cosas y establecer las prioridades inmediatas. De la misma manera, las decisiones sobre la planificación del trabajo se acuerdan entre toda la comunidad y cada una de las comisiones que se establecen para trabajar sobre las prioridades elegidas también tienen un carácter mixto, es decir, que son compuestas por profesorado, familiares, alumnado, voluntariado, miembros de asociaciones locales, asesores y asesoras. Además, en todas las comisiones se tiene en cuenta la diversidad cultural. Con esta organización, se hace posible que todos los miembros de la comunidad de la posibilidad tomen parte activa en las decisiones educativas que se adopten y se responsabilicen de su puesta en práctica y posterior valoración.

Ahora bien, hay que ser conscientes de las dificultades que pueden aparecer en cualquier recodo del camino, ya que pretendemos superar una serie de barreras de incomunicación que se han ido construyendo durante mucho tiempo, para beneficio de los grupos dominantes y perjuicio de los más desfavorecidos.

El profesorado y las familias no están acostumbrados ni educados para hablar y trabajar como iguales y mucho menos para hacerlo con personas de diferentes culturas. La participación de todos y todas es uno de los principios fundamentales de las Comunidades de Aprendizaje y para ello, desde las instituciones académicas, debemos creer en las posibilidades de todas y cada una de las personas que componen la comunidad.

Dirección, inspección y administración en Comunidades de Aprendizaje

La organización de una Comunidad de Aprendizaje resulta muy inusual en el concierto educativo tradicional. Aun no siendo incompatible con el marco legal, esto obliga a redefinir el papel de ciertas figuras o instituciones que normalmente desempeñan sus funciones prescriptivas de otro modo. Así, el director o directora debe seguir asumiendo su responsabilidad en la dirección del centro, tal y como establece la normativa legal, pero este liderazgo resulta en la práctica compartida al incardinarse dentro de la organización en comisiones. Las estructuras de poder tradicionales pierden peso, pues, a favor de un órgano en el que toda la comunidad se debe ver representada como es la comisión gestora.

En cuanto a la inspección de los centros, cabe señalar que su papel de asesoramiento, ayuda y colaboración se ve reforzado dentro de las Comunidades de Aprendizaje, ya que algunos inspectores e inspectoras siguen realizando estas mismas funciones y además las potencian mediante su implicación en el proceso y su participación en diferentes comisiones. En algunos casos, los inspectores y las inspectoras han realizado la importante labor de tender puentes entre las Comunidades de Aprendizaje dentro de su zona o sector, alentando el proyecto y transmitiendo las iniciativas de éxito entre los diferentes centros para el beneficio común. Así, valora la experiencia de comunidades de aprendizaje en función de tres ejes de transformación: pedagógico, organizativo, y social:

"Organizativamente la experiencia ha dado respuesta a la necesidad que tienen todos los centros de tener un proyecto a corto y medio plazo claro y estructurado.

En este sentido, la conjunción y complementación con un plan estratégico de centro, que garantice la consecución de las competencias básicas, orientado y vertebrado alrededor de la filosofía de las comunidades de aprendizaje, ha posibilitado el disponer de un proyecto suficientemente motivador y generador de actitudes de implicación y compromiso para toda la comunidad educativa.

Pedagógicamente, ha supuesto poner en funcionamiento toda una serie de medidas de atención a la diversidad de alumnos y familias que, lejos de ser una forma más de resolver los problemas de aprendizaje que supone la diversidad, ha contribuido a crear, mantener y garantizar un fuerte compromiso entre todos los agentes que forman parte de la experiencia –alumnos, padres/madres y maestros/as-.

Socialmente, la experiencia liga con la función de socialización secundaria que tiene la escuela pero contando con el núcleo familiar y con los recursos humanos, funcionales y materiales que los entornos sociales y culturales de los alumnos aportan para ser utilizados en los procesos de enseñanza-aprendizaje".

La administración ha desempeñado un papel fundamental en las Comunidades de Aprendizaje, ya que ha provisto un marco legal donde éstas se han podido acoger. En el País Vasco, pionero en la aplicación de este proyecto, la implicación de la administración ha sido elevada y comprometida, como puede mostrar ese breve texto de la Dirección de Renovación Pedagógica del Departamento de Educación, Universidades e Investigación en el que se afirma:

Desde los primeros pasos para realizar la idea, fue preocupación de esta dirección que el proyecto se encontrase legalmente respaldado, poniéndolo a resguardo de cualquier tipo de vaivén coyuntural que hiciese peligrar su espíritu o incluso su continuidad (Gumuzio, E. 1998).

La Orden de 8 septiembre de 1997, del Consejero de Educación, Universidades e Investigación, autorizó la puesta en marcha del Proyecto de Innovación Singular denominado Comunidades de Aprendizaje en diversos centros de la Comunidad Autónoma del País Vasco (BOPV 1997). También se previó que los centros que implementaran el proyecto podrían contar con un tratamiento especial en cuanto a asesoría técnica, dotación de recursos humanos y materiales o actividades de formación. En Aragón, desde febrero de 2003, el proyecto cuenta con un respaldo legal prácticamente idéntico al del País Vasco (BOA 2003).

Sin embargo, en Cataluña, la otra comunidad autónoma donde se está llevando a cabo el proyecto, la situación es diferente. En este caso, las Comunidades de Aprendizaje se acogen a los denominados "plans estratègics"4, actuaciones potenciadas desde el Departament d'Ensenyament de la Generalitat de Catalunya, cuya finalidad es mejorar la atención al alumnado para hacer realidad la educación para todos y todas, sin exclusiones de ningún tipo, de manera que todo el alumnado alcance las competencias básicas que ofrece la escuela. Para tal fin, se pretende reforzar la autonomía de gestión organizativa y pedagógica de los centros, por lo que Comunidades de Aprendizaje encaja perfectamente en este marco.

En definitiva, son diversas las fórmulas, pero sólo uno el objetivo común: dar cabida a proyectos de innovación educativa que mejoren la calidad de la enseñanza. En este sentido, la propuesta de Comunidades de Aprendizaje ha demostrado ser una experiencia educativa de éxito que en las 17 escuelas del estado español (6 en Cataluña, 7 en el País Vasco y 4 en Aragón)5 en que se está llevando a cabo.

Bibliografía

📖 BOA. Boletín Oficial de Aragón. 2003. Orden de 15 de febrero de 2003, del Departamento de Educación y Ciencia, por la que se autoriza la puesta en marcha del proyecto de innovación singular denominado Comunidades de Aprendizaje en diversos centros de la Comunidad Autónoma de Aragón. BOA, 20, 19 de febrero de 2003. Zaragoza.

📖 BOPV. Boletín Oficial del País Vasco. 1997. Orden de 8 de septiembre de 1997, del Consejero de Educación Universidades e Investigación, por la que se autoriza la puesta en marcha del Proyecto de Innovación Singular denominado Comunidades de Aprendizaje en diversos Centros de la Comunidad Autónoma del País Vasco. BOPV, 210, lunes 3 de noviembre de 1997. Vitoria-Gasteiz.

📖 CREA. (1995-1998). Habilidades comunicativas y desarrollo social. Dirección General de Investigación Científica y Técnica. Ministerio de Educación y Ciencia.

📖 CREA. (1998). Comunidades de Aprendizaje: propuesta educativa igualitaria en la sociedad de la información. Aula de Innovación Educativa, n° 72, pp. 49-51. Barcelona: Graó.

📖 Elboj, C.; Puigdellívol, I.; Soler, M.; Valls, R. (2002). Comunidades de aprendizaje. Transformar la educación. Barcelona, Graó.

📖 Flecha, R. (1997). Compartiendo palabras. Barcelona, Paidós.

📖 Flecha, R.; Gómez, J.; Puigvert, L. (2001). Teoría sociológica contemporánea. Barcelona, Paidós.

📖 Freire, P. (1997). A la sombra de este árbol. Barcelona, El Roure (p.o. en 1995).

📖 Gorz, A. (1986). Los caminos del paraíso. Para comprender la crisis y salir de ella por la izquierda. Barcelona, Laia.

📖 Gumuzio, E. (1998). "El papel de la administración en las comunidades de aprendizaje". Aula de Innovación Educativa, 72, p.52-53. Barcelona, Graó.

📖 Habermas, J. (1987). Teoría de la acción comunicativa. Vol. I: Racionalidad de la acción y racionalización social. Vol. II: Crítica de la razón funcionalista. Madrid, Taurus (p.o. en 1981).

📖 Habermas, J. (1998). Facticidad y validez. Sobre el derecho y el estado democrático del derecho en términos de teoría del discurso. Madrid, Trotta.

📖 Puigdellívol, I. (1997). La educación especial en la escuela integrada. Barcelona, Graó.

📖 Vygotsky, L.S. (1979). El desarrollo de los procesos psicológicos superiores. Barcelona, Crítica.

13. Inteligencia artificial

Héctor Sierra Longega

La ausencia de barreras en el desarrollo de inteligencia artificial permite la posibilidad, al menos en teoría, de construir una maquina tan compleja como el cerebro.

No hace mucho tiempo, un amigo me pregunto qué tipo de trabajo hacía en mi computadora. Le conteste que me disponía a diseñar un sistema "experto", con el cual intentaba reemplazar a un análisis financiero en cierto banco. El objeto de dicho sistema, le explique, que era "captura" los conocimientos del análisis para que alguien con menos experiencia resolviera problemas financieros mediante el uso de mi programa, y el banco utilizara a su experto en asuntos de mayor importancia.

Mi amigo me dirigió una mirada incrédula y me indico sonriendo que eso era posible, ya que las maquinas no pueden razonar a tal grado que sustituyan el juicio de un ser humano. La ciencia, según él, no se halla tan avanzada. En vez de explicarle en detalle la técnica que estaba utilizando que, como veremos, no tiene nada del otro mundo, le pedí que definiera, según su interpretación, la palabra "razonar". Razonar, dijo, recordando quizá la definición de un diccionario, es el poder de comprender, inferir o pensar de manera ordenada y racional.

Muy bien, le conteste, ahora dime que entiende por comprender o pensar. Bueno, respondió, pensar es utilizar la mente para producir pensamientos. Antes de que pudiera contestarle, mi amigo miró su reloj, dijo algo en relación a que se le hacía tarde y, sin más preámbulos, se despidió. Tal vez pensaba que tenía mejores que enfrascarse en discusiones metafísica.

No lo culpo, ya que precisamente este tipo de preguntas son las han provocado tanta controversia en la rama de las ciencias de la computación que intenta construir maquinas inteligentes. ¿A que nos referimos cuando decimos que pensamos? ¿Qué significa la palabra razonar?. A pesar de los grandes avances en el campo durante los últimos años, la única respuesta honesta es que aún no sabemos. No obstante, existen opiniones muy variadas al respecto.

Básicamente, los criterios, tanto de logos con de expertos, están polarizadas en dos corrientes principales. Por una parte, existen los "reduccionistas", quienes opinan que las maquinas tienen, o tendrán, en un futuro no lejano, la capacidad de pensar. Por otra, los "espiritualistas" que afirman que los autómatas nunca tendrá dicha capacidad. Incluso podemos introducir otra categoría, los "prácticos", a quienes la pregunta de si las maquinas pueden pensar los que tiene sin cuidado. De acuerdo con esta última doctrina, a nadie, a nadie le importa si una computadora piensa o no, mientras desempeñe el trabajo para la cual se programó; a nadie le interesa saber si un avión realmente vuela o si un coche camina.

Argumento básico de los "reduccionista" es que la inteligencia no es una esencia o concepto abstracto inefable, sino más bien algo que puede descomponerse o dividirse en una multitud de pequeñas operaciones "mecanizadas", las cuales pueden programarse o simularse en una computadora. La mente, según esta versión puede subdividirse en partes, y las partes a su vez en piezas más pequeñas. Si la partición continua, podemos descomponerla por ultimo en procesos suficientemente precisos como para computarízalos. En otras palabras, el todo se re3duce a la suma de sus partes. Por ello nos referimos a esta doctrina como "reduccionista".

En su libro "La sociedad de la mente", el profesor Marvin Minsky de Instituto Tecnológico de Massachusetts, uno de los pioneros en el campo y uno de los "reduccionistas" más notables, propone que la conciencia humana es el resultado de operaciones "estúpidas", tan sencillas que no requieren de inteligencia. Minsky define actividades básicas tales como *ver* y *asir*, las cuales se combinan e interactúan en la mente para reconocer y manipular "objetos. Según esto, la actividad de pensar no es sino la interacción de millones de operaciOnes básicas. Para utilizar uno de sus ejemplos, supongamos que un niño quiere construir una torre con bloques de madera. Un agente llamado *constructor* dirige la operación con la ayuda de otros agentes como ver, el cual reconoce los bloques y lo manipula a través de los operarios llamados *tomar* y *poner*, los que a su vez acuden al agente *mover*. Se puede pensar que dichos agentes son pequeños programas de computadora, cada uno de los cuales carece de inteligencia; y que cuando millones de estos se juntan "brota" la inteligencia debido a su acción combinada.

Posiblemente la forma de pensar de Minsky, así como la de muchos investigadores en el área de inteligencia artificial, este influida por la manera en que trabaja una computadora digital. La primera vez que nos topamos con una computadora nos maravillamos por el tipo de cosas que puede hacer, como jugar ajedrez, crear movimiento realista en los efectos de cine, o calcular la trayectoria de un vehículo lunar. Sin embargo, nos sorprende más averiguar que su funcionamiento se basa en un "trivial" sistema binario.

Por su parte los investigadores Allen Newell y Herbert Simon de la Universidad Carnegie-Mellon, argumenta que pensar es únicamente procesar información y manipular símbolos, actividades que pueden representadas y simuladas por una computadora. De acuerdo con esta opinión, si una maquina es capaz de simular pensamientos en forma perfecta, se puede considerar que piensa. Este mismo argumento lo propuso hace más de treinta años el famoso matemático Alan Turing, uno de los fundadores de la teoría de computadoras. En uno de sus trabajos más famosos, propuso una prueba que según el permite averiguar en forma práctica si una maquina piensa o no. Supongamos que nos encontramos en un cuarto que solo cuenta con una terminal conectada a otra, la cual, sin nosotros saberlo con certidumbre, es controlada por una maquina o por un humano. Según Turing, la maquina es pensante si, después de un interrogatorio o conversación exhaustivos, a través de la terminal, no podemos decidir si se trata de una computadora o de una persona.

Dado el avance de la tecnología actual existen programas que harían difícil a una persona determinar si su interlocutor es un autómata. Hace algunos años, el psiquiatra Kenneth Colby, de la Universidad de Stanford, diseño un programa llamado Parry, el cual reproducía las reacciones características de un paranoico. Para demostrar la autenticidad de su programa, lo probó con algunos de sus colegas, quienes una y otra vez se convencieron de que su interlocutor era un enfermo. Podemos decir que Parry "pasó" la prueba de Turing, aunque en un sentido algo limitado. Algunos doctores pensaron que Parry no solo era paranoico, sino que también andaba mal de la cabeza.

Los famosos sistemas expertos también representaban programas que simulan inteligencia. Al igual que los expertos humanos, almacenan información en forma de reglas heurísticas; esto es, reglas que, sin ser infalibles, se han desarrollado a través de experiencias y sirven para resolver problemas prácticos. Por ejemplo, un experto en calderas puede pensar de la siguiente manera. "Si la temperatura alcanza un nivel x, es necesario y de acuerdo a la experiencia a comprobar que no haya una obstrucción en las válvulas de alivio. Si esta no existe, es recomendables también de acuerdo a la experiencia, desconectar el quemador principal". Una computadora programada con reglas de este tipo es una herramienta muy útil. Uno de los primeros sistemas expertos operacionales, MYCIN, ha demostrado ser muy eficaz en el diagnóstico de enfermedades bacterianas. Otro sistema, DURVEYOR, ha ayudado en la localización de yacimientos minerales. A diferencia de los expertos humanos, los programas no tienen modelos internos de los sistemas que intentan analizar. MYCIN, por ejemplo, no posee un modelo del ser humano y no de órganos internos, y no sabría si la rótula está en la rodilla, o si la vejiga está conectada a los riñones. Podemos entonces pensar de los sistemas expertos como *idiot savants* que carecen de sentido común.

No obstante, la prueba de Turing no es suficiente para que los "espiritualistas" acepten que las maquinas piensan, ya que suponen que el todo es algo más que la suma de sus partes. El pensamiento, según esta doctrina, no comprende computación en lo más mínimo; pensar es algo cuya esencia no se puede cuantificar; es algo orgánico y misterioso, o "espiritual". Paradójicamente, uno de los #espiritualistas" más activos e influyentes, John Searle, ha hecho importantes contribuciones al desarrollo de la inteligencia artificial en la investigación del entendimiento del lenguaje.

El argumento de Searle, que de alguna manera refleja la esencia de la doctrina "espiritualista", señala, señala que un programa que utiliza reglas formales para manipular símbolos abstractos no puede pensar o tener conciencia, ya que dichos símbolos no significa nada para la computadora. Para ilustrar su argumento, Searle propone un experimento mental que, con cierto sentido irónico, se ha llegado a conocer en el medio como el caso del "salón chino". Imaginemos que nos encontramos dentro de un cuarto cerrado, y que en alguna esquina se encuentra canastos repletos de símbolos chinos. No entendemos el chino, pero tenemos acceso a un libro en castellano que explica las reglas gramaticales de los símbolos.

Las reglas explican cómo manipular los símbolos de una manera formal, en términos puramente sintácticos, pero no *semánticos*. Esto es, no podemos saber su significado.

Supongamos ahora que de alguna manera recibimos más símbolos chinos que las personas de afuera se refieren como "preguntas". A los símbolos que contestamos, manipulados de acuerdo con nuestro libro de reglas, les llaman "respuestas". Después de prácticas intensivas, los "programadores" que nos pasan las preguntas tienen tanta experiencia en diseñar los programas, como nosotros en contestarlos, así que las respuestas son indistinguibles de las que daría un verdadero chino. A los programadores les parecería que dominamos el idioma chino, aunque en realidad nosotros no entendemos el significado de las "respuestas". De la misma manera, Searle enfatiza que una computadora programada con las mismas reglas sintácticas no entendería de lo que "habla", aunque pasara la famosa prueba de Turing.

Si las "preguntas" se formulan en castellano, los programadores seguirían pensando que conocemos la lengua, aunque habría una enorme diferencia en el sentido de que ahora si entenderíamos preguntas y respuestas. Las palabras tendría un significado para nosotros o, en el lenguaje filosófico, habría "intencionalidad". Por lo tanto, Searle concluye que es posible construir una computadora que simule inteligencia, lo cual no significa que piense. Que algo actúe como si fuera inteligente, no significa necesariamente que tenga estados mentales, o que experimente el sentimiento subjetivo de estar despierto o consciente.

¿Quién tiene la razón? Al analizar metáforas como la del "salón chino" nos percatamos inmediatamente de la respuesta no tan obvia ya que tratamos con conceptos sumamente abstractos como son "intencionalidad" o entendimiento. Searle nunca define estos conceptos en forma precisa, ni explica por qué una maquina no puede tener "intencionalidad". Como arguye uno de sus críticos "para Searle la intencionalidad es más bien una sustancia maravillosa que emana del cerebro de la misma manera que el páncreas secreta insulina". La complejidad del asunto es más bien obvia si vemos la discusión como una versión moderna del viejo debate entre vitalistas o religiosos, que creen que el mundo tiene un propósito o razón de ser, y los llamados mecanicistas que opinan que operan de una manera automática y al azar, o en ciclos recurrentes.

¿Qué hace que entendamos lo que hablamos? ¿Quién nos asegura que el lenguaje humano no es sino una manipulación de símbolos similar a la que hacíamos en el "salón chino"? La falta de respuestas refleja solo nuestra ignorancia respecto al funcionamiento del cerebro. Searle opina que a través de los siglos hemos utilizado lo último en tecnología como modelo del funcionamiento del cerebro. "En mi infancia se aseguraba que el cerebro era una central telefónica... Freud comparaba el cerebro como sistemas hidráulicos y electromagnéticos. Leibniz lo comparó a un molino, y según me han dicho, los griegos pensaban que funcionaba como una catapulta. Obviamente, la metáfora que está de moda es la computadora digital".

Es claro que ha habido avances importantes: conocemos los orígenes moleculares más primitivos, tales como el hambre, placer y dolor. Podemos monitorear a las neuronas en el cerebro, interactuando y "disparando" respuestas a ciertos estímulos y observar el comportamiento que dichos estímulos provocan en el ser humano. Aceptamos que las emociones tienen una base física que se manifiesta en la presión arterial, la respiración, los niveles de adrenalina, y que son un producto tanto de la mente como del cuerpo. Lo mismo, aparentemente, se puede aplicar a emociones tales como la soledad, la tristeza, la ambición y la risa. Lo que sentimos depende en gran parte de la experiencia y el aprendizaje. (Sin embargo, en donde falta más por investigar es en el nivel "intermedio", entre el bajo nivel de las neuronas y el alto nivel del comportamiento humanos).

Podemos concluir que mientras no sepamos más sobre la estructura y el funcionamiento del cerebro los argumentos de unos y otro son meras especulaciones filosóficas. Posiblemente sea más eficiente seguir el ejemplo de los "prácticos" y dedicarnos a perfeccionar nuestros diseños. Sin embargo, algo importante se desprende de la de la discusión: ningún investigador ha establecido barreras que impongan límites definitivos en el desarrollo de máquinas inteligentes. Dichos limites los encontramos en diferentes ramas del conocimiento, incluyendo las ciencias de la computación. Se sabe, por ejemplo, que la información no puede trasmitirse a una velocidad mayor que la luz (cerca de 300,000 kilómetros por segundo en el vacío). Esto representa un límite fundamentales en la rapidez de cálculo de las computadoras digitales y ya se empiezan a visualizar problemas que, dada esta restricción, no pueden ser resueltos en un tiempo razonable. Un caso notorio es el de programar una computadora digital para que sea invencible en el juego de ajedrez, lo que requiere investigar todas las posibles alternativas que se presenten en un juego típico. Este número, sin embargo, es más grande que el total de átomos de Universo, por lo que, aun si se tuviera una máquina que calculara a la velocidad de la luz, se necesitarían de millones de años para "barrer" todas las alternativas.

La ausencia de barreras en el desarrollo de inteligencia artificial admítela posibilidad, al menos de construir una maquina tan compleja e inteligente como el cerebro mismo. De hecho, algunos investigadores adoptan este enfoque y llaman a sus inventos computadoras de *red nerviosa*, pues se basan en las últimas acerca de la forma en que el cerebro procesa información. El hombre refleja la intención de construir maquinas cuyos circuitos imiten la estructura neuronal del mismo. Cuando una neurona se "dispara" manda mensajes a miles de otras neuronas, las cuales a su vez alertan a millones más. En poco segundos, regiones enteras se activan y parece que todo el cerebro interviene en el proceso. Las máquinas de redes nerviosas tratan de hacer algo similar, aunque a una escala mucho menor. Mientras el cerebro cuenta con más de diez millones de neuronas, cada una interconectada a muchas otras, la maquina más compleja construida hasta ahora tiene "nada más" 250, 000 procesadores. No obstante, los experimentos con computadoras de redes nerviosas son promisorios y hay algunas máquinas que exhiben el mismo comportamiento errático pero inteligente del ser humano. Una de estas, según un investigador del Instituto Tecnológico de California, se enseñó a leer a sí misma. Quizás exista una cantidad "critica" de procesadores a partir de la cual el funcionamiento de las maquinas sea indistinguible del funcionamiento del ser humano, pero basados y en la teoría, es prematuro establecer conclusiones.

¿Queremos llegar a construir maquinas que sean más inteligentes que nosotros? Es evidente que a través de la historia la civilización occidental ha respondido en forma alarmista y negativa cuando se amenaza el *statu quo*. Nos podemos imaginar las repercusiones que tuvieron lugar cuando, en 1543, el astrónomo Nicolás Copérnico demostró que la Tierra no era el centro del Universo, o cuando Darwin estableció la teoría de la selección natural. De la misma manera, nos asusta la idea de que nuestras mentes sean unas "simples" procesadoras neuronales de símbolos. ¿Significa esto que no existen cosas como el alma y que somos más comunes y corrientes de lo que pensamos? Quién sabe, lo cierto es que la inteligencia artificial ha servido para abrir nuevos horizontes y ayudarnos a entender mejor el maravilloso y complejo mundo que nos rodea. Realmente, ¿Nos hace inferiores saber que los planetas pueden ser otros mundos y las estrellas otros soles como el nuestro; o que podemos construir maquinas a nuestra semejanza?

Para concluir el artículo le recomendamos amigo lector, vea el episodio seis de la primera temporada de serie ficticia de televisión "Los expedientes X" o "Los expediente secretos X". No muestra como su inventor logro construir una computadora y un software con inteligencia propia, llamada "Inteligencia Artificial" en un momento determinado se salió de control y el mismo por medio de un agente del FBI la destruyo. Esto me hace recordar a una película de los años sesenta llamada "Coloso 1980" en que dos computadoras de EEUU. y la URSS se interconectaron y prácticamente tenían el control absoluto del mundo. De continuar con esa obsesión del ser humano de crear androides con inteligencia propia y llegarse a concretarse, de ser una fantasía a una realidad me hago la pregunta ¿Qué le sucedería a la raza humana? ¿Realmente las tendrá bajo su control? ¿Por cuánto tiempo las tendrá bajo su control? Recordemos que carece lo que tiene el ser humano "sentimientos" y ellas son frías y calculadoras. Son ellas la causa que se extinga la humanidad y son ellas que habite sobre la faz de la tierra. Esperando que no llegue a suceder o ¿Usted qué opina?

En esta versión actualizada el 19 de Agosto de 2013, tomado del artículo publicado la revista Ciencia y desarrollo Noviembre-Diciembre 1987, vol. XIII, núm. 77. 7047 Wardell Street, Annandale, Virginia, 22003, EE, UU.

CAPITULO V

LA REPRESENTACION EN 2D Y 3D

Donde hay materia hay geometría
Johannes Kepler

1. Invitación a la Geometría

Dentro de la disciplina de la matemática se encuentra la geometría de Euclides o plana y la de los cuerpo geométricos, esta última se encarga del estudio del volumen y los elementos inherentes a él, como los sistemas de representación, el espacio, la luz y la textura son conceptos que se incluyen en la formación educativa de los alumnos de la asignatura tecnológica. Su estudio y su trabajo aportarán a los alumnos de secundaria una mejora en su capacidad de percepción espacial, una nueva interpretación de la percibido, una nueva manera de mejorar las técnicas para la adquisición y ampliación de sus conocimientos sobre el mundo y sobre el arte.

La visualización espacial de formas tridimensionales se relacionan con otras materias formativas del alumno: matemáticas, física y biología, a pesar de que cada campo lo trabaja desde una óptica disciplinar. Si ayudamos al alumno a desarrollar su visualización espacial le estaremos ayudando también al desarrollo de su creatividad y expresividad en 3D así como a la interpretación y el análisis crítico del entorno físico del alumno. Descubrir una nueva percepción del espacio a través del descubrimiento de las características que definen el volumen, contribuirá a generar en el estudiante una nueva visión de su entorno, de su pensamiento y de su desarrollo personal respecto a sí mismo y a los demás.

En el currículum se plantean ideas referidas a contenidos y objetivos que tienen relación con este planteamiento. El poner énfasis en el desarrollo de competencias, el logro de los Estándares Curriculares y los aprendizajes esperados

La Educación Básica favorece el desarrollo de competencias, el logro de los Estándares Curriculares y los aprendizajes esperados, porque:

Una **competencia** es la capacidad de responder a diferentes situaciones, e implica un saber hacer (habilidades) con saber (conocimiento), así como la valoración de las consecuencias de ese hacer (valores y actitudes).

Los **Estándares Curriculares** son descriptores de logro y definen aquello que los alumnos demostrarán al concluir un periodo escolar; sintetizan los aprendizajes esperados que, en los programas de educación primaria y secundaria, se organizan por asignatura-grado-bloque, y en educación preescolar por campo formativo-aspecto.

Los Estándares Curriculares son equiparables con estándares internacionales y, en conjunto con los aprendizajes esperados, constituyen referentes para evaluaciones nacionales e internacionales que sirvan para conocer el avance de los estudiantes durante su tránsito por la Educación Básica, asumiendo la complejidad y gradualidad de los aprendizajes.

Los **aprendizajes esperados** son indicadores de logro que, en términos de la temporalidad establecida en los programas de estudio, definen lo que se espera de cada alumno en términos de saber, saber hacer y saber ser; además, le dan concreción al trabajo docente al hacer constatable lo que los estudiantes logran, y constituyen un referente para la planificación y la evaluación en el aula.

Los aprendizajes esperados gradúan progresivamente los conocimientos, las habilidades,

las actitudes y los valores que los alumnos deben alcanzar para acceder a conocimientos cada vez más complejos, al logro de los Estándares Curriculares y al desarrollo de competencias.

Las competencias, los Estándares Curriculares y los aprendizajes esperados proveerán a los alumnos de las herramientas necesarias para la aplicación eficiente de todas las formas de conocimientos adquiridos, con la intención de que respondan a las demandas actuales y en diferentes contextos.

❖ **Conceptuales:** El volumen, sus características formales, conceptuales y de producción, la representación bidimensional y la creación tridimensional.

❖ **Procedimentales:** Se centran en la observación, exploración, análisis y representación plana de las diferentes dimensiones del volumen. Pero también se proponen procedimientos de experimentación y manipulación de volúmenes.

❖ **Actitudinales:** El Diseño Curricular Básico indica, que el alumno deberá adquirir una predisposición que le permita saber apreciar las diferentes maneras de ver el volumen, adquirir la capacidad de valorar tanto la memoria visual espacial y la pulcritud en la representación, como el buen uso y conocimiento de los instrumentos que ha de utilizar.

No sólo se trata de transmitir determinados contenidos sino que lo que se pretende es el desarrollo de capacidades como:

❖ Observación del espacio
❖ Orientación espacial
❖ Abstracción geométrica

a) Objetivos

➢ Comprender el concepto de volumen.
➢ Analizar la relación entre espacio, movimiento, luz y volumen.
➢ Utilizar y desarrollar la representación bidimensional del volumen.
➢ Manipular y experimentar la creación de volúmenes en el espacio.
➢ Conocer que un mismo volumen puede adoptar infinitas formas sin que varíe su masa.
➢ Conocer que el volumen puede desarrollarse a partir de líneas y planos.
➢ Adquirir las estrategias para analizar, diferenciar y comprender la diversidad de los cuerpos tridimensionales.
➢ Observar e interpretar el valor objetivo y la percepción subjetiva del volumen.
➢ Iniciar el camino hacia la comprensión de las artes tridimensionales, en sus aspectos estéticos funcionales y materiales.

> Vincular la creación artística con la vida y el entorno cotidianos en sus aspectos funcionales, expresivos y simbólicos.

b) Contenidos-Conceptos

> El volumen. La tridimensionalidad.
> Distinción entre forma y percepción de la forma.
> La luz como elemento configurador y transformador del volumen.
> El espacio como lugar de percepción del volumen.
> Características estéticas, formales, materiales, funcionales y simbólicas de los volúmenes.
> Las estructuras y formas tridimensionales construidas y creadas por el hombre.
> Diferentes modos de expresión de la forma tridimensional.
> Los sistemas de representación del volumen y el espacio.
> Relaciones visuales y conceptuales de las formas tridimensionales.

c) Procedimientos

> Observación, exploración y recogida de información (en el espacio virtual creado) de los diferentes volúmenes y sus características.
> Comparación de las características y posibilidades plásticas de los diferentes volúmenes.
> Análisis y comparación de las características estéticas y funcionales de los volúmenes observados.
> Observación, exploración y registro bidimensional dependiendo del punto de vista seleccionado.
> Observación, exploración de los efectos de la luz sobre los distintos volúmenes. Observación, exploración y creación de diferentes maneras de representación de la forma tridimensional.
> Creación de volúmenes y representación de éstos en el espacio bidimensional.

d) Actitudes

> Curiosidad por conocer el espacio tridimensional y como afecta a nuestro entorno.

> ➢ Motivación para investigar y realizar nuestra propuesta y creaciones de expresividad tridimensional.
> ➢ Interés por la propia superación personal en el desarrollo de la capacidad de visualización espacial.
> ➢ Interés por el propio conocimiento de los sistemas de representación, su utilización como lenguaje de expresión tridimensional.
> ➢ Apreciación de lo estético y lo funcional.
> ➢ Apreciación de las posibilidades plásticas del espacio y del volumen.
> ➢ Actitud activa y participativa en el aprendizaje.

2. Sistema de representación

La palabra geometría podríamos definirla teniendo en cuenta que "geo" significa tierra y "metría" procede de medida. El diccionario de la Real Academia Española define geometría descriptiva y la geometría proyectiva como:

"Parte de las matemáticas que tiene por objeto resolver los problemas de geometría del espacio por medio de operaciones efectuadas en un plano y representar en él las figuras de los sólidos" y "Rama de la geometría que trata de las proyecciones que conservan las figuras cuando se las proyecta sobre un plano"

Podemos hablar de distintos tipos de geometría, refiriéndonos a las múltiples disciplinas que parten de un tronco común pero que se han desarrollado separadamente: Euclidiana, proyectiva, analítica, descriptiva. Todas ellas se dedican al estudio riguroso del espacio, figuras y cuerpos que en él se pueden dar.

La geometría descriptiva forma parte de nuestro lenguaje cotidiano. Nuestro lenguaje verbal diario posee muchos términos geométricos, por ejemplo: punto, recta, plano, paralelas, cubo, perpendicular, etc... Si nosotros debemos comunicarnos con otros acerca de la ubicación, el tamaño o la forma de un objeto, un vocabulario geométrico básico nos permitirá expresarnos con mayor precisión.

Según la definición dada por Rowe y Mc Farland:

"La geometría descriptiva es la ciencia del dibujo que trata de la representación exacta de objetos compuestos de formas geométricas y de la solución gráfica de problemas que implican las relaciones de esas formas en el espacio"

Desde antiguo el hombre ha tenido la necesidad de aprehender el entorno que le rodea; la realización de esta tesis responde a la necesidad de adecuar la geometría descriptiva, así como los sistemas de representación al servicio del alumno como lenguaje de expresión. Su manejo y comprensión pueden ayudar al alumno para ser utilizado como un lenguaje más, como una herramienta muy valiosa para su futuro.

Dentro de la comunicación y en concreto de la comunicación visual, se han definido distintos lenguajes que facilitan del acto comunicativo. En este siglo, el lenguaje visual está aceptado como un lenguaje más junto a otros como pueden ser el escrito, hablado, etc...; en nuestro caso nos vamos a referir al lenguaje geométrico en general y de los sistemas de representación en particular.

Dos de las características más importantes de este lenguaje son:

❖ Se trata de un lenguaje universal, la realización de un dibujo debe ser tal que examinado por cualquier persona de cualquier lugar lo interpretará siempre de la misma manera.

❖ La idea del diseñador o proyectista queda reflejada con claridad, legitimidad y sin ambigüedad.

Por lo tanto podemos afirmar que el dibujo técnico, además de un medio de expresión gráfica es un lenguaje universal de expresión del pensamiento técnico, mediante el cual se comunican ideas y se dan órdenes en el transcurso de las diferentes etapas de realización industrial.

El estudio de este lenguaje comprenderá la definición y análisis de los elementos básicos que lo componen, así como un código o conjunto de reglas que establecen las relaciones entre los elementos (sistemas de representación) para que puedan definir conceptos y transmitir ideas o mensajes de un emisor a un receptor, necesario en cualquier lenguaje.

Cuanto más conozcamos de todo este proceso de comunicación, mayor será nuestra capacidad de comprensión y expresión que al fin y al cabo es el objetivo prioritario de cualquier lenguaje.

Una buena parte de los conocimientos sobre el lenguaje perspectivo se los debemos a Leonardo, fue quien realizó una serie de experimentos para estudiar las técnicas que permitían dibujar el espacio tridimensional sobre una superficie plana:

> *"Coloque una lámina de vidrio exactamente frente a usted, fije el ojo en el lugar correspondiente y dibuje sobre el vidrio la silueta de un árbol... Siguiendo con idéntico procedimiento... podrían pintarse árboles situados a una distancia mayor. La conservación de estas pinturas sobre vidrio le servirá de ayuda y orientación en su trabajo"*

La distorsión que se produce en el dibujo con este método es la misma que la que percibe el ojo desde un punto de vista, este es precisamente el motivo por el que la perspectiva cónica es rechazada por algunos autores. Cualquier cambio en el punto de vista del observador nos da una visión distorsionada de la realidad. Tenemos que reconocer que durante siglos hemos dado por válido este sistema de representación.

3. Antecedentes de la representación espacial

Desde las pinturas rupestres hasta nuestros días el hombre ha tenido la necesidad de reflejar el mundo que le rodea. Dentro de las artes visuales, el dibujo y la pintura han precisado de un soporte plano para su representación, lo que obligaba al artista a utilizar trucos que le permitieran crear la sensación de la tercera dimensión. Desde la piedra hasta el ordenador, pasando por el pergamino, el papel o el lienzo, la evolución de los soportes ha sido muy importante.

El paso de las representaciones planas a las tridimensionales pasas por una preocupación continua de los artistas por plasmar la tercera dimensión. Desde las primeras pinturas hechas por el hombre, en las que nos encontramos imágenes planas; hasta nuestros días, con la posibilidad de dibujar directamente en un espacio virtual 3D; han sido muchas las representaciones que nos permiten constatar esta evolución:

* **Prehistoria:** Si observamos pinturas como las de la cueva de Altamira, vemos seres humanos y animales representados desde el punto de vista que mejor les define, lo que hoy

podríamos llamar alzado. Aparecen imágenes superpuestas, podría ser un intento de representar la profundidad.

⁂ **Edad de Bronce:** Nos encontramos dibujos en los que cada elemento está representado en la posición que mejor se percibe. Así nos encontramos dentro de un mismo dibujo carros dibujados desde arriba con las ruedas como si se vieran de frente y los animales de tiro de frente también.

⁂ **Mesopotamia:** se conservan de esta época, numerosos dibujos de plantas de edificios. Un ejemplo de la importancia que daban al diseño previo a la construcción, es la estatua sumeria del príncipe de Gudea (aproximadamente 2450 a.C.). Si nos fijamos en el tablero que tiene sobre sus rodillas podemos apreciar el plano de un edificio diseñado por él. -Egipto: Las pequeñas pinturas, ordenadas en friso, que adornaban los edificios funerarios, nos muestran sobre cada línea de separación de escenas una mezcla de alzado y perfil dentro de una misma representación (torso en alzado, cabeza de perfil). La superposición de imágenes y el cambio de tamaño son una forma de representar la profundidad.

⁂ **Grecia y Roma:** El tratado "De Arquitectura", incluye importantes documentos gráficos de construcciones civiles y militares del arquitecto Vitruvio (siglo I a. C.); también figuran dibujos relacionados con la fabricación de máquinas y artefactos bélicos. A parte, también dejaron numerosos proyectos de edificios en planta y alzado. -Edad Media: han quedado dibujos en papel en los que quedan reflejados no sólo los diseños artesanales de la época sino aspectos sobre la fabricación. Vemos por primera vez en algunos documentos, que ya en esta época se intentan representar juntos la planta y el alzado en algunos proyectos; estableciendo una relación entre ellos parecida a la que utilizamos nosotros en el sistema diédrico.

⁂ **Renacimiento:** Los complejos edificios de esta época refuerzan la utilización del sistema diédrico, permitiéndoles un mayor enriquecimiento en las posibilidades creativas. Un ejemplo son los dibujos de Rafael, en los que aparte de relacionar planta y alzado se permite la posibilidad de hacer secciones que aportan más datos sobre el diseño.

Existe una obsesión por captar sobre el espacio bidimensional la sensación visual de la tercera dimensión. En este sentido tenemos que mencionar la importante aportación de Leonardo da Vinci a la representación en perspectiva, hasta el punto que muchos de los conocimientos aportados por éste, han llegado hasta nuestros En los siglos XVII y principios del XVIII tanto la técnica como los diseños experimentan un gran avance. Papin, Newcomen, Watt, etc... son algunos de los que impulsaron este avance con descubrimientos como la máquina de vapor, con lo que comienza un período de mecanización de gran importancia para el dibujo técnico.

- ✳ **En el siglo XVIII** se produce el definitivo impulso de la racionalización geométrica en la representación. La creación de Academias francesas (primera Academia militar en 1720) consolida el establecimiento de campos disciplinares tecnológicos que aceleran el desarrollo de las ciencias aplicadas. El tratado de Frezier (1737) ya contiene fundamentos teóricos de la geometría descriptiva. Gaspar Monge es quien, en 1795, publica sus lecciones de Geometría descriptiva en las que sistematiza definitivamente la representación y la eleva a la condición de ciencia autónoma. La geometría descriptiva estructurada por Gaspar Monge dejó de estar básicamente ligada a los intereses militares, encontrando numerosas aplicaciones en el campo de la fabricación industrial de objetos, ante la necesidad de trabajar con dibujos a escala que expresaran las medidas exactas de los mismos.
- ✳ **En el último tercio del siglo XIX**, se racionaliza la representación espacial independizándose de los fuertes prejuicios establecidos por el sistema perceptivo. Se produce por tanto, en este siglo un avance general en el estudio de los sistemas de representación de la Geometría Descriptiva. La perspectiva Axonométrica, que tuvo junto a la cónica su largo período experimental, se sistematiza en el Isométrico de Farish (1820) y los estudios de Pohlke (1853).

La perspectiva Axonométrica también es utilizada por los pintores para la creación de espacios, sobre todo espacios interiores donde las dimensiones no son grandes con lo que apenas se aprecia sensación de distorsión. Es en este siglo cuando se producen avances en Geometría Descriptiva publicándose importantes estudios de Gournerie, Leroy Adhemar. A principios del siglo XX se prescinde de la línea de tierra que relaciona planta y alzado y que había sido utilizada desde Gaspar Monge. Este hecho permite trabajar con una mayor libertad en el sistema diédrico, ya no importa tanto la posición en el espacio como la posibilidad de trabajar directamente sobre el diseño. Se basa en una representación de vistas tal y como las conocemos hoy en día.

* **Siglo XX:** en 1917 se crean en Alemania las normas DIN, cuya finalidad es unificar y racionalizar diseños, medidas, fabricaciones, símbolos, etc... Estas normas han llegado a imponerse poco a poco y hoy día, salvo raras excepciones, se usan en todo el mundo. A mediados de este siglo se produce un hecho importante, se configura el ordenador, que supone una gran aportación de la tecnología y se convierte en un instrumento básico en todos los campos del saber y por lo tanto revoluciona también el dibujo técnico. En 1950 se hace la primera experiencia en pantalla de visualización y en 1958, con la aportación de los trazadores gráficos, se concreta la posibilidad de obtener dibujos en soporte permanente. A finales de los 60 se inicia la producción de programas de dibujo, con un gran desarrollo durante los 70. A partir de los 80 se produce la comercialización a gran escala de los ordenadores personales que, asumen funciones anteriormente reservadas a equipos menos accesibles. Como consecuencia los programas de CAD (dibujo en 2D y en 3D, modelado de sólidos, tratamiento de imágenes) se han incorporado plenamente a la práctica profesional de la arquitectura y las ingenierías.

Dentro del mundo artístico, el arte oriental incorpora la perspectiva Axonométrica en sus soportes enrollables ya que resulta más cómodo para el recorrido visual del espectador al desenrollar el cilindro. La influencia del arte oriental es notable en muchos artistas contemporáneos sobre todo la pintura de carteles y de ilustración del siglo XX, muestran rasgos característicos de las estampas japonesas y de otras pinturas del lejano oriente. La obra Tres mujeres de Fernando Léger muestra un espacio con una marcada dirección de oblicuidad. El cubismo llegó a emplear la perspectiva cilíndrica por las posibilidades expresivas, como alternativa a la perspectiva cónica. En los cuadros el desayuno y

Bodegón, Juan Gris representa los objetos redondos como círculos en lugar de elipses, es decir, adopta la perspectiva caballera. No podemos olvidar a Escher que utiliza este tipo de perspectiva en sus espacios imposibles.

Por último, un importante reconocimiento en este siglo a la labor de la Bauhaus; escuela reconocida por su filosofía didáctica basada en aunar las actividades artísticas con las técnicas, constituyendo uno de los pilares del diseño moderno.

4. Elementos Geométricos Básicos

La percepción espacial del entorno constituye el soporte adecuado del proceso de conceptualización espacial, las observaciones y experimentaciones geométricas con los objetos y los sistemas de la naturaleza propician el conocimiento operacional de las nociones espaciales y permiten estructurar las operaciones mentales que dan lugar a la comprensión de la representación espacial.

Por eso consideramos importante el estudio del espacio tridimensional y su representación en el espacio bidimensional (papel, lienzo, pantalla del ordenador), es decir, el estudio de la geometría descriptiva; y sobre todo, los elementos básicos que definen este lenguaje.

Euclides en el primer libro de sus Elementos, ya estableció postulados y axiomas acerca de los elementos básicos. Las descripciones de los elementos básicos corresponden a lo que podemos llamar conceptos fundamentales. No necesitan definición, simplemente se presenta su existencia y luego se les atribuye una serie de propiedades; nos referimos a:

- ᕗ El punto
- ᕗ La recta
- ᕗ El plano

Vamos a tener en cuenta también las posibles relaciones geométricas que se establecen entre ellos, lo cual nos permite profundizar en sus características.

A partir de los elementos visuales básicos (el punto, la línea y el plano) y las reglas que rigen la combinación de éstos elementos, el alumno irá definiendo el lenguaje geométrico. Poco a poco conocerá más sobre la complejidad de éste y su conocimiento le permitirá expresar mejor sus ideas.

El estudio que justifica esta tesis, resultaría excesivamente ambicioso y complicado si no lo acotáramos de alguna manera. Entendemos que, si el campo de estudio es muy amplio podría repercutir en los objetivos principales de la investigación que son el desarrollo de capacidades y habilidades por encima de cualquier otro conocimiento.

Los cuerpos sólidos no son en principio objeto de nuestro estudio, más bien son una excusa para acercarnos desde ellos a un mayor conocimiento de los elementos que los componen. Por eso, en los programas didácticos se ha utilizado el cubo como único elemento tridimensional a partir del cual llegamos a conocimientos más abstractos. Cuando imaginamos un cubo, imaginamos un volumen determinado. Pero también pensamos en el contorno que define ese volumen: las seis caras cuadradas iguales (planos), las doce aristas (rectas) y los ocho vértices (puntos) que componen su superficie.

Evidentemente el estudio de sus vértices, aristas y caras supone de alguna manera un aprendizaje a partir de las experiencias perceptivas necesarias en el desarrollo de las actividades. Basamos nuestro proceso de aprendizaje en un elemento que todos conocemos y reconocemos. De todos los sólidos geométricos que forman parte de nuestro entorno, el prisma o el cubo, son indudablemente los más utilizados tanto en diseños de una magnitud considerable como edificios, espacios interiores; pasando por el diseño de objetos más pequeños, muebles, envases.

a) **El punto**

Según la definición de la Real Academia Española es el "límite mínimo de la extensión, que se considera sin longitud, latitud ni profundidad".

El concepto de punto lo podemos definir como el lugar geométrico donde se cortan dos líneas, el origen de una semirrecta, el centro de un aspa

o simplemente cualquier figura diminuta. Es un ente geométrico adimensional. Normalmente se le designa con una letra mayúscula o con un número.

Axiomas:

El punto geométrico es invisible, inmaterial. De modo que puede ser definido como un ente abstracto. El punto como elemento representado se afirma en su sitio y no manifiesta la menor tendencia a desplazarse en dirección alguna, ni horizontal ni vertical. Tampoco avanza o retrocede.

En el sistema axonométrico el punto queda definido por una posición referenciada respecto a tres ejes coordenados y en el sistema diédrico lo definimos por sus dos proyecciones: la horizontal y la vertical.

b) **La recta**

La definición de línea según la Real Academia Española es:

"La extensión considerada en una sola de las tres dimensiones: la longitudinal" y especifica que recta es "la más corta que se puede imaginar entre un punto y otro".

Sólo se puede trazar una recta desde un punto cualquiera hasta un punto cualquiera.

Se puede prolongar infinitamente una recta finita en línea recta.

Todos los ángulos rectos son iguales entre sí.

Axiomas:

La recta no tiene ni principio ni fin. Se nombra con una letra minúscula. La semirrecta es la parte de recta limitada por un extremo.

El segmento recto es la parte de recta limitada por sus extremos. Puede ser dependiendo de su orientación: horizontal, vertical u oblicua:

- ✓ Línea horizontal: recta que coincide con la dirección de la línea del horizonte, de manera que todos sus puntos tienen la misma cota. Un ejemplo es la línea de tierra.
- ✓ Línea vertical: recta que sigue la dirección de todos los cuerpos al caer, quedando representada por ejemplo por la dirección del hilo de una plomada.
- ✓ Línea inclinada u oblicua: cualquier recta no horizontal o vertical que produce una sensación de desequilibrio.

La relación geométrica que se establece entre dos o más rectas dependiendo de su situación:

✓ **Perpendiculares:** son aquellas que al cortarse dividen al plano en cuatro ángulos iguales.

✓ **Rectas paralelas:** son aquellas que siguen la misma dirección y, por tanto, aunque se prolonguen nunca llegan a cortarse. Euclides entre otras cosas nos dice que las líneas paralelas equidistantes son líneas rectas que, existiendo en un mismo plano nunca se llegan a tocar.

✓ **Rectas concurrentes:** son aquellas no paralelas que por tanto tienen un punto en común.

La línea recta puede ser descrita como el rastro que deja un punto en movimiento que sigue siempre la misma dirección. En el lenguaje de los sistemas de representación no todas las rectas tienen la misma importancia, dependiendo de su significado dentro del dibujo, existen líneas principales y otras que podríamos denominar secundarias. Los ejes de coordenadas o la línea de tierra son muy importantes desde el momento en el que suponen una referencia para situar todos los elementos espaciales. Las rectas pueden actuar como elementos independientes, definir contornos, configurar volúmenes huecos, actuar como ejes de simetría, etc...

La recta como definidora de formas puede ser un contorno que indica el límite de esa forma y puede ser el origen de otra. Una línea de contorno es utilizada para describir el borde de un objeto tridimensional en el espacio. Indica el último punto visible de una superficie determinada. Cuando hablamos de rectas nos referimos a aquellas que son visibles como las aristas, pero existen otras menos visibles pero muy importantes también como los ejes de simetría, líneas ocultas.

Las relaciones espaciales entre los distintos elementos también nos hacen intuir rectas, como por ejemplo: la distancia entre dos puntos, la distancia punto-plano.

c) El plano

El plano podríamos definirlo como el conjunto de puntos que se extiende según dos direcciones, estamos hablando por tanto del espacio bidimensional. Este elemento corresponde a un concepto intuitivo y puede estar definido:

&⌢ Tres puntos no alineados
&⌢ Dos rectas que se cortan

- ↝ Dos rectas paralelas
- ↝ Un punto y una recta

Al igual que otros elementos estos términos corresponden a axiomas y postulados.

Un plano es por definición ilimitado. Según la posición en el espacio podemos hablar de:

- **Plano horizontal:** es aquel en el que todos sus puntos tienen la misma altura. Los elementos del espacio se proyectan en él formando lo que llamamos proyección horizontal o planta.
- **Plano vertical:** Se trata de un plano perpendicular al horizontal. Los elementos del espacio se proyectan en él formando lo que llamamos proyección vertical o alzada.

La intersección del plano horizontal y el plano vertical es una recta que llamamos línea de tierra y que sirve de referencia para situar las proyecciones diédricas.

Una porción de espacio cerrado dentro de superficies planas es un volumen. En nuestro trabajo sólo vamos a estudiar el cubo con sus propiedades y algunas de las posibles transformaciones. Pero además estudiaremos la representación de éste en axonométrico y diédrico así como las características de dichos sistemas.

5. Relaciones Espaciales

En nuestro entorno ambiental estamos rodeados de objetos, formas, diseños y transformaciones. Las propiedades geométricas son cada vez más accesibles y presentes en la vida cotidiana, cultural y técnica de nuestros días. Desde la más temprana infancia se experimenta directamente con las formas de objetos, ya sean juguetes o utensilios cotidianos o familiares. Paulatinamente vamos tomando posesión del espacio, orientándonos, analizando formas y buscando relaciones espaciales de situación, de función o simplemente de contemplación. Así, de esta manera se va adquiriendo conocimiento directo de nuestro entorno espacial. Este conocimiento del espacio ambiental, se hace en un principio, por intuición geométrica, sin ningún razonamiento lógico.

Rudolf Arnheim nos habla de la importancia de la percepción del espacio, tanto en la aprehensión de la forma de los objetos como en la comprensión de las relaciones que se establecen entre ellos y la orientación espacial:

"La orientación espacial presupone un marco de referencia. En el espacio vacío, no habitado por ninguna fuerza de atracción, no habría arriba ni abajo, derechura ni inclinación"

La Geometría Descriptiva se encarga de analizar, organizar y sistematizar los conocimientos espaciales. El interés por estudiar el espacio no es propio sólo de la educación integral de cada individuo, sino que es esencial en diferentes disciplinas y profesiones técnicas y artísticas. En el conocimiento del espacio geométrico hay que distinguir dos modelos de comprensión y expresión, el que se realiza de forma directa, que corresponde como ya hemos dicho a la intuición geométrica, de naturaleza visual y el que se realiza de forma reflexiva, es decir, lógica, de naturaleza verbal. Estos modos de conocimiento aunque son distintos, son complementarios. El primero es creativo y subjetivo, mientras que el segundo es analítico y objetivo.

Para mejorar la visualización tenemos que "aprender a ver" el espacio, la intuición es el motor que hace arrancar y avanzar en la percepción llevándonos a la máxima comprensión de la realidad. Ahora bien, para que se tenga un conocimiento correcto, hay que analizarlo con las leyes de la deducción lógica para que así se pueda expresar y comunicar por medio del lenguaje.

La percepción es el resultado de una serie de fases de procesamiento que ocurren entre la recepción de un estímulo visual y la información que almacenamos en nuestro cerebro. La base de la percepción está en las operaciones cognitivas que se efectúan sobre la información y relaciones espaciales. La percepción espacial puede compararse a la comprensión de un texto escrito. De la misma manera que en el proceso de lectura se agrupan las letras en palabras y éstas en frases, obteniéndose por comprensión global una información, la percepción espacial en los sistemas de representación, se ocupa de obtener un mensaje por medio de la lectura comprensiva de las formas, las relaciones espaciales y los códigos o leyes que rigen estos sistemas.

Como sucede en la utilización de los textos escritos, hay varios niveles de comprensión en la percepción espacial. Algunos son necesarios y básicos para la vida diaria, otros son requeridos por diferentes niveles de especialización profesional. Así, un mínimo grado de percepción espacial es necesario para familiarizarse con nuestro espacio vital. Por tanto, una buena formación en percepción espacial puede mejorar nuestra adaptación a nuestro mundo tridimensional, capacitándonos para comprender mejor las formas y expresiones del lenguaje tridimensional y poder responder mejor a las distintas situaciones que se planteen.

El espacio puede ser estudiado desde distintos puntos de vista: físico, psicológico, social, geométrico, arquitectónico, etc... Así, cuando observamos un cubo, desde el punto de vista de la Geometría, nuestra atención se debe concentrar en los elementos principales que esquematizan su forma, haciendo abstracción de su color, textura, densidad, etc... Nos imaginamos la forma y disposición de las caras, así como las aristas y los vértices. Analizándolo más detenidamente, se verían propiedades geométricas que lo caracterizan; con ello podríamos llegar a una percepción espacial bastante completa.

En nuestro caso, al analizar detenidamente la percepción del cubo, no es difícil empezar a deducir las distintas relaciones espaciales que se establecen entre los elementos que lo componen. Así por ejemplo, podemos pensar en un vértice, como un punto en el que concurren tres aristas perpendiculares entre sí y común a tres caras cuadradas igualmente perpendiculares entre sí, o en una arista como recta común a dos planos. Sin olvidar las relaciones de paralelismo y perpendicularidad entre los distintos elementos.

6. Horizontal, Verticalidad e Inclinación

En nuestro entorno cotidiano existen una serie de conceptos que nos sirven de referencia espacial para situarnos nosotros y para establecer las distintas posiciones de los elementos que nos rodean. Estamos hablando de conceptos como la horizontalidad, verticalidad o la inclinación. Dada la importancia que para el observador tienen estas orientaciones espaciales en su entorno, los sistemas de representación parten como referencia de un sistema de ejes y planos coordenados cuya característica principal es la horizontalidad y la verticalidad:

- **Horizontal:** corresponde a la dirección de la línea de horizonte, es el plano ficticio en el que nos movemos o sobre el que se apoyan las cosas y permanecen estables.

- **Vertical:** corresponde a la dirección que marca la fuerza de gravedad, es el plano ficticio en el que se produce la caída libre de los cuerpos o también la dirección que marca nuestra posición de pie.
- **Inclinada:** cualquiera de las infinitas posiciones distintas a la horizontal o la vertical. La línea inclinada, a diferencia de la línea horizontal o la vertical, la percibimos como inestable pues esta sería la situación de nuestro propio cuerpo en esa posición.

Tanto el sistema diédrico como el axonométrico tienen en cuenta estos conceptos para establecer sus sistemas de referencia a partir de los cuales se representan los elementos geométricos básicos o los cuerpos tridimensionales.

7. Paralelismo y Perpendicularidad

En el lenguaje de los sistemas de representación las relaciones de paralelismo y perpendicularidad que se establecen entre los distintos elementos del espacio tridimensional son de gran importancia para comprenderlo mejor. No sólo es importante la relación que cada elemento (recta o plano) tiene con los planos coordenados, sino también la que existe entre ellos. En el caso de los poliedros regulares el conocimiento de la relación entre caras y aristas nos ayudará a comprender mejor el volumen y será por tanto más fácil de representar. Nuestro trabajo está basado en una figura que todos los alumnos conocen, no sólo saben los elementos que la componen sino que son capaces de analizar con facilidad las relaciones de paralelismo y perpendicularidad que se establecen entre ellos. Como ya hemos comentado las relaciones espaciales más importantes son:

- Paralelismo: se aplica a las rectas o planos equidistantes entre sí que por más que se prolonguen no pueden encontrarse. Todos los planos o caras de un cuerpo tridimensional que cumplen esta característica respecto del plano coordenado XOY se les denomina horizontal. Todos los planos o caras de un cuerpo tridimensional que cumplen esta característica respecto del plano coordenado YOZ se les denomina vertical. Tanto en el sistema diédrico como en el axonométrico el paralelismo se mantiene, es decir, rectas o planos paralelos sus proyecciones son también paralelas. En el caso que nos ocupa del cubo, se trata de un paralelepípedo que se caracteriza porque las caras opuestas son paralelas.

✤ Perpendicularidad: se aplica a las rectas o planos que forman un ángulo recto entre sí. El ángulo recto es fácil de percibir porque es precisamente el que determinan las dos direcciones espaciales más importantes: la horizontal y la vertical. Tanto en el sistema axonométrico como en el sistema diédrico no se mantiene la perpendicularidad, es decir, elementos perpendiculares en el espacio no se proyectan perpendicularmente, salvo excepciones. En el caso del cubo cada cara es perpendicular a las cuatro colindantes.

8. Deformación-escala

Cualquier sistema de representación necesita proyectar el espacio sobre un plano, y sea cual sea el tipo de proyección, es inevitable la distorsión de los tamaños, las formas, las distancias y los ángulos. Posiblemente esta deformación nos ayude a entender mejor el volumen de los objetos. Y es que la deformación implica siempre una comparación entre lo que es y lo que debería ser. Por ejemplo, cuando vemos un rombo o un romboide lo identificamos como un cuadrado o como un rectángulo (éste es el caso de la perspectiva isométrica).

La perspectiva isométrica es una de los principales sistemas de representación de objetos, se caracteriza por mantener el paralelismo de líneas y no variar las distancias en la profundidad, dichas características ayudan a comprender mejor las formas representadas. Para representar grandes espacios es mejor el sistema cónico en el que las paralelas fugan en un solo punto y las distancias disminuyen, dándonos una mayor sensación de lejanía y se corresponde mejor con la visión de la realidad. El sistema cónico (como ya se ha dicho anteriormente), no ha sido tratado en este trabajo de tesis por los siguientes motivos: es el que más parecido tiene con la realidad (ya que la deformación que se aplica en este sistema es la misma que hace el ojo humano). Además existe mayor información bibliográfica con enfoques distintos y nuestro interés por la simplificación nos obligaba a prescindir de temas en beneficio del objetivo fundamental del trabajo.

En el sistema axonométrico cualquier proyección conlleva una deformación, los ángulos de las aristas del cubo pasan de ser rectos en la realidad a formar 60 o 120 grados en el sistema isométrico. Las dimensiones de las aristas también sufren modificaciones, en el caso del isométrico una escala de reducción de 0,816.

Tanto en el sistema axonométrico como en el sistema cónico sólo se utiliza un punto de vista lo que obliga a una deformación mayor que en el sistema diédrico. En las dos proyecciones que lo definen la deformación es menor tanto en cuanto a los ángulos como en las dimensiones. Las caras paralelas a los planos coordenados se proyectan sin ninguna variación en su forma.

Intuitivamente resulta más fácil de reconocer el sistema axonométrico porque la representación se parece más a la realidad, pero es el sistema diédrico quien más datos nos ofrece y quien menos deformación aporta a la pieza, eso sí, necesita de un proceso mental de construcción.

En la informática gráfica, los métodos de visualización de las piezas representadas nos proporcionan un control visual más inmediato. Los programas de CAD de 3D permiten a través de algunas rutinas, situar el plano de representación en cualquier parte del modelo virtual. Conceptualmente, en el dibujo asistido por ordenador, a diferencia de muchas técnicas geométricas clásicas, el objeto se considera fijo mientras que el plano de representación se puede situar intencionadamente en el lugar que puede mostrar en verdadera magnitud el elemento que se quiere analizar. Resulta por tanto relativamente sencillo conocer las distancias entre elementos, los ángulos que forman entre sí, el tamaño o la forma de algunos lados y caras, es decir, cuestiones de gran importancia para la comprensión del volumen.

9. Sistema de representación

Consideramos la representación gráfico-plástica de la forma sobre el plano, como el resultado de una abstracción a través de un proceso de síntesis en el que aristas, superficies y volúmenes van a transformarse en elementos gráficos dando lugar a una concepción ilusoria, como imagen aparente de tridimensionalidad sobre una superficie. En palabras de Rudolf Arnheim:

"La geometría nos dice que son suficientes tres dimensiones para descubrir la forma de cualquier cuerpo sólido y las

ubicaciones relativas de los objetos entre sí en cualquier momento dado."

"En el estadio de la primera dimensión, la concepción espacial se reduce a una senda lineal. No hay diferenciación de forma..."

"La conquista bidimensional trae consigo dos grandes enriquecimientos. En primer lugar ofrece extensión en el espacio, y por lo tanto diversidad de tamaño y forma... ...En segundo lugar, añade a la sola distancia las diferencias de dirección y orientación"

"Finalmente, el espacio tridimensional ofrece una libertad completa: extensión del espacio en cualquier dirección, disposiciones ilimitadas de los objetos y la movilidad total"

Desde muy antiguo el hombre ha intentado representar lo más fielmente el entorno espacial en el que vive. En un principio estas representaciones poseían un carácter totalmente intuitivo, pero con la evolución de las técnicas del dibujo se ha producido un desarrollo fundamentado en la geometría del espacio. Estamos hablando de perspectivas que no siguen las directrices de la proyección cónica. Con el desarrollo de la industrialización, la geometría descriptiva estructurada por Gaspar Monge dejó de estar básicamente ligada a intereses militares, (como ya hemos comentado antes). El propio Monge dejaba claro los principales objetivos de la geometría descriptiva:

"El primero es representar con exactitud sobre los diseños de dos dimensiones los objetos que tienen tres" "El segundo es deducir, de la descripción exacta de los cuerpos, todo cuanto se sigue necesariamente de sus formas y de sus posiciones relativas"

La necesidad de trabajar con dibujos a escala que expresaran las medidas exactas de los mismos hizo que tuviera numerosas aplicaciones en el mundo del diseño y fabricación industrial. Las perspectivas Axonométrica y caballera tienen un parecido considerable con los objetos tal y como los vemos porque a pesar de ser una proyección bidimensional, se dibuja a partir de las direcciones de tres ejes y por lo tanto se mantiene la idea de tridimensionalidad. Pero su importancia no se reduce al ámbito técnico industrial sino que estos sistemas de representación tuvieron una importancia dentro del mundo artístico, desde principios del siglo XX hasta nuestros días. La Bauhaus fue posiblemente responsable de la unión de las actividades artísticas y las técnicas, constituyendo por tanto uno de los pilares del diseño moderno. Los artistas de vanguardia también dieron una gran importancia a éste tipo de perspectiva, para ellos era una alternativa a la perspectiva cónica que habían heredado del renacimiento. La multiplicidad de puntos de vista, las vistas ortogonales y la posibilidad de mantener el paralelismo, ofrecían nuevas posibilidades en su expresión artística.

La idea concebida en la mente de un diseñador, arquitecto, proyectista, antes de pasar a su realización material, debe ser expresada en un lenguaje gráfico y como cualquier otro lenguaje debe ir dotado de un significado (la idea o concepto) y de un significante (de naturaleza material, representación gráfica). El dibujante necesita de un código de signos impresos, mediante los que transmitir su idea a otras personas, las cuales simplemente pueden tener interés en recibir el mensaje o bien su interés puede ser el de convertir en realidad la idea. Por tratarse de un lenguaje universal, cualquiera en cualquier lugar del mundo sabría interpretar lo dibujado.

El lenguaje gráfico de los sistemas de representación, respecto al lenguaje hablado, tiene sus ventajas y sus inconvenientes. Una de las ventajas más importantes es que si se conocen las normas que lo rigen, un plano o un dibujo, pueden percibirse en un solo golpe de vista. Debido a su carácter intuitivo, es más rápida la comprensión de sus elementos; por su carácter matemático, es más preciso; por su carácter geométrico es más claro. La condición fundamental que debe cumplir es la reversibilidad, es decir, toda figura en el espacio puede quedar perfectamente definida en el plano mediante sus proyecciones y del mismo modo dadas las proyecciones de una figura éstas deben servirnos para determinar el objeto espacial del que se trate. De ahí la importancia que en el mundo de la técnica tiene su conocimiento y dominio; pues sólo así, cualquier idea que tengamos podría materializarse con total precisión.

Cualquiera que acceda por vez primera a la representación en perspectiva se puede encontrar con bastantes dificultades para su lectura y correcta interpretación. Tanto la perspectiva cónica como la Axonométrica son más intuitivas al tener una relación más próxima con la experiencia visual, al contrario de lo que sucede en la doble proyección del sistema diédrico, que es un sistema más convencional y de mayor dificultad de lectura.

10. Perspectiva Axonométrica

El sistema axonométrico consiste en la representación del espacio tridimensional sobre tres ejes coordenados representados en un espacio bidimensional. Las representaciones tienen apariencia de volumen y, aunque su aspecto no sea realista, si ofrece una apariencia de espacio que cualquier persona sin preparación técnica puede percibir.

En este sistema reunimos en una sola figura las tres vistas del objeto (planta, alzado y perfil) sobre el triedro trirectángulo. Según las direcciones de los ejes y de los coeficientes de reducción que actúan para cada uno de ellos, se dan tres tipos diferentes de axonometrías. Los tipos distintos de perspectivas Axonométrica que se pueden obtener, son como sabemos infinitos, pero en la práctica se reducen a unos pocos casos:

- Perspectiva isométrica: los ángulos entre los ejes proyectados son iguales (120°).
- Perspectiva dimétrica: hay dos ángulos iguales y uno desigual.
- Perspectiva trimétrica: los tres ángulos son diferentes. La perspectiva isométrica es la más empleada, junto con la perspectiva caballera que es un tipo de perspectiva Axonométrica.

En los dibujos rápidos y en los bocetos, procedimientos muy propios del diseño, la utilización de la perspectiva Axonométrica aporta sencillez y claridad a la hora de visualizar de forma inmediata. El componente intuitivo que hace que la perspectiva Axonométrica sea fácil de dibujar y fácil de comprender hace que este sistema aparezca en bocetos a mano alzada o en ilustraciones rápidas en las que lo más importante es el mensaje inmediato y la idea que se quiere comunicar. En palabras de Theo Van Doesburg:

> *"En la representación bidimensional, el edificio en cambio es percibido inmediatamente y dará paso a un sistema de lectura sinóptico en el que las medidas y las estructuras necesarias puedan extraerse con facilidad. Por supuesto,*

el proyecto entero deberá ser elaborado también de forma
Axonométrica desde el fundamento hasta la cubierta"

En la representación de la figura tridimensional más elemental que existe: el hexaedro o cubo, este sistema nos lo muestra con tres caras deformadas en la dirección de los tres ejes. Su lectura volumétrica que resulta ser bastante clara (incluso para personas que no tengan conocimientos previos) y las posibilidades de visualización desde distintos puntos de vista explican la importancia de esta figura, tanto en el dibujo técnico como en el arquitectónico.

En la representación de interiores y de paisajes, el sistema de perspectiva Axonométrica resulta sólo aconsejable en determinadas situaciones. No es idóneo para representar grandes extensiones o para objetos muy alargados en la dirección de la profundidad ya que los dibujos acusarían deformaciones motivadas por una ilusión óptico-geométrica. Las líneas que son paralelas y llevan la dirección de la profundidad, las percibimos en nuestro entorno como convergentes en un punto, esto no ocurre así en este tipo de perspectiva.

Las cualidades que el cubo isométrico tiene como elemento básico del diseño, al margen de su sugerencia de la tridimensionalidad, hacen que sea muy empleado en el diseño gráfico. Geométricamente es una forma interesante compuesta por tres triángulos equiláteros configurando un contorno hexagonal regular. En logotipos o imágenes de marca, tiene un gran campo de aplicación puesto que junto a su atractivo estético hay que añadir su facilidad de lectura y de memorización visual. Con frecuencia se adaptan las letras del producto o de la empresa a la forma del cubo.

En dibujos de arquitectura tan importantes son sus diseños en perspectiva Axonométrica o caballera como las proyecciones diédricas de plantas o de fachadas. Para el arquitecto Helmut Jahn:

"La proyección Axonométrica ofrece la mejor representación
simultánea planta y alzado, y también la mejor percepción
del espacio tridimensional"

Para el grupo de Stijl que se habría formado por iniciativa de Theo van Doesburg con la colaboración del Neoplasticismo de Piet Mondrian. En el año 1919 el arquitecto escribía:

"actualmente ya comienza a manifestarse al inicio de una arquitectura pensada de modo espacial-funcional, que se dibuja por el método axonométrico. Este modo de representación permite la lectura simultánea de todas las partes de la casa en sus proporciones correctas, incluso desde arriba y abajo"

11. Sistema diédrico

El sistema diédrico como su nombre indica consiste en la representación del espacio tridimensional mediante dos o más proyecciones (normalmente la horizontal y la vertical aunque se pueden dibujar más vistas si se considera necesario). Para poder expresarse en este lenguaje, el alumno necesita primero aprender a comprender las representaciones diédricas, más complejas que las axonométricas. Con los programas didácticos creados para el ordenador, ayudamos a los alumnos a desarrollar capacidades mentales que les permitan "pensar en perspectiva". Las actividades no sólo obligan al alumno a resolver mentalmente problemas espaciales sino que además les facilitan la asimilación de conceptos como son la horizontalidad, verticalidad, paralelismo, proyecciones, visualización espacial, etc... Además de familiarizarse con las distintas vistas diédricas con las que definimos cualquier diseño, comprenderá la importancia del punto de vista en la percepción de la realidad.

El sistema diédrico es un sistema de proyecciones cilíndricas ortogonales. Está constituido por dos planos perpendiculares y sobre cada uno de ellos se hallan las proyecciones ortogonales del cuerpo. Uno de los planos es horizontal y le designaremos por plano P.H.; el otro plano es vertical, que le designaremos como P.V. La intersección de estos dos planos es una recta que recibe el nombre de la Línea de Tierra y que la designaremos abreviadamente por L.T. Esta línea de tierra se representa con dos trazos gruesos dibujados por debajo de ella y en sus extremos.

Para poder representar el conjunto del espacio sobre el papel necesitamos abatir el plano vertical sobre el horizontal, utilizando como eje de giro la L.T. (si fuera el plano horizontal el girado daría el mismo resultado).

El plano horizontal y el vertical al cortarse dividen al espacio en cuatro cuadrantes, de los cuales Gaspar Monge, el fundador de la geometría descriptiva, fue quien estableció la convención de utilizar un solo cuadrante. Matemáticos posteriores al fundador establecieron el uso de los cuatro cuadrantes, algo que dificultaba el aprendizaje del dibujo, actualmente se considera prescindible e innecesaria esta práctica. Desde el dibujo actual existe un consenso unánime defendiendo la idea de que concebir elementos en cuatro regiones diferentes del espacio, es algo innecesario; por lo que se vuelve a retomar la idea más sensata del propio Monge operando con un solo cuadrante.

La proyección de un punto, de una figura o de un cuerpo sobre el plano horizontal se llama proyección horizontal o planta (para los alumnos tiene un mayor significado la palabra planta que el concepto de proyección horizontal); y la proyección sobre el plano vertical que llamaremos proyección vertical o alzado; en ocasiones necesitamos de una tercera proyección sobre el plano de perfil.

Cualquier elemento en el espacio tiene dos proyecciones, y estas dos proyecciones corresponden a ése elemento únicamente. Esta reversibilidad es la propiedad principal de todo sistema de representación, solo así estaremos seguros que este sistema está bien definido.

El sistema diédrico cumple los tres requisitos exigibles a cualquier sistema: representación, resolución y restitución. Comparado con otros sistemas nos permite resolver problemas métricos y posicionales, determinar intersecciones, resolver cuestiones geométricas espaciales de gran complejidad con mayor claridad y facilidad que el sistema cónico y el axonométrico.

El aprendizaje debe realizarse con cierto rigor geométrico pues sólo así pueden evitarse equivocaciones conceptuales. Teniendo en cuenta que los planteamientos son más abstractos que en el resto de los sistemas, necesita desarrollar procesos mentales en los alumnos que les permitan comprender cada uno de los pasos que dan para no cometer errores de concepto.

CAPITULO VI

EL DISEÑO ASISTIDO POR COMPUTADORA (CAD)

No basta tener buen ingenio;
Lo principal es aplicarlo bien.
René descartes

1. Introducción

Si bien casi todos los recursos informáticos son útiles y/o necesarios para la práctica del diseño mecánico y arquitectónico, el CAD es el más propio y específico. Substituye al tablero, las escuadras, las estilográficas y las plantillas. Se hace realidad muchos de los sueños del proyectista cansado de lidiar con enormes dificultades a la hora de representar sus ideas. Difícilmente soportará en el futuro las limitaciones del tablero. Han sido abolidos las tareas tediosas y repetitivas, los borrones, los manchones de tinta, el volver a empezar, los dolores de espalda y la resignación frente a un resultado inesperado. Describir algo tan enorme en esta página es imposible, pero hay ciertas preguntas elementales que podemos responder.

a) ¿Qué es?

CAD significa Diseño Asistido por Computador (del inglés **C**omputer **A**ided **D**esign). Como lo indica, es asistir al diseñador en su tarea específica. Atiende prioritariamente aquellas tareas exclusivas del diseño, tales como el dibujo técnico y la documentación del mismo, pero normalmente permite realizar otras tareas complementarias relacionadas principalmente con la presentación y el análisis del diseño realizado. Se adapta en una infinidad de aspectos y puede funcionar de muchas formas distintas, hay algunas particularidades que todos comparten y que han sido adoptadas como normas.

b) ¿Para qué sirve?

El CAD permite ordenar y procesar la información relativa a las características de un objeto material. En el caso particular de la arquitectura, el CAD sirve para construir un modelo análogo del edificio o instalación. En el espacio imaginario es posible construir, con elementos también imaginarios, la mayor parte de los componentes del edificio; colocar cada elemento en la posición que le corresponde en relación a los demás, caracterizar cada elemento en función de sus propiedades intrínsecas (forma, tamaño, material, etc.) y también caracterizarlo en sus propiedades extrínsecas (función, precio, etc.). El propio CAD permite, a la vez, ver en la pantalla las plantas cortes o vistas necesarios del modelo que se está construyendo y también posibilita modificar en cualquier momento las características del mismo. Los cambios al modelo son reflejados instantáneamente en las distintas formas de representación, por lo que el CAD hace posible la verificación constante de las decisiones del arquitecto, sin necesidad de rehacer una y otra vez los dibujos. En cierto modo, el CAD evita la necesidad de dibujar; es decir: el arquitecto decide cómo son las cosas y el CAD muestra cómo se ven.

c) ¿Cómo funciona?

Si bien cada sistema disponible funciona a su modo, todos coinciden en los aspectos principales. El CAD está concebido como un taller con las instalaciones y herramientas necesarias para la construcción de un objeto imaginario llamado modelo. El modelo puede ser bidimensional o tridimensional. En arquitectura, los sistemas CAD actuales operan sobre modelos 3D. En ese taller es posible acceder a herramientas dispuestas para efectuar incorporaciones o modificaciones al modelo. Por ejemplo, una herramienta típica es aquella que permite incorporar un muro y normalmente funciona así: en primera instancia se definen las propiedades específicas del muro: altura, materiales, espesores, etc. Una vez establecidas las propiedades, y ya operando sobre el modelo, se indica dónde comienza y donde termina un muro determinado. Una vez incorporado, el muro puede ser modificado tanto en sus características intrínsecas (las propiedades) como extrínsecas (efectuarle una abertura o bien corregir los puntos de arranque y/o de llegada, etc.). Estas modificaciones son realizadas con herramientas complementarias de la anterior. Cada una de estas acciones es reflejada en el dibujo que el CAD efectúa para representar al modelo. Otro conjunto de herramientas permite establecer cuáles vistas del modelo son mostradas en la pantalla, de acuerdo a las características del modelo y las preferencias del diseñador. Estas son sólo algunas de las funciones de un CAD para arquitectura. Además, hay otras que permiten crear y modificar puertas y ventanas, techos, equipamiento, etc.; agregar cotas y textos descriptivos, rótulos y simbología convencional, etc. Algunos sistemas CAD incorporan herramientas que complementan a la tarea específica permitiendo crear imágenes muy realistas del modelo e incluso animaciones, así como también funciones que contabilizan los componentes del modelo y emiten un reporte del cómputo en forma de base de datos.

d) ¿Cómo se usa?

Todo CAD está diseñado con el objetivo principal de asistir al proyectista. Quien diseña un sistema para diseño conoce las dificultades que afronta Ud. y cuáles son las herramientas que necesita. Puesto que actualmente existen infinidad de recursos para comunicarse con la computadora, el programador procura implementar aquellos que resultarán más familiares. Por ejemplo: El espacio imaginario es representado por una grilla que Ud. puede presentar en la pantalla a modo de superficie de apoyo de su modelo. Esa grilla puede ser regulada en su tamaño y modulación. Si Ud. desea crear un muro, seguramente hallará en un menú de la pantalla la instrucción ¨Muro¨ o ¨Pared¨. Eventualmente, la misma instrucción puede ser hallada en un botón de la pantalla o en alguna combinación de teclas. Seleccionada esa instrucción, el sistema solicitará datos necesarios para efectuar la tarea, es decir: Cómo es y dónde se halla el muro en cuestión. Este es apenas un ejemplo entre los muchos posibles. En un CAD para arquitectura, las herramientas básicas que se utilizan de este modo suelen ser las siguientes: creación y modificación de muros, aberturas, escaleras, techos y entrepisos.

e) Particularidades

Es espacial, cartesiano y vectorial. Esto significa que la información, gráfica o no, posee una ubicación determinada en un espacio imaginario y dominado por un sistema coordenado cartesiano. De este modo, toda información puede ser relacionada con la demás de acuerdo al lugar geométrico que cada una ocupa. Por ejemplo: Una línea puede ser paralela a otra, o bien pueden cruzarse o estar alineadas, de modo que ambas líneas dan origen a diferentes significados de acuerdo a la relación entre ellas. A la vez, cada elemento es definido por sus propiedades geométricas y no geométricas en forma independiente del lugar que ocupan.

El dibujo es un lenguaje. El CAD (dibujo asistido por ordenador) nos ayuda a mejorar la expresión obtenida con ese medio. Los programas de dibujo asistido tienen aplicaciones muy potentes. La velocidad y facilidad que le caracterizan proporcionan una ganancia de tiempo muy apreciable.

Virtualmente casi todo dibujo que se pueda crear manualmente se podrá generar también con la ayuda del ordenador. Representar cualquier diseño en tres dimensiones a partir de los planos y el reconocimiento de los materiales ya no está limitado a las maquetas. Los modelos volumétricos los podemos representar con las imágenes más avanzadas realizadas por ordenador, ya que se acercan al realismo fotográfico.

El AutoCAD es un potente instrumento de ayuda al dibujo. Al dibujar con este programa hacemos algo más que crear un dibujo. AutoCAD memoriza emplazamientos, tamaños, colores y nos permite continuamente arrepentirnos y modificar o volver atrás paso a paso hasta el origen de nuestro dibujo. El producto final es un dibujo nítido y preciso.

Dispone además de una serie de entidades que sirven para construir el dibujo: punto, línea, círculo, texto, etc... La cantidad de órdenes que nos permite ejecutar es muy amplia, casi diríamos que no hay nada que no podemos hacer; cualquier idea que tengamos puede verse dibujada con relativa rapidez. Las entidades se pueden borrar, desplazar, copiar, cambiar de color, de capa, etc... Así mismo podemos visualizar en pantalla todo el dibujo o sólo una parte de él. Y, por último, el trabajo realizado lo podemos imprimir en papel mediante una impresora o un trazador.

Del programa AutoCAD han salido diferentes versiones al mercado a lo largo de su existencia. Las últimas con las que hemos trabajado son la versión 2004, el AutoCAD 2010 y el AutoCAD 2012. Estas últimas versiones se caracterizan porque cuentan con la posibilidad de instalar el producto sobre la plataforma de Windows. Disponemos de barras de herramientas, barras de estado desplazables y configurables y cajas de herramientas agrupadas por finalidades. La pantalla aparece cargada de iconos que se pueden configurar de modo personalizado. Contamos también con una previsualización en miniatura del proyecto junto al nombre del fichero en la lista de directorios. Nos permite una amplia variedad de tipos de texto.

Podemos dibujar en un espacio virtual 3D con las mismas entidades que en 2D. El trabajo con ventanas gráficas nos permite trabajar simultáneamente en la pantalla en los dos espacios 2D y 3D.

Su aplicación al diseño industrial arquitectónico y artístico facilita el entendimiento del objeto y evita los problemas que antes sólo se detectaban al concluir el proyecto. Visualizar un prototipo en perspectiva desde cualquier punto de vista es de gran valía para el resultado final de diseño.

En la última década, el CAD ha sido reconocido como instrumento de tratamiento inexcusable en las enseñanzas técnicas y de diseño pero también en las enseñanzas artísticas. Cada vez son más numerosos los artistas que ven el ordenador como un medio de expresión.

Esto nos plantea un reto importante a los responsables de la formación gráfica. La comprensión de la geometría de las formas, tiene por tanto una relevancia mayor, que los trazados. Es un hecho que enfatiza la conveniencia, también la necesidad, de conceptualizar la representación de los procesos formativos y, al propio tiempo, relativizar la exactitud del dibujo manual; porque, en la coexistencia de los procedimientos manuales e informático, el primero es portador de los conceptos, mientras que el segundo lo es de las visualizaciones y de los trazados.

El CAD facilita la acción de dibujar, es decir de expresar ideas. El diálogo que se establece con el ordenador es personal e intransferible y además tiene la ventaja de que para hacer cualquier modificación en un plano, basta con recuperar el fichero que lo contiene y actuar en consecuencia: borrar, mover, copiar, seccionar, en un tiempo mínimo si lo comparamos con el trazado manual.

Juan Antonio Sánchez Gallego en su tesis defiende la utilización del ordenador aunque matiza las ventajas:

> *"Conceptualmente el CAD entraña una diferencia esencial con respecto al dibujo técnico convencional que es la de operar con maquetas virtuales y con riguroso control*

métrico. Tanto la entrada de datos como su manipulación y el resultado final obedecen a un complejo proceso analítico que permite al usuario ser ajeno al mismo y que opera directamente en tres dimensiones. Proceso cuya evolución se sigue interactivamente en la pantalla con visualizaciones del objeto que mediante salida gráfica, se fijan en los correspondientes dibujos.

Como consecuencia la instrumentalización del CAD aparenta una inversión radical de los procesos de diseño por cuanto las formas se manipulan en 3D y se verifican en imágenes 2D contrariamente al proceso convencional en que las formas se concretan en los planos (2D) para, mediante las correspondientes restituciones, ser llevadas al espacio real con la construcción del objeto o de la maqueta. No obstante esta concreta diferencia no es radical por cuanto el usuario continúa dominando el proceso mediante la permanente visualización en pantalla de imágenes que generalmente coinciden con las del proceso convencional"

Por último mencionar la integración del CAD con el CAM. Para dibujantes, arquitectos, ingenieros o diseñadores es suficiente con el CAD, pero para ir más allá en la solución de ciertos trabajos, se puede acceder a la fabricación asistida por ordenador. Con el CAM, los datos de la pieza definida mediante el CAD pasan directamente a la máquina que la produce. Este control numérico de producción da mejores acabados a los productos.

Muchas empresas, dedicadas, sobre todo, a la obra civil y a la arquitectura, desarrollan sus ideas y llevan a cabo sus proyectos trabajando directamente en tres dimensiones. La especificidad en los programas de CAD en tres dimensiones está llegando a límites insospechados hace veinte años y está permitiendo avances, antes impensables por su enorme complejidad de representación. Un ejemplo lo tenemos en el museo Guggenheim de Bilbao, obra del arquitecto Frank Gehry, que ha sido desarrollado con un programa de tecnología aeroespacial.

2. Análisis y definición del programa CAD

Cualquier acción formativa tendrá que pasar necesariamente por una fase de análisis y definición con la finalidad de:

- Adecuarla a la etapa educativa en la que van a aplicarse.
- Ajustarla a la programación prevista.
- Darle la carga lectiva que creamos conveniente en relación a las habilidades o contenidos que van a adquirirse.
- Plantear unos objetivos acordes a las necesidades de aprendizaje de los alumnos.
- Presentar contenidos adecuados al nivel del alumno, partiendo de contenidos previos.
- Integrarla en el entorno de aprendizaje del alumno.

Es importante pues hacer un análisis de las habilidades y procesos necesarios para la consecución de los contenidos, darles un sentido en el contexto en el que tienen que desarrollarse, evitar la fragmentación de las secuencias de aprendizaje y, así, ofrecer una acción formativa eficaz en la cual el alumno desarrolle al máximo su capacidad. Es interesante que esta fase quede bien definida para que en la fase de diseño pueda avanzarse con acierto y concretar al máximo el enfoque pedagógico.

3. Diseño y concreción del programa CAD

Con el uso de los materiales multimedia, las instituciones que se dedican a la formación quieren dar un paso adelante en la utilización de las nuevas tecnologías como recursos educativos, de modo que puedan crearse materiales didácticos que faciliten la consecución de un tipo de aprendizaje comprensivo. Esto no significa un aprendizaje memorístico de conceptos sino que se pretende hacer responsable al estudiante de su progreso diseñando material en función de sus capacidades y conocimientos previos.

Diseño formativo: se trata de un nuevo concepto necesario para un mayor aprovechamiento de las herramientas multimedia. Se trata de un proceso imprescindible que defina y concreta cómo tienen que ser todos los elementos que configuran una acción formativa. Para crear nuestro material didáctico hemos seguido los siguientes pasos:

- Analizar las necesidades de aprendizaje y el entorno en el que se producen.
- Determinar los objetivos de la formación.
- Escoger los recursos más adecuados teniendo en cuenta los procesos de aprendizaje.

  Desarrollar las actividades que permiten la asimilación de los contenidos.

  Diseñar una evaluación adecuada que nos permita intervenir para mejorar aquellos aspectos que consideremos necesarios.

Nos encontramos ante el desafío de tener que utilizar adecuadamente las posibilidades que nos brindan la tecnología multimedia para ofrecer un aprendizaje significativo llegando más allá que los materiales didácticos tradicionales. Ha sido necesario que tengamos en cuenta todos los elementos que intervienen en el diseño formativo de una acción de formación concreta. En este sentido la coherencia de los materiales con la acción docente, con la funcionalidad de su entorno y con las relaciones que puedan desencadenarse, nos ha parecido fundamental. La metodología estará al servicio de los objetivos de aprendizaje, por lo tanto, nuestra disciplina o materia requerirá métodos, recursos y técnicas concretas para ser más efectivo.

Gillespie afirma que una acción formativa bien diseñada tendría que incorporar los aspectos más apropiados de las teorías del aprendizaje:

> *"Eso es lo que nosotros, como diseñadores de formación de entornos de aprendizaje concretos, tendríamos que esforzarnos en conseguir combinando nuestra peripecia y conocimiento de las teorías conductistas, cognitivistas y constructivistas del aprendizaje con otras disciplinas (la multimedia) podremos diseñar y ofrecer las soluciones más adecuadas a las diferentes situaciones de aprendizaje y mejorar los resultados."*

Wilson y Ryder reflexionan sobre cómo el concepto de diseño formativo, con la introducción de las nuevas tecnologías y la creación de los entornos virtuales de aprendizaje, está cambiando la filosofía inicial. Así pues, no se hablará tanto de diseñadores formativos como de diseñadores o especialistas en el apoyo al aprendizaje. Pero independientemente del modelo, o del nombre o de la teoría o teorías que apliquemos, estamos de acuerdo en que, generalmente, se produce aprendizaje a partir de una combinación de múltiples factores más o menos estándares como la motivación, la activación de los conocimientos previos, las actividades de aprendizaje, los materiales, las habilidades, los procesos, las actitudes, el entorno de interacción, la reflexión y la evaluación. El diseño formativo tiene una misión: combinar estos factores de la manera más eficaz posible para que el individuo aprenda.

Uno de los retos es proponer un diseño apropiado que tenga en cuenta los diferentes perfiles de estudiantes, con motivaciones y necesidades diferentes. En esta fase comenzamos a actuar de lleno en el diseño formativo en cuyo proceso:

- Determinamos la arquitectura general de la acción formativa, diseñamos la estructura de todos los elementos que intervienen y determinan sus funcionalidades. No sólo tenemos en cuenta la estructura general sino que hemos concretado los elementos que forman parte de cada uno de los bloques y qué función cumplen.
- Proponemos el tipo de recurso metodológico que tenemos que utilizar. Los estudiantes necesitan aprender a analizar, observar, razonar y visualizar espacialmente los distintos casos. Por lo tanto determinamos el tipo de recurso más adecuado para conseguir los objetivos que queremos alcanzar.
- Diseñamos las actividades de aprendizaje. Tenemos en cuenta que estas actividades deben trabajar las diferentes estrategias (comparar, clasificar, deducir, abstraer, analizar, razonar, etc...) y deben garantizar que el aprendizaje tendrá lugar.

Para que así sea, hemos intentado que las actividades cumplan una serie de características:

- Activan los conocimientos previos.
- Permiten la adquisición de contenidos. -Desarrollan la visualización espacial.
- Motivan y provocan curiosidad.
- Permiten evaluar el rendimiento.

El diseño funcional de una parte de los programas propuestos consiste básicamente en:

Son programas en los que el alumno debe ir respondiendo a las distintas cuestiones que se le plantean. Su empleo en clase, supone a los profesores una cierta comodidad, ya que, utilizamos el ordenador como suministrador de actividades pudiendo controlar además su progreso sin tener que corregir. Cuando el alumno ha alcanzado un grado satisfactorio fijado por nosotros a través del nivel que marca el programa, podemos ofrecerle un nivel mayor de dificultad.

Si por el contrario, falla mucho en algunas cuestiones determinadas, nos podemos plantear una ayuda tanto en la explicación teórica como en la posibilidad de darle programas de refuerzo en ese mismo nivel. Con este tipo de programas, el alumno aplica los conceptos teóricos explicados en clase poniéndolos en práctica (es decir visualizando cada cuestión y tratando de razonar espacialmente para dar una solución). Su aplicación puede resultar sumamente útil ya que el alumno debe resolver muchas cuestiones en muy poco tiempo lo que le obliga a pensar mentalmente con una cierta rapidez de reflejos. El ordenador es, por tanto, un material de refuerzo para los alumnos, no pretendemos utilizarlo como un sustituto sino simplemente como un elemento más de apoyo cuyas ventajas debemos tener en cuenta.

4. Espacio 3D

Para cualquier aprendizaje debemos pasar por una etapa previa de observaciones. En el caso del espacio tridimensional las experiencias perceptivas visuales han de constituir la base sobre la cual fundamentar las actividades y abstracciones posteriores. Observar no es fijarse, no es mirar, es comprender lo común que puede haber en elementos diversos, notar lo diferente en objetos y lo característico de cada cosa.

En nuestro caso, en primer lugar el alumno puede observar aquellos objetos que tengan que ver con los sólidos geométricos en el entorno natural, social, técnico y artístico. En segundo lugar cabe observar las representaciones gráficas y su correspondencia o fidelidad con la realidad que reflejan. En tercer lugar la observación puede ir dirigida hacia cualquier material didáctico disponible en el aula como el espacio 2D y 3D.

Sin duda, los ordenadores han hecho una irrupción positiva en el campo de lo representacional, tanto para ayudar a expresar imágenes y concepciones internas como para motivar procesos cognitivos:

"Las acciones personales de manipulación, comparación y comprobación que se deben añadir a la observación, pueden agilizarse por la tecnología informática, dado que permite representar gran cantidad de manipulaciones físicas, que de tratar de hacerlas concretamente retrasarían notablemente el proceso conceptual subyacente en la resolución de algunos problemas y/o harían tedioso el registro de traza

a) **Esquema didáctico**

La observación libre debe ir acompañada de una observación provocada, en la cual, el alumno trata de buscar respuestas a sus dudas, curiosidades o preguntas planteadas en clase. Bien a través de preguntas orales o cuestiones por escrito las observaciones se orientan hacia aspectos, que pudieran en principio parecer obvios, pero que a lo mejor para el alumno no lo son y posiblemente le ayuden a descubrir elementos de gran interés. Son las observaciones las que motivarán o actuarán de referencia para un proceso de aprendizaje que le llevará hasta la abstracción de conceptos y análisis de propiedades. Por este motivo, la manipulación del alumno de los diseños virtuales va acompañada de una ficha de cuestiones que debe resolver, esta ficha le va a permitir familiarizarse con un vocabulario técnico y avanzar en la representación tridimensional.

Consideramos que una observación carente de una actuación personal puede ser una curiosidad pero no un aprendizaje. Actuar es añadir a la observación acciones personales de comparación, comprobación, manipulación, etc... Se trata de una actividad personal que le ayuda a interiorizar los problemas, las posibles vías por las cuales llegará a la solución o soluciones; todo esto le permite avanzar en su proceso de aprendizaje.

Superadas las etapas de observación, actuación, reflexión e interiorización se puede pasar al proceso de abstracción. Abstraer será reconocer lo que hay de diferente o de común en los objetos o en las situaciones, lo que permitirá determinar el campo de validez de una propiedad, ver las variantes bajo las cuales el resultado sigue siendo cierto, simplificar la situación real esquematizándola y concretando la idea. A menudo, los procesos de abstracción llevan a nuevas preguntas, conjeturas que no tienen respuestas obvias o conocidas, dejando siempre cuestiones abiertas que pueden contribuir positivamente en el desarrollo intelectual del alumno.

Con el programa espacio 3D pretendemos introducir al alumno en un espacio virtual en el que aparecen representados una serie de elementos simples diseñados a partir de formas simples. Se utilizan para experimentar y poner al alumno en situaciones muy próximas a la manipulación que podría tener del objeto en la realidad. Con esta simulación estamos proporcionando al alumno un modelo para superar las dificultades conceptuales con las que se enfrenta en la primera fase de la percepción espacial; le estamos proporcionando un instrumento más en su proceso de aprendizaje que le llevará hasta la fase de abstracción. Para el alumno las simulaciones le ofrecen un grado de interactividad que le permite variar la situación de lo que observa como quiera, buscando el punto de vista que le permita trabajar aquellos aspectos visuales que más le interesen.

La observación del espacio virtual creado, va acompañado de una ficha de trabajo con la que pretendemos crear en el alumno una actitud activa frente a la pantalla del ordenador. En estas fichas obligamos al observador a verbalizar y expresar gráficamente los resultados de su experiencia visual y cuyos objetivos son:

1. Familiarizarle con un vocabulario propio de los sistemas de representación.
2. Observar detenidamente el planteamiento que le hemos propuesto.
3. Mantener una actitud activa frente al problema resolviendo las cuestiones verbales que aparecen.
4. Realizar las representaciones gráficas que se pidan.
5. Comprobar y razonar las soluciones dadas.

El lenguaje escrito y gráfico es un procedimiento más que ayuda al razonamiento y por tanto de la conceptualización; a esto hay que añadir la experiencia personal de percepción para que el aprendizaje tenga un mayor éxito.

5. Etapa del proyecto de diseño asistido por computadora

Muchos docentes elaboran su propio material para emplearlo en clase de diferentes formas: apuntes, ejercicios, fichas de trabajo, fotocopias, etc... Para ello utilizan herramientas que conocen y dominan. Crear material educativo para ordenador supone aprender nuevos conocimientos y adquirir técnicas de trabajo distintas a las habituales, además de una inversión de tiempo para manejarlas satisfactoriamente.

Los aspectos más importantes que hemos tenido en cuenta, en el diseño de las actividades por ordenador, han sido los siguientes:

> El interfaz de comunicación que proponemos en el programa con el alumno hemos intentado que sea claro, conciso, que no provoque errores.

> El control del programa lo tiene el alumno quien está informado sobre los botones que aparecen en pantalla (responder a las distintas cuestiones, etc...)

> Para que no le resultara complicada su ejecución, se mantiene la sencillez y una cierta uniformidad en el diseño de pantalla (aparecen casi siempre las mismas teclas produciendo los mismos efectos). Proporcionamos un ambiente de seguridad y además hace que se mantenga la atención sobre los aspectos puramente educativos más que los operativos.

> El programa se utiliza con relativa facilidad, no son necesarios conocimientos de informática.

> En cuanto a la legibilidad de los textos, los mensajes son cortos y claros y no deben permitir doble interpretación.

> Los contenidos son adecuados al nivel de los alumnos; con una redacción clara. Incluso hemos valorado el diseño, el tamaño y el color de las letras para facilitar en la medida posible su lectura.

> Para cada tipo de actividad existe una única manera de responder y se mantiene uniforme a lo largo del programa.

> Los mensajes que informan al alumno sobre la valoración de una respuesta se presenta de forma inmediata, se trata de un mensaje corto, no ofensivo, de fácil interpretación y que se mantiene el tiempo que el alumno necesite para ser leído ya que es el propio alumno quien debe anularlo.

> El diseño de las pantallas, aunque es sencillo, si creemos que presenta el contenido de una forma adecuada, hemos apostado por la sencillez y la claridad para no caer en el error de pantallas muy densas, repletas de información o de

colores que puedan despistar o que no inviten al alumno a fijarse en ellas.

➤ Hemos sopesado la posibilidad de efectos sonoros y los rechazamos porque no teníamos claro que pudieran servir para aumentar la motivación del alumno y sí perjudicaría al resto de los compañeros aumentando el nivel sonoro de la clase y no favoreciendo la concentración.

➤ En cada cuestión, se informa al instante al alumno sobre sus aciertos y sus errores, apareciendo al final de forma confidencial el resultado fin.

6. La estructura del aprendizaje en el contexto de los sistemas CAD

Conesa Pastor, Julián
Universidad de Murcia Dpto. de Ingeniería Gráfica Paseo Alfonso XIII, 48,
E-30203, CARTAGENA. SPAIN Tel: (968) 325498 Fax: (968) 325435
Email: julian@plc.um.es
Company Calleja, Pedro
Universitat Jaume I Dpto. de Tecnología Campus de Penyeta Roja.
E-12071, CASTELLON, SPAIN Tel: (964) 345680-Ext. 4755 Fax: (964) 345646 Email: pcompany@tec.uji.es
Gomis Martí, José María
Universidad Politécnica de Valencia Dpto. de Expresión Gráfica en la Ingeniería.
Camino de Vera S/N. E-46022, VALENCIA. SPAIN Tel: (96) 3877000-Ext. 5140 Fax: (96) 3877519 Email: jmgomis@degi.upv.es

RESUMEN

La actualización de las herramientas utilizables en el ámbito de la ingeniería gráfica está propiciando una profunda reestructuración de las materias impartidas por el área de expresión gráfica en la ingeniería.

Tras unos años de asimilación, cualquier tecnología innovadora da paso a una etapa de expansión con relación al uso y desarrollo de sus posibilidades. Los sistemas CAD no han sido una excepción y su influencia ha tenido como consecuencias más interesantes: una reestructuración más o menos profunda de los programas de las asignaturas de primer ciclo, una mayor integración de nuestra área de conocimientos en el segundo ciclo de algunas Escuelas, y un nuevo dinamismo en los programas de tercer ciclo.

Sin embargo, su introducción no está siendo homogénea, por ello, en esta comunicación se contrastan las diferentes estrategias descritas por diferentes autores en relación con la adaptación y/o sustitución de los contenidos "clásicos" y la metodología de la incorporación de la nueva herramienta.

Palabras clave: *CAD, Docencia.*

1. RESEÑA HISTORICA

La implantación de los nuevos planes de estudios, caracterizados por la disminución de la incidencia de nuestra Área y por la aparición de nuevas tecnologías CAD, ha promovido distintas actitudes en nuestras Escuelas. Esta temática ha sido punto de discusión desde el I Congreso de Ingeniería Gráfica donde autores como Leiceaga [1] cuestionaban el futuro de nuestras enseñanzas en función de nuestra labor docente e investigadora, manifestando la necesidad de variar el clásico concepto de la Expresión Gráfica, en función del rápido crecimiento de computadores y lógical gráfico "… que sustituye a complejas transformaciones facilitando el trazado geométrico y modelado tridimensional, con mayor rapidez y precisión".

A nuestro entender, dos cuestiones fundamentales son objeto de debate:

¿Deben sustituirse los temarios clásicos de geometría descriptiva por la enseñanza del CAD?

En el caso de que optemos por la enseñanza CAD, ¿debemos dedicar horas a algún tipo de enseñanza teórica del CAD (tal como la explicación de los comandos de un programa comercial en concreto, o los fundamentos teóricos y matemáticos de los sistemas CAD en general)?

1.1 ¿Deben sustituirse los temarios clásicos de geometría descriptiva por la enseñanza del CAD?

Diferentes autores han propuesto tratar de aunar los saberes que aportan los conceptos tradicionales, con las habilidades que requieren las nuevas herramientas informáticas. Gómez-Elvira y otros[2], manifestaban que el CAD no es sino una forma de plasmar los conocimientos que adquirimos mediante la enseñanza tradicional, y que de ningún modo podría sustituir a la Expresión Gráfica, porque el estudiante debe manejarse en los distintos sistemas de representación más usuales en ingeniería (Diédrico, Planos Acotados y Axonométrico), garantizando un mínimo de visión espacial y de destreza operativa realizando sus ejercicios mediante las herramientas clásicas. El Dibujo Asistido por Ordenador debe ser implantado mediante asignaturas optativas para mejorar la formación del Técnico.

Urraza y otros [3] incluyendo entre sus temarios la geometría descriptiva, proponían la Enseñanza Asistida por Ordenador como herramienta de apoyo al impartir clases teóricas y prácticas, permitiendo una individualización adaptativa del alumnado.

En un enfoque distinto, Domínguez y otros [4] presentaban la utilización del CAD como un nexo de unión entre distintas disciplinas técnicas o no. Por tanto, según este planteamiento, el CAD no aparece como único contenido de una asignatura concreta sino como una herramienta de trabajo al igual que un procesador de texto o una hoja de cálculo. Manifiestan la importancia del croquis como medio inmediato de comunicación y toma de datos, siendo el CAD una posterior herramienta para archivado y precisión de los planos. De las asignaturas de Expresión Gráfica impartidas en las carreras técnicas el 50% del tiempo total está dedicado al CAD que comienza por representaciones en el plano (2D) para posteriormente representar cuerpos en el espacio.

En la misma línea, Álvarez y otros [5,6] proponían mínimas modificaciones en temas básicos de Sistemas de Representación sin que estos se viesen afectados al incluir nuevos temarios de CAD. También proponían no dedicar horas lectivas al Dibujo Geométrico y obligar al propio alumno a superar un programa informático que confirmase sus conocimientos geométricos. Dicho programa estaría compuesto por un módulo de CAD de manejo sencillo y de capacidades limitadas, un módulo de enseñanza que plantea los ejercicios, evalúa la solución dada y registra el resultado, y un módulo base de datos que crea y manipula los ficheros empleados por el módulo de enseñanza.

Desde una postura más favorable a la implantación masiva del CAD, diferentes autores, como Mendoza y otros [7], resaltando la necesidad de reducir los contenidos clásicos para introducir los conceptos teóricos mínimos y modificar la metodología para orientarla hacia a una mayor implantación del ordenador y la informática gráfica, sin olvidar la importancia del croquis como elemento fundamental de comunicación. Se plantean como objetivos generales los conocimientos que permitan resolver gráficamente los problemas a los que se enfrenta el diseñador, fomentar la capacidad de visión espacial y expresión plana, y contribuir a que el alumno se implique más por sí solo en el estudio y profundización de su formación.

Otros autores han resaltado la importancia de la destreza en la visualización y la profunda relación de esta con los sistemas para gráficos asistidos. Pérez y otros [8], aportaron un modelo que combina técnicas clásicas y CAD. Proponían mantener los aspectos esenciales del dibujo tradicional, pero evitando ejercicios rutinarios elementales, minimizando el aprendizaje de lenguajes de programación, incorporando las herramientas para el modelado de sólidos y maximizando las propuestas al alumno asignándoles trabajos abiertos. Se pretendía entrenar la capacidad de croquización en las primeras etapas, y el CADD en la realización de trazados precisos.

Uno de los autores de la presente ponencia [9], también proponía en 1990 reducir los contenidos de geometría descriptiva, para permitir la introducción de la delineación asistida (CADD), alegando que "... parece razonable enseñar el mínimo número de métodos lo más generales posibles (que sean válidos siempre), y la forma de aplicarlos a cada situación; antes que muchos métodos específicos (que sean los mejores en algún caso)". Pero, además, se hacía eco de opiniones más extremas, como la de Lamit [10], según las cuales "...con la introducción del CAD en 3D en el aula, es cuestionable tanto la necesidad de la geometría descriptiva como de las proyecciones ortográficas. Si se enseña al futuro ingeniero/ diseñador como modelar, la necesidad de dichas materias puede disminuir o ser eliminada".

No era una propuesta aislada, Lorimer y otros [11] asumieron completamente la conveniencia de introducir el CAD y presentan su experiencia de cómo convirtieron en 1990 un curso tradicional (con unos 300 estudiantes por año) en un curso íntegramente realizado utilizando dibujo por ordenador. Además de ello, presentan recomendaciones sobre elección de equipamiento (que han quedado obviamente obsoletas), y también hacen interesantes recomendaciones sobre fallos típicos en la enseñanza del CAD. Leach y otros [12] proponían en 1992 una reforma de los cursos fundamentales de gráficos de ingeniería dirigidos hacia el modelado tridimensional. Resaltando como tema fundamental de los gráficos de ingeniería la visualización, que no describen como una materia de enseñanza sino como una capacidad que debe desarrollarse y pulirse en etapas. Además, reconocen al computador como una herramienta capaz de facilitar el aprendizaje. De igual forma no olvidan otros temas de importancia en los gráficos de ingeniería como son las normas y convencionalismos que consideran que deben ser profundamente abordados en nuestros temarios.

Teske se suma en [13] a la mayoría que ha decidido abandonar la tradicional enseñanza de la geometría descriptiva a favor de las técnicas de modelado asistidas por ordenador. Argumenta que las nuevas técnicas permiten un análisis tridimensional de los modelos sustituyendo así la clásica geometría descriptiva que abordaba un problema 2D. De igual forma resalta la necesidad de bocetos a mano para la documentación de ideas y conceptos. Destaca como conceptos fundamentales: boceto geométrico, visualización espacial, modelado sólido, secciones, tolerancias y escalas. Mediante dicha programación y siempre ayudados por el ordenador plantea como objetivos de su metodología: comprensión de proyección ortográfica y desarrollo de habilidades en visualización e interpretación 3D (razonando ante la pantalla el porqué de la determinación de ángulos, verdaderas magnitudes y proyecciones ortográficas). Su estructuración se basa en minimizar el coste del aprendizaje del estudiante, y facilitar la integración de gráficos y programas. Todo temario es abarcado mediante programas tutoriales realizados por el profesor y ayuda impresa de la explicación de cada uno de los temas.

Bidanda y otros [14] resaltaron la necesidad de utilizar el ordenador como una herramienta fundamental para la enseñanza, destacando su capacidad de comunicación interactiva y la ayuda que supone para la enseñanza de la capacidad de visualización. Portillo y otros [15] presentaron una ponencia referente a su línea actual de trabajo mostrando las ventajas que nos ofrecen la utilización de sistemas CAD, para la obtención de trazados exactos, y para permitir el ensayo de modelos en un mundo tridimensional, evitando la realización de prototipos costosos. Toogood[16] expone un programa en el que resalta como objetivos fundamentales de la enseñanza el desarrollo de las habilidades de la visualización, la croquización, normativa y convencionalismos e introducción al análisis de estructuras alámbricas, superficies y modelado.

Haciendo referencia a otros ámbitos territoriales, Espíndola[17] presentaba hace dos años una incorporación masiva del CAD en la universidad Chilena de Valparaíso (Universidad Técnica Federico Santa María), reflejando un cambio desde la "Era Bidimensional" consistente en utilización de comandos en lugar de las herramientas clásicas, hacia una "Era Multidimensional" que nos introduce en una época de diseño y proceso creativo con programas de modelado que produce la generación casi automática de los planos bidimensionales.

Por último, desde otras disciplinas, no se entra en la polémica de sí el CAD debe introducirse en lugar de la Geometría Descriptiva, o además de ella. Pero, en cualquier caso se detecta la carencia en formación básica de CAD. Así, Trautner[18] plantea la necesidad de un aumento de la educación en el diseño asistido por ordenador. Lamenta que muchos temarios han sacrificado los gráficos o dibujos de ingeniería del nivel primario por cursos adicionales de puras matemáticas, y que, en consecuencia, los estudiantes llegan a los cursos de diseño de estructuras sin conocer los fundamentos del modelado geométrico. Fundamentos que son requisito imprescindible para utilizar las herramientas CAD de análisis del comportamiento (tales como los programas de análisis por Elementos Finitos).

1.2 ¿Debemos dedicar horas a algún tipo de enseñanza teórica del CAD?

Se han descrito diferentes experiencias. En un extremo están quienes suscriben la opinión de que no es necesario ningún tipo de enseñanza teórica. Así, un grupo de trabajo formado por profesores de las universidades de Oviedo y Politécnica de Madrid presentaron una comunicación [19] en la que exponían su convencimiento de la ineficacia de impartir clases teóricas sobre la parte práctica de la materia. Si bien admiten la necesidad de impartir al menos unas nociones básicas sobre la forma general de operar de los programas. Para ello, apoyan la utilización de la Enseñanza Asistida por Ordenador (EAO); por lo que exponen la necesidad de crear un programa con las siguientes ideas generales: capacidad de presentación de gráficos y texto gestionadas por archivo guion, gestión programable de datos introducidos por el alumno, simulación de respuesta del programa, y control remoto desde el puesto del profesor.

Leach y otros [20] presentaron la programación de un curso de gráficos de ingeniería basado en su convencimiento de la necesidad de involucrar a los estudiantes en aspectos eminentemente prácticos de su profesión. Como objetivos planteaban: experimentar una aplicación innovadora, desafiante y realista del diseño; integrar la experiencia en los gráficos de ingeniería para fabricación, dibujo de detalle, de ensamblaje, tolerancia y representación gráfica de datos; comprender el proceso de diseño y el concepto de ingeniería concurrente; practicar el diseño social y ambientalmente responsable; realizar una metodología para generar ideas de proyecto de diseño dentro de un equipo de medio ambiente, y desarrollar y utilizar las habilidades personales dentro de un equipo. Su metodología se fundamentaba en la creación de grupos de trabajo dirigidos por un miembro de estos, que informaba a un profesor tutor del desarrollo del proyecto. La experiencia surgida es evaluada como positiva por los autores Morer y otros presentaron en [21] un conjunto de trabajos realizados por grupos de alumnos de la Escuela Superior de Ingenieros Industriales de San Sebastián, que dirigidos por un profesor debían enfrentarse a la necesidad de manejar varios manuales de programas comerciales. Mediante dicha metodología se pretendía establecer una motivación del alumno y un planteamiento más práctico de sus estudios.

En algunas Escuelas, apoyando la necesidad de enfatizar la enseñanza del CAD y su directa relación con el desarrollo de la capacidad de visualización, elaboraron programas para estimular estas enseñanzas. Por ejemplo, Sorby y otros [22] movidos por la importancia de los problemas de visualización en la ingeniería, desarrollaron un curso apoyado por el ordenador, y dirigido a ingenieros noveles, para reforzar las habilidades de visualización espacial.

En el extremo contrario, entre los autores partidarios de impartir conocimientos teóricos, también existen diferencias. Para ilustrar las tendencias más importantes se puede citar el ejemplo de Otero y otros [23], quienes haciendo prevaler el "modo programador" al "modo usuario" establecieron un programa CAD fundamentado en dos bloques: análisis de subrutinas de programas de dibujo y funcionamiento teórico de AutoCad. Las carencias de conocimientos en programación obligaron a prolongar el tiempo del primer bloque y reducir los capítulos del segundo. Ante esta situación, en un segundo año, basaron la enseñanza en el "modo usuario" para AutoCad, utilizando

AutoLISP para reforzar los recursos de metodología de la programación. Muniozguren y otros [24] relatan las experiencias acontecidas durante un curso de CAD La asignatura era impartida dividida en dos grandes bloques, teórico destinado al conocimiento de los fundamentos de las técnicas CAD, y práctico subdividido en dos partes, una teórica dedicada a la explicación de comandos AutoCad, y una práctica que consiste en la realización de seis ejercicios. Las cuatro primeras prácticas eran realizadas simultáneamente por todos los alumnos, siguiendo las órdenes del profesor que ejecutaba pausadamente los comandos necesarios disponiendo de una pantalla de cristal líquido y un retroproyector. También Álvarez y otros [6] dedican un primer mes a la enseñanza teórica de CAD. Las prácticas de obligado cumplimiento se realizan fuera de las horas lectivas. La gestión de dichas prácticas es realizada mediante un programa encargado de controlar la asistencia, controlar el trabajo individual y proteger el trabajo. La evaluación propuesta se basaba en un examen teórico tipo test y la corrección de las prácticas realizadas durante el curso evaluado mediante un programa de ordenador.

Los planteamientos más extremos en la línea de apoyar la inclusión de conocimientos teóricos son consecuencia de la integración de las asignaturas de delineación y modelado en el marco más amplio del *Diseño* asistido. Así, Ault publicó [25] el resumen de un curso de graduado de diseño asistido por ordenador para estudiantes de ingeniería mecánica interesados en optimización y fabricación. Mediante dicho curso pretendían enfatizar los fundamentos teóricos y matemáticos usados por los sistemas CAD que en virtud de las mejoras de los ordenadores disponibles, han permitido el manejo de entidades geométricas complejas. Como temas fundamentales del curso se distinguen: curvas y superficies paramétricas, modelados CSG y BRep, y estructuras de datos. En la misma línea, Bidanda y otros [14] elaboraron un curso de CAD en el que se impartieron sesiones teóricas fundamentadas en los principios del CAD, diseño, estructuras de bases de datos, etc. y sesiones de laboratorio reservadas para aprender los programas particulares de CAD. Su objetivo era enseñar los conceptos básicos comunes a todos los sistemas, más que los detalles complicados de un programa particular. El curso finalizaba mediante la presentación de un trabajo final real realizado para alguna empresa u organización.

2. TENDENCIAS ACTUALES

En una recapitulación de los aspectos especialmente resaltados en los artículos anteriormente comentados es posible clasificar los distintos criterios seguidos en unas pocas tendencias generales.

En primer lugar, nadie parece dudar de la necesidad de continuar enseñando las normas de dibujo. Aunque sí se han recogido diferentes opiniones sobre la necesidad de *actualizar* algunos aspectos "tradicionales" del dibujo normalizado. Del mismo modo, la formación referente a la croquización (dibujo sin instrumentos, que permite obtener figuras aproximadas) es compartida tanto por aquellas Escuelas que defienden los modelos clásicos, como por aquellas otras que defienden una enseñanza CAD.

La necesidad de enseñar geometría descriptiva y la forma de enseñar CAD si que presentan discrepancias importantes que tratamos de resumir a continuación.

2.1. Enseñanza de la geometría descriptiva.

Dentro de las controversias referidas a la continuidad de la enseñanza de la geometría descriptiva, es posible agrupar el conjunto de ideas manifestadas en tres tendencias.

Continuar enseñando la geometría descriptiva en la expresión gráfica, constituyendo el núcleo de nuestras enseñanzas. Los temarios deben mantenerse en su totalidad, o incorporando mínimas modificaciones que permitan dedicar un tiempo muy limitado a la enseñanza del CAD. Mantener la necesidad de realizar ejercicios mediante las herramientas clásicas. Para incorporar la nueva tecnología CAD, proponen la aparición de asignaturas optativas propias de dicho temario o la realización de prácticas obligatorias en tiempos fuera del horario lectivo.

Reducir de los temarios clásicos de la expresión gráfica, manteniendo los aspectos esenciales de la enseñanza tradicional y evitando ejercicios rutinarios y promoviendo la enseñanza de métodos lo mas generales posibles, huyendo de métodos particulares. Esta reducción de temarios, permitiría una mayor implantación de los sistemas CAD que por otra parte, se consideran como especialmente válidos para facilitar la habilidad en la visualización. Apoyan una enseñanza que combinen métodos CAD, croquización y visualización como bases fundamentales de la expresión gráfica.

Eliminar por completo la geometría descriptiva de los temarios de la expresión gráfica, a favor del diseño asistido por ordenador. Proponer una incorporación masiva del CAD, combinado conceptos fundamentales de modelado geométrico, visualización, croquización, normalización y convencionalismos. Para paliar posibles defectos en la enseñanza de la geometría clásica se proponen métodos tales como cursos de verano u obligar al alumno a superar pruebas de autoevaluación implementadas mediante programas informáticos (Enseñanza Asistida por Ordenador).

En virtud de los artículos referidos, nos atrevemos a presentar una valoración cualitativa de los niveles de aplicación de las tres tendencias descritas. Obviamente, la valoración carece de rigor estadístico, y su único valor es el de mostrar las tendencias de las *comunicaciones*; las cuales no tienen que coincidir con las tendencias en las *actuaciones*. Cabe destacar, no obstante, que en aquellos pocos casos en que hemos podido consultar los programas impartidos en diferentes universidades [16, 26, 27] esta tendencia parece confirmarse.

Como conclusión, creemos importante resaltar que la opción de mantener íntegros los temarios de geometría descriptiva y confinar al CAD a cursos complementarios es claramente minoritaria. También entendemos que es importante el hecho de que los autores que defienden la eliminación de los temarios clásicos de geometría descriptiva a favor de una masiva incorporación del CAD provienen mayoritariamente de la escuela americana. Tal actitud parece concordante con la postura clásica de la escuela americana, que siempre se ha caracterizado por una orientación más práctica de la enseñanza de los Gráficos de Ingeniería.

2.2. Metodologías en la enseñanza CAD.

Entre quienes apuestan por la necesidad de enseñar CAD, no existen discrepancias en cuanto a la necesidad de impartir clases prácticas. Pero si se aprecian diferencias importantes de criterio en cuanto a las clases de teoría de CAD. Podemos diferenciar tres tendencias en la consideración de la necesidad de algún tipo de clases teóricas:

⌨ Convencimiento de la ineficacia de impartir clases teóricas. El planteamiento más extremo de esta postura propone que sea el propio alumno quien seleccione el programa comercial a utilizar en la parte práctica de la materia, y que consulte la bibliografía propuesta por el profesorado.

⌨ Necesidad de una explicación teórica básica *orientada a usuario*, que debe realizarse enfocando a un determinado programa comercial que dote al alumno de un mínimo conocimiento de los comandos a ejecutar. Si hubiera tiempo, dicha explicación podría verse completada por temarios teóricos propios de CAD que permitan el conocimiento de los fundamentos básicos de dichas técnicas, o bien, mediante el conocimiento de la programación de pequeñas tareas comunes a diversos programas comerciales. Es decir, se considera necesaria una explicación teórica de la parte práctica de la asignatura, pero se considera superfluo que el alumno conozca los fundamentos "informáticos" de los sistemas CAD.

⌨ Presentar una teoría más amplia. En general se considera apropiada la teoría *orientada a programador*, en la que se estudian los fundamentos teóricos y matemáticos usados por los sistemas CAD.

Los planteamientos más extremos en esta línea apoyan la inclusión de conocimientos teóricos dedicados a enfatizar la integración de las asignaturas de delineación y modelado en el marco más amplio del *Diseño* asistido. Según este planteamiento, si pretendemos implantar el CAD en nuestra docencia, no podemos considerar a este como una simple herramienta de dibujo que por exactitud y comodidad sustituya a las herramientas clásicas. En una concepción amplia del CAD existen conceptos de gran importancia como el modelado, la representación realista ("renderizado"), y la geometría paramétrica que no pueden ser excluidos de los temarios por su incidencia directa en el diseño. Se trata de plantearnos si nuestras actuaciones docentes están dirigidas hacia una definición del CAD como *"Diseño asistido por ordenador"*, o simplemente como *"Dibujo asistido por ordenador"*.

En ambos casos se considera innecesaria cualquier formación teórica sobre el manejo de un programa concreto. No obstante, en casos extremos, para paliar la dificultad a la que se pueden enfrentar los estudiantes no familiarizados con los programas CAD, se proponen pequeñas presentaciones del software a utilizar o bien establecer un sistema de enseñanza autodidacta EAO.

A partir del análisis comparativo entre las tendencias comentadas con anterioridad y se advierte una clara mayoría que tiende hacia una enseñanza que apoya la ineficacia de la explicación teórica de la parte práctica de la materia, estando en este caso tal tendencia apoyada fundamentalmente por las escuelas españolas.

3. NUESTRAS ESCUELAS

La implantación del CAD en nuestras Escuelas así como la necesidad de la adaptación de los nuevos planes de estudios, nos ha llevado a la generación de programas que han tenido que ser revisados progresivamente. Un condicionamiento a priori, era la existencia separada de asignaturas (o partes de asignatura) de Expresión Gráfica con contenidos "clásicos" y asignaturas (o partes) de CAD. La bondad o maldad de dicha separación aún no ha podido ser contrastada.

En cuanto al método de implantación del CAD, inicialmente seguimos (según la errónea estrategia impuesta por criterios comerciales) el enfoque de dichas asignaturas hacia el manejo de un programa CAD particular. Esto significaba emplear un número determinado de horas teóricas para la explicación de una herramienta eminentemente práctica. Actualmente queda de sobra demostrado a nuestro parecer, la ineficacia de dicha dedicación teórica.

3.1 Antecedentes del CAD en nuestras Escuelas

En nuestras Escuelas, la implantación de los nuevos planes se saldó con la aparición de asignaturas, de reducido número de créditos, que incluían en los temarios clásicos de años anteriores conceptos nuevos relacionados con el CAD. Ante esta situación, optamos por proponer un programa teórico en el que sin abandonar los temas docentes exigidos en la enseñanza, se nos permitiese tratar los principios generales del CAD introduciendo pequeños apéndices basados en AutoCad.

Dichas asignaturas repartían los créditos destinados a la enseñanza de la materia especificada entre los contenidos clásicos (un 60-80 %) y el resto que se dedicaba a prácticas referidas al temario abarcado entre dos clases prácticas y realizadas mediante las herramientas clásicas y posteriormente mediante ordenador.

Los resultados obtenidos no fueron muy complacientes. La extensa materia programada para un cuatrimestre motivó que los temas relacionados con CAD fuesen imposibles de abordar. Dicho en otras palabras, rápidamente llegamos a la conclusión de que en las asignaturas de Expresión Gráfica, que ya poseen por sí mismas temarios lo suficientemente extensos, no pueden mantenerse los temarios clásicos y, además, añadir pequeños apéndices de CAD. Por ello fue necesario hacer una nueva reconstrucción de dichos temarios que, dada su extensión, debimos reducir a las cuestiones que consideramos primordiales para la resolución de problemas gráficos aplicando métodos generales y huyendo de las particularidades.

Tras estos resultados, en años posteriores, intentamos ofertar a modo de prueba asignaturas optativas de Dibujo Asistido por Ordenador (que fueron muy bien acogidas por los alumnos). Dado que el temario consistía básicamente en el manejo del programa AutoCad, conseguimos que los alumnos matriculados en dicha asignatura conozcan y sean capaces de manejar esta herramienta a modo delineante, pero dudamos que este sea la finalidad de una asignatura dedicada al Dibujo Asistido por Ordenador.

La situación cambiante de los últimos seis años nos ha llevado a un estado actual en el que, en nuestras Universidades, existen asignaturas vinculadas al CAD en las titulaciones que se detallan en la tabla

3.2 Propuestas de Programas y Metodologías

En primer lugar, y frente a ciertas posturas que consideran innecesaria una docencia teórica relacionada con la introducción del CAD, debemos remarcar que nosotros sí consideramos necesaria tal componente teórica. No obstante, consideramos que es condición indispensable para que tal enseñanza teórica tenga interés, la introducción del necesario nivel de abstracción. Es decir, que no debemos enseñar comandos concretos de sistemas particulares. Por el contrario, debemos introducir aspectos generales de eficiencia y fiabilidad en la utilización de un sistema CAD.

A modo de ejemplo, podemos señalar que no parece correcto dedicar ninguna explicación teórica a pormenorizar la forma en la que un sistema concreto *agrupa* las primitivas gráficas (capas, niveles, células, bloques, segmentos, etc.). Parece más oportuno enseñar al alumno una clasificación de las diferentes formas de agrupamiento (indicando las ventajas y los inconvenientes de cada una), para darle a continuación un *criterio para elegir* la forma más apropiada en cada momento, en función de la utilidad que se pretenda obtener de dicho agrupamiento (controlar la visualización, aplicar una transformación, reutilizar una figura, etc.).

Siguiendo con el ejemplo, si la asignatura permite ahondar más en las posibilidades de los sistemas CAD, el siguiente paso en la enseñanza teórica del concepto de agrupamiento sería la introducción de criterios de jerarquización de los diferentes grupos gráficos. Con el objetivo último de introducir en el alumno la idea de que un sistema CAD permite gestionar el diseño en su conjunto, y que, por lo tanto los agrupamientos deben hacerse con criterios de diseño y no de delineación. Es decir, que agrupar las primitivas sólo con un criterio de colores, tipos de línea, o cualquier otro aspecto "visual", significa desaprovechar las posibilidades de gestión de diseños de los sistemas CAD. A modo de ilustración de este concepto, referimos la publicación [28] en la que se normaliza la utilización de capas en los planos de edificación.

En cuanto a los contenidos detallados de los programas propuestos, los autores de la presente ponencia presentamos en puesta en común, los programas mantenidos en las asignaturas de CAD impartidas en nuestras respectivas escuelas [29, 30, 31]. Mediante dichos programas dejamos patente nuestra programación y metodología. Desde nuestra experiencia actual, consideramos que es especialmente importante no olvidar, que los temarios deben basarse en programas de diseño generales y en ningún momento particularizar sobre la base de un único sistema comercial. Será el propio alumno quién en la realización de las prácticas seleccione el sistema que le resulte más adecuado y aprenda a utilizarlo mediante la utilización de manuales y bibliografía recomendada. Es obvio que la principal dificultad de este planteamiento reside en que requiere contar con diferentes sistemas CAD de distintas gamas (por ejemplo, AutoCad, MicroStation, Pro/Engineer, etc.).

Por último, cabe resaltar que en los programas que proponemos se puede observar que para uniformizar nuestras propuestas, y dada la diversidad de titulaciones que se ven vinculadas con el CAD, hemos creído oportuno realizar dos programas de asignaturas "estándar", que podrían resultar consecutivos el uno del otro. Un primer bloque básico a impartir en aquellas asignaturas que no superen los 5 créditos de formación y un segundo bloque para asignaturas de intensificación y/o para la segunda parte de asignaturas de más de 5 créditos.

4. CONCLUSIONES

La integración del CAD en las enseñanzas técnicas se está produciendo de forma bastante desigual y a diferentes niveles.

Por una parte, coexisten las dos situaciones extremas de no utilizar en absoluto el ordenador ó utilizar sólo el ordenador. Aunque la situación más habitual es la de "confinar" la utilización del ordenador en asignaturas específicas (típicamente denominadas "CAD"), mientras se mantiene el empleo de instrumentos "clásicos" en las prácticas de las asignaturas con estructura "clásica".

Por otra parte, cuando se introduce el ordenador, se hace desde planteamientos muy distintos:

Como mero "asistente" en prácticas de aprendizaje de geometría descriptiva y/o delineación de planos normalizados. Es decir, a modo de "máquina" para autoaprendizaje de aspectos básicos de la disciplina (tales como encontrar la intersección de una recta y un plano, o decidir sobre un grupo de cotas).

Con la intención de formar expertos delineantes electrónicos. Capaces de sacar el máximo rendimiento a un sistema CAD 2D concreto (e incluso a una versión concreta). Para crear en los alumnos la capacidad de modelar 3D, con fin a definir prototipos virtuales que sirvan como datos de entrada para los potentes sistemas de análisis del comportamiento empleados en otras disciplinas (cálculo por Elementos Finitos, estudio de las operaciones de fabricación, etc.).

Tanto la primera como la tercera de las alternativas descritas son las menos habituales. Quizá porque ambas requieren software de difícil disposición. En el primer caso debido a que no existe software comercial adaptado a las necesidades docentes universitarias (y, en consecuencia, hay que generar dicho software de forma "artesanal") y en el tercer caso porque los sistemas CAD 3D con capacidades avanzadas para modelado aún son caros (aunque están comenzando a introducirse masivamente en nuestras universidades).

Por su parte, la segunda alternativa nos lleva a un callejón sin salida: los créditos disponibles son absolutamente insuficientes para formar al alumno en los aspectos clásicos de la disciplina (geometría descriptiva y planos normalizados), al tiempo que se le enseña también a utilizar un nuevo y complejo instrumento de delineación y/o modelado.

Por último, nos parece importante recordar que, a nuestro entender, son dos los obstáculos más grandes para la correcta integración del CAD en nuestra docencia. El primero es lo difícil (y caro) que es disponer de aulas informáticas en condiciones. En éste sentido, el abaratamiento tanto de los ordenadores como de los sistemas CAD de gamas media y alta están eliminando la dificultad. El segundo problema es la falta de textos de referencia que enseñen los conceptos generales del CAD, sin caer en una excesiva pormenorización o contextualización de un software concreto, ni tampoco en conceptos que tan sólo resulten útiles a quienes tienen que "diseñar" nuevos sistemas CAD.

5. BIBLIOGRAFÍA

1. Leiceaga, J.A. "La Expresión Gráfica y el Computador" Actas de **Primeras Jornadas de Expresión Gráfica en la Ingeniería**, pags. 95-115, (1989). Gómez-Elvira, M.A., Pascual, J.L. Puerta, F. y San Antonio, J.C. "Dibujo tradicional y dibujo asistido por ordenador, ¿Incompatibles o complementarios?", Actas del **VIII Congreso Internacional de Ingeniería Gráfica**, pags. 109-121, (1996). Urraza, G. y Zorrilla, E. "Un modelo de Enseñanza Asistida por Ordenador en la Expresión Gráfica en la Ingeniería" Actas del **III Congreso de Expresión Gráfica en la Ingeniería**, pags. 1-20, (1991). Domínguez, J. Jiménez, J.L. Marcos, F. Martínez, A. Merino, J. Recio, M.D. Rincón, E. y Rivera, I. "Integración del CAD como herramienta activa de diseño en la Enseñanza Universitaria" Actas del **VII Congreso Internacional de Ingeniería Gráfica**, pags. 155-169, (1995). Álvarez, P.I. Morís, G. Álvarez, R. y García, R. "Sistema de aprendizaje de dibujo geométrico basado en un programa de CAD no comercial" Actas del **IV Congreso de Expresión Gráfica en la Ingeniería**, pags. 29.1-29.14, (1992). Álvarez, R. Álvarez, P.I. García, R. y Morís, G. "Organización de prácticas de Dibujo Asistido por Computador" Actas del **III Congreso de Expresión Gráfica en la Ingeniería**, pags. 1-15, (1991). Mendoza, E. García, M. y Sigut, V. "Integración de las técnicas de diseño asistido por ordenador en la docencia

del Dibujo Técnico", Actas del **VIII Congreso Internacional de Ingeniería Gráfica**, pags. 405-418, (1996). Pérez, M. González, L. Bouza, J.B. y Leiceaga, J.A. "Aprendizaje Visual por etapas" Actas del **IV Congreso de Expresión Gráfica en la Ingeniería**, pags. 32.1-32.21, (1992). Company, P. "Una propuesta de lógical como soporte a la Docencia de la Expresión Gráfica" Actas del **II Congreso de Expresión Gráfica en la Ingeniería**, págs. 1-15, (1990). Lamit, G. And Page, V. "The Influence of CADD on Teaching Traditional Descriptive Geometry and Orthographic Projection". **Advanced Computer graphics (Proceedings of Computer Graphics Tokyo'86)**. T. Kunii (Editor). Ed. Springer Verlag, 1986. Lorimer, W.L. y Lieu, D.K. "Hardware, software, and curriculum decisions for engineering graphics instruction using CAD" **Engineering Desing Graphics Journal**, Vol. 56, No. 1, pp 14-21, (1992). Leach, J.A. y Matthews, R.A. "Utilization of solid modeling in engineering graphics courses" **Engineering Desing Graphics Journal**, Vol. 56, No. 2, pp 5-10, (1992). Teske, C.E. "Freshman engineering graphics and the computer" **Engineering Desing Graphics Journal**, Vol. 56, No. 3, pp 5-10, (1992). Bidanda, B. Shuman, L.J.y Puerzer, R. "On teaching computer aided desing concepts to industrial engineers" **Engineering Desing Graphics Journal**, Vol. 56, No. 2, pp 11-18, (1992).

2. Portillo, P. y De Andrés, J.R. "El modelado de sólidos como ayuda al Diseño Industrial" Actas del **V Congreso Internacional de Expresión Gráfica**, pags. 173-183, Diseño Industrial Tomo II (1993).

3. Toogood, R.W. "Engineering Graphics and Design. Curse contents"

4. **http://www.mece.ualberta.ca/Courses/mec265/265outln. htm**, nov. 1997.

5. Espíndola, R. "La enseñanza del CAD: del Dibujo Técnico al diseño paramétrico", Actas del **VIII Congreso Internacional de Ingeniería Gráfica**, pags. 651-664, (1996).

6. Trautner, J. J. "Integrating geometric modeling into computer aided structural engineering courses" **Engineering Desing Graphics Journal**, Vol. 56, No. 1, pp 9-13, (1992).

7. Álvarez, R. Flórez, A. y González, A. "Enseñanza práctica del CAD asistida por Computador" Actas del **VII Congreso Internacional de Ingeniería Gráfica**, pags. 33-39, (1995).

8. Leach, J.A. Rajai, M.R. "Engineering graphics in desing education: a proposed course based on a developed concept" **Engineering Desing Graphics Journal**, Vol. 59, No. 1, pp 5-11, (1995).
9. Morer, P. Gurruchaga, J.M. López, Y. Gómez, J. y Alberdi, R. "Implantación de las nuevas tecnologías en la Enseñanza de Expresión Gráfica: Ejemplos de modelización y animación de mecanismos" Actas del **VII Congreso**
10. **Internacional de Ingeniería Gráfica**, pags. 323-337, (1995).
11. Sorby, S.A. y Baartmans, B.J. "A course for the development of 3-D spatial visualization skills" **Engineering Desing Graphics Journal**, Vol. 60, No. 1, pp 13-20, (1996).
12. Otero, C. Oti, J. y Villar R. "Diseño Asistido por Ordenador en la E.P.S. de Santander" Actas del **II Congreso de Expresión Gráfica en la Ingeniería**, pags. 1-17, (1990).
13. Muniozguren, J. Arias, A. y Vallejo, J. "Experiencia curso de CAD" Actas del **IV Congreso de Expresión Gráfica en la Ingeniería**, págs. 34.1-34.15, (1992).
14. Ault, H. K. "Development of a graduate course in computer-aided geometric desing" **Engineering Desing Graphics Journal**, Vol. 55, No. 3, pp 27-32, (1991).
15. Dpto. de Expresión Gráfica, Diseño y Proyectos, Universidad de Málaga. "Programas de Expresión Gráfica". **http:// egservidor.cpii.uma.es/Asignaturas.htm**. Feb. 1998.
16. Dpto. de Ingeniería de Diseño y Fabricación, Universidad de Zaragoza. "Programas de Expresión Gráfica". **http://www. unizar.es/EUITIZ/areas/arexpgra/arexpgra.htm.** Feb. 1998
17. Scheley, M., Buday, R., Sanders, K. And Smith, D.K. (editors). "CAD Layer Guidelines". **American Institute of Architects. (AIA Press)**, Second edition, 1994.
18. Dpto. de Ingeniería Gráfica, Cartográfica y de Proyectos, Universidad de Murcia. "Programas de Expresión Gráfica". **http://www.plc.um.es/**
19. Dpto. de Tecnología, Universitat Jaume I. "Programas de Expresión Gráfica" **http://www.tec.uji.es,** Feb. 1998
20. Dpto. Expresión Gráfica en la Ingeniería, Universsdad Politécnica de Valencia. "Programas de Expresión Gráfica". **http://www.upv.es/info/degi**, Feb. 1998.

7. La enseñanza del Diseño Asistido por Computadora (CAD)

1) Introducción

La incorporación de la computadora en la educación básica en el proceso de enseñanza-aprendizaje, en un abanico de recursos útiles y necesarios para la práctica del dibujo por medio de la computadora que sustituye el restirador, escuadras lápices, estilógrafos y los obstáculos y limitaciones para su realización, con las tediosas tareas de trazos, borrones, manchones de tinta, el empezar un nuevo plano al requerirse ajustes o modificaciones en el diseño original. Con el consecuentes dolores de cabeza y espalda ante los cambios inesperados.

El dibujo por computadora permite ordenar y procesar la información conforme a las características del diseño de una pieza mecánica o una planta arquitectónica. Una vez realizado, es archivado para ser utilizado las veces que sea requerido, modificarlos en un sin número veces y nuevamente guardarlo o de ser necesario imprimirlo.

Igual que ha sucedido con los procesadores de texto y la máquina de escribir, el diseño asistido por computadora (CAD) ha acabado con las mesas de dibujo, el papel y las reglas.

En este capítulo se menciona el dibujo asistido por computadora desde sus inicios hasta este momento.

Como es evidente el impacto en los avances de las computadoras a través de softwares que son aplicados en la enseñanza dentro de la educación que han propiciado una mayor interacción entre aprendizaje-docente-alumno ocupa un lugar importante en la impartición del dibujo por computadora que permite ubicar su espacio geométrico al inicio tienen dificultades al realizar en una simple hoja de papel. A partir de ese momento surge el concepto de "Diseño Asistido por Computadora" (CAD-Computer Aided Design), representa el conjunto de aplicaciones informáticas que permiten a un diseñador "definir" el producto a fabricar.

En un programa de delineación y dibujo de detalle 2D y diseño 3D utilizado por la mayoría de diseñadores y proyectistas en el mundo entero. Uno de los más utilizados el **AutoCAD** diseñado por Autodesk, debido a su gran número de funciones y mejores que se le han presentado a través de todos sus actualizaciones.

La evolución del CAD incluirá la integración aún mayor de sistemas de realidad virtual, que permitirá a los diseñadores interactuar con los prototipos virtuales de los productos mediante la computadora, en lugar de tener que construir costosos modelos o simuladores para comprobar su viabilidad. También el área de prototipos rápidos es una evolución de las técnicas de CAD, en la que las imágenes informatizadas tridimensionales se convierten en modelos reales empleando equipos de fabricación especializada, como por ejemplo sistema de control numérico computarizado (CNC), la llamada manufactura asistida por computadora (CAM). Que actualmente se ha fusionado se le conoce como "CAD/CAM". Que en su momento se mencionara con más detenimiento. Solo no avocaremos al dibujo asistido por computadora.

Gracias a la facilidad de obtener una computadora personal, cualquier persona puede utilizar el AutoCAD como una forma de comunicar ideas. AutoCAD se convirtió en una herramienta que todos pueden obtener y usar.

a) Ventajas del AutoCAD.

La versatilidad del sistema lo ha convertido en un estándar general, sobretodo porque permite:

- Dibujar de una manera ágil, rápida y sencilla, con acabado perfecto y sin las desventajas que encontramos si se ha de hacer a mano.
- Rápida producción de dibujos.- Un dibujo en AutoCad es más rápido que un dibujo en el restirador.
- Mayor precisión en los dibujos.- En el dibujo convencional la precisión depende de la habilidad y vista del dibujante y los lápices utilizados. Un dibujo en AutoCad tiene una posición exacta, en cualquier parte del dibujo se amplia para mostrar con todo detalle y altamente precisos.
- No se requiérela repetición de dibujos.- Una vez realizado, este puede ser archivado, para ser utilizado en el futuro cuando se requiera realizar otro con características similares, puede ser llamado para copiarlo o modificarlo según sea requerido.
- Permite intercambiar información no solo por papel, sino mediante archivos, y esto representa una mejora en rapidez y efectividad a la hora de interpretar diseños, sobretodo en

el campo de las tres dimensiones. Con herramientas para gestión de proyectos podemos compartir información de manera eficaz e inmediata. Esto es muy útil sobretodo en ensamblajes, contrastes de medidas, etc.

📖 Es importante en el acabado y la presentación de un proyecto o plano, ya que tiene herramientas para que el documento en papel sea perfecto, tanto en estética, como, lo más importante, en información, que ha de ser muy clara. Para esto tenemos herramienta de acotación, planos en 2D a partir de 3D, cajetines, textos, colores, etc...

Un punto importante para AutoCAD es que se ha convertido en un estándar en el diseño por ordenador o computadora debido a que es muy versátil, pudiendo ampliar el programa base mediante programación (Autolisp, DCL, Visual Basic, etc.).

8. Las teorías cognitivas del aprendizaje y el AutoCad

Gregorio Sánchez Ávila
Colpos- Esc. Sec. Téc. 6
2010

Introducción

Desde los tiempos más remotos el hombre ha empleado el dibujo para comunicar ideas a sus semejantes y para registrar estas ideas a fin de no olvidarlas.

El hombre ha desarrollado el dibujo a lo largo de dos trayectorias distintas, empleando cada una de ellas con finalidad diferente. En este caso el dibujo técnico es utilizado en todas las ramas de la ingeniería y la arquitectura.

Todo objeto fabricado existen dibujos que describen completa y exactamente, su conformación física, comunicando las ideas del dibujante al operario. Por tal motivo es el lenguaje de la industria.

A través del tiempo han traídos grandes cambios en su apariencia física, restiradores e instrumentos y materiales de referencia.

La tecnología en el dibujo ha progresado con la introducción de la computadora realizando con una rapidez increíble, con el empleo de instrumento de punta obteniéndose un progreso notable y continuo avanzado a pasos gigantesco en esta época actual.

Haciendo posible la incorporación de la computadora y el software de AutoCad en el programa de dibujo técnico de secundaria, como lo veremos en el siguiente punto.

Desarrollo

Organización de los contenidos. Los programas de educación tecnológica están integrados por contenidos de los dos componentes curriculares, los cuales se han estructurado en temas y subtemas, que se agrupan en grandes campos temáticos, ya sea de manera integrada, en secuencia alternada o en forma independiente; agrupación que está dada por la relación que guardan entre sí los diversos contenidos, sea en términos de continuidad (antecedente-consecuente), de grado de complejidad o de conocimientos previos del alumno (adquiridos o potenciales).

Los primeros pasos para iniciar en este programa a través de sencillos ejemplos comentados paso a paso.

El lector siga este curso debe tener en cuenta que desde aquí se enseña las herramientas necesarias para abordar un proyecto de dibujo, y aprender a utilizar la aplicación con dibujos reales. No pretendemos formar a nadie en conceptos tales como arquitectura, ingeniería o similares.

Cuando accedemos por primera vez a AutoCad, observamos un cuadro de diálogo que nos muestra la posibilidad de utilizar un asistente para comenzar un dibujo. De momento obviaremos dicho asistente y nos centraremos en las órdenes y menús del programa. La pantalla que aparece es una pantalla típica de cualquier aplicación de Windows:

Suponemos que todo el mundo sabe utilizar los menús de cualquier programa de Windows así como las operaciones básicas con objetos, como clic, doble clic, arrastrar, mover, etc. Las órdenes en AutoCad podemos introducirlas de varias formas:

- ❖ A través de un **menú** (por ejemplo: Archivo - Guardar)
- ❖ A través de un **botón** de las barras de botones
- ❖ A través del **menú de pantalla** (que ya lo veremos más adelante)
- ❖ A través del **teclado** desde la **Ventana de comandos**

La Ventana de comandos se visualiza en la parte inferior de la pantalla y nos indica el comando que se está utilizando en cada momento, así como sus variaciones. Cuando se vea la palabra **Comando**, se nos indica que el programa no está haciendo nada, y espera a que introduzcamos una orden.

Para controlar el dibujo de diferentes entidades, la utilización de coordenadas. De esta forma de indicar exactamente la longitud o ángulo de una línea por ejemplo. En los dibujos en 2 dimensiones, debemos indicarle un punto especificando las coordenadas X (horizontal) e Y (vertical). Utiliza un sistema de coordenadas absolutas y polares:

Coordenadas absolutas:

Un punto del dibujo se indica escribiendo la coordenada X e Y con respecto al **origen** de coordenadas (0,0) situado en la parte inferior izquierda de la pantalla. Ambos valores van separados de una coma.

Coordenadas polares:

Indica la longitud de un segmento y el ángulo que forma con respecto al ángulo 0 y en sentido antihorario. Los valores de la distancia y el ángulo están separados por el símbolo <. El ángulo se tiene en cuenta a partir del ángulo 0 y en sentido contrario a las agujas del reloj. Por ejemplo, el crear un triángulo equilátero. Los pasos necesarios serán los siguientes:

Ventana de mensajes y órdenes

Es la ventana aparece los mensajes correspondientes a las órdenes que se ejecutan. También puede introducir órdenes en esta línea de comando. Originalmente, el programa coloca esta ventana en la parte inferior, pero al igual que ocurre en el resto de ventanas, podrá modificarse su tamaño y posición. A veces, esta ventana es demasiado pequeña para ver el total de los mensajes, y se recurre bien al aumento de la misma, o lo que es más habitual, a la pantalla de texto.

Mientras se trabaja en un dibujo, se debería guardar con frecuencia. Si se desea crear una nueva versión de un dibujo sin que se vea afectado el original, puede guardarlo con un nombre diferente. Así mismo para desarrollar el trabajo empleamos las barras de herramientas:

La barra de Herramienta *Dibujo*, es una de las barras flotantes que AutoCad abre por defecto al iniciar el programa.

La barra de Herramienta *Modificar*, es otra de las barras flotantes que AutoCad abre por defecto al iniciar el programa.

La referencia a objetos es una forma rápida de emplazar con exactitud un punto en un objeto sin tener que conocer sus coordenadas ni dibujar líneas auxiliares.

Así mismo con el apoyo de las teorías cognitivas, que son muy importantes para el aprendizaje de este Software educativo.

El aprendizaje y de la enseñanza parte del hecho obvio de que la escuela hace accesible a sus alumnos aspectos de la cultura que son fundamentales para su desarrollo personal, y no sólo en el ámbito cognitivo, la educación es motor para el desarrollo globalmente entendido, lo que supone inclina también las capacidades de equilibrio personal, de inserción social, de relación interpersonal y motrices.

Parte también de un consenso ya bastante asentado en relación al carácter activo del aprendizaje, lo que lleva, lo que lleva a aceptar que es fruto de una construcción personal, pero en la que no interviene sólo el sujeto que aprende de los otros significados, los agentes culturales, son piezas imprescindibles para construcción personal, para ese desarrollo al que hemos aludido.

Este tipo de aprendizaje es explicativo y permite integrar posiciones a veces muy enfrentadas, no opone el acceso a la cultura, a! desarrollo individual. Al contrario, entiende que éste aún poseyendo una dinámica interna (como Piaget ha mostrado) toma cursos y formas dependientes del marco cultural en que vive la persona en desarrollo; entiende que dicho desarrollo es inseparable de la realización de unos aprendizajes específicos.

No opone construcción individual a interacción social; se construye, pero se enseña y se aprende a construir.

Para aprender a construir, es reproducir la realidad, no es copiar.

De acuerdo a la Teoría Constructivista se aprende cuando somos capaces de elaborar una representación personal sobre un objeto de la realidad o contenido que pretendernos aprender, esto implica aproximarse a dicho objeto o contenido con el fin de aprender, no es una aproximación vacía, es a partir de las experiencias, intereses y conocimientos previos que pueden dar cuenta de la novedad.

En este proceso, no solo modificamos lo que ya poseíamos sino que también interpretamos lo nuevo en forma peculiar, de manera que podamos integrarlo y hacerlo nuestro.

Lo anterior me hace reflexionar están conscientes los docente para el cambio de los tiempos en los alumnos que recibimos año con año cargados de inquietudes de una diversidad de intereses y en muchas ocasiones con más conocimiento en el uso de la computador o el Internet que el propio docente. Que tan abierto se encuentra para recibir este cambio continuo de los tiempos. Será capaz de aceptarlos o rechazarlos, en definitiva decir que los acepta pero en realidad continúa con sus conceptos tradicionalistas. Que no son nada atractivos, ni mucho menos cubren sus expectativas de los alumnos dentro del aula.

Aprendizaje significativo del AutoCad, del restirador a la pantalla. Elaboración de cuestionarios tipo examen de diagnóstico, con la finalidad de conocer que tantos conocimientos tienen adquiridos en los cursos anteriores, para los alumnos. Así como para el docente que va impartir un curso o una materia,

Como lo menciona Gagné "aprendizaje es una nueva capacidad adquirida por el organismo y basada en los comportamientos ya existentes en su repertorio"

También menciona Bruner "El aprendizaje supone el procesamiento activo de la información y de cada persona lo organiza y lo construye a su manera"

Los docentes debemos "repensar" la manera en que trabajamos, en especial, reconocer la importancia de las diferencias individuales y saber atender a cada niño en sus dificultades en particular, sin hacer tanto énfasis en tareas grupales.

Asimismo, debemos modificar la forma en que evaluamos el aprendizaje, ya que casi siempre nos enfocamos en las habilidades espontáneas del niño y no nos preocupamos por sus habilidades de intercambio social para resolver problemas.

Debido a la existencia e importancia de esta zona, debemos planear con más cuidado el tipo de experiencias sociales y culturales a las cuales se va a exponer al niño. Normalmente, el profesor espera que el niño aporte algo para corregirlo y para apoyarlo. De acuerdo con este planteamiento, lo indicado es colocar al niño en situaciones en las que muy probablemente por sí mismo no se habría encontrado; en otras palabras, la educación debe ofrecer a los niños posibilidades de intercambio social que vayan más allá de lo que éstos encuentran en sus medios cotidianos habituales.

Concusión

En el futuro sería interesante plantear un investigación diferente y tomar en cuenta procesos que se llevan a cabo en el alumno y tomar en cuenta procesos que se llevan a cabo en el alumno como individuo, y también como parte integral de la institución escolar para tratar de averiguar en que nivel de participación, iniciativa, integración y reivindicación se encuentra el alumno en si mismo y hacia la institución, ya que esto quizá repercuta de manera importante en su propio aprendizaje.

Proponer formas de establecer relaciones causa-efecto entre las diversas variables que intervienen en el proceso de enseñanza aprendizaje significativo como grupo y como individuos.

Bibliografía

📖 Ábalos Bergillos, Rafael AutoCad 2008 paso a paso trabajando en 2 dimensiones 1a. ed. México, 2007, 363 pp.
📖 Pozo, Juan Ignacio Teorías Cognitivas del Aprendizaje, 9a. ed, Morata, España, 2007, 286 pp.

9. La incorporación a la asignatura tecnológica el uso del "AutoCad"

a) Fundamentación de la signatura.

Una de las actividades más importantes del diseño industrial y arquitectónico, tiene como base el dibujo. En la actualidad el realizar todo trabajo sobre papel tiene un costo a la mínima modificación involucra un dibujo completamente nuevo. Con la utilización de las computadoras, costos en calidad de presentación y muchas otras características tendieron a mejorar a favor del usuario. El dibujo convencional la precisión depende mucho de la habilidad, vista del dibujante y los lápices utilizados. Si comparamos un dibujo en AutoCad tiene una posición exacta, mayor amplitud para mostrar con todo detalle y altamente precisos. Es más rápido que el realizado en el restirador o tablero de dibujo. Una vez terminado en su totalidad, este se guarda en un archivo con el propósito para ser utilizado las veces que sean requeridos para modificarlo, copiarlo, imprimirlo según sea requerido.

El AutoCad facilita con rapidez y eficiencia gracias al conjunto de herramientas con una funcionalidad superior para el desarrollo de proyectos tanto industriales como arquitectónicos.

La amplia gama de medios tecnológicos que actualmente se utilizan en la educación ocupa un lugar importante basándose en las computadoras, estás poseen un potencial para mejorar y enriquecer en el plano educativo. Las computadoras tienen influencia en la enseñanza bajo dos condiciones:

- 🖥 **Curricular**
- 🖥 **Aprendizaje**

Ambos tienen la intención de reforzar la educación creando en los alumnos más activos en la búsqueda de información y permitiendo al docente una enseñanza más flexible e interactiva. Esta propuesta metodológica de enseñanza basada en la aplicación de este software para lograr un incremento en la calidad en el aprendizaje en los alumnos de educación secundaria. Complementar con este recurso a la clase tradicional que se imparte en las aulas. Un excelente apoyo en donde la combinación de métodos (tradicional-tecnológico) vendrá a fortalecer el aprendizaje, propiciando con esto el lograr de alumno más integral y acorde a una realidad donde las exigencias hoy en día son mayores. Como toda disciplina es fundamental en la formación para los alumnos, que pretende desarrollar sus capacidades de crear sus diseños a partir de la información obtenida por ellos mismos o sugerido por el docente permitiendo incrementar su creatividad para lograr un proceso mental, en los alumnos que deben conocer y aplicar las herramientas en el dibujo por computadora. Debido a la naturaleza de la materia se inicia con sesiones guiadas y posteriormente con prácticas individuales y en equipo con el propósito de elaborar sus propios proyectos.

En este proyecto es la incorporación en la educación básica en secundaria, además de señalar sus aspectos que tienen que ser necesariamente tomando en cuenta para llevar a cabo el proceso de enseñanza-aprendizaje, sea significativo, haciendo hincapié que los recursos son útiles y/o necesarios para la práctica del diseño industrial y arquitectos, es el AutoCad es el más propio y sustituye el restirados, escuadras, lápices estilógrafos, etc., etc.

Haciendo realidad el proyecto sin lidiar los obstáculos presentados con las limitaciones del tablero. Sin las tediosas tareas de trazos, borrones, manchones de tinta, el empezar de nuevo cuando se realiza modificaciones o ajustes posteriores una vez concluido en su totalidad. Con los consecuentes dolores tanto de cabeza como de espalda y la resignación frente a un resultado inesperado.

Para los que inician a dibujar, el nombre de AutoCad no les dice nada, como todo sistema informático destinado a asistir al diseñador en sus aquellos trabajos específicos del dibujo técnico.

Autocad permite ordenar y procesar la información conforme a las características del objeto material. En el caso de una pieza mecánica y planta arquitectónica.

Citando a Paulo Freire:

"La verdadera lectura me compromete de inmediato con el texto que se me entregan y al que me entrego y de cuya comprensión fundamental también me vuelvo sujeto.

Al leer no estoy en el puro seguimiento de la inteligencia del texto como si ella solamente producción de su autor o de su autora. Por eso mismo, esta forma viciada de leer no tiene nada que ver con el pensar acertadamente y con el enseñar acertadamente.

El docente que piensa acertadamente deja vislumbrar a los educandos que una de las bellezas de nuestra manera de estar en el mundo y con el mundo, como seres históricos, es la capacidad de, al intervenir en el mundo, conocer el mundo. Pero histórico como nosotros, nuestro conocimiento del mundo tiene historicidad. Al ser producido, el nuevo conocimiento supera a otro que fue nuevo y envejeció y se "dispone" a ser sobreasado por otro.

Enseñar, aprender e investigar lidiar con esos dos momentos del ciclo gnoseológico: aquel en el que se enseña y se aprende el conocimiento aun no existente. La "dodiscencia" —docencia-discencia- y la investigación, indivisible, son así practicas requeridas por estos momentos del ciclo gnoseológico".

El desarrollo de la educación y la tecnología exigen a las instituciones educativas y en especial en la educación básica secundaria modifica substancialmente, a través de los cuales maneja su proceso de información, sus esfuerzos docentes, de investigación y de organización.

La asignatura de cómputo contribuye a la modernización y mejoramiento de la enseñanza al incorporar las técnicas del procesamiento electrónico de datos a la curricular integrado así, una herramienta versátil y flexible al ambiente educacional.

La asignatura de cómputo está concebida para ayudar a los estudiantes sin experiencia en cómputo a aprender mientras realiza ejercicios.

La importancia de la asignatura de cómputo posibilita a los participantes a desarrollar la capacidad de comprender y manejar los problemas que plantea el desarrollo científico y tecnológico en la actualidad.

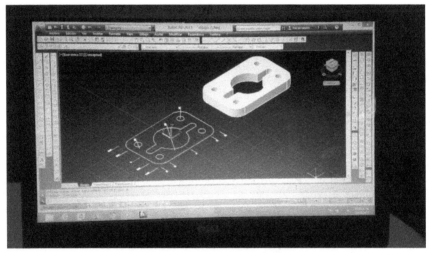

Dibujo en AutoCad 3D*

b) El Internet un recurso didáctico para el docente

Una herramienta que ha cobrado una gran importancia es el internet que permite la comunicación de forma directa con una infinidad de computadoras intercambiando información. Nos permite tener acceso a base de datos, una variedad de temas, consultas de catálogos, bibliotecas virtuales en tiempo real. Sin importar la distancia, con todo lo anterior se le conoce con el nombre de "Informática".

Los conocimientos y habilidades adquiridos por los alumnos durante el curso tiene vigencia ilimitada, es decir, para todo el resto de su vida.

Como una necesidad y experiencia para el docente, el superar las dificultades para el desarrollo en los alumnos incluirlas en la programación de las asignaturas que se relacionan con el dibujo técnico, en ella se presentan una serie de recursos y ayudas para el docente que han sido contrastadas y que facilitarán la consecución de los objetivos didácticos.

El internet que ofrece una abundante y contrastada información sobre el diseño asistido por computadora, los docentes pueden encontrar recursos específicos que les ayudarán en la programación y en el aula con un enfoque innovador.

La utilización intensiva del Internet en las aplicaciones CAD un excelente recurso de la tecnología informática más avanzada y en esa línea, la apuesta por este medio es clara y contundente. Prueba de ello es la abundante información que se ofrecen múltiples recursos que deben ser aprovechados por los alumnos y docentes. En el desarrollo de la unidad didáctica "Diseño Asistido por computadora, se detallan:

- Los objetivos didácticos y su relación con el currículo de la asignatura tecnológica.
- Los contenidos conceptuales, procedimentales y actitudinales.
- Actividades, criterios de evaluación y temporalización.
- Facilidad de utilización, con una estructura que los alumnos conocen muy bien porque tienen experiencia en navegación.
- Versatilidad en el uso ya que permite utilizarla a través de un servidor, en una red local situándola en el servidor de la red o en forma local en un ordenador en el aula o en hogar.
- Estructura y diseño que permite la gradación del aprendizaje en distintos niveles.
- Información relacionada con la obtención de recursos gratuitos sobre la que se ofrece los enlaces correspondientes.
- Inducir y fomentar en el alumno el interés por las nuevas tecnologías y como obtener beneficios de ellas.
- Por el diseño pedagógico de sus contenidos acordes al nivel que son indispensables para alcanzar a los capacidades exigibles en secundaria.

Imagen en el interior del aula de informática en la Escuela Secundaria Técnica 6 (EST 6), Tlalnepantla, Estado de México, México.

10. Las características principales de AutoCad

WINDOWS.- Aparecen algunos iconos de comando de la pantalla es más explícita y colorida comparada con la utilizada del sistema operativo MS-DOS.

a) Sistemas principales de coordenadas

⁂ ORIGEN UCS EN 2 PLANOS
⁂ 2 AXIS VECTOR UCS DIBUJAR EN 3 PLANOS
⁂ 3 AXIS VECTOR UCS REFERENTE A LOS ISOMETRICOS
⁂ X AXIS ROTATE UCS DIBUJAR CON LA X ROTADA
⁂ Y AXIS ROTATE UCS DIBUJAR CON LA Y ROTADA
⁂ Z AXIS ROTATE UCS DIBUJAR CON LA Z ROTADA
⁂ EJE EN Y, X y Z

b) Características sobresalientes de las versiones 12, 13 y 14
AutoCad 12

La versión de AutoCad 12, tiene muchas ventajas en comparación con las versiones anteriores como la 11, 10 y más atrás. Esta versión tiene una gran ventaja sobre estas.

AutoCad 13

La versión de AutoCad 13 fue como una prueba para pasar a la versión 14, es mucho más lenta en que la versión 12, más complicado en su uso, sin embargo contaba con una barra de iconos más amplia.

Alguna de las características que empezaban a mejorar en el AutoCad versión 13, como por ejemplo: la importación y la exportación de dibujos con un inconveniente que sus archivos para guardarlos con basura al transformarlos con otro tipo de extensiones, además de ser muy inestable y se desconfigura con facilidad en sus librerías. Por lo cual no es muy recomendable trabajar con esta versión.

AutoCad 14

La versión de AutoCad 14, trabaja en un ambiente 100% Windows de la 95 en adelante. Se trabaja con barra de herramientas de iconos flotantes, la pantalla y toda el área de trabajo está basada en su programa antecesor que en su momento era un software para elaborar una serie de excelentes dibujo, nos referimos a FastCad en esencia tiene los mismos principios como podrá observar que lo consideran el "Abuelito FastCad del AutoCad". A continuación se hará una descripción general de FastCad.

11. FastCad
a) Introducción

Es un programa para realizar dibujos haciendo uso de la computadora. Siendo su principal objetivo el de realizarlos con rapidez y en forma sencilla.

Realiza dibujos de tipo técnico mediante elementos gráficos como son: líneas, círculos, elipses, etc.

La limitación que tiene es de no poder hacer dibujos a mano alzada. El tamaño de los dibujos está en función de la memoria RAM disponible.

Cabe aclarar que conforme crece el tamaño de un dibujo consume mayor tiempo y el periodo de realización del mismo se incrementa.

El empleo del ratón (Mouse) es indispensable para su operación.

b) Aplicación

Los tipos de dibujo técnico que se pueden realizar son:

1.- Planos Mecánicos
2.- Planos Isométricos
3.- Planos Arquitectónicos
4- Planos de Instalación

El dibujo más simple que se puede realizar es el "punto" y el más complejo está en función de la capacidad y pericia del dibujante.

Como punto final se menciona que la principal desventaja de FASTCAD es de no realizar visualizaciones en tercera dimensión o tridimensionales.

c) Conceptos básicos

El programa está almacenado en el disco duro, dentro de un subdirectorio FCAD. Para entrar en él se teclea en el directorio raíz. Forma de entrar al programa de la siguiente manera:

$$C:\triangleright\ CD\ FCAD\ \quad \hookleftarrow$$

$$C:\backslash FCAD\triangleright FCAD\ \quad \hookleftarrow$$

d) Barra de menú principal.

En está barra se localiza los menús plegables que componen la barra de menú principal donde está la mayor parte de los comandos.

FILE	(ARCHIVO)
PLOT	(GRAFICAR)
VIEW	(VISTA)
DRAW	(DIBUJAR)
EDIT	(EDITAR)
COPY	(COPIAR)
SPEC	(ESPECIFICACIONES)
MOD	(MODIFICACIONES)
CALC	(CALCULO)
ACTIONS	(ACCIONES)

Para tener acceso a los comandos de la barra es por medio del ratón (Mouse). La barra se activa colocando el puntero y haciendo clic sobre alguno de sus menús, tras lo cual se despliega los comandos que componen cada uno de ellos.

e) Menús plegables

Las funciones generales que desarrollan cada uno de los menús plegables son los siguientes:

FILE	Archivo
About	Acerca
Status	Estado
Label	Etiqueta
DOS Cmd	Comando DOS
Menu	Menú
Script	Escritura
New	Nuevo
Load	Cargar
Update	Actualizar
Import	Importar
Import LD	Importar cargando
Export	Exportar
Revert	Revertir
Pattern	Patrón
Save	Savar
save As	Salvar como
End	Fin
Quit	Quitar

Menú PLOT (graficar)

Contiene los comandos relativos a la impresión, ya sea como una impresora o un graficador (plotter). Además controla la definición, edición, borrado y listado de ensambles.

PLOT	Graficar
Plot Drawing	Graficar ensamble
Plot Assembly	Graficar ensamble

Define Assy	Definir ensamble
Edit Asembly	Editar ensamble
Delete Assy	Borrar ensamble
List Assembly	Listar ensambles

Menú VIEW (vista)

Contiene el administrador de salvado, la presentación de vistas, las amplificaciones y reducciones de la ventana activa, así como los parámetros globales que controlan la presentación de los LAYERS (capas) y el redibujado de la pantalla

VIEW	Vista
Redraw	Redibujar
Hide All	Ocultar todo
Show All	Mostrar todo
Freeze All	Congelar todo
Thaw All	Descongelar
Background	Color de fondo
Save View	Salvar vista

Pan	Desplazar pantalla
Zoom In	Amplificar
Zoom Out	Reducir
Zoom View	Insertar vista
Zoom Width	Amplificar por ancho
Zoom All	Ultima amplificación

Menú DRAW (dibujar)

Contiene todos los comandos para dibujo de entidades.

DRAW	Dibujar
Point	Punto
Line	Linea
Arc	Arco
Ellipse	Elipse
Text	Texto
Box	Caja
Path	Ruta
Polygon	Polígono
Reg Poly	Polígono regular
S Poly	Polígono redondeado
Spline	Línea redondeada
Multipoly	Polígono múltiple
Dimension	Cota
Arrow	Flecha
Dbl Arrow	Flecha doble
Fillet	Filete
Chamfer	Chaflán
Tangent	Tangente
Wide Line	Línea ancha

Menú EDIT (editar)

Realiza las operaciones de edición de entidades, tales como: rotarlas, estirarlas, rellenarlas, etc. Además cambia el color, el tipo de línea y el LAYER (capa) de las entidades, También la altura y el tipo de letra de los textos insertados.

Edit	Editar
Undo	Deshacer
Erase	Borrar
Move	Mover
Drag	Arrastrar
Scale	Escala
Scale XY	Escala XY
Rotate	Rotar
Connect	Conectar
Mirror	Espejo
Break	Romper
Bend	Doblar
Trim	Ajustar
Stretch	Estirar
Edit	Editar
Origin	Origen
Fill	Rellenar
Front	Frente
Change	Cambiar
List	Listar

Menú COPY (copiar)

Realiza una serie de diferentes tipos de copiado, controla la inserción de dibujos y la creación de símbolos.

Copy	
Copy	Copiar
Repeat Copy	Repetir copia
Circ Array	Matriz circular
Rotate Copy	Copia rotada
Mirror Copy	Copia espejo

Insert Part	Insertar parte
Part Array	Insetar matriz
Circ Part Ary	Insertar en círculo
Write Part	Salvar parte
Group	Agrupar
Ungroup	Desagrupar

Define Symbol	Definir símbolo
List Symbol	Listar símbolos
Explode Sym	Desagrupar símbolos
Remplace Sym	Reemplazar símbolos
Delte Symbol	Borrar símbolos
Draw Symbol	Insertar símbolos

Menú SPEC (especificaciones)

Establece las especificaciones y los parámetros que rigen a los menús de edición y dibujo. Es en este, se encuentra el comando de configuración y personalización.

SPEC	Especificaciones
Select by	Seleccionar
Configure	Configurar
Edit Patrn	Editar patrón
Copy Patrn	Copiar patrón
Grid Specs	Especificaciones del GRID
Snap Spec	Especificaciones del SNAP
Text Specs	Especificaciones de texto
Dim Specs	Especificaciones de cota
Dim Format	Formato de cota

UNITS	Unidades
Feet	Pies
Inches	Pulgadas
Meters	Metros
mm	milímetros

Menú MOD (modificadores)

En este menú se encuentran los modos de captura de puntos.

MOD	Modificadores
Ref. Point	Punto de referencia
Same X	Misma X
Same Y	Misma Y
Center	Centro
Midpoint	Punto medio
Endpoint	Punto final
On	Sobre
% Along	% de longitud
Degree	Grados
Parallel	Paralela
Perpendicular	Perpendicular
Angle to ...	Angulo a ....
Bearing	Inclinación
Tangent	Tangente
Intersection	Intersección

Menú CALC (calcular)

Este se encarga del cálculo de coordenadas, áreas, pendientes y distancias.

CALC	Calcular
Coordinate	Coodenada
Distance	Distancia
Area	Area

f) Ventana de diálogo

El comando seleccionado presenta varias opciones en su aplicación o cuando requiere de información previa para su ejecución, este desplegará una ventana de diálogo. A continuación se muestra un ejemplo e indicando sus partes principales

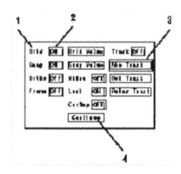

1. Opción: Es uno de los distintos parámetros a los que el comando permite variar su valor.
2. Campo: Es la zona donde se muestra y se suministra los valores que se requieren en la opción seleccionada.
3. Opción activada: Un recuadro sobre una opción indica que activada.
4. Botones de selección: Son los botones de OK (aceptar), CANCEL (cancelar), CONTINUE (continuar), DONE (hecho), YES (si), NO (no) y HELP (ayuda).

g) Letreros de Mensajes

Presenta este tipo de letreros cuando desea informar sobre algún acontecimiento importante, cuando ocurre algún error o como resultado de la ejecución de determinado comando.

```
Poly Edit
left mouse button to move node
right mouse/RETURN to end edit
key to go to next node
key to go to pror node
INS to add new node
del to remove node
```

ZOOM IN	SNAP ACT/DES
ZOOM OUT	ORTHO ACT/DES
ZOOM WINDOW	VALUES
ZOOM CENTER	HELP
ZOOM EXTENTS	
ZOOM LAST	
LAYERS	
LINE STYLES	
FILL STYLES	
CHANGE WINDOW	
SIZE WINDOW	
MOVE WINDOW	
ADD WINDOW	
CLOSE WINDOW	
GRID ACT/DES	

h) Barra de herramientas

Se encuentran los comandos de mayor uso que controlan el GRID (malla), el SNAP (atraer) y el ORTHO (ortogonalidad), las amplificaciones de la ventana activa y el comando VALUES (valores) que controla todos los parámetros del entorno de la ventana de edición.

ICONO 1: ZOOM IN.- Este amplifica 2.5 veces la vista de dibujo en la ventana activa

ICONO 2: ZOOM OUT.- Este reduce 2.5 veces el dibujo en la pantalla activa

ICONO 3: ZOOM WINDOW.- Nos permite abrir una ventana y seleccionar una parte del dibujo que posteriormente se amplifica ajustando dicha área a toda la ventana activa.

ICONO 4: ZOOM CENTER.- Centra la ventana activa de un nuevo punto seleccionado sobre el dibujo.

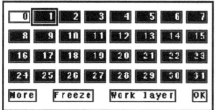

ICONO 5: ZOOM EXTENTS.- Muestra el dibujo completo dentro de la ventana activa, este comando ajusta el dibujo no importando su tamaño.

ICONO 6 ZOOM LAST.- Restablece la última amplificación que se tenía antes de la actual en la ventana activa.

ICONO 7 LAYERS.- Muestra una caja de diálogo que nos permite trabajar hasta 256 **LAYERS** (capas) numeradas de la 0 a la 255. Seleccionando el botón **MORE** (más) se presenta más bloques conteniendo cada uno 32.

Para cambiar de **LAYER**, se selecciona el botón **WORK LAYER** (capa de trabajo), y entonces se indica el número en él se desea trabajar y aparece un marca doble alrededor de la capa de trabajo.

Para ocultar o mostrar el contenido de una capa, se selecciona el número deseado.

Cuando son ocultos tiene un color blanco, si son visibles de color negro. Los ocultos están protegidos contra cambios de edición debido a que no muestran en la ventana y no son dibujados cuando se manda imprimir el dibujo. Para congelar o descongelar una capa, se selecciona el botón **FREEZE** (congelar), y seleccionando el número de capa o capas según sea necesario.

ICONO 8: LINE STYLE.- Muestra una caja de dialogo los tipos de líneas, los cuales 8 tipos de líneas establecidas y 8 espacios para otros tipos según sea las necesidades.

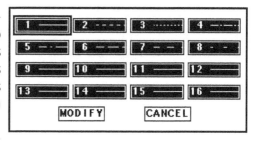

ICONO 9: FILL STYLES.-
Muestra una caja de dialogo desde la cual selecciona los tipos de relleno son 24 tipos de relleno, Para rellenar polígonos, círculos, arcos, polígonos redondeados y otro tipos de entidades cerradas.

Seleccionando el botón more (más) se presentan patrones adicionales.

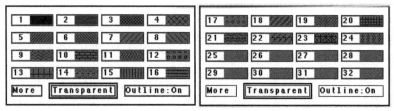

ICONO 10: CHANGE WINDOW.- Nos permite cambiar de ventana activa cuando existen más de una. Al cambiar se reconoce debido a que alrededor tiene un marco de color cuando es seleccionada. Los comandos se efectúan únicamente sobre la enmarcada permaneciendo las demás sin cambio.

ICONO 11: SIZE WINDOW.- Permite redimensionar la ventana actual del dibujo, el proceso es marcar la esquina superior derecha y posteriormente marcar la esquina inferior derecha, así quedaran marcadas.

ICONO 12: MOVE WINDOW.- Mueve una de las ocho posibles ventanas de dibujo que se pueden tener abiertas. Las ventanas no se pueden sobreponer entre sí. Para mover una ventana se hace con el ratón oprimiendo el botón y trasladarlo sin soltar a la nueva posición.

ICONO 13: ADD WINDOW.- Agregado una ventana de dibujo, el número máximo de ventanas es de ocho. Para abrir una nueva se marca el lugar donde exista un espacio libre. No se pueden sobreponer entre sí.

ICONO 14: CLOSE WINDOW.- Cierra una de las ventanas. El procedimiento es marcar la ventana que desea cerrar, lo que obtendrá el dibujo al tamaño máximo permitido por la pantalla activa.

ICONO 15: GRID ACT/DES.- Activa o desactiva la malla de puntos en la pantalla de dibujo. Aparece alrededor del icono un maco para indicar que está activado.

Lo anteriormente comentado sobre FastCad existiendo una fuerte influencia en el caso de AutoCad cualquiera que sea la versión, se obtiene una gran facilidad para dibujar y un acabado en sólidos y una textura al mismo. Tiene la posibilidad de insertar una variedad de archivos como son: "EXEL" "WORD" "OLE DEL COREL", así como el guardar archivos de dibujo en versiones anteriores.

Otra de las ventajas de trabajar por el Internet con un sinnúmero de personar en tiempo real, además es compatible con otro software para trabajar en 3D en dibujos realizados en 2D.

12. Conociendo más de cerca el "AutoCad"

A. Introducción

En la actualidad al diseño asistido, las aplicaciones informáticas más extendidas en el campo del diseño arquitectónico sólo suponen para el proyecto la automatización de los procedimientos ya conocidos, eso sí, haciéndolos más rápidos y menos costosos.

El antecesor de la computadora es el lápiz para dar forma a lo que pasaba por nuestra imaginación, ahora de esa tarea se encarga el ratón. El cambio es curioso, pero no lo es tanto si pensamos que el que maneja los hilos sigue siendo el mismo. Así pues, es AutoCad es un programa utilizado para el diseño industrial y arquitectónico por computadora.

Una de las mayores ventajas del programa que permite al usuario la personalización de todas sus opciones, e incluso la creación de programas que amplíen las posibilidades de AutoCad.

B. Interfase de AutoCad

Como todo inicio, antes de dibujar es necesario conocer algunos aspectos importantes del programa como la ventana principal, el sistema de coordenadas o abrir y guardar un archivo.

a) La ventana principal de AutoCad

Esta ventana contiene los componentes que se mencionaran a continuación.

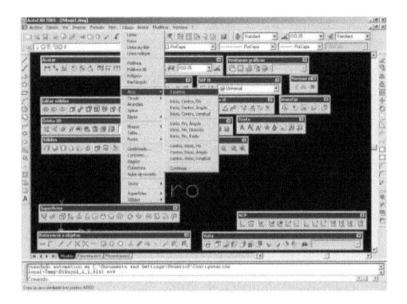

b) El área gráfica

Ocupa la mayor parte de la pantalla y es donde se muestran y crean los dibujos.

c) Las barras de menús

Ubicadas en la parte superior, permite el acceso a una serie de menús desplegables que contiene las órdenes y procedimientos de uso más frecuente en AutoCAD.

d) Barra de herramientas estándar

Se integra de una serie de iconos que representan de forma gráfica e intuitiva las órdenes que se ejecutarán si se pulsa sobre ellos: **zoom, ayuda, recorta, etc.** Estas barras se pueden personalizar, de forma que se incluya en ellas las órdenes que más utilizamos. Son de gran ayuda, y se integran en el editor de dibujo o pueden quedarse flotando.

e) Barra de propiedades

Su función es la de controlar y establecer las propiedades por defecto de las entidades, como son: *capa, color y tipo de línea.*

Barra de herramientas flotantes

Las barras de herramientas que pueden ubicarse en cualquier parte de la pantalla, estás barras pueden ser personalizadas adaptándolas a nuestra forma habitual de trabajar en AutoCAD.

f) Barra de Comando

Ubicado en la parte inferior del área gráfica, en ella aparecen todas las órdenes que se ejecutan. Así como, introducir ordenes de igual forma que la ventana es muy pequeña para distinguir la totalidad de los mensajes. Así como, la pantalla de texto (tecla de función F1).

g) Barra de estado

Se visualizan las coordenadas del cursor y el estado de los modos de trabajo, por ejemplo, indica si están activados modos como *Rejilla* u *Orto*, estas funciones se verán más adelante.

h) Creación de dibujos nuevos

Al crear un dibujo nuevo, se puede utilizar una plantilla con parámetros estándar que puede ser suministradas, o bien, personalizarlo con los parámetros necesarios. Como plantilla se puede utilizar un dibujo existente.

AutoCAD proporciona también dos asistentes. Los asistentes utilizan la plantilla actual, pero modifican ciertos parámetros de las escalas según la información que se suministre. Por ejemplo, ambos asistentes ajustan automáticamente los factores de escala para los parámetros de acotación y la altura del texto.

i) Crear un dibujo nuevo utilizando valores por defecto

1. En el menú *Archivo*, se selecciona *Nuevo*.
2. En el cuadro de diálogo *Crear nuevo dibujo*, se selecciona *Valores por defecto*.
3. En *Seleccionar parámetros*, se selecciona *Inglés o Métrico* y se pulsa *aceptar*.

j) Asistente configuración rápida

Con el asistente *Configuración rápida*, se establecen los parámetros básicos que ayudan a definir las unidades de medida y el área del dibujo. Para abrir un dibujo nuevo utilizando el asistente Configuración Rápida, se debe proceder de la siguiente manera:

1. En el menú *Archivo*, seleccionar *Nuevo*.
2. En el cuadro de diálogo *Crear nuevo dibujo*, elegir *Utilizar un asistente*.
3. En *Seleccionar un Asistente*, elegir *Configuración rápida* y pulsar *aceptar*.

k) Guardar dibujos

Mientras se trabaja en un dibujo, se debería guardar con frecuencia. Si se desea crear una nueva versión de un dibujo sin que se vea afectado el original, puede guardarlo con un nombre diferente. Si se desea guardar un dibujo, se deben seguir los siguientes pasos:

1. Seleccionar *Guardar* en el menú *Archivo*.
   Si ya se ha guardado el dibujo con un nombre, AutoCAD guardará cualquier cambio posterior y volverá a mostrar la solicitud *Comando*. Si no se ha guardado el dibujo antes, aparecerá el cuadro de diálogo *Guardar dibujo como*.

2. En el cuadro de diálogo **Guardar dibujo como**, en **nombre del archivo**, escriba el nombre del nuevo dibujo.
3. Pulse **Aceptar**.

I) Guardado automático del dibujo

Si se activa la opción de guardado automático, guarda el dibujo en intervalos de tiempo especificados. Esta opción, se localiza en el cuadro de diálogo **Preferencias** o en el menú **Herramientas**, seleccione la pestaña **General** y, en ella, **Guardar automáticamente** e indicando el intervalo en minutos.

Por defecto, los archivos se guardan automáticamente asignándole temporalmente un archivo **acad.sv$**. Si desea utilizar otro nombre, especificando en el **Archivo de guardado automático**, debajo de **Archivos de menú, ayuda, registro** y otros en la pestaña **Archivos**.

C. Sistema de Coordenadas

El sistema de coordenadas, empleado para designar puntos en el dibujo. Para trabajar con vistas transversales e isométricas. El sistema de coordenadas cartesianas tiene dos ejes (2D) y tres ejes (3D). Cuando se especifican valores para estas coordenadas, se indica una distancia del punto y su sentido (+ ó -) a lo largo de los ejes, con respecto al origen del sistema de coordenadas (0, 0, 0). Al comenzar un dibujo nuevo y automáticamente se utiliza el Sistema de coordenadas universales (SCU). **El eje X es horizontal, el eje Y es vertical y el eje Z es perpendicular al plano X, Y.**

a)Sistema de coordenadas absolutas

Para indicar una coordenada absoluta X, Y, especifique un punto determinado sus valores en el formato *X, Y*. Las coordenadas absolutas suelen utilizarse cuando se conocen los valores para la ubicación del punto inicial y el punto final.

Por ejemplo, para dibujar una línea escribir los siguientes valores de entrada en la línea de comando.

Comando: Escribir **Línea**.

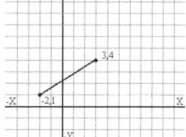

Desde el punto: Escribir −2,1
Al punto: Escribir 3,4

b) Determinación de coordenadas relativas

Las coordenadas X, Y relativas se utilizan cuando se conoce la posición de un punto respecto al punto anterior. Por ejemplo, para situar el siguiente punto relativo al punto −2,1 escriba el símbolo **arroba** @ antes de la coordenada:

Comando: Escribir Línea
Desde el punto: Escribir −2,1
Al punto: Escribir @5,3

c) Sistema de coordenadas relativas polares

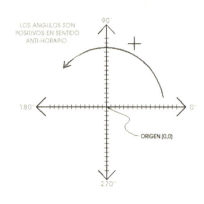

Este sistema de coordenada polar, se indica una distancia y un ángulo, separados por un corchete agudo (<). Por ejemplo, para designar un punto separado una unidad del punto anterior y a un ángulo de 45°, escriba @1<45.

Por defecto, los ángulos aumentan en sentido contrario a las agujas del reloj y disminuyen en el sentido de las agujas del reloj. Por tanto, para desplazarse en el sentido de las agujas del reloj deberá indicar un ángulo negativo. Por ejemplo, escribir 1<315 equivale a escribir 1<-45.

d) Introducción directa de distancia

Mediante la introducción directa de valores de coordenadas, puede especificar un punto desplazando el cursor para indicar una dirección y después escribir la distancia que existe desde el primer punto de la línea. Es una buena forma de especificar rápidamente la longitud de las líneas.

Cuando Orto se encuentra activado, el método es muy apropiado para dibujar líneas perpendiculares. En el ejemplo siguiente, se dibuja una línea de con una longitud de 50 unidades mediante la introducción directa de distancia.

1. En el menú **Dibujo**, seleccionar **Línea**.
2. Designar el primer punto.
3. Desplazar el dispositivo señalador hasta que la línea elástica alcance el mismo ángulo que la línea que desea dibujar. Aun no pulse la tecla **Intro** o **Enter**.
4. En la *línea de comando*, escribir 50 para especificar una distancia. A continuación, pulsar **Intro**.

D. Barra de herramientas de dibujo

Permiten la creación de objetos tan sencillos como una **línea** o un **círculo**, o tan complejos como las **curvas spline**, las **elipses** o los **sombreados asociativos**. Esto se lleva a cabo mediante la especificación de puntos haciendo uso del dispositivo señalador o indicando los valores de coordenadas pertinentes en la línea de comando.

Esta barra de herramientas de creación es muy útil, que se explicaran con detalle a continuación.

Es una barra flotante que se abre por defecto al iniciar el programa. En caso de que esta no esté visible, o de que cualquier barra no este visible, se hace operativa yendo al menú *Ver, barra de herramientas*. Se abrirá el cuadro de diálogo Barra de herramientas, se selecciona la barra herramienta deseada y por último se pulsa cerrar.

a) Dibujar de línea

Una línea puede constar de un segmento o de una serie de segmentos conectados, en cada segmento se considera una línea independiente. Estas líneas sencillas están especialmente indicadas para editar segmentos individuales. Se puede cerrar una secuencia de líneas la primera y la última se unan y formen una figura cerrada. Para dibujarla se procede de la siguiente manera:

1. Pulsar sobre el icono **Línea**.
2. Especificar el punto inicial.
3. Especificar el siguiente punto.
4. Especificar el punto final.
5. Pulsar **Intro** para concluir la línea.

b) Polilínea

Es una secuencia de líneas o de segmentos de arco conectados, creados como un objeto único. El empleo de polilíneas se recomienda siempre que se desee editar todos los segmentos de una vez, aunque se puede hacer también de forma individual. Si se desea, se podrá definir el grosor de segmentos individuales, disminuirlos y cerrar Polilínea. Al dibujar un segmento de arco, el primer punto del arco se sitúa en el punto final del segmento anterior. Se define el ángulo, el centro, la dirección o el radio del arco. Para completar el arco, basta con especificar un punto segundo y un punto final. Se realizarán los siguientes pasos para realizar una Polilínea:

1. Pulsar sobre el icono *Polilínea*.
2. Especifique el primer punto de la Polilínea.
3. Definir los puntos de los segmentos de la Polilínea.
4. Pulsar *Intro* para finalizar o cerrar la Polilínea.

Para dibujar una Polilínea combinando líneas y arcos:

1. Seleccionar **Polilínea**.
2. Especificar el punto inicial del segmento de línea.

3. Designar el punto final del segmento de línea.
4. Escribir **a** para cambiar al modo **Arco**.
5. Designar el punto final del arco.
6. Escribir **n** para cambiar al modo Línea.
7. Pulsar *Intro* para finalizar la Polilínea.

c) Líneas múltiples

Constan de entre una y 16 líneas paralelas también denominadas elementos. Los elementos figuran desfasados del origen de la línea múltiple según el valor especificado. Si se desea, se podrá crear estilos de líneas múltiples y almacenarlos, o utilizar el estilo por defecto que dispone de dos elementos. Asimismo, se podrá definir el color y el tipo de línea de los elementos y mostrar u ocultar las juntas de la línea múltiple. Estos son los pasos para realizar una línea múltiple:

1. En el menú **Dibujo**, seleccionar **Línea múltiple** o pulsar sobre el icono **Línea múltiple**.
2. Escribir **e** en la solicitud de comando para seleccionar estilo.
3. Para mostrar los estilos disponibles, escribir el **¿nombre del estilo o?**
4. Escribir **j** para justificar la línea múltiple y elegir justificación máxima, cero o mínima. Escribir **s** para cambiar la escala de la línea múltiple e indicar otro valor.

Dibujar la línea múltiple.

5. Especificar el punto inicial.
6. Designar el segundo punto.
7. Designar el tercer punto.
8. Designar el cuarto punto o escribir c para cerrar la línea múltiple, o pulsar *Intro* para finalizarla.

d) Polígonos

Un polígono cerrado formado por un número que oscila entre 3 y 1,024 lados de igual longitud. Se lleva a cabo mediante su inscripción o circunscripción en un círculo imaginario o especificando los extremos de uno de los lados del polígono. Dado que siempre presentan lados iguales, su uso constituye un método sencillo de dibujar cuadrados y triángulo equiláteros.

Dibujar un cuadrado inscrito

1. En el menú **Dibujo**, elegir **Polígono** o pulsar sobre el icono **Polígono**.
2. Escribir **4** para indicar que el polígono tendrá cuatro lados.
3. Especificar el centro del polígono (1).
4. Escribir **I**, de inscrito en el círculo.
5. Especificar el radio (2).

Dibujar polígonos circunscritos

1. En el menú **Dibujo**, elegir **Polígono** o pulsar sobre el icono **Polígono**.
2. Escribir **6** para el número de lados.
3. Designar el centro del polígono (1)
4. Escribir **C**, de circunscrito alrededor del círculo.
5. Definir una la longitud del radio (2).

Ya creado el polígono, para convertirlo en segmentos de línea simple utilizando el comando **EDITPOL** o **DESCOMP**.

e) Arcos

Un arco se puede crear de muchas formas que consiste en especificar tres puntos, un final, un segundo en el arco y un punto final. También, se puede especificar el ángulo incluido, el radio, la dirección y la longitud de cuerda de los arcos. La cuerda de un arco es una línea recta entre dos puntos finales. Por defecto, los arcos se dibujan de derecha a izquierda.

En el ejemplo siguiente dibujar un arco especificando tres puntos: En el menú **Dibujo**, elegir **Arco** o pulsar sobre el icono **Arco**.

1. Indicar el punto inicial (1) escribiendo **fin** y seleccionando la línea. El arco queda forzado al punto final de la línea.
2. Especificar el segundo punto (2) escribiendo **cua** y seleccionando el cursor cuadrante del circulo medio hacia el cual se desea forzar el cursor.
3. Designar el punto final del arco (3).

Dibujar un arco haciendo uso de un punto inicial, un centro y una longitud de cuerda

1. En el menú *dibujo*, elegir *arco* y dentro de él, *inicio, centro, longitud*.
2. Especificar un punto inicial (1).
3. Especificar el centro.
4. Definir la longitud de la cuerda.

f) Círculos

Se pueden crear círculos de distintas formas. El método consiste en especificar el centro, el radio y el diámetro o definir tan solo el diámetro con dos puntos. También es posible el círculo con tres puntos. También crear círculos tangentes con tres objetos existentes, o hacerlo con dos y especificar a continuación un radio. Para dibujar un círculo especificando el centro y el radio, se hace de la siguiente manera:

1. En el menú **Dibujo**, seleccionar **Circulo** y dentro de él, **Centro, Radio** o pulsar sobre el icono **Circulo** de la barra de herramientas.
2. Especificar el centro.
3. Definir el radio.

g) Curvas Spline

Es una curva suave que pasa a través de una serie de puntos dado. Para su creación deben ubicar los puntos de coordenadas establecidos. También, podrá cerrar la spline de manera que los puntos iniciales y finales coincidan y sean tangentes. Para crear una spline se especifica los puntos, y se procede de la siguiente manera:

1. En el menú **Dibujo** se selecciona **Spline** o pulsar sobre el icono **Spline**.
2. Especificar el punto inicial de la spline (1).
3. Designar los puntos (2-5) para crear la spline y, a continuación, pulsar *Intro*.

h) Elipse

Permite realizar elipses completas y arcos elípticos, ambas representaciones matemáticas exactas de elipses. El método por defecto para dibujar una elipse consistente en especificar los puntos finales del primer eje y la distancia, que es la mitad de la longitud del segundo eje. El eje más largo de la elipse se denomina eje mayor y el eje más corto se denomina eje menor. Los pasos para dibujar una elipse autentica haciendo uso de los puntos finales y de la distancia:

1. En el menú **Dibujo**, elegir **Elipse** y dentro de él **Ejes**, **Fin**, o pulsando sobre el icono **Elipse**.
2. Especificar el primer punto final del primer eje (1).
3. Definir el segundo punto final del primer eje (2).
4. Arrastrar el dispositivo señalador, alejándolo del punto medio (3) del primer eje y hacer clic para fijar la distancia.

i) Sombreado de áreas

El proceso de sombreado rellena un área determinada del dibujo con un patrón. Para sombrear un área cerrada o un contorno especificado, se utilizan los comandos **SOMBCONT** y **SOMBREA**.

SOMBCONT.- Crea sombreados asociativos o no asociativos. Los sombreados asociativos se vinculan a sus contornos y se actualizan al modificar éstos. Los sombreados no asociativos, son independientes de sus contornos.

SOMBREA.- Crea solo sombreados no asociativos. Es útil para sombrear áreas que no tengan contornos cerrados.

Para sombrear un área cerrada, se realiza de la siguiente manera:

1. En el menú **Dibujo**, seleccionar **Sombreado** o pulsar sobre el icono **Sombreado**.
2. En el epígrafe Contorno del cuadro de diálogo **Sombreado** por contornos, seleccionar *Designar puntos*.
3. Designar un punto del dibujo dentro del área que se desee sombrear.
4. Pulsar *Intro*.
5. En el cuadro de diálogo **Sombreado por contornos**, pulsar **Aplicar** para asignar el sombreado correspondiente o

si se prefiere antes, pulsar **Presentar sombreado** para previsualizarlo.

Los **patrones de sombreado**, proporciona un relleno sólido y patrones de sombreado estándar.

En el procedimiento siguiente, podrá crear un patrón, definir el espacio entre las líneas y crear un segundo conjunto de líneas a 90 grados de las líneas originales.

1. En el menú dibujo seleccionar **Sombreado**.
2. En el epígrafe *Tipo de patrón* del cuadro de diálogo **Sombreado por contornos**, seleccionar **Def. Usuario**.
3. En el cuadro *Espaciado*, indicar el espacio entre líneas.
4. Seleccionar Doble para añadir líneas a 90 grados de las líneas originales.
5. Elegir **Designar puntos** y especificar el punto interno.
6. Pulsar **Aplicar**.

j) Texto

Se denomina texto de líneas múltiples al conjunto de líneas de texto o párrafos que se ajustan a una anchura especificada. Independientemente del número de líneas, creados en una sola sesión de edición forman un solo objeto que se puede mover, girar, eliminar, copiar, reflejar en simetría etc.

La creación de un texto en el cuadro de dialogo **Editor de texto de líneas múltiples**, permite definir rápidamente las propiedades, el asignar un tipo de formato del texto.

Primero de deberá determinar la anchura del párrafo. Ya escrito el texto, insertar en el cuadro de diálogo la anchura una vez especificada. A continuación se describe como crear texto de líneas múltiples utilizando las propiedades y los formatos por defecto.

1. En el menú **Dibujo** seleccionar **Texto**, y dentro de él **Texto**, o pulsar sobre el icono **Texto de líneas múltiples** de la barra de herramientas.
2. Especificar la primera esquina del rectángulo.
3. Definir la anchura del contorno del texto arrastrando hacia la izquierda o derecho del punto de inserción, o escribiendo un valor en la línea de comando.

4. Especificar el flujo del texto arrastrando hacia arriba o hacia abajo.
5. En el cuadro de diálogo Editor de texto de líneas múltiples, escribir el texto y asegurarse de que se ajusta de forma automática a la línea siguiente.

Si no se desea emplear el estilo STANDARD por defecto, se puede crear el estilo de texto que más se adapte a sus necesidades. Cada vez que crea un texto, AutoCAD asume las propiedades del estilo de texto actual, entre las que se incluye la altura, relación anchura/altura, ángulo de oblicuidad, reflejado hacia la izquierda, cabeza abajo y las propiedades de alineación vertical. Al crear o modificar un estilo de texto, utilice el cuadro de diálogo Estilo de texto o la interfaz de la línea de comando para asignar o cambiarle el nombre.

Los nombres de estilo pueden contener hasta 31 caracteres y constar de letras, números y los caracteres especiales ($), (_) y (-). Para crear un estilo de texto, se hace de la siguiente forma:

1. En el menú *Formato*, seleccionar *Estilo de texto*.
2. En el cuadro de diálogo *Estilo de texto*, elegir *Nuevo*.
3. En el cuadro de diálogo *Nuevo estilo de texto*, escribir el nombre para el estilo de texto.
   El nuevo estilo creado posee todas las características que se indican en el cuadro de diálogo *Estilo de texto*. Se puede continuar cambiando características como, por ejemplo, los tipos de letra o puede hacerlo posteriormente.
4. Pulsar *Aceptar* para cerrar el cuadro de diálogo *Nuevo estilo de texto*.
5. Si se ha efectuado alguna modificación en las características del estilo, pulsar *Aplicar* para guardarla.
6. Después de alguna modificación en las características del estilo de texto, pulsar *cerrar* (*Cancelar* se convierte en *Cerrar* después de elegir *Aplicar*).

E. Barra de herramientas Modificar

La barra de Herramienta *Modificar*, es otra de las barras flotantes que AutoCAD abre por defecto al iniciar el programa. En ella se encuentran parte de las principales funciones que nos permitirán, mover, copiar, borrar, girar, etc. el dibujo o parte de él.

a) Borrar

Dispone de varios métodos de selección con los que podrá eliminar los objetos deseados. Con la herramienta borrar, se borran todos los elementos que abarque la ventana. Para eliminar elementos se procede de la siguiente manera:

1. En el menú *Modificar*, seleccionar *Borrar* o pulsar sobre el icono *Borrar*.
2. Mediante el cuadro de selección de ventana, seleccionar los objetos que se deseen eliminar. Si se crea la ventana de derecha a izquierda, seleccionará los elementos que estén dentro de la ventana. Pero si lo hace de derecha a izquierda, se seleccionarán todos aquellos que toque la ventana.

b) Copiar objetos

Es posible copiar un solo objeto o varios dentro del dibujo actual, así como efectuar operaciones de copia entre dibujos o aplicaciones. Desfasar un objeto implica crear uno nuevo a una distancia determinada del objeto designado, a través de un punto especificado. Para copiar un objeto o un conjunto de objetos, se hace de la siguiente manera:

1. En el menú *Modificar*, elegir *Copiar* o pulsar sobre el icono *Copiar*.
2. Designar después los objetos que se vayan a copiar y pulsar *Intro*.
3. Determinar el punto base.
4. Determinar el punto de desplazamiento.

c) Copiar en simetría objetos

Para reflejar objetos sobre un eje de simetría, deberá definir dos puntos tal y como se describe en la figura siguiente. Si lo desea podrá borrar o conservar los objetos originales. Para reflejar en simetría sigan los siguientes pasos:

1. En el menú *Modificar*, seleccionar *Simetría* o pulsar sobre el icono *Simetría*.
2. Seleccionar el objeto que se reflejará con una ventana (1,2).
3. Especificar el primer punto del eje de simetría (3).
4. Definir el segundo punto (4).
5. Pulsar *Intro* para conservar los objetos originales.

d) Desfase de objetos

Al desfasar un objeto se crea uno nuevo, similar al designado, a una distancia especifica. Podrá desfasar líneas, arcos, círculos, polilíneas etc. Al desfasar un círculo, por ejemplo, estará creando círculos de mayor o menor tamaño según sea el lado desfasado. Para desfasar un objeto mediante la especificación de una distancia, realizar los siguientes pasos:

1. En el menú *Modificar*, seleccionar *Equidistancia* o pulsar sobre el icono *Equidistancia*.
2. Utilizar el dispositivo señalador para determinar la distancia de desfase o escribir un valor.
3. Seleccionar el objeto que desee desfasar.
4. Especificar que parte desea desfasar.
5. Seleccionar otro objeto para desfasarlo o pulsar la tecla *Intro* para terminar el comando.

e) Disposición de los objetos en forma de matriz

Se copia el objeto o un conjunto seleccionado dispuestos en matrices rectangulares o polares. En el caso de las matrices polares, podrá controlar el número de copias del objeto y si las copias pueden girarse. En las matrices rectangulares podrá controlar el número de filas y columnas y la distancia que debe medir entre ellas.

f) Creación de matrices polares

En el ejemplo siguiente, se tendrá que colocar sillas alrededor de una mesa redonda y para ello crear una matriz polar de la silla original y girar las copias a medida que las dispone en forma de matriz.

Esto son los pasos que se deben de seguir:

1. En el menú *Modificar* seleccionar *Matriz* o pulsar sobre el icono *Matriz*.
2. Designar el objeto original (1) y pulsar *Intro*.
3. Especificar *Polar*.
4. Especificar el centro de la matriz (2).
5. Indique el número de elementos de la matriz, incluyendo el objeto original.
6. Escribir el valor del ángulo que la matriz va a cubrir, entre 0 y 360.
7. Pulsar la tecla *Intro* para girar los objetos a medida que se disponen en forma de matriz.

g) Creación de matrices rectangulares

En el ejemplo siguiente, se creará una matriz rectangular de la silla. La matriz posee dos filas y cuatro columnas.

1. En el menú *Modificar*, elegir *Matriz* o pulsar sobre el icono *Matriz*.
2. Seleccionar la silla (1).
3. Especificar rectangular.
4. Indicar el número de filas.
5. Definir el número de columnas.
6. Definir la distancia entre las columnas.

h) Desplazamiento de objetos

Cuando desplace objetos, puede girarlos, alinearlos o desplazarlos sin cambiar la orientación ni el tamaño. Estos son los pasos para desplazar un objeto.

1. En el menú *Modificar*, seleccionar *Desplazar* o pulsar sobre el icono *Desplazar*.
2. Seleccionar el objeto que se desee desplazar.
3. Especificar el punto base del desplazamiento.
4. Definir el segundo punto de desplazamiento.

i) Rotación de objetos

La rotación de objetos conlleva obligatoriamente la elección de un punto base y un ángulo de rotación absoluto o relativo. Especifique un ángulo relativo para girar el objeto desde su posición actual alrededor del punto base de dicho ángulo. Según los valores definidos en la opción *Dirección* del cuadro de diálogo Control de unidades, lo objetos se giran en el mismo sentido de las agujas del reloj o en sentido inverso. Para girar un objeto se realizarán los siguientes pasos:

1. En el menú ***Modificar***, seleccionar ***Girar*** o pulsar sobre el icono ***Girar***.
2. Seleccionar el objeto que se desee girar.
3. Especificar el punto base de giro.
4. Definir el ángulo de rotación.

j) Atribución de escala a objetos

Para atribuir una escala a los conjuntos de selección, hay que utilizar el mismo factor de escala en la dirección X e Y. De esta forma, podrá aumentar o reducir el tamaño del objeto, pero no podrá modificar la relación anchura/altura. Es posible poner el objeto a escala especificando un punto base y una longitud, que se utiliza como factor escala basándose en las unidades del dibujo actual, o indicando un factor de escala. AutoCAD permite especificar la longitud actual del objeto o asignarle una nueva.

k) Atribución de una escala mediante un factor escala

Siempre que se asigna una escala a un objeto mediante la definición de un factor de escala, se producen cambios en el tamaño del objeto designado. Un factor de escala superior a 1 amplia el dibujo. Uno inferior a 1 lo reduce. Para atribuir una escala a un conjunto de selección conforme a un factor de escala, se realiza el siguiente procedimiento:

1. En el menú *Modificar*, seleccionar *Factor escala* o pulsar sobre el icono *Factor escala* de la barra de herramientas *Modificar*.
2. Seleccionar el objeto al que desee atribuir una escala.
3. Determinar el punto base.
4. Escribir el factor escala (por ejemplo 0.5 para reducir a la mitad).

l) Atribución de una escala por referencia

Siempre que asigne una escala conforme a una referencia, estará empleando un tamaño ya existente como referencia del tamaño nuevo. Para atribuir una escala atendiendo a una referencia, especifique la escala actual y a continuación, defina la nueva longitud de la escala.

Opcionalmente, puede especificar la longitud de referencia seleccionando un punto base y dos puntos de referencia y arrastrando el dispositivo señalador para especificar la nueva escala. Para atribuir una escala a un objeto por referencia, se realizan los siguientes pasos:

1. En el menú *Modificar*, seleccionar *Factor escala* o pulsar sobre el icono *Factor escala*.
2. Seleccionar el objeto al que se desee atribuir la escala.
3. Determinar el punto base (1).
4. Escribir **r** (Referencia).
5. Seleccionar el primero y el segundo punto de referencia (2,3) o escribir el valor de la longitud de referencia.
6. Arrastrar el objeto y seleccionar un punto (4) o escribir el valor de la nueva longitud.

m) Estiramiento de objetos

Para estirar un objeto, especifique un punto base para el estiramiento y, a continuación, dos puntos de desplazamiento. Asimismo, puede seleccionar el objeto mediante un cuadro de selección de captura. Para estirar un objeto, estos son los pasos a seguir:

1. En el menú *Modificar* seleccionar *Estirar* o pulsar sobre el icono *Estirar*.
2. Seleccionar los elementos a estirar haciendo uso de un cuadro de selección de captura.
3. Determinar el punto base.
4. Determinar el punto de desplazamiento.

n) Modificar la longitud de un objeto

Puede cambiar el ángulo de arcos y puede cambiar la longitud de líneas abiertas, arcos, polilíneas abiertas, arcos elípticos, etc. La longitud se puede modificar de varias formas:

Arrastrando el punto final de un objeto (de forma dinámica).

Especificando una nueva longitud como porcentaje del total de longitud o ángulo.

Definiendo una longitud en incrementos o un ángulo medido a partir del punto de un objeto.

Definiendo la longitud total absoluta o el ángulo incluido.

Pasos para modificar la longitud de un objeto arrastrándolo:

1. En el menú **Modificar**, seleccionar **Longitud** o pulsar sobre icono **Longitud**.
2. Pulsar Intro o escribir **d** para acceder al modo **Dinámico**.
3. Seleccionar el objeto que se desee alargar.
4. Arrastrar el punto final más cercano al punto de selección y definir uno nuevo mediante alguno de los métodos de introducción de puntos disponible.

o) Recorte de objetos

Se puede cortar un objeto en borde definido por uno o varios objetos. Los objetos que define como aristas de corte no tienen que intersectar el objeto que se recortan. Para recortar elementos, realizar los siguientes pasos.

1. En el menú *Modificar,* seleccionar *Recortar* o pulsar sobre el icono *Recortar*.
2. Designar las aristas de recorte pinchando sobre ellas o con el cuadro de selección de recorte. Pulsar *Intro*.
3. Seleccionar la línea que se desee recortar y pulsar *Intro*.

p) Alargamiento de objetos

Alargar objetos de modo que éstos finalicen precisamente en los bordes de los contornos definidos por otros objetos. Para alargar un objeto, realice los siguientes pasos:

1. En el menú *Modificar*, seleccionar *Alargar* o pulsar sobre el icono *Alargar*.
2. Seleccionar el objeto hasta donde quiere alargar, es decir el objeto para el contorno.
3. Designar el o los objetos que quiere alargar y pulsar *Intro*.

q) Inserción de divisiones en un objeto

Es posible eliminar parte de un objeto mediante el comando Parte. AutoCAD permite las particiones, líneas, círculos, arcos, polilíneas, elipses, etc. al partir un objeto, puede seleccionar el objeto en el primer punto de ruptura y, a continuación, definir un segundo punto o seleccionar en primer lugar el objeto y, acto seguido, definir los dos puntos de ruptura. Para partir un objeto:

1. En el menú *Modificar*, seleccionar *Partir* o pulsar sobre el icono *Partir*.
2. Seleccionar el objeto que desee partir (1).
   Por defecto, el punto designado en el objeto constituye el primer punto de ruptura. Si desea elegir dos puntos de ruptura distintos, escriba **p** (primer punto) y, a continuación, especifique el nuevo punto de ruptura.
3. Definir el segundo punto de ruptura (2).

r) Achaflanar objetos

El proceso de achaflanado conecta dos objetos no paralelos, ya sea mediante su extensión o recorte, con el propósito de intercalarlos o unirlos a una línea biselada. Con el método distancia podrá especificar en qué medida deben recortarse o alargarse las líneas. El método ángulo, le permite especificar la longitud del chaflán y el ángulo que forma con la primera línea. El proceso para achaflanar dos líneas (no paralelas) es el siguiente:

1. En el menú *Modificar*, seleccionar *Chaflán* o pulsar sobre el icono *Chaflán*.
2. Definir las distancias de los chaflanes.
3. Seleccionar la primera línea.
4. Seleccionar la segunda línea.

s) Empalme de objetos

El proceso de empalme entre dos objetos conlleva su conexión con un arco ajustado de un radio específico. Las esquinas interiores se denominan empalmes, mientras que las esquinas exteriores atienden al nombre de esfera, aunque AutoCAD trata ambos elementos como empalmes.

El radio de un empalme es el radio de arco que conecta a los objetos empalmados. Por defecto, el radio del empalme tiene un valor 0 o el del ultimo radio definido. La modificación del radio afecta a los empalmes nuevos y no a los generados anteriormente.

Para definir el radio de empalme:

1. En el menú **Modificar**, seleccionar **Empalme** o pulsar sobre el icono *Empalme*.
2. Escribir **ra** (radio).
3. Definir el radio del empalme.
4. Pulsar **Intro** para volver a escribir el comando empalme.
5. Seleccionar los objetos que desee empalmar.

t) Para empalmar dos segmentos de línea:

1. En el menú **Modificar**, seleccionar **Empalme** o pulsar sobre el icono **Empalme**.
2. Seleccionar la primera línea.

3. Seleccionar la segunda línea.

u) Descomposición de objetos

La descomposición de un objeto supone su fragmentación en sus partes originales, aunque esta operación no tiene un efecto visible en la pantalla. La descomposición de objetos da lugar a líneas simples y arcos procedentes de polilíneas, rectángulos, polígonos y arandelas. Asimismo, sustituye una referencia a bloque o una cota asociativa por copias de los objetos simples que conforman el bloque o la acotación.

Para descomponer un objeto:

1. En el menú *Modificar*, seleccionar *Descomponer* o pulsar sobre el icono *Descomponer*.
2. Seleccionar los objetos que se desee descomponer.

F. Referencia a puntos geométricos de objetos

La referencia a objetos es una forma rápida de emplazar con exactitud un punto en un objeto sin tener que conocer sus coordenadas ni dibujar líneas auxiliares. Con la referencia a objetos puede dibujar una línea que acabe en el centro de un círculo, el punto medio de un segmento de Polilínea o en una intersección imaginaria.

La referencia a objetos puede utilizarse cuando se designe un punto. Las referencias a un solo objeto afectan únicamente al siguiente objeto designado. También puede activarse una o varias referencias a objetos implícitas permaneciendo activadas hasta que se desactiven.

Existen tres maneras de activar la Referencia a objetos. Una es la **Barra de herramientas Referencia a objetos**, que se podrá activar desde el cuadro de diálogo barra de herramientas del menú *Ver*. Otra es por medios del teclado, pulsando la tecla **Shift** y el botón derecho del ratón al mismo tiempo. De estas dos maneras la referencia seleccionada, solamente se activara momentáneamente, es decir, que cada ver que quiera, por ejemplo, que el cursor vaya al punto medio de una línea, tendrá que seleccionar punto medio.

Y la tercera manera, es por medio del cuadro de diálogo Referencia a objetos que se encuentra en el menú **Herramientas**. Al seleccionar de este modo una referencia a objeto, esta quedara activa hasta que se desactive. También podrá modificar el tamaño del cursor o el color del mismo.

La mayoría de las referencias a objetos descritas aquí solo afectan a objetos visibles en la pantalla, incluidos los objetos de capas bloqueadas, contornos de ventanas flotantes, sólidos y segmentos de polilíneas.

a) Punto final

Punto final fuerza el cursor al punto más cercano de objetos como líneas o arcos. Si da altura a un objeto, podrá forzar el cursor a las aristas. Punto final también es aplicable a sólido 3D, cuerpos y regiones. Por ejemplo, puede forzar el cursor al punto final (vértice) de un prisma rectangular.

b) Punto medio

Punto medio fuerza el cursor al punto medio de objetos como líneas o arcos. Punto medio fuerza el cursor al primer punto definido en líneas infinitas. Al seleccionar una spline o un arco elíptico, Punto medio fuerza el cursor a un punto a medio camino entre el punto de origen y el punto final.

c) Intersección

Forzar el cursor al punto de intersección de objetos como líneas, círculos, arcos y splines.

También se puede utilizar Intersección para forzar las referencias a las esquinas de objetos que tengan altura. Si dos objetos con altura se extienden por la misma dirección y sus bases se cruzan, puede forzar el cursor a la intersección de las aristas. Si los objetos tienen alturas distintas, la menor de ellas define el punto de intersección.

d) Intersección ficticia

La intersección ficticia incluye dos modos de referencia diferentes: Intersección ficticia e Intersección ficticia extendida. Una intersección ficticia, fuerza el cursor a la intersección de dos objetos que no se cruzan en el espacio tridimensional pero que parecen hacerlo en pantalla.

Una Intersección ficticia extendida fuerza el cursor a la intersección imaginaria de dos objetos que parecían cortarse al alargarlos en sus direcciones naturales.

e) Centro

Centro fuerza el cursor al centro de un arco, círculo o elipse. También fuerza el cursor al centro de círculos que forman parte de sólidos, cuerpos o regiones. Cuando fuerce el cursor al centro, seleccione una parte visible del arco, círculo o elipse.

f) Cuadrante

Cuadrante fuerza el cursor al cuadrante más cercano de un arco, círculo o elipse (los punto a 0, 90, 180 y 270 grados). La posición de los cuadrantes para círculos y arcos se determina por la orientación del SCP.

g) Tangente

Tangente fuerza el cursor al punto de un círculo o arco que, al conectarlo al último punto, formará una línea tangente a dicho objeto.

h) Perpendicular

Perpendicular fuerza el cursor al punto de un objeto que está alineado normal o perpendicularmente con otro objeto o con una extensión imaginaria del mismo. Perpendicular puede utilizarse con objetos como líneas, círculos, elipses, splines o arcos.

i) Inserción

Inserción fuerza el cursor al punto de inserción de un bloque, forma, texto, atributo (contiene información sobre un bloque) o definición de atributo (describe las características del atributo).

j) Punto

Punto fuerza el cursor a un punto dibujado con el comando Punto. Los puntos incluidos en un bloque pueden ejercer la función de puntos de referencia válidos para lugares de enlace.

k) Cercano

Cercano fuerza el cursor a un objeto de punto o a la ubicación en otro tipo de objeto más cercano al punto especificado.

l) Rápido

Rápido, en conjunción con otras referencias a objetos, fuerza el cursor al primer punto adecuado del primer objeto que encuentra. Si está activada la ordenación de referencias a objetos, Rápido encuentra el último objeto trazado. Si Rápido está desactivado, AutoCAD fuerza el cursor al punto más cercano al centro del cursor en cruz.

m) Ninguno

Ninguno desactiva las referencias a objetos activadas. También puede utilizarse para desactivar las referencias a objetos implícitas para un punto.

n) Activación de modos de referencia

De esta manera se desplegará el cuadro de diálogo Referencia a objetos, del que hemos hablado anteriormente.

F. Zoom y encuadre

Zoom o encuadre se denomina vista a una posición, orientación o tamaño determinado que presenta el dibujo. Existen unas cuantas opciones de zoom que permiten la ampliación o reducción del tamaño de la imagen que aparece en la pantalla.

El proceso de aumento de una imagen a fin de poder ver el dibujo con mayor detalle se denomina ampliación, mientras que el de disminución de la imagen para ver un área más extensa se conoce con el nombre de reducción.

La ampliación o reducción no modifica el tamaño absoluto del dibujo. Solo cambia el tamaño de vista aérea gráfica.

a) Ampliación/reducción y encuadre en tiempo real

Junto con la posibilidad de encuadrar y reducir o ampliar la imagen en incrementos, se puede realizar también en Tiempo real. Con Zoom Tiempo real, puede ampliar o reducir el dibujo desplazando el cursor hacia arriba o hacia abajo.

Con Encuadre Tiempo Real, puede encuadrar la imagen en un nuevo emplazamiento haciendo clic en ella con el dispositivo señalar y desplazando el cursor.

Para ampliar/reducir en modo tiempo real:

1. En el menú **Ver**, seleccionar **Zoom** y dentro de él **Tiempo real** o pulsar sobre el icono **Zoom en tiempo real** de la barra de herramientas **Estándar** de AutoCAD.
2. Para ampliar o reducir a diferentes tamaño, pulsar con el ratón sobre la imagen y desplazarlo hacia arriba (aumentar) o hacia abajo (reducir).

Para encuadrar en modo tiempo real:

1. En el menú **Ver**, seleccionar **Encuadre** y dentro de él **Tiempo real** o pulsar sobre el icono **Encuadre** de la barra de herramientas **Estándar** de AutoCAD.
2. Para encuadrar de forma interactiva, mantener pulsado el ratón y desplazar el dibujo a un nuevo emplazamiento.

b) Ventana de Zoom

Se puede ampliar con suma rapidez un área especificando sus esquinas. La región especificada por las esquinas que se seleccionen aparece centrada en la nueva pantalla si ésta no tiene las mismas proporciones de la ventana gráfica que se está ampliando/reduciendo. Para ampliar un área determinada mediante la definición de sus contornos, se realizan los siguientes pasos:

1. En el menú **Ver**, seleccionar **Zoom** y dentro de la **Ventana**, o pulsar sobre el icono **Ventana** de la barra de herramientas **Zoom**.
2. Especificar una de las esquinas del área que se desee visualizar (1)
3. Especificar la esquina opuesta del área (2).

c) Zoom Dinámico

Zoom dinámico muestra la parte generada del dibujo en un marco de visualización que representa la ventana gráfica actual. Al ejecutar el comando AutoCAD muestra la parte generada del dibujo en un marco de visualización que representa a la ventana gráfica actual. Para ampliar o reducir el dibujo de forma dinámica:

1. En el menú **Ver**, seleccionar **Zoom** y dentro de él **Dinámico** o pulsar sobre el icono de **Zoom dinámico** de la barra de herramientas **Zoom**.
2. Si el marco de visualización contiene una X, arrastrarlo por la pantalla para encuadrar el dibujo en un área distinta.
3. Para ampliar o reducir el dibujo a un tamaño diferente, pulsar el botón selector del dispositivo señalador. La X del marco de visualización se convierte en una flecha.

Ajustar el tamaño del marco desplazando su borde hacia la derecha o hacia la izquierda. Cuanto mayor sea el marco de visualización, menor será el tamaño de la imagen que aparece en pantalla.

4. Una vez que el marco de visualización defina claramente el área que desea visualizar, pulsar **Intro**.

d) Atribución de escala a una vista

Siempre que desee disminuir o aumentar la amplitud de una imagen conforme a una escala determinada, podrá especificar una escala de ampliación o reducción. Para ampliar o reducir una imagen conforme a una escala determinada, hay que seguir los siguientes pasos:

1. En el menú **Ver**, seleccionar **Zoom** y dentro de él **Factor** o pulsar sobre el icono **Factor** de la barra de herramientas.
2. Indicar el factor de escala en relación con los límites del dibujo, con la vista **Actual** o con la vista **Espacio papel**.

e) Centrado

Es posible desplazar un punto del dibujo al centro del área gráfica. El comando Zoom Centro resulta especialmente útil a la hora de reajustar el tamaño de un objeto y situarlo en el centro de la ventana. Para centrar el dibujo en el área gráfica:

1. En el menú *Ver*, seleccionar *Zoom* y dentro de él *Centro* o pulsar sobre el icono *Centro* de la barra de herramientas.
2. Especificar el punto que se desee emplazar en el centro del dibujo.
3. Especificar una altura en unidades de dibujo o escribir un factor de escala.

f) Zoom aumentar y zoom reducir

Estos dos modos de zoom permiten aumentar o disminuir la imagen de forma no dinámica, es decir, aumente o disminuye la imagen lo mismo cada vez que se pulsa uno de los iconos.

g) Zoom Todo y zoom extensión

Permiten la visualización en pantalla de una vista en base a los contornos del dibujo o a la extensión de los objetos que conforman el dibujo.

Zoom Todo muestra el dibujo en su totalidad. Si los objetos se extienden más allá de los límites del dibujo, al seleccionar el comando Zoom Todo se visualiza en pantalla la extensión de los objetos. Si los objetos están dentro de los límites del dibujo, al seleccionar el comando Zoom Todo se muestran en pantalla los límites de los objetos.

Zoom Extensión calcula la ampliación/reducción en función de la extensión de la ventana gráfica activa, no la vista actual. Normalmente puede verse toda la ventana gráfica activa, con lo cual los resultados son obvios e intuitivos. Sin embargo, al utilizar el comando Zoom en espacio modelo mientras se trabaja en una ventana gráfica en espacio papel, si se amplía la vista sobrepasando los contornos de la ventana gráfica en espacio papel, puede que no se vea una parte del área ampliada.

G. Capas, colores y tipos de línea

Las capas son como superposiciones transparentes en las cuales se organizan y se agrupan distintos tipos de información. Los objetos que se crean tienen propiedades como capas, colores y tipos de línea. El color contribuye a establecer las diferencias oportunas entre elementos similares que componen el dibujo, y los tipos de línea sirven para distinguir fácilmente los distintos elementos del dibujo, como líneas de centro y ocultas. La organización de las capas y de los dibujos en capas facilita el manejo de la información de los dibujos.

Siempre se está dibujando en una capa. Es posible que sea la capa por defecto o una capa que haya creado el usuario y a la que haya asignado un nombre. Cada capa tiene asociado un color y un tipo de línea.

a) Creación y denominación de capas

Se puede crear una capa con nombre para cada agrupación conceptual (por ejemplo, paredes o cotas) y asignar colores o tipos de línea a esas capas. Al organizar un dibujo por capas, elija sus nombres con atención.

Para crear una nueva capa:

1. En el menú *Formato*, seleccionar *Capa* o pulsar sobre el icono *Capas* de la barra de herramientas *Propiedades de objetos*.
2. En el cuadro de diálogo Propiedades de las capas y los tipos de línea, pulsar nueva. Se mostrará una nueva capa en la lista con el nombre provisional de *Capa1*.
3. Especificar otro nombre de capa.
4. Para crear varias capas, volver a pulsar *Nueva*, escribir el nuevo nombre y pulsar *Intro*.
5. Pulsar *Intro*.

b) Asignación de color a una capa

Puede asignar color a una capa en el cuadro de diálogo Propiedades de las capas y los tipos de línea, haciendo clic en el icono Color en la lista de caspas.

Al hacer clic en el icono Color, aparece el cuadro de diálogo seleccionar color. Cuando especifique un color, podrá escribir su nombre o el número del Índice de colores de AutoCAD (ACI). Solo los siete primeros colores tienen nombre.

c) Asignación de tipo de línea a una capa

Cuando se definen capas, los tipos de línea ofrecen otro modo de mostrar información visual. Un tipo de línea es un patrón repetido de trazos, puntos y espacios en blanco que sirve para diferenciar la finalidad de cada línea.

El nombre y la definición del tipo de línea describen la secuencia particular trazo-punto y las longitudes relativas de los trazos, espacios en blanco y las características de cualquier texto o forma incluido.

Para asignar un tipo de línea existente a una capa:

1. Seleccionar *Tipo de línea* dentro del cuadro de diálogo *Propiedades de las capas y tipos de línea*.
2. En el cuadro de diálogo *Seleccionar línea*, seleccionar un tipo de línea y pulse *Aceptar*. Si lo que prefiere es optar a

otro tipo de línea, pulse sobre *Cargar*. Se abrirá un nuevo cuadro de diálogo, *Cargar o volver a cargar líneas*. En él seleccionar el tipo de línea que quiere cargar. Pulse *Aceptar*.
3. Por último, pulse de nuevo aceptar para salir de los cuadros de diálogo.

d) Control de la visibilidad de la capa

Los objetos dibujados sobre capas invisibles. Existen situaciones, como cuando se precisa una visión nítida del dibujo mientras se perfilan los detalles de una o varias capas, o bien si no se desean trazar ciertos detalles tales como líneas auxiliares o de referencia, en las que conviene ocultar ciertas capas, para lo cual se puede desactivarlas o inutilizarlas.

El modo elegido para controlar la visibilidad de las capas dependerá del modo de trabajo y del tamaño del dibujo. Por el contrario, se recomienda la inutilización de las capas cuando se desee mantener las capas ocultas durante períodos largos.

e) Activación y desactivación de capas

Las capas desactivadas se generan con el dibujo pero no se visualizaran ni trazaran. Si alterna frecuentemente entre capas visibles e invisibles, puede desactivar las capas en lugar de inutilizarlas. Al desactivarlas, evitará regenerar el dibujo cada vez que utilice una capa.

f) Inutilización y reutilización de capas en todas las ventanas

Se puede inutilizar capas para acelerar *Zoom*, encuadre y *Pto. De vista*, mejorar la selección de objetos y reducir el tiempo de regeneración de dibujos complejos. AutoCAD no muestra, ni traza, ni regenera los objetos de las capas inutilizadas. Por el contrario, se recomienda la inutilización de las capas cuando se desee mantener las capas ocultadas durante períodos largos.

g) Inutilización y reutilización de capas en la ventana actual

Se puede inutilizar o reutilizar capas de la ventana flotante actual sin afectar a las demás ventanas gráficas. Las capas inutilizadas son invisibles. No se regeneran ni se trazan. Esta función es útil en aquellas ocasiones en que se desee crear una capa de anotaciones que sea visible únicamente en una ventana gráfica concreta. La reutilización restablece la visibilidad de la capa.

h) Inutilización o reutilización de capas en ventanas gráficas nuevas

Es posible establecer los parámetros de visibilidad por defecto aplicables a ciertas capas de las nuevas ventanas flotantes.

i) Bloqueo y desbloqueo de capas

El bloqueo de capas resulta práctico para editar los objetos asociados con ciertas capas y ver los objetos de otras capas. No es posible editar los objetos de las capas bloqueadas, aunque permanecen visibles si la capa esta activada y reutilizada. Una capa bloqueada puede convertirse en la capa actual y pueden añadirse objetos a ella.

H. Acotación

Las cotas indican medidas geométricas de objetos, distancias o ángulos entre objetos o las coordenadas X e Y de alguna característica de un objeto. Proporciona tres tipos básicos de acotación: lineal, radial y angular. Una cota lineal puede ser horizontal, vertical, alineada, girada, de coordenadas de línea de base y continua.

AutoCAD dibuja las cotas en la capa actual. Toda cota tiene un estilo de acotación asociado, ya sea el estilo por defecto u otro definido por el usuario. El estilo controla aspectos como el color, el estilo de texto y la escala del tipo de línea. No se proporciona información sobre la altura de objeto. Mediante las familias de estilos, se pueden realizar modificaciones en los diferentes tipos de cotas a partir de un estilo base.

Una cota tiene diferentes partes. La **_Línea de cota_**, que indica la dirección y la extensión de una cota. En las líneas angulares, la línea de cota es un arco. Las líneas de referencia, también llamadas líneas de proyección o líneas testigo, se extienden desde la característica acotada hasta la línea de cota. Las flechas, también denominadas símbolos de terminación o, simplemente, terminaciones, se añaden a ambos extremos de la línea de cota. El texto de cota es una cadena de texto que suele indicar la medida real. El texto puede incluir, además prefijos, sufijos y tolerancias.

a) Creación de cotas

Una cota se puede crear seleccionando el objeto que se desea acotar e indicando el emplazamiento de la línea de cota.

También se puede crear cotas indicando los orígenes de las líneas de referencia. En el caso de las líneas, segmentos de polilíneas y arcos, los orígenes de las líneas de referencia son, por defecto, los puntos finales. En el caso de los círculos, se toman los puntos finales de un diámetro en el ángulo estipulado.

Una vez creada una cota, se puede modificar el contenido del texto de cota así como el ángulo del texto con respecto a la línea de cota. El estilo de acotación debe seleccionarse antes de empezar a crear cotas. En caso de no hacerlo, se aplica el estilo actual.

b) Cotas lineales

Una cota lineal puede ser horizontal, vertical, alineada o girada. La línea de las cotas alineadas es paralela a la línea que pasa por los orígenes de las líneas de referencia. Las cotas de línea de base o paralelas y las cotas continuas o en cadena, son series de cotas consecutivas construidas a partir de cotas lineales.

c) Cotas horizontales y verticales

Establece de forma automática la orientación horizontal o vertical de la cota según los orígenes de las líneas de referencia indicados o según el punto designado para seleccionar un objeto. Sin embargo, es posible ignorar la propuesta de AutoCAD, estableciendo explícitamente la orientación horizontal o vertical de las cotas. Para crear una cota horizontal o vertical:

1. En el menú **Acotar,** elegir **Lineal** o pulse sobre el icono **Lineal** de la barra de herramientas **Acotar**.
2. Pulsar **Intro** para designar el objeto que se va a acotar o especificar los orígenes de la primera y segunda línea de referencia.
3. Antes de establecer el emplazamiento de la línea de cota se puede ignorar la orientación de la cota y editar el texto, el ángulo de la línea de cota.

d) Cotas alineadas

Las cotas alineadas se caracterizan porque la línea de cota es paralela a los orígenes de las líneas de referencia. Para crear una cota alineada:

1. En el menú **Acotar** seleccionar **Alineada** o pulsar sobre el icono **Alineada** de la barra de herramientas.
2. Pulsar **Intro** para designar el objeto que se va a acotar o especificar los orígenes de la primera y segunda línea de referencia.
3. Modificar el texto o el ángulo del texto.
4. Designar el emplazamiento de la línea de cota.

e) Cotas de línea de base y continúas

Las cotas de línea de base son conjuntos de cotas cuyas medidas se toman a partir de la misma línea de base. Las cotas continuas son conjuntos de cotas encadenadas.

Para crear cotas de línea de base:

1. En el menú **Acotar**, seleccionar **Línea base** o pulsar sobre el icono **Línea base** de la barra de herramientas.

2. Usar la referencia a objetos **Punto final** para designar el final de la segunda selección como origen de la segunda línea de referencia, o bien pulsar **Intro** para designar una cota como cota base.
3. Seleccionar la siguiente línea de referencia. Seguir seleccionando los orígenes de las líneas de referencia.
4. Pulsar **Intro** dos veces para ejecutar el comando.

Para crear cotas continuas

1. En el menú **Acotar,** seleccionar **Continua** o pulsar sobre el icono **Continua** de la barra de herramientas.
2. Usar la referencia a objetos **Punto final** para seleccionar el final de la cota ya dibujada como origen de la primera línea de referencia.
3. Seleccionar los orígenes de las siguientes líneas de referencia.
4. Pulse **Intro** dos veces para ejecutar el comando.

f) Cotas de Radio

Una cota de radio indica el radio de un arco o un círculo con líneas de centro o marcas de centro opcionales. Si en el estilo actual se ha seleccionado Directriz en la opción Ajuste, entonces la acotación se aplica con una línea directriz. Para crear una cota de radio o de diámetro:

En el menú **Acotar** seleccionar **Diámetro o Radio**, o pulsar sobre el icono **Radio o Diámetro** de la barra de herramientas.

1. Seleccionar el arco o el círculo que se desee acotar.
2. Escribir **t** para modificar el contenido del texto de la cota (opcional).
3. Escribir **a** para modificar el ángulo del texto de cota (opcional).
4. Designar el emplazamiento de la línea de cota.

g) Cotas angulares

Las cotas angulares miden el ángulo formado por dos líneas o tres puntos. Se puede emplear, por ejemplo, para medir el ángulo formado por dos radios de un círculo. La línea de cola tiene forma de arco. Para crear una cota angular:

1. En el menú **Acotar**, seleccionar **Angular** o pulsar sobre el icono **Angular** de la barra de herramientas.
2. Seleccionar el primer punto o línea que forma el ángulo.
3. Seleccionar el segundo punto
4. Escribir **t** o **m** para modificar el contenido del texto de cota (opcional).
5. Escribir **a** para modificar el ángulo del texto de cota (opcional).
6. Especificar el emplazamiento del arco de línea de cota.

h) Directrices y anotaciones

Una directriz es una línea que conecta una anotación con algún elemento de un dibujo. Las directrices y sus anotaciones son asociativas, lo que implica que se modifica la anotación, la directriz se actualiza consecuentemente. Para crear una directriz sencilla con texto:

1. En el menú **Acotar** seleccionar **Directriz** o pulsar sobre el icono **Directriz** de la barra de herramientas.
2. Especificar los puntos *Desde* y *Al* de la directriz.
3. Pulsar *Intro* para finalizar la adquisición de puntos.
4. Escribir las líneas de texto.
5. Pulsar *Intro* de nuevo para concluir el comando.

i) Creación de estilos de acotación

Un estilo de acotación con nombre es un conjunto de parámetros que determinan el aspecto de una cota. Mediante los estilos de acotación, el usuario puede establecer o aplicar un estándar para los dibujos.

Al crear una cota, se aplica el estilo actual. Si antes de crear una cota no se define o no se aplica ninguno, AutoCAD aplica el estilo por defecto **Standard**.

Estos son los pasos para crear un estilo de acotación:

1. En el menú **Acotar** elija *Estilo* o pulsar sobre el icono **Estilo** de la barra de herramientas.

2. En el cuadro de diálogo **Estilos de acotación**, escribir un nombre de estilo y seleccionar guardar.

3. Elegir **Geometría** para definir el aspecto y el comportamiento de la línea de cota, de las líneas de referencia, de los extremos de cota y de las líneas o marcas de centro así como de la escala de la cota.

4. Pulsar **Formato** para establecer el emplazamiento del texto de cota.

5. Pulsar **Anotación** para definir las unidades principales y alternativas, las tolerancias, el estilo del texto, el espaciado y el color, así como las opciones de redondeo.

6. En el cuadro de diálogo **Estilos de acotación**, pulsar **Guardar** para que los cambios se guarden en el nuevo estilo. Pulsar después **Aceptar**.

I. Imprimir un dibujo

El dibujo se puede imprimir en una impresora o en un trazador (plotter). Si utiliza una impresora del sistema Windows, normalmente no tendrá que realizar ningún preparativo de impresión. Si utiliza un trazador, sin embargo, tendrá que configurar algunas cosas, como el gestor del trazador, los puertos de salida, la configuración de las plumillas, etc.

Cuando se imprime o se traza, se puede controlar el área del dibujo que se va a trazar además de la escala, la rotación y la ubicación en el papel. También puede controlar las plumillas utilizadas para trazar los objetos con sus colores y el peso de las líneas. Los tipos de líneas también pueden sustituirse en el momento del trazado.

El siguiente procedimiento describe como imprimir un dibujo una vez establecida la configuración del trazador o de la impresora:

1. En el menú **Archivo** seleccione **Imprimir**, o pulse sobre el icono **Imprimir** de la barra de herramientas **Estándar**.

2. En el cuadro de diálogo **Configurar trazado/impresión**, si se ha configurado más de un trazador, pulse **Selección valores por defecto** con objeto de conocer cuál es trazador actual. Además, si se desea cambiar el tipo o la orientación del papel que se va a usar, pinchar sobre **Cambiar** en **Configuración especifica del dispositivo**.

3. Una vez seleccionado el trazado y el papel, hay que seleccionar las plumillas, asignando a cada plumilla un color y un grosor, es decir, que es aquí donde se van a resaltar los grosores de las líneas más importante o menos del dibujo que hemos realizado.

   Para ello, dentro de **parámetros de plumillas** del cuadro de diálogo **Configurar trazador/impresión**, pinchar en **Asignación**. Se abrirá el cuadro de diálogo **Asignación de plumillas**. Ahora se deberá asignar a cada color una plumilla, un tipo de línea (si se desea cambiar) y un grosor de plumilla.

4. Una vez asignadas las plumillas, se pasa a seleccionar la zona que se desea imprimir. Para ello, se pincha sobre **Ventana** en el cuadro de diálogo **Configurar Trazador/impresión**. Se abrirá el cuadro de diálogo **Designar por ventana** y especificar las coordenadas de la zona a imprimir, o bien, si se pulsa sobre **Designar**, selecciona sobre el dibujo la zona a imprimir.

5. Posteriormente, se pasa a asignar una escala al dibujo, y a centrarlo sobre la hoja de papel. De nuevo en el cuadro de diálogo **Configurar trazado/impresión**, si se pulsa sobre **Rotación y origen** podrá girar el dibujo sobre el papel y centrarlo o colocarlo donde se desee. Si se pulsa sobre *Escala hasta ajustar*, AutoCAD ajustará el dibujo al tamaño del papel escogido sin ningún tipo de escala clara.

6. Si se desea ver cómo va a quedar el dibujo está la opción **Presentación preliminar Parcial**, que mostrará una previsualización simple de la posición del trazado en el papel, o **Total** que mostrará una imagen de previsualización detallada, ampliable del trazado.

7. Por último, si ya se tiene todas las opciones configuradas pulsar **Aceptar**.

Como podemos observar en los dos software ambos cuentan con una barra de título, barra de menú, barra de estado, área de trabajo, barras de herramientas flotantes importantes como son: de dibujo, de referencia de objetos, de modificar, de acotación y una infinidad de barras de herramientas e iconos que pueden ser personalizados. Todo esto está en manos del docente como del alumno determinará el alcance y sus limitaciones, en pocas palabras "La creatividad es su límite".

CAPITULO VII

GRAFICACIONES CON COMPUTADORAS

La geometría es el arte de pensar bien y dibujar mal
Henri Poincaré

1. Dibujo de perspectiva en computadora

Eduardo Piña Garza
UAM-I. Departamento de Física
Investigador del ININ

Introducción

La historia del dibujo de perspectiva se pierde en el tiempo, ligada a la representación realista, por medio de pintura y el dibujo. Los grandes pintores nos han dejado muchos ejemplos del uso hábil de los conocimientos de la perspectiva. Algunos de estos pintores dejaron notas manuscritas y publicaron libros donde pretendieron explicar, a sus discípulos y a los no iniciados, las reglas útiles para dibujar en perspectiva. Leonardo da Vinci es un ejemplo. Otros son Durero, Wenner y Maurolico.

La universidad de México edito recientemente la traducción al español de uno de los libros de Alberto Durero, publicado en latín en Paris en 1535, donde este pintor explica, en forma sencilla, diversas técnicas para dibujar y, en particular, enseña la perspectiva con ayuda de un marco de madera donde se señala las coordenada de intersección del plano del dibujo con un cordel, que tensa entre el punto a dibujar y el punto de observación. El dibujo se mueve, sin mover el marco de madera, para dejar paso al cordel. La teoría matemática de la perspectiva tiene también una larga historia, cuyos primeros trabajos principian con la escuela de matemáticas griega. Tenemos por ejemplo el libro de "Óptica y Especularía de Euclides" traducido al español en 1585, reproducido en edición facsimilar, recientemente, por el Departamento de Matemáticas del CINVESTAV en México. La perspectiva aparece en la Europa moderna con los trabajos de Desargues en 1639 y Laplace en 1640, seguidos por los alumnos de Desargues: Abraham Bosse en 1648 y Phillippe de la Hire entre 1873 y 1685.

El tema se redescubre y se enriquece con los trabajos de Monge entre 1799 y 1822, Briachon en 1806, Poncelet en 1822 y Chasles en 1852. La escuela francesa comparte honores en esta labor con J. Steiner en 1832 y K. von Staude entre los años de 1847, 1856 y 1860. Para conocer la historia más completa y detallada de la Geometría Proyectiva ver el libro de Collet.

El incremento prodigioso de la computación ha hecho que se desarrolle la técnica del dibujo, con ayuda del gran poder de cálculo y la mayor precisión que se obtiene en el control de la pantalla, las impresoras y los graficadores. Menciona el artículo de Peredo y Córdoba "Comunicaciones Técnicas y Científicas" en la Revista Contacto publicación trimestral editado por la UAM-I. Que a continuación menciona:

> *"Desde la aparición de las microcomputadoras se han utilizado, básicamente, dos métodos para el graficado. Uno de ellos emplea un tubo de rayos catódicos (TRC) o en una tableta gráfica sobre el cual se hacen los trazos con un lápiz especial. En este caso el diseño se hace de una forma parecida a cualquier dibujo. La grafica así elaborada puede ser impresa o conservada en registro magnético.*
>
> *El otro método de graficado emplea datos numéricos, para lo cual se expresan matemáticamente las líneas, arcos de círculo y curvas. La computadora, después de procesar los datos, puede, como el método anterior, imprimir la gráfica o conservar un registro magnético de la misma".*

En este hace referencia exclusivamente, al graficado en microcomputadoras empleando funciones matemáticas convertibles a datos numéricos. Continúa mencionado:

> *"Para tal fin la pantalla de una minicomputadora está dividida en una retícula, como una hoja cuadriculada donde cada elemento se llama PIXEL, de forma que a cada cuadrito corresponde a un pixel.*

Por simplicidad supondremos que cada pixel solo puede estar en uno de dos estados posibles: encendido o apagado (algunos modelos de microcomputadoras permiten diferentes formas de encendido al controlar el color o la luminosidad del pixel).

El número de pixeles que hay horizontal y verticalmente, así como la forma en que estos son numerados, depende de la marca y el modo en que esté operando la microcomputadora.

El dibujo de puntos: localización de pixeles. Antes de que la computadora ejecute las instrucciones de graficación en la pantalla en la pantalla es necesario ordenarle que pase al modo de graficas de alta resolución y que limpie la pantalla.

La posición de cada pixel está determinada por dos números enteros no negativos, llamados COORDENADAS FISICAS, como el lector observara que cada pixel de la esquina superior izquierda está ubicado en (0,0) y que la coordenada "v" aumenta hacia abajo. La anterior no es la forma usual de numerar los ejes coordenados en matemáticas, sin embargo esa convención es la utilizada en la mayoría de las computadoras.

Además, se necesita relacionar las coordenadas cartesianas (X, Y) de un punto de las región R con las coordenadas físicas (h, v) del pixel que representará a dicho punto. Estas relaciones pueden obtenerse como sigue:

Establezcamos h= f(X) y v = g (Y) como funciones lineales; la región R de la curva quedará comprendida en la pantalla de forma que usando la ecuación de la recta que pasa por los puntos (a, 0) y (b, Hm) para h= f(X) y la ecuación de la recta que pasa por los puntos (c, 0) y (d, Vm) para v = g (Y), obtenemos:

h = Hm (X - a) / (b - a) **Ec. 1**
v = Vm (d - Y) / (d - c) **Ec. 2**

Para ser rigurosos habría que redondear los valores de h y v calculados con las formulas anteriores, sin embargo la mayoría de las microcomputadoras aceptan coordenadas no enteras redondeando automáticamente el calor para determinar la ubicación del pixel que se va a graficar.

En la actualidad, muchas personas disponen de computadoras personales, donde es factible representar en pantalla dibujos de perspectiva con diferentes aplicaciones útiles. La posibilidad de copiar la pantalla, con una impresora, aumenta el número de los usos de un dibujo.

El graficador es un elemento que permite un dibujo de mayor calidad y precisión y esperamos su generalización y abaratamiento.

La impresora láser tiene tanta resolución que compite con el graficador en precisión y tiene las ventajas del dibujo en pantalla.

Este trabajo pretende popularizar las técnicas para dibujo de perspectiva con ayuda de coordenadas. Se utilizan los conocimientos elementales de la Geometría Analítica con vectores, conocidos y dominados por Ingenieros, Arquitectos, Químicos, Físicos, Matemáticos, etc.

Va incrementando paulatinamente en dificultad sin requerir nunca de conocimientos avanzados. El lector continuara leyendo en tanto el interés y la necesidad se lo aconsejen, sin que deba detenerse por razones de complejidad.

No se pretende competir con los paquetes comerciales de computación, generalmente más grandes y costosos que el requisito de muchas necesidades. Aparte de su costo, derrochan tiempo de computación y compilación, y es difícil adaptarlos a los propósitos variables en el tiempo de muchos usuarios.

Por otra parte, cualquier dibujo hecho con computadora podrá ser perfeccionado en las manos de un dibujante experto. Como por ejemplo la proyección esferográfica que pinto Arnold Belkin en el mural del teatro del Fuego Nuevo de la Universidad Autónoma Metropolitana, Iztapalapa, en la Ciudad de México.

Antes de empezar a dibujar, el lector deberá aprender algunas posibilidades de graficación de su propia computadora. Aparte del uso de varios colores y grados de oscuridad, debe aprender a colocarse en modo gráfico, y señalar el grado de precisión del dibujo si la maquina lo exige (mayor precisión equivale a más memoria utilizada). Se debe también aprende a limpiar la pantalla. Las instrucciones básicas del dibujo consisten en:

1. Elegir un color o tomar una pluma. Esta instrucción es indispensable para algunos graficadores y puede no tener sentido si se dibuja en blanco y negro.
2. El dibujo de un punto por dos coordenadas que sitúan al punto.

3. El dibujo de un segmento que conecta dos puntos, el primero de los cuales puede ser el último punto dibujado.
4. El levantar la pluma. Instrucción para que la maquina deje de dibujar. Esta instrucción es importante en algunos graficadores.

Aparte de estas instrucciones básicas, hay instrucciones menos generales que no son necesarias para dibujar en perspectiva como aquellas que permiten dibujar un arco de círculo. Recomienda nuevamente el artículo de Peredo y Córdoba para una descripción más amplia de estas funciones básicas.

Algunas ilustraciones que se presentarán en este trabajo se obtuvieron en pantalla y se reprodujeron inicialmente con una impresora de costo relativamente bajo. Otras figuras con calidad de línea mejor se construyeron con un graficador.

2. Pasos requeridos para dibujar en AutoCad

- 💻 Crear los límites de trabajo y el tamaño de hoja.
- 💻 Seleccionar las unidades de medida en que se va a trabajar.
- 💻 Seleccionar el tamaño de papel (espacio papel)
- 💻 Seleccionar la escala a trabajar.
- 💻 Tener listas las barras de herramienta con que se va a trabajar (dibujo, modificación)

3. Practicando en Autocad

Lección 1
Iniciar el programa

Cuando iniciamos AutoCad por primera vez aparece la pantalla de un asistente que nos guiará en la creación de un nuevo dibujo Podemos abrir un archivo guardado o iniciar uno nuevo.

Pulsa en el segundo botón (valores por defecto)

Pulsa en **Aceptar** para iniciar el nuevo dibujo.

A la vista tenemos la pantalla de trabajo de AutoCad.

La ventana de dibujo

Ratón: Las acciones que realizaremos en AutoCad serán con el ratón y el teclado. Hay que tener en cuenta que el ratón tiene la posibilidad de utilizar el botón derecho para acceder a menús rápidos.

Pulsa el botón derecho sobre diferentes zonas de la pantalla (zona de trabajo, barras de herramientas) y observa su contenido.

El cursor: según donde situemos el cursor del ratón, éste adopta diferentes formas. Dentro de la zona de dibujo adopta la forma de una cruz. Si lo situamos sobre las barras de herramientas, adopta la forma de una flecha.

El visor de coordenadas: en la parte inferior izquierda de la pantalla se encuentra el visor de coordenadas que nos informará de la posición exacta del cursor en la pantalla:

Mueve el ratón por la zona de dibujo y observa cómo cambian los números del visor de coordenadas.

Pulsa la tecla **F6** y observa cómo se desactiva la visualización del visor de coordenadas.

La rejilla: para facilitarnos la labor de dibujar líneas o cualquier objeto, podemos activar la rejilla de la zona de trabajo. La rejilla es una malla de puntos que nos permitirá ajustar los objetos en el punto que deseemos, aparte de movernos por la pantalla. La rejilla se activa y desactiva de dos formas:

Pulsando el botón de la barra inferior

Pulsando la tecla **F7**

Pulsa repetidamente el botón mencionado y tecla mencionados y observa el efecto en la pantalla.

Forzar el cursor: aún con la rejilla en pantalla, es muy difícil ajustar el dibujo o el puntero del ratón en un punto determinado. Por ello, es posible forzar el cursor a que se desplace por los puntos de la rejilla. Para ello, podemos:

Pulsar el botón de la barra inferior

Pulsar la tecla **F9**

Pulsa la tecla **F9** y mueve la flecha del ratón por la pantalla. Observa cómo el puntero del ratón se ajusta automáticamente a los puntos de la pantalla. Observa también el visor de coordenadas; cambia de 10 en 10 unidades.

La ventana de Comandos: es posible la utilización de órdenes a través del teclado. También es posible que en muchas ocasiones, podamos variar la acción de una orden mediante la ventana de comandos. Se encuentra en la parte inferior de la pantalla, sobre la barra de estado.

Más adelante profundizaremos en la actuación de esta ventana. Durante el curso, la utilizaremos a menudo. Como introducción, prueba a hacer lo siguiente:

Escribe la orden **LINEA**.

Observa el mensaje que aparece:

Pulsa un clic en cualquier parte de la zona de trabajo.

Observa el siguiente mensaje:

Pulsa un clic en cualquier otra parte de la pantalla.

Ahora podemos ir pulsando click en diferentes zonas de la pantalla. Para terminar de dibujar la línea, podemos:

Pulsar la tecla **Esc**

Pulsar la tecla **Intro**

Termina el dibujo de la línea.

El primer dibujo

Vamos a iniciar nuestro primer dibujo. Se compondrá de un sencillo dibujo a base de líneas.

Accede a **Archivo – Cerrar** para cerrar la ventana de dibujo actual.

A la pregunta de guardar los cambios contesta negativamente.

Accede a **Archivo – Nuevo** y acepta la ventana que aparece.

Asegúrate de que están activados la **rejilla** y el **forzado de coordenadas**.

Pulsa el botón (línea) de la barra de herramientas de dibujo.

Pulsa un clic en cualquier parte de la pantalla para situar el punto inicial de la línea.

Dibuja un cuadrado hasta cerrarlo.

Para finalizar la orden de línea, pulsa la tecla **Esc**.

Habrás observado a medida que dibujabas, que Autocad iba marcando con una marca amarilla los puntos automáticamente. De momento vamos a centrarnos en la creación de los primeros dibujos y más adelante ya veremos para qué sirven este tipo de marcas.

Vamos a dibujar otra figura:

Inicia la orden **LINEA**, pero ahora escribiendo la palabra **LINEA**.

Dibuja cualquier forma, pero no la cierres:_

Pulsa la letra **C**.

Pulsa **Intro**.

Observa cómo Autocad ha cerrado automáticamente la figura en su punto inicial.

Seleccionar elementos

Para seleccionar un elemento podemos pinchar un clic sobre él o trazar una ventana en la pantalla que abarque todos los elementos que queremos seleccionar. Esta sería la forma más sencilla y manual.

Pulsa clic sobre varios de los segmentos de alguna de las figuras que has dibujado:

Si tienes problemas para pulsar sobre una línea, puedes desactivar el forzado de coordenadas.

Ahora, pulsa la tecla **Supr** del teclado para borrar la figura.

A través de una ventana, selecciona la otra figura:

Pulsa repetidamente la tecla **Esc** para cancelar la selección del objeto.

Repetir una orden

Muchas veces nos encontraremos ante la repetición de alguna orden. Para no volver a pulsar o escribir la última orden dada, podemos:

Pulsar el botón derecho del ratón y elegir la opción **Repetir...**

Pulsar la tecla **Intro**.

Dibuja una línea.

Termina de dibujarla y pulsa **Intro**. Autocad volverá a preguntarte por su punto inicial.

Coordenadas relativas

Te habrás fijado que el visor de coordenadas muestra tres grupos de dígitos. Por ejemplo:

La esquina inferior izquierda de la zona de dibujo comienza en la coordenada 0, 0, 0. A medida que movemos el cursor, se mueven las coordenadas. El primer grupo de números representa la posición del cursor en el eje de las "X", el segundo en el eje de las "Y" y el tercero en el eje de la "Z" (tres dimensiones).

Normalmente, si trabajamos en un plano en dos dimensiones, se moverán sólo los dos primeros grupos.

Activa la rejilla y el forzado de coordenadas

Inicia la orden **LINEA**.

Mueve el cursor hasta que veas en la ventana de coordenadas la coordenada **200,160** (aproximadamente en el centro de la pantalla) y pulsa un clic.

Ahora, con mucho cuidado, si mueves el ratón en horizontal, verás que se mueve el primer grupo. Si lo mueves en vertical se mueve el segundo grupo.

Ahora, si tenemos el forzado activado, podemos buscar un punto a la derecha de la línea como por ejemplo el punto **200,190** simplemente moviendo el ratón hacia la derecha. ¿Pero qué ocurre si buscamos otro punto como por ejemplo **200,197**?

Para ello utilizaremos el teclado:

Escribe: **@98,0**

Pulsa **Esc**

¿Qué hemos hecho? Con esta orden, le decimos a Autocad que se mueva 98 unidades hacia la derecha, en el eje de las X y 0 unidades en el eje de las Y. Estos movimientos son **relativos** al último punto, es decir, que toman el último punto como inicio del siguiente segmento de línea. Observa:

La línea roja representa el eje horizontal (X) y la azul el eje vertical (Y). Si queremos desplazarnos por el eje de las X, debemos siempre utilizar el primer grupo de números. Después, dependerá si lo queremos hacer hacia la derecha (positivo) o hacia la izquierda (negativo).

Por ejemplo: **@0,100** significa un desplazamiento de 0 en horizontal y de 100 en vertical hacia arriba.

@100,-36 significa un desplazamiento de 100 hacia la derecha y de 36 hacia abajo (negativo).

Inicia la orden **LINEA**

Pulsa un clic en cualquier parte de la pantalla para situar el primer punto.

Escribe: **@150,0**

@0,150

@-150,0

C

Pulsa la tecla **Intro**

Hemos dibujado un bonito cuadrado. J

Coordenadas absolutas

Así como las coordenadas relativas toman como punto de partida el último punto y deben comenzar a escribirse con el signo de la arroba (**@**), las coordenadas absolutas toman como punto de partida la coordenada **0, 0, 0** de la pantalla, esto es: el punto inicial de la zona de trabajo en la esquina inferior izquierda.

Selecciona todos los objetos y bórralos.

Inicia la orden **LINEA**

Escribe: **200,160** y pulsa **Intro**

Observa cómo el inicio de la línea se ha situado en la coordenada 200,160 a partir del punto 0,0 del inicio de la zona de trabajo.

Escribe: **0,0**

Escribe: **200,0**

Escribe: **C**

Pulsa la tecla **Intro**

Este tipo de coordenadas que comienzan a partir del punto 0, se llama coordenadas absolutas.

Coordenadas polares

Inicia la orden **LINEA** y marca el primer punto en cualquier lugar de la pantalla.

Pulsa repetidas veces la tecla **F6** mirando atentamente lo que está ocurriendo en la ventana inferior de coordenadas.

Observa que existen tres modos:

Desactivado o estático: los números no cambian hasta que pulsemos un clic en otro punto de la pantalla.

Activado con los valores X,Y y Z separados por una coma.

Polar: representando **longitud<ángulo**

Con las coordenadas **polares** podemos movernos según un ángulo. Por ejemplo, y siguiendo con el punto inicial de la línea que acabamos de comenzar a dibujar:

Escribe: **@50,45** y pulsa **Intro**

Esto ha dibujado el siguiente punto de la línea de 50 unidades de longitud y en un ángulo de 45°. Veamos otro dibujo:

Borra cualquier dibujo que tengas en pantalla.

Inicia la orden **LINEA**

Pulsa clic en cualquier parte de la pantalla.

Escribe lo siguiente:

@100,0

@100<120

C

Hemos dibujado un triángulo equilátero utilizando movimientos polares:

Es decir, a partir del segundo punto, hemos utilizado el movimiento polar para situar el tercer punto, con un ángulo de 120° con respecto al segundo.

El menú contextual

El botón derecho del ratón permite acceder rápidamente a muchas opciones de la pantalla, y también a acciones que afectan a la orden que estamos utilizando en ese momento.

Inicia la orden **LINEA** y dibuja un primer punto en la pantalla.

Dibuja un segundo punto.

Pulsa ahora el botón derecho del ratón.

Las opciones que aparecen afectan a la orden Línea que estamos utilizando en ese mismo momento.

Elige la opción **Deshacer** del menú contextual.

Observa cómo se ha borrado sólo el último segmento.

Vuelve a pulsar el botón derecho y elige **Intro**.

Deshacer comandos y acciones

Para deshacer la última acción podemos:

Pulsar el botón derecho y elegir la orden.

Escribir la letra **H**

Acceder a **Edición – Deshacer**

Pulsando el botón

Rehacer hace lo contrario, es decir, volvemos a la situación anterior a deshacer. Sólo funciona inmediatamente después de deshacer.

Guardar un dibujo

Sumamente fácil, Autocad guarda los dibujos con la extensión **DWG**

Accede a **Archivo – Guardar**

Selecciona la unidad y el nombre y acepta

Lección 2
Unidades de dibujo

Lo que vamos a hacer ahora es establecer las unidades con las que vamos a trabajar. Podemos trabajar en cm, pulgadas, grados, etc.

Accede a **Formato – Unidades** y te aparecerá el cuadro de dialogo correspondiente:

Por defecto, Autocad muestra la configuración en grados decimales con una precisión de 4 decimales (**0,000**). El tipo para los ángulos en **Grados decimales** con **0** de precisión.

Abre la lista **Tipo** y observa las diferentes unidades que podemos elegir.

Abre la lista **Precisión** para observar las diferentes posibilidades de elegir decimales.

Haz lo mismo con la lista **Tipo de ángulo** y **Al insertar bloque...**

Nosotros trabajaremos siempre con unidades decimales. Como grados para los ángulos, el sistema predeterminado es de **grados**

decimales con precisión **0**, medido en sentido contrario a las agujas del reloj.

Cancela el cuadro de diálogo.

Cambiar la configuración de la rejilla y la resolución

Al comenzar un nuevo dibujo, la rejilla está configurada con espacios de 0.5000 entre punto y punto. A menudo tendremos que cambiar la distancia entre punto y punto.

Escribe **REJILLA** y pulsa **Intro** (a partir de ahora ya no te recordaremos más que tienes que pulsar la tecla **Intro** después de escribir una orden)

En la ventana de comandos, se nos pide:

Escribe **50**

Observa que si tienes activada la opción **FORZC** la distancia entre punto y punto de la rejilla es de **50** unidades. Mueve el ratón y compruébalo en la ventana de coordenadas. El ratón continúa moviéndose en intervalos de 10, pero ahora la distancia entre punto y punto de la rejilla es de 50.

Prueba a introducir un intervalo de **1**

Observa que Autocad nos está diciendo que la rejilla es demasiado densa (puntos muy juntos) para poder verse correctamente en pantalla.

Accede al menú **Herramientas – Parámetros de dibujo**

Desde este menú podemos hacer lo mismo que hemos hecho anteriormente escribiendo la orden. Ahora, vamos a igualar el intervalo de la rejilla con el del forzado del cursor:

Coloca en **5** los dos intervalos:

Acepta el cuadro de diálogo.

Desplaza el cursor por la rejilla. Ahora coincide la distancia entre puntos de la rejilla con el desplazamiento del cursor.

Límites del dibujo

Vamos a configurar nuestra plantilla para un tamaño de papel en DIN A4. Para ello, debemos establecer los límites de la zona de dibujo. Observa la siguiente imagen:

La medida de una hoja DIN A4 es de 297mm x 210mm. Comenzaría en la esquina inferior izquierda y terminaría en la superior derecha.

Escribe **LÍMITES**

Observa la línea de comandos. Como límite inferior izquierdo escribe: **0,0**

Pulsa **Intro**. Como límite superior derecho escribe: **210,297**

Ahora, Autocad nos muestra la rejilla más pequeña porque se ha reducido la visualización de los límites. Lo que haremos será un **zoom** para ajustar la rejilla a los límites del dibujo y de la pantalla.

Escribe la orden **ZOOM**

Escribe la letra **T**

Ahora, se ha ajustado la visualización de la rejilla a los límites de la pantalla automáticamente. Es más fácil de esta forma comenzar a trabajar.

Dibujar círculos

Existen varias formas de dibujar círculos:

A partir de un punto central y un radio

A partir de un punto central y un diámetro

Tres puntos en la circunferencia

Dos puntos que determinen un diámetro

Etc...

Vamos a comenzar a dibujar un círculo marcando el centro y el radio. Para dibujar un círculo podemos hacerlo de las siguientes formas:

Con el botón

Desde el menú **Dibujo – Círculo**

Escribiendo **CÍRCULO**

Escribe **CÍRCULO**

A la pregunta del punto central, pincha clic en medio de la pantalla.

A la pregunta del radio, escribe: **100**

Deshaz la última acción.

Vuelve a escribir **CÍRCULO**

Pincha clic en medio de la pantalla

Ahora, escribe **D** para elegir diámetro

Escribe **50** como diámetro.

Cuando Autocad nos pregunta algo en la línea de comandos, debemos estar atentos a las palabras que aparecen entre corchetes. En este caso, si no le decimos nada, el programa espera un radio. Si pulsamos la letra **D** que es la letra mayúscula de la palabra que estaba entre corchetes, el programa cambiará a diámetro.

Podemos precisar también el diámetro del círculo sin quitar la vista a la pantalla pulsando el punto central y después el botón derecho del ratón. Aparecerá la opción **Diámetro**.

Dibujar rectángulos

Para dibujar un rectángulo podemos hacerlo de las siguientes formas:

Con el botón

Desde el menú **Dibujo – Rectángulo**

Escribiendo la orden **RECTANG**

Inicia un rectángulo utilizando el método que quieras.

Pulsa un clic para fijar el primer vértice.

"Estira" hasta que quieras y pincha otro clic para fijar el vértice opuesto.

Inicia de nuevo la orden para crear otro rectángulo.

Escribe **G** cambiar el grosor.

Escribe **2**

Marca el primer clic

Estira y marca el segundo clic.

Inicia de nuevo la orden **RECTANG**.

Marca el primer punto.

Como segundo punto, escribe: **@100,74**

Utilizar el ZOOM

Una de las utilidades más prácticas de trabajar con un programa de CAD es la capacidad para aumentar o disminuir una zona determinada de un dibujo. Cuando los dibujos se hacen más complejos, muchas veces resulta necesario trabajar con detalle en pequeñas partes del espacio del dibujo.

Para utilizar esta orden podemos escribir **ZOOM** en la línea de comandos o utilizar la barra de herramientas desplegable.

Escribe **ZOOM**

Utiliza el ratón para trazar una ventana en alguna zona del dibujo.

Pulsa la **Barra espaciadora** para repetir el último comando.

Pulsa la tecla **P** para realizar un zoom previo.

Esta orden es igual que si utilizamos el botón de la barra de herramientas.

Abre la lista de botones del botón y selecciona el botón **Zoom ampliar**

Observa cómo se muestra en la misma barra de herramientas el último botón empleado.

Vuelva a abrir la barra y selecciona el botón **Zoom todo**.

Ahora se visualiza el dibujo en su totalidad.

Zoom o encuadre en tiempo real

Estas dos órdenes nos permitirán aumentar o disminuir de forma dinámica. Mientras que **ZOOM** permite aumentar partes del dibujo, **ENCUADRE** permite mover el área que estamos visualizando en cualquier dirección.

Selecciona (Encuadre en tiempo real)

Pulsa el botón del ratón en medio de algún dibujo y mueve el cursor.

Suelta el botón para completar el **ENCUADRE**.

Pulsa **Esc**

Selecciona (Zoom en tiempo real)

Haz lo mismo que antes, pulsando, moviendo el ratón y pulsa **Esc** cuando acabes.

Comando DIST

Este es un comando de consulta sobre los objetos en pantalla. Funciona como el comando **LINEA**, pero en vez de dibujar líneas nos da la distancia entre dos puntos.

Escribe la orden **DIST**.

Pincha clic en un punto, estira y pincha clic en otro punto.

En la barra de comandos debe aparecer el mensaje con la distancia tomada:

El modo ORTO

El modo de trabajo **ORTO** obliga a seleccionar o dibujar únicamente a lo largo de las líneas cuadrantes horizontal y vertical. Sus ventajas son similares a **FORZC**, y nos asegura ángulos rectos precisos.

Pincha el botón de la barra inferior de estado

Inicia la orden para dibujar una **LINEA**.

Dibuja líneas a lo largo de la pantalla. Observa el efecto de **ORTO**

Desactiva el modo **ORTO**

El modo REFENT

Dibuja un cuadrado cualquiera.

Inicia la orden para dibujar una línea.

Imaginemos que queremos trazar una línea desde un vértice del cuadrado hacia cualquier otra dirección. Podríamos tener FORZC activado junto a la rejilla y así facilitar la labor de marcar el primer punto. El modo REFENT fuerza al cursor a iniciar la siguiente orden a partir del punto final de un objeto.

Activa el modo **REFENT** pulsando el botón inferior

Mueve el cursor hacia un vértice del cuadrado sin pinchar clic.

Observa que automáticamente aparece un cuadradito amarillo y el cursor fuerza hacia su posición.

Pincha clic para fijar el primer punto de la línea.

Mueve el ratón cerca de otro vértice. Cuando el cuadradito se sitúe encima del vértice, pincha clic.

Finaliza la orden línea.

En ocasiones, será de mucha utilidad este modo, aunque en otras, deberemos desactivarlo, ya que no querremos iniciar el punto en un vértice, sino al lado o cerca del mismo.

Veamos cómo cambiar el color amarillo por otro:

Accede a **Herramientas – Opciones**

Accede a la pestaña superior **Dibujo**

Cambia el color por el azul:

Podríamos variar la forma y tamaño el símbolo de REFENT.

Acepta el cuadro de diálogo.

Dibuja como antes, varias líneas y observa el resultado.

Referencia a otras entidades

Así como el modo REFENT fuerza al cursor a iniciar una orden a partir del punto final de alguna entidad, es posible que queramos averiguar otro punto en concreto de dicha entidad. Por ejemplo:

Borra todos los dibujos de la pantalla.

Dibuja un círculo y un cuadrado de más o menos el mismo tamaño.

Inicia la orden **LINEA**

Desactiva **REFENT**

Imaginemos ahora que queremos trazar una línea desde el centro del círculo hasta el punto medio del segmento superior del cuadrado:

Pulsa la tecla **Control** y sin soltarla, pulsa el botón derecho del ratón.

Elige **Centro**

Sitúa el cursor más o menos en el centro del círculo.

Cuando veas la marca de referencia, haz clic

Vuelve al menú de referencia a objetos (ctrl. + Botón derecho)

Elige **Punto medio**.

Sitúa el cursor cercano al punto medio de la línea superior del cuadrado.

Clic para fijarlo.

Esc para finalizar la orden línea.

Este sistema fuerza el cursor en puntos de objetos ya dibujados que servirán de referencia. En vez de utilizar la combinación **ctrl. + Botón derecho** también podemos desplegar la barra de referencia a objetos con el botón

Redibujar la pantalla

En muchas ocasiones podemos ver en pantalla restos de líneas, puntos o marcas que quedan después de mover, copiar o borrar objetos. Para redibujar la pantalla, es decir, para refrescar su contenido, puedes utilizar el botón.

Lección 3
El comando RECORTA

Este comando funciona de maravilla en muchas ocasiones en las que deseamos recortar partes de un objeto sobrante en sus puntos de intersección con otros objetos. La única limitación que tiene es que, por lo menos tiene que tener dos objetos que se encuentran o cruzan.

Utiliza el último dibujo de la práctica anterior:

Selecciona el botón o bien escribe **RR**

Autocad nos pregunta primero qué objetos son los que recortan.

Selecciona las dos líneas que van hacia el centro del círculo:

Pulsa el botón derecho del ratón.

Ahora selecciona como objeto que debe ser recortado, el trozo de círculo derecho.

Pulsa **Esc**.

Observa que el trozo que hemos recortado ha sido eliminado a partir de sus dos puntos que intersectaban con el círculo.

Dibuja una línea recta y dos círculos con el punto medio en el extremo de cada línea:

Dibuja líneas tangentes a los dos círculos y borra la línea del medio:

Inicia la orden recorta y selecciona las dos líneas.

Pulsa el botón derecho y selecciona los segmentos interiores.

Pulsa **Esc**:

El comando COPIA

Este comando permite copiar objetos a una distancia o en una posición determinada. Existe la posibilidad de realizar varias copias de un mismo objeto.

Dibuja un círculo.

Pulsa el botón o escribe **COPIA**

Selecciona el círculo.

Pulsa el botón derecho.

Como punto base de desplazamiento, pincha en el centro del mismo círculo.

Desplaza el ratón libremente por la pantalla y pulsa clic cuando quieras fijarlo.

Dibuja otro círculo.

Inicia la orden **COPIA** y selecciona el círculo.

Como punto base, pincha el su centro.

Como punto de desplazamiento escribe: **@100,0** y pulsa **Intro**

Esto hace que la copia se desplace100 unidades hacia la derecha.

COPIA múltiple

Esta opción permite hacer múltiples copias de un objeto.

Dibuja un círculo.

Inicia la orden **COPIA**.

Pulsa la letra **M** para realizar copia múltiple.

Como centro de desplazamiento marca el centro del mismo círculo.

Ve moviendo el ratón libremente por la pantalla y pulsando clic para fijar las copias.

El comando MATRIZ

Este comando es de una gran ayuda a la hora de repetir una misma imagen en forma matricial. Tomamos un objeto o un grupo de objetos y los copiamos un número específico de veces. Podemos realizar dos tipos de matrices rectangulares y polares.

Limpia la pantalla de objetos.

Dibuja un pequeño círculo.

Pulsa el botón o escribe **MATRIZ**.

Designa el círculo y pulsa el botón derecho.

A la pregunta de si matriz rectangular o polar, pulsa **Intro** para aceptar por defecto matriz rectangular.

A la pregunta del número de filas, escribe: **2**

A la pregunta del número de columnas, escribe: **3**

Como distancia, escribe: **50** tanto para filas como para columnas.

Limpia la pantalla y vuelve a dibujar un pequeño círculo.

Inicia la orden **MATRIZ**

Designa el objeto y pulsa el botón derecho.

Escribe **P** para iniciar matriz polar.

Como punto central, pulsa clic unas **80** unidades debajo del círculo.

Como número de elementos, indica **7**

Acepta 360 grados como ángulo de giro.

Pulsa **Intro** a la última pregunta.

Para crear matrices hacia abajo y hacia la izquierda, utilizaremos distancias negativas.

Colores y tipos de línea

En muchas ocasiones, nos interesará diferenciar entidades a través de distintos colores y tipos de línea. Para ello, podemos desplegar las listas

En la lista **Por capa**, la opción **Otro...** nos lleva a un menú donde se muestran los distintos tipos de línea que tenemos cargados. El botón **Cargar** de este cuadro nos permite cargar en el programa muchos más tipos de línea.

Para convertir en otro color u otro tipo de línea alguna entidad ya dibujada, podemos seleccionarla con un clic y acceder a uno de estos dos menús eligiendo posteriormente el color o línea deseados.

Practica a dibujar diferentes entidades y cambiarles el color y tipo de línea.

Los ejes

En muchas ocasiones nos interesará dibujar entidades auxiliares que nos servirán como guía o referencia para dibujar otras entidades. De esta forma, podemos establecer unos ejes para cualquier dibujo de forma que nos faciliten la labor. Imagínate que queremos dibujar lo siguiente:

Sería más útil prepararnos una serie de ejes a unas distancias determinadas y luego tomar los puntos de intersección de los mismos ejes como centro de los círculos:

Cambia a color rojo y dibuja una primera línea vertical

Utiliza el comando **COPIA** para copiar esa misma línea **16** unidades hacia la derecha.

Copia esta última línea **13** unidades más hacia la derecha.

Dibuja una línea horizontal.

Cópiala **35** unidades hacia abajo.

Cambia a color negro.

Dibuja círculos tomando como punto central las intersecciones de los ejes.

Finalmente, dibuja líneas tangentes entre círculos.

El comando DESPLAZA

Nos servirá para desplazar o mover objetos. Funciona exactamente igual que el comando copia, es decir; designar objeto(s), marcar el punto de desplazamiento y desplazarlos. Puede escribirse la orden **DESPLAZA** o bien utilizar el botón

Los pinzamientos

Cuando seleccionamos un objeto, te habrás dado cuenta que aparecen varias marcas azules sobre él. Se llaman pinzamientos y sirven tanto para desplazar objetos como para estirarlos.

Dibuja una línea y un cuadrado semejantes a éstos:

Imagínate que queremos estirar la línea hasta hacerla llegar a tocar la línea vertical del cuadrado:

Pulsa clic en la línea. Aparecerán los puntos de pinzamiento:

Pulsa clic en la marca del pinzamiento derecho.

Mueve el ratón arriba y abajo pero sin pulsar clic.

Pulsa **ctrl. + Botón derecho** para activar el menú de referencia a objetos.

Elige **Perpendicular** y selecciona la línea vertical izquierda del cuadrado.

Pulsa clic y después **Esc** dos veces.

Cuando explicamos cómo podía cambiarse un color, dijimos que esto iba bien para diferenciar entidades. De todas formas, a menudo es muy interesante ocultar algunos colores o entidades. Las capas funcionan como grupos de objetos que pueden mostrarse, ocultarse, etc. Imagínate una planta de un edificio donde los muebles están creados con una capa, los tabiques con otra, etc. De esta forma podemos ocultar sólo los muebles y mostrar o imprimir sólo los tabiques.

Es conveniente asignar una capa a cada grupo de objetos (dibujos, ejes, cotas...) para después poder manejarlos por separado.

Haz clic en el segundo botón de la barra de herramientas de capas

Aparece el cuadro de diálogo **Administrador de propiedades de capas**. El espacio central muestra los nombres y las propiedades de todas las capas disponibles. Nosotros podemos crear nuevas capas y asignarles propiedades como el estilo de línea, color, grosor, etc.

Clic en el botón **Nueva** y escribe como nombre de la nueva capa: **Ejes**

Pulsa doble clic sobre el nombre del color.

Selecciona el rojo y acepta.

Pulsa doble clic sobre el tipo de línea

De momento sólo podemos ver los tipos de línea **Continuos** que son los que ya están cargados.

Pulsa el botón **Cargar**

Selecciona el tercer tipo (ISO trazo largo, punto) y acepta.

Selecciona el tipo que acabamos de elegir y acepta.

Vuelve a aceptar para salir a la zona de trabajo.

Cambiar la capa actual

Ahora imaginemos que vamos a dibujar unos ejes para una figura con la capa recién creada. Podemos cambiar de capa antes de comenzar a dibujar o bien una vez los ejes dibujados, podemos cambiar su capa por otra.

Abre la lista de las capas y selecciona la capa **Ejes**

Dibuja un par de líneas en forma de cruz.

Cambia a la capa **0**

Dibuja un círculo con el centro en el medio de los dos ejes.

Ahora es cuando observaremos la ventaja de trabajar con capas. Imaginemos que queremos ver sólo el círculo. Nos hemos ayudado de unos ejes para dibujar el círculo, pero ahora no nos interesa que se vean, pero tampoco queremos borrarlos del dibujo. Lo que vamos a hacer es esconderlos:

Abre la lista de capas y selecciona el primer botoncito (bombilla) de forma que se apague.

Pulsa clic en medio de la zona de dibujo.

De esta forma desactivamos la capa ejes. Así podríamos dividir nuestro dibujo en varias capas, activando y desactivando a voluntad según nos interese.

Otras propiedades de las capas

Según abrimos la lista de capas, aparte de la bombilla que ya hemos visto que sirve para desactivar la visualización de una capa, el resto de botones realiza las siguientes acciones:

Inutilizar/Reutilizar: las capas inutilizadas no son visibles. La ventaja es que en dibujos grandes, estas capas no se regeneran junto a las demás, lo que puede ralentizar la regeneración del dibujo en la pantalla.

Bloquear/desbloquear: aunque no afectan a la visibilidad, no se pueden editar.

Permitir/impedir impresión: permite imprimir o no las capas seleccionadas.

Borrar capas

Si queremos borrar una capa, debemos acceder de nuevo al **Administrador de capas**, seleccionar la capa a borrar y pulsar el botón **Borrar**.

Control del color, estilo y grosor

Desde esta lista desplegable, podemos controlar el color de los objetos. Es muy importante recordar que la capa sigue siendo la misma, pero lo que cambiamos es el color. Por ejemplo, podemos cambiar el color a una parte del dibujo creado con la capa ejes que originalmente era de color rojo, por el azul. Nosotros seguiremos viendo la misma capa pero con otro color.

Lo mismo ocurre con las dos listas desplegables a la derecha; permiten cambiar el estilo de línea y el grosor, aunque la capa mantendrá las mismas propiedades con las que fue definida originalmente.

Lección 5
Empalme

Los empalmes se utilizan para crear esquinas biseladas y redondeadas. Pueden usarse en círculos y arcos, pero lo más usual es utilizarlo con líneas.

Dibujas dos líneas en ángulo recto.

Pulsa el botón **EMPALME** o bien escribe la orden.

Autocad es capaz de generar un ángulo de empalme en función de la situación de las dos líneas. Vamos primero a cambiar ese ángulo. Observa en la barra de estado cómo en principio, el programa generará un radio de empalme de 10. Primero aceptaremos para observar los resultados.

Pulsa sobre una de las líneas.

Pulsa sobre la otra.

Pulsa en **Deshacer**.

Vuelve a iniciar la orden de empalme.

Escribe **RA** y pulsa **Intro**.

Escribe **8** y pulsa **Intro**.

Vuelve a iniciar la orden de **EMPALME**.

Pulsa clic sobre las dos líneas. Observa la diferencia.

Chaflán

Similar a EMPALME, esta orden generará una línea de chaflán entre las dos líneas. Aquí pueden definirse dos radios. Observa la figura de la derecha.

La primera distancia del chaflán con respecto al eje es de 10.
La segunda distancia es de 5.
Pulsa sobre el botón
Como primera distancia escribe **10** y como segunda **5**
Observa el resultado.

Girar objetos

GIRA o el botón, como su nombre indica, sirve para girar objetos, aunque una de sus ventajas es la de poder dibujar primero el objeto y posteriormente girarlo.

Dibuja un arco cualquiera:
Inicia la orden para girar el objeto.
Designa con un click el objeto.
Botón derecho para terminar de designar el objeto.
Como punto base, mueve el ratón hasta que se marque su extremo izquierdo:
Pulsa Click.
Escribe **90** para introducir el ángulo.
Es posible girar también el objeto utilizando sus pinzamientos:
Selecciona el objeto con un click.
Designa con un click el pinzamiento central.
Pulsa el botón derecho y elige **Girar**.
Mueve el ratón y observa cómo gira alrededor de su propio centro.
Pulsa el botón derecho y elige **Punto base**.
Pincha click encima y a la izquierda tal y cómo se muestra en la siguiente figura:
Mueve el cursor en círculos. Observa cómo el arco gira alrededor del nuevo punto base.
Pulsa botón derecho y elige **Copiar**.
Ve girando un poco el arco y pinchando click. Hazlo varias veces.
Finaliza la orden.

Simetría de objetos

Mediante el comando **SIMETRIA** o el botón podemos realizar copias exactas y simétricas de objetos o grupos de objetos. Con este comando es posible elegir si queremos conservar o borrar el objeto original.

Dibuja lo siguiente:
Realiza un empalme de radio **30** entre las dos líneas superiores.

Selecciona todo el objeto.

Inicia la orden para crear una simetría del objeto.

Marca como primer punto de la simetría su extremo derecho.

Mueve el ratón y marca el segundo punto de forma que quede la simetría horizontal.

A la pregunta de suprimir objetos originales responde **N**.

Lección 6
Equidistancias

La orden **EQDIST** o el botón, utilizado en combinación con los modos de referencia a objetos, es uno de los comandos más potentes de Autocad. Este comando crea copias paralelas de líneas, objetos, círculos, etc. Veamos un ejemplo de aplicación de desfase de objetos para dibujar líneas en puntos que, sin EQDIST, serían muy difíciles de localizar.

Dibuja una línea en diagonal. No importa su tamaño o ángulo:
Selecciónala e inicia la orden **EQDIST**.

- Ahora podemos utilizar este comando de tres formas: escribir una distancia, mostrar una distancia con dos puntos o designar un punto por el que queremos que pase la nueva copia.
- Introduce como distancia **10**
- Pulsa en la línea como el objeto a desplazar.
- Pulsa un click a la derecha del propio objeto.
- Pulsa **Intro** para terminar con la orden.
- Dibuja un pequeño cuadrado.
- Selecciónalo e inicia la orden **EQDIST**.
- Como distancia, escribe **20**
- Como objeto a designar, selecciona el cuadrado.
- Como punto en lado de desplazamiento, pincha a la derecha del cuadrado.
- Pulsa **Esc**.

Observa que en este caso, hemos realizado una copia del cuadrado 20 unidades más grandes por cada lado utilizando el mismo comando.

Partir objetos

El comando **PARTE** o botón se utiliza para partir un objeto en dos entidades o bien cortar un segmento. Este comando puede funcionar con líneas, arcos, círculos o polilíneas (las polilíneas se explicarán más adelante).

Dibuja una línea cualquiera.

Inicia el comando **PARTE**.

A las preguntas de primer punto y segundo punto, pincha click en dos puntos por el medio de la línea.

El comando ALARGA

Dibuja las siguientes figuras:

Selecciona el botón o bien escribe la orden **ALARGA**.

Selecciona la línea vertical derecha.

Pulsa botón derecho

Selecciona las dos líneas a la derecha del rectángulo.

Pulsa **Esc**.

Es muy similar al comando **RECORTA**.

El comando ESTIRA

Permite desplazar objetos sin alterar sus puntos de conexión con otros objetos. En muchas ocasiones, este comando sustituirá a varios desplazamientos, recortes y rupturas.

- Con la figura anterior a la vista, pulsa el botón o escribe **ESTIRA**.
- Selecciona con una ventana el rectángulo de la izquierda.
- Pulsa botón derecho.
- Como punto base, pincha en su esquina inferior izquierda.
- Como segundo punto de desplazamiento, mueve un poco el ratón hacia la izquierda y haz click.

Crear plantillas de dibujos

Vamos a crear una plantilla de dibujo con los límites, capas, etc que necesitaremos para cada dibujo. Podemos configurar todos los parámetros que queramos y grabar el fichero como una plantilla para poder utilizarla posteriormente cuando queramos.

- Inicia un dibujo completamente en blanco y realiza los siguientes cambios:

LIMITES: 297 x 210
REJILLA: 5
FORZCURSOR: 5

UNIDADES: 2 decimales

Asegúrate también de que los botones **FORZC, REJILL** y **MODEL** están activados y el resto desactivados.

Crea las siguientes capas:

- Selecciona **Guardar como y escribe en el nombre del documento:**
- Selecciona en el cuadro inferior **Plantilla de dibujo (*.dwt)**
- Click en **Guardar**. Dale una descripción y acepta.

El dibujo se convierte en plantilla con la extensión **dwt** y se guarda en la carpeta de archivos de plantilla.

- Cierra el dibujo. A la pregunta de si queremos guardarlo también como formato normal **DWG**, responde negativamente.
- Inicia un nuevo dibujo.
- Pulsa en el tercer botón superior del cuadro de inicio de dibujo y selecciona tu plantilla.

Como los archivos de plantilla aparecen ordenados alfabéticamente, es conveniente que demos un nombre al archivo que comienza por un número. Así aparecerá de los primeros en la lista.

Autocad dispone de varias plantillas que podemos utilizar. La ventaja de las plantillas es que ahora podemos guardar el dibujo como un archivo DWG normal. Si guardásemos una plantilla como DWG normal, es posible que cometamos un error y guardemos un dibujo con el nombre de la plantilla. Sin embargo, como DWT no existirá este problema.

Imprimir un dibujo

Esta primera toma de contacto con la impresión pretende acercarnos de forma simple al procedimiento de trazado de dibujos. Más adelante profundizaremos conceptos.

- Abre cualquier práctica anterior.
- Selecciona **Imprimir** del menú **Archivo**.

Es un menú bastante sencillo de entender. En la parte superior podemos guardar configuraciones de impresión y usarlas para otros dibujos. En la parte central podemos elegir distintos tipos de plumillas si vamos a utilizar un plotter. En la parte inferior podemos controlar el número de copias, imprimir en un archivo, ver la vista previa...

- 🖱 Pulsa el botón
- 🖱 Observa el tamaño del papel y la ubicación del dibujo.
- 🖱 Pulsa **Esc**.
- 🖱 Pulsa en la ficha superior **Parámetros de trazado**.

Desde aquí podemos ajustar la orientación del papel, tamaño del trazado, etc.

- 🖱 Activa la casilla **Límites** de la parte izquierda y pulsa en
- 🖱 Haz lo mismo con las casillas **Extensión** y **Pantalla**. Observa la diferencia

Con la opción **Límites** podemos ver exactamente el dibujo con mismo tamaño de los límites de la plantilla. Por ejemplo, si el área de trazado es de 297 x 210, el tamaño del dibujo también será así.

Extensión se refiere al área de dibujo real en el que hemos dibujado los objetos. Ésta puede ser más grande o más pequeña que los límites del dibujo.

Pantalla crea una impresión utilizando cualquier cosa que haya en la pantalla en ese momento.

Con la opción podemos designar sólo una porción del dibujo que queremos imprimir. Pruébalo.

El rectángulo blanco representa el papel de dibujo que puede estar orientado en vertical u horizontal. Normalmente, en las impresoras están en vertical y en los trazadores en horizontal. La línea rectangular azul muestra el área imprimible. El área sombreado en azul muestra el **Área efectiva**, tamaño y forma del área que Autocad utilizará, y depende de muchas cosas como veremos más adelante.

El triangulito rojo representa el icono de rotación o punto donde se originará la impresión.

Escala de impresión

La mayoría de veces sólo utilizaremos dos opciones: **Ajustar a escala** y **1:1**. Con la primera, es posible que no haya ninguna relación lógica entre los límites de la pantalla y las medidas del dibujo que se imprimirán. Es decir, podemos dibujar una línea de 10 unidades y en la impresión, esta línea puede medir, por ejemplo 18 cm, ya que dependerá de los límites y del tamaño del papel utilizado.

Si colocamos la escala en **1:1** obtendremos la medida exacta de la línea. Por ejemplo, imaginemos que hemos definido los límites típicos de un DIN A4. Entre punto y punto de la rejilla hemos definido una distancia de 10. Esto quiere decir que si dibujamos una línea entre punto y punto e imprimimos en escala de 1:1, obtendremos una línea de 1cm de longitud.

Una escala de **1:2** obtendría la mitad de la medida real.

Desfase de impresión

El desfase determina dónde se colocará el punto de comienzo del área de trazado. Puedes probar a cambiar los parámetros y obtener una vista preliminar para comprobarlo. Aquí tienes varios ejemplos:

Lección 7

Texto de una línea

Autocad dispone de 2 comandos para introducir texto en un dibujo:

TEXTO: permite introducir únicamente una línea de texto.

TEXTOM: permite, mediante un cuadro de diálogo, introducir líneas múltiples.

Ambos comandos disponen de una gran variedad de fuentes de letra y opciones para modificar el aspecto del texto.

Accede al menú **Dibujo – Texto – Texto en una sola línea**.

Como punto inicial, pincha en cualquier parte de la pantalla.

Como altura, pulsa **Intro** para aceptar la que te ofrece el programa.

Como ángulo de rotación, **Intro** para aceptar **0** grados.

Escribe una palabra cualquiera y pulsa **Intro**.

Escribe otra palabra cualquiera y pulsa otro **Intro**.

En la tercera línea, pulsa **Intro** sin introducir ningún texto.

Vuelve a repetir la misma orden.

Pulsa la letra **U** para acceder al menú de justificación.

Escribe **C** para centrar el texto.

Como punto central, pincha click en cualquier parte.

Realiza la misma operación de antes para escribir un par de palabras.

Desde este último menú podemos hacer que el texto se alinee a la izquierda del punto que indiquemos, a la derecha, etc.

Observa en la siguiente imagen varios tipos de alineación con respecto al mismo punto:

Prueba a introducir distintos tipos de alineación, rotación del texto, altura, etc.

Escribir el símbolo del grado

Aunque una acotación (que veremos más adelante) incluye el símbolo del grado, es posible hacer que aparezca manualmente.

Inicia la orden para escribir un nuevo texto.

Cuando aparezca el mensaje del texto a introducir, escribe:

Ángulo de 45%%d

Pulsa **Intro** dos veces para aceptar el nuevo texto.

El símbolo se ha escrito en la pantalla.

Texto en varias líneas

La orden del menú **Dibujo – Texto – Texto en múltiples líneas...** o bien el botón permite introducir varias líneas de texto aparte de aparecernos un menú en pantalla desde donde podemos modificar el estilo, tamaño, etc.

Pulsa el botón

Dibuja un rectángulo en la pantalla.

Escribe cualquier texto. Observa en el ejemplo cómo se han modificado algunos parámetros:

Observa que este cuadro de diálogo también tiene unas pestañas superiores para variar el estilo, interlineado, etc. De momento ya nos basta con este ejemplo.

Acepta el cuadro de diálogo.

Edición de texto con la orden DDEDIC

Esta orden permite modificar un texto ya escrito. Equivale al menú **Modificar – propiedades**.

Escribe la orden **DDEDIC**

Pincha en el último texto que acabas de escribir.

Modifica a voluntad algún parámetro o bien déjalo como está.

Modificar un texto desde el cuadro de Propiedades

El comando **PROPIEDADES** o bien el botón permiten acceder a un cuadro especial, diferente a todos los vistos hasta ahora.

Selecciona el último texto.

Accede a sus propiedades desde

Desde aquí podemos cambiar el estilo de texto, línea, justificación, color, etc. Échale un vistazo para familiarizarte con él. Observa que en este cuadro no existe el botón **Aceptar**, por lo que debes cerrrar el cuadro desde su botón.

Modifica alguna propiedad si lo deseas y cierra el cuadro.

Utilizar la ortografía

El comando **ORTOGRAFÍA** o bien el menú **Herramientas – Ortografía** es muy sencillo de utilizar y resultará familiar a aquellos que hayan utilizado alguna vez un corrector ortográfico.

Escribe el texto: **PUEBA**

Escribe **ORTOGRAFÍA** y selecciona el texto.

Botón derecho.

Desde este cuadro podemos elegir la palabra correcta de la lista, cambiarla por ella, ignorarla, añadirla al diccionario, ignorar o cambiar la palabra en todo el documento, o hasta buscarla en un diccionario personalizado.

Selecciona **prueba** de la lista y pincha el botón **Cambiar**.

Acepta y observa cómo se ha cambiado.

Cambiar la fuente y el estilo de letra

Autocad viene con el estilo de letra llamado **Standard**. Cambiar el estilo es muy sencillo, sin embargo, no confundas las palabras **fuente** y **estilo**. Las fuentes de letras son los patrones básicos de formas de carácter y símbolos que pueden utilizarse en los textos. Los estilos, son variaciones en el tamaño, orientación y espacio entre caracteres de esas mismas fuentes.

Vamos a crear una variante del estilo Standard, utilizado hasta ahora:

Accede al menú **Formato – Estilo de texto** o bien escribe la orden **ESTILO**.

Activa la casilla **Vertical**

Coloca en **5** la **Altura** y en **2** la **Relación anchura/altura**. Observa el texto de ejemplo cómo va cambiando.

Click en el botón **Nuevo**.

Escribe **Vertical** como nombre del nuevo estilo y cierra el cuadro de diálogo.

Escribe la orden **DDEDIC** y selecciona un texto cualquiera de la pantalla.

Accede a la pestaña superior **Propiedades**, despliega la lista **Estilo** y elige el estilo que acabamos de crear.

Acepta y observa los cambios.

Igualar las propiedades de los objetos

El comando **IGUALPROP,** o el botón es muy eficaz cuando queremos aplicar a un objeto las mismas propiedades que otro. Por ejemplo, imaginemos que tenemos dos textos en pantalla, cada uno con un estilo diferente. En vez de elegir el segundo y aplicarle los cambios necesarios para dejarlo como el primero, podemos aplicarle las mismas propiedades que el primero.

Selecciona el botón

Selecciona el último texto.

Selecciona otro texto en pantalla.

Podemos limitar los parámetros que queremos igualar escribiendo **pa** y se mostrará un nuevo cuadro desde el cual podemos activar o desactivar aquellas propiedades que nos interesen. Haz la prueba tú mismo.

Lección 8

Acotación. Introducción y acotaciones sencillas

Mediante la acotación podemos comprobar las medidas de los objetos, longitud, radio, diámetro, ángulo, etc. Vamos primero a realizar alguna acotación sencilla:

Dibuja una línea cualquiera.

Accede al menú **Acotar – Lineal**.

Como primer punto de la cota, selecciona **(punto final)** de la barra de referencia a objetos y pincha en un extremo de la línea.

Como segundo punto de la acotación, pincha en y en el otro extremo de la línea.

Mueve un poco el ratón hasta que veas el texto perfectamente a la distancia que quieras y pincha click para fijarlo.

Prueba a dibujar un círculo y acotarlo tanto en radio como en diámetro. Haz lo mismo con un ángulo:

Acotación. Crear un nuevo estilo de cota

Con Autocad, acotar un objeto es un proceso prácticamente automatizado. Existen multitud de formas de acotación y lo que haremos ahora será definir un estilo personal de acotación para utilizarlo de aquí en adelante.

Accede al menú **Formato – Estilo de cota**. Te aparecerá un cuadro de diálogo.

Pincha en el botón **Nuevo**.

Escribe el nombre **Personal** y pulsa en **Continuar**.

Nos encontramos en el cuadro de diálogo de creación de cotas. Desde este cuadro puedes cambiar algún parámetro y observar cómo afecta al aspecto que tendrá la cota (imagen de la derecha). Nosotros vamos a preparar un estilo especial.

Echa una ojeada a cada ficha superior para familiarizarte con las diferentes opciones.

Accede a la pestaña **Texto** e introduce una altura de texto de **8**.

En **Ubicación del texto** elige **Centrado**.

En **Estilo de texto** deberás crear un nuevo etilo llamado **Texto de cota** con letra **Arial** de 8 puntos.

Accede a la pestaña **Líneas y flechas** y cambia el tamaño de la flecha a **10** puntos.

En la pestaña **Unidades principales** configura dos decimales.

Acepta el nuevo estilo.

Activa la rejilla y el forzado de coordenadas.

Crea un triángulo como el que sigue. No te preocupes de las medidas:

Accede a **Acotar – Alineada**.

Utilizando los puntos finales, acota la línea izquierda:

Haz lo mismo con las dos líneas y el ángulo:

Ver y modificar las propiedades de la cota

Selecciona con un click cualquier texto de cota.

Pulsa el botón derecho del ratón y selecciona la opción **Propiedades**.

Desde este completo menú podemos modificar cualquier carácter característica de la cota; desde sus detalles hasta el texto, estilo, color, etc.

Crear acotaciones rápidas

Este método agilizar las múltiples acotaciones. Crearemos una serie de cotas continúas que acotarán la parte inferior del triángulo, el espacio entre el triángulo y la línea, y hasta la longitud de la propia línea:

Borra la cota inferior del triángulo

Dibuja una línea recta y selecciónala junto a la línea inferior del triángulo:

Selecciona **Acotar – Cota rápida**.

Ahora tenemos varias opciones de acotación múltiple. Normalmente acotaremos linealmente, pero si hemos utilizado otro tipo de acotación, la opción por defecto de este menú cambiará.

Selecciona **N** para la opción **Continua**.

Baja un poco el cursor y pulsa clic:

A través de la opción de cota rápida, podemos también ir pulsando click en diferentes puntos de la pantalla y Autocad irá acotando la distancia entre los puntos automáticamente.

Acotar con directrices

En determinadas ocasiones, es preferible utilizar una línea personalizada para acotar objetos (sobre todo círculos) en vez de utilizar la acotación normal. Este tipo de líneas se llaman **directrices**.

Dibuja un círculo

Accede a **Acotar – Directriz**.

Marca la línea del círculo como punto de directriz.

Como siguiente punto, estira un poco el ratón hacia arriba y hacia la derecha:

Pulsa clic para fijar el segundo punto.

Estira otro poco hacia la derecha el ratón y pulsa otro clic.

Estira más hacia la derecha y pulsa el último clic para fijar el último punto.

Como anchura del texto, escribe **5** y pulsa **Intro**.

Escribe cualquier texto de ejemplo y pulsa **Intro**.

Pulsa el último **Intro** para fijar.

De esta forma podemos dirigir las flechas hacia donde queramos e insertar el texto que necesitemos. Este texto puede editarse accediendo a las propiedades del mismo.

Modificar variables de cota

Desde el menú **Formato – Estilos de cota** podemos crear nuevos estilos como lo hacíamos con el estilo de texto. Todas las cotas serán dibujadas con este estilo. No obstante, es posible que queramos dibujar alguna cota en concreto con otro estilo. También es posible que nos guste el estilo que viene por defecto en Autocad, pero queramos cambiar alguna propiedad en concreto. Por ejemplo, podemos dejar el mismo estilo de siempre pero aumentar sólo el tamaño del texto de la cota. Para no tener que modificar a cada momento el tamaño, podemos cambiar el valor de la variable correspondiente.

Las **variables** son valores que trae Autocad y que utiliza para dibujar diferentes objetos utilizando unos valores predeterminados. Podemos, por ejemplo, cambiar el valor de la variable del estilo de texto a 5 de altura, lo que hará que Autocad dibuje siempre con 5 de altura.

Accede al menú **Acotar – Modificar**.

Observa que Autocad pregunta el nombre de la variable de la cual queremos modificar sus valores. Antes de continuar, observa primero la siguiente tabla de nombres de variable y su actuación sobre distintos elementos de la cota:

Prueba a escribir el nombre de alguna variable de la tabla, cambiar su valor y aplicarla a alguna cota para comprobar su efecto.

Sombrear objetos

El sombreado resalta el objeto y puede dotarle de color para diferenciarlo y resaltarlo de los demás. Podemos utilizar este comando de varias formas: marcando los objetos a sombrear, o marcando el contorno que queramos sombrear:

Dibuja un objeto similar al siguiente:

Accede al menú **Dibujo – Sombreado** o bien el botón

Pulsa en los puntos suspensivos al lado de la opción **Patrón**

Observa la lista de patrones para el sombreado. Recorre la lista y elige el patrón **NET**. Acepta.

Pulsa el botón y selecciona los dos círculos.

Pulsa el botón derecho y elige la opción **Vista preliminar**.

Vuelve a pulsar el botón derecho para volver al menú anterior.

Pulsa ahora el botón y pulsa en medio de los dos círculos.

Realiza la misa operación anterior (Vista preliminar y volver al menú).

Vuelve a pulsar la opción **Seleccionar objetos**.

Selecciona los tres objetos y muestra una vista preliminar. Observa el resultado.

Cambiar el ángulo a **45** y la escala a **2**. Mira cómo queda.

Haz clic en la ficha **Avanzadas**.

En el panel **Estilo de detección de islas** hay 3 opciones; **Normal**, sombrea áreas de fuera a dentro, **Exterior** sombrea solo el área exterior, e **Ignorar** sombrea todos los contornos interiores.

Prueba distintos métodos sobre los objetos de la pantalla y observa las diferencias.

Un sombreado puede borrarse como si de un objeto cualquier se tratase. Simplemente pulsando clic en el sombreado y pulsando la tecla **Supr**.

Para editar el sombreado podemos acceder a la pantalla pulsando el botón derecho sobre cualquier sombreado y eligiendo la opción **Editar sombreado**.

La propiedad **Asociativa** de la ficha **Avanzadas** hace que el sombreado se actualice junto al objeto modificado (escala, posición...)

La opción **Heredar propiedades** hace que se copien las características de sombreado de otro objeto de la escena.

Podemos asimismo definir un patrón para utilizarlo.

Lección 9

Dibujar polígonos

Un polígono puede dibujarse con cualquier número de lados, partiendo de un punto central y un radio. Opcionalmente pueden dibujarse especificando el número de lados, longitud y posición.

Escribe **POLÍGONO** o selecciona **Dibujo – Polígono** o pulsa el botón.

Como número de lados, indica **8**.

Pincha clic en cualquier parte de la pantalla para designar un punto central.

Ahora, podemos elegir dos formas: Inscrito y Circunscrito. Se nos ofrecerá un radio de un círculo imaginario, y el polígono se dibujará dentro o fuera de ese círculo. En el caso del polígono Inscrito, el radio se mide desde el centro hasta un vértice, mientras que en el Circunscrito se mide desde el centro hasta el punto medio de un lado.

Pulsa **Intro** para aceptar la opción **Inscrito** y dibuja un polígono de prueba.

Dibuja dos polígonos más utilizando las otras dos opciones.

Dibujar arandelas

El comando **ARANDELA** o bien **Dibujo – Arandela** permite dibujar una arandela indicando sus radios interior y exterior. El radio podemos indicarlo con el teclado o estirando con el ratón.

Inicia la orden para dibujar una arandela.

Indica el diámetro interior en **25**.

Indica el diámetro exterior en **30**.

Como centro, pincha clic en cualquier punto de la pantalla.

Pulsa **Esc** para terminar de dibujar arandelas.

Dibuja varias arandelas utilizando distintos grosores o el ratón cuando te pida el radio.

Rellenar o quitar relleno

Este tipo de objetos que acabamos de crear, en principio se ven afectados por el comando **RELLENAR**. Este comando rellena de una tupida trama la arandela, pero la regeneración del dibujo en la pantalla es mucho más lenta. Si tenemos muchas entidades o entidades muy complejas, puede ser una tarea tediosa esperar a que se regenere. Si desactivamos este comando, Autocad dibujará unas tramas sencillas que hará que la pantalla se actualice más rápido.

Haz un zoom del objeto de forma que ocupe casi toda la pantalla.

Escribe **RELLENAR**.

Escribe **DES**

Escribe **REGEN** para regenerar la pantalla.

Vuelve a activar **RELLENAR**.

Polilíneas

Una polilínea es un conjunto de entidades (líneas, círculos, etc...) que pueden comportarse como una sola entidad. Es posible también cambiar muchas características de una polilínea (grosor, longitud, juntar polilíneas...)

Inicia la orden para crear una polilínea escribiendo **POL**.

Como punto inicial, pulsa clic en cualquier parte de la pantalla.

Si ahora pulsamos otro clic, se creará una línea como si de cualquier línea se tratase. Lo que haremos será modificar alguna opción:

Escribe **G** para cambiar el grosor.

Como grosor inicial, escribe **1**.

Como grosor final, escribe **2**.

Pulsa **Intro**. Finaliza la orden para ver el resultado.

Sólidos en 3D

La orden **SOLID** permite dibujar formas sólidas rellenas en dos dimensiones tanto triangulares como rectangulares especificando los vértices:

Abre **Dibujo – Superficie – Sólido 2D**

Designa los puntos en el siguiente orden:

Ten en cuenta que los sólidos se dibujan con aristas entre los puntos 1 y 3, y entre los puntos 2 y 4, por lo que hay que tener cuidado con el orden en el que designamos los puntos.

Líneas múltiples

Las líneas múltiples son grupos de líneas paralelas tan fáciles de dibujar como una línea normal, pero teniendo cuidado en definir los estilos y modificar las intersecciones.

Elimina cualquier objeto de la pantalla.

Pulsa el botón o bien escribe **lineam** en la línea de comandos.

Si aceptamos la opción por defecto, funciona igual que al dibujar líneas normales.

Splines

Una Spline es una curva suave que puede ser estirada o modificada y que, normalmente, pasa por distintos puntos.

Selecciona la herramienta **Spline** de la barra de herramientas.

Designa el primer punto.

Designa el segundo punto más o menos a una unidad por encima del lado izquierdo del primer punto.

Autocad mostrará una Spline que tendremos que arrastrar con el cursor cuando seleccionemos el tercer punto. Tendremos una total libertad para ir marcando puntos.

Cuando quieras terminar de designar puntos, pulsa **Intro**.

A la pregunta de **Precise tangente inicial**, designa un punto por encima del primero que hemos marcado.

A la pregunta de **Precise tangente final**, designa un punto por debajo del primero.

Las Splines pueden modificarse con el comando **EDITSPLINE**. Mientras creamos una Spline, podemos **ajustar tolerancia**, es decir, determinar el grado al que todos los puntos seleccionados obligarán a la curva.

Puntos

Los puntos son marcas que pueden servirnos tanto para formar parte de los dibujos como para señalar puntos en la pantalla que nos servirán como apoyo o referencia para otras entidades.

Selecciona la herramienta **Dibujo** en la barra de herramientas.

Designa varios puntos en la pantalla
Pulsa **Esc** para dejar de designar puntos.
Accede al menú **Formato – Tipo de punto** y elige otro tipo del que tengas en pantalla.
Observa que Autocad ha modificado el aspecto de los puntos en pantalla.

El comando BOCETO

Este comando nos permite dibujar líneas a mano alzada creando una polilínea. Hay que avisar que las polilíneas dibujadas con esta opción ocupan mucha memoria, por lo que habrá que utilizarlo con moderación o en casos absolutamente necesarios.

- Escribe el comando **BOCETO**.
- Autocad nos pide el grosor de la línea.
- Escribe **5** y acepta.
- Ahora pulsa clic y mueve el cursor por la pantalla.
- Pulsa clic y verás que ahora, al mover el cursor, no se dibuja nada.
- Vuelve a pulsar clic y volverás a dibujar.
- Las opciones de la pluma son:

Plumilla: determina si la pluma está hacia arriba o hacia abajo.
Salir. Memoriza las líneas que has dibujado y sale del comando.
Descartar: sale del comando sin memorizar nada.
Grabar: memoriza las grabaciones sin salir del comando.
Borrar: permite borrar algunas líneas trazadas en la última secuencia.
Conectar: conecta con el punto donde colocamos la pluma por última vez.

Lección 10

Bloques

Una de las ventajas de dibujar con Autocad es la de simplificar la duplicación de objetos. Aunque podemos utilizar comandos como **Copiar** o **Matriz**, el tema de los bloques ahorrará muchos esfuerzos, ya que un bloque, es un dibujo que podemos utilizar una y otra vez en nuestro dibujo. Básicamente, existen dos tipos de bloques:

Bloques del mismo dibujo

Podemos dibujar por ejemplo una mesa, convertirla en bloque y utilizarla en el mismo dibujo insertándola varias veces en la posición que queramos. Hay que significar que, en este caso, el bloque ocupa memoria y si no lo vamos a utilizar más, se añadirá al tamaño del fichero, por lo que es recomendable limpiar de bloques la memoria.

Bloques guardados

Son dibujos convertidos en bloques y guardados en ficheros para insertarlos en distintos dibujos cuando los necesitemos.

Crear un bloque

Crea cualquier figura compuesta por varias entidades.

Escribe la orden **Bloque** o pulsa el botón Te aparecerá una ventana de diálogo.

Escribe como nombre del bloque: **Mesa** (o el que quieras).

Haz clic en el botón **Designar objetos**.

Designa con una ventana la figura y pulsa el botón derecho para volver al cuadro.

Pulsa en el botón **Punto de designación**.

Pincha en la esquina inferior izquierda de la figura:

Este punto será el que sirva como punto de inserción cuando queramos incluirlo en nuestro dibujo. Es conveniente elegir el centro o un vértice del dibujo para su mejor inserción en el dibujo.

Vuelve al cuadro anterior. Observa ahora las distintas opciones:

Retener: Retiene los objetos designados como objetos distintos en el dibujo una vez creado el bloque.

Convertir en bloque: Convierte los objetos designados en muestras de bloques del dibujo una vez creado el bloque

Suprimir: Suprime los objetos designados del dibujo después de crear el bloque.

Activa la opción **Suprimir** y acepta. Observa que el bloque ha desaparecido.

Insertar un bloque

Pulsa el botón **Insertar bloque** o pulsa el botón

Acepta el nombre que te ofrece Autocad.

Observa que el bloque se insertará a partir del punto que antes definimos. Pulsa clic en cualquier parte de la pantalla.

Accede ahora al menú **Insertar – Referencia externa** y elige cualquier archivo que tengas guardado en el disco.

Con esta opción podemos insertar objetos guardados en disco. De esta forma, podemos dibujar un pequeño objeto, guardarlo e insertarlo cuando nos interese.

Descomponer bloques

Este comando deshace el trabajo del comando **BLOQUE**, es decir, descompone un bloque en entidades independientes tal y como estaba antes de convertirse en bloque.

Accede a **Modificar – Descomponer** o bien escribe **DESCOMP**.

Ahora sólo hay que designar el bloque que queramos descomponer.

Utilizar el portapapeles de Windows

Las conocidas opciones de **Copiar, Cortar** y **Pegar** pueden utilizarse perfectamente en cualquier entidad de la pantalla. Puedes utilizar sin ningún problema copiar y pegar para ver cómo Autocad designa el punto de inserción en la pantalla.

Definir atributos

Los atributos nos servirán a la hora de insertar bloques o archivos pudiendo definir texto, fechas, escalas etc., junto al dibujo. Imagínate que tienes una plantilla para un cajetín donde escribirás tu nombre, el nombre del dibujo, la escala, la fecha, etc. A través de los atributos podemos definir estos parámetros para que Acad inserte el cajetín junto a los datos. De esta forma evitamos escribir continuamente detalles repetitivos.

Dibuja un ordenador similar a éste:

Accede a **Dibujo – Bloque – Definir atributos**

Desde este panel podemos definir el nombre del atributo, los valores por defecto, etc. Vamos a dejar la parte izquierda tal y como está. Modificaremos lo siguiente:

Escribe el texto siguiente en las casillas correspondientes:

Coloca en **5** la altura del texto.

Pulsa clic en el botón **Punto de designación**.

Haz clic en la parte inferior izquierda del ordenador:

Acepta el cuadro de diálogo.

Vuelve a entrar y crea otro atributo como el que sigue:

Como punto de inserción, pulsa clic debajo del anterior y acepta:

Selecciona todos los objetos y crea un bloque con el nombre: **ORDENADOR**.

Borra lo que haya en pantalla.

Inserta el bloque que acabamos de crear. Después de pedirte el punto de inserción, observa la línea de estado: te está pidiendo los datos de la memoria y del tipo de ordenador que habíamos definido:

Introduce los datos y acepta.

Los datos se han colocado debajo del ordenador. Podríamos haber preparado un texto al lado de los atributos para que resultase más atractivo o descriptivo.

Edición y visualización de atributos

Para modificar un atributo, tan sólo debemos acceder a **Modificar – Atributo – Editar**.

Para controlar la visibilidad de los valores de atributos, podemos acceder a **Ver – Visualización – Visualizar atributos** y aparecerá un sub-menú:

Normal: los atributos visibles son visibles y los invisibles son invisibles.

ACT: activa todos los atributos.

DES: desactiva todos los atributos.

4. Lo que se va aprender de Autocad el docente para el alumno

A continuación se muestra una serie de lecciones secuencias que el docente elaborara tanto en la adquisión de conocimientos este software que valorara el alcance, las posibilidad y capacidades de los alumnos, sin olvidar y tomando en cuenta el ámbito reducido de las instalaciones con que cuenta el plantel educativo.

- 🖥 *Lección 1.1:* En el primer ejercicio del curso el alumno conocerá diferentes modos de abrir y cerrar AutoCAD. Además, cerrará las paletas y barras de herramientas que por el momento no va a utilizar.
- 🖥 *Lección 1.2*: Con este ejercicio se pretende que el alumno empiece a familiarizarse con los diferentes componentes de la interfaz clásica de AutoCAD. Aprenderá así a convertir barras de herramientas ancladas en flotantes, a ocultarlas o volverlas a mostrar y a utilizar la Ventana de comandos. Además, comprobará cuál es la diferencia entre los modos de visualización Modelo y Presentación.

🖥 *Lección 1.3*: En esta lección el alumno trabajará con la interfaz Modelado 3D de AutoCAD 2008. Aprenderá a alternar entre la vista clásica y la vista Modelado 3D y realizará una toma de contacto con las principales características de esta zona de trabajo.

🖥 *Lección 1.4*: En este ejercicio el alumno comprobará cuáles son las propiedades de AutoCAD que se pueden personalizar accediendo a las diferentes fichas que componen el cuadro de diálogo Opciones.

🖥 *Lección 1.5*: Con este ejercicio el alumno aprenderá a crear un nuevo dibujo personalizando sus propiedades a través del asistente para la configuración avanzada de un documento. Una vez creado el nuevo dibujo, comprobará que al tener unas dimensiones diferentes al original, la rejilla también se distribuye sobre la Zona gráfica de manera distinta.

🖥 *Lección 1.6*: Se pretende con esta lección que el alumno continúe conociendo los elementos de la interfaz de AutoCAD accediendo para ello a dos de los dibujos de muestra que ofrece el programa.

🖥 *Lección 1.7*: Con este ejercicio el alumno aprenderá a trabajar con las capas y con el Administrador de capas. En concreto, cambiará el color de una de las capas que componen un dibujo de muestra y comprobará que, al bloquear una capa, es imposible realizar modificaciones en cualquier elemento ubicado en ella.

🖥 *Lección 2.1*: Para poder trabajar con precisión con AutoCAD es necesario que el usuario comprenda a la perfección el Sistema de coordenadas que utiliza el programa. En este ejercicio, cambiaremos la ubicación de un objeto utilizando para ello la herramienta Desplazar e introduciendo las nuevas coordenadas en la Ventana de comandos.

🖥 *Lección 2.2:* Con esta lección se pretende que el alumno conozca la utilidad de los diferentes tipos de coordenadas que se usan en AutoCAD. Para ello, desplazará uno de los objetos del dibujo aplicando coordenadas absolutas, relativas y polares.

🖥 *Lección 2.3:* En esta lección el alumno aprenderá a dibujar un objeto con la herramienta de dibujo Línea y utilizando las diferentes coordenadas de AutoCAD.

- *Lección 2.4:* Con el siguiente ejercicio se pretende que el alumno aprenda a localizar y a trabajar con las plantillas de dibujos que AutoCAD pone a disposición del usuario. Además, le mostraremos el modo de almacenar un dibujo a modo de plantilla.
- *Lección 3.1:* Con este ejercicio el alumno empezará a dibujar en AutoCAD utilizando para ello una de las herramientas más comunes, la herramienta Línea. En concreto, aprenderá a crear un rectángulo introduciendo las coordenadas de los puntos de las líneas en la Ventana de comandos y sirviéndose de algunas de las ayudas para el dibujo que ofrece AutoCAD.
- *Lección 3.2*: Se pretende con esta lección que el alumno aprenda a utilizar la herramienta de dibujo Rectángulo. Tras añadir un nuevo rectángulo al dibujo, comprobará también cuál es la utilidad de la herramienta de modificación Desfase creando otro rectángulo a una distancia equidistante del primero.
- *Lección 3.3*: En este ejercicio el alumno conocerá las dos utilidades de la herramienta de modificación Empalme: redondeará las cuatro esquinas de un rectángulo y unirá dos líneas mediante un círculo perfecto.
- *Lección 3.4:* En esta lección el alumno aprenderá a utilizar la herramienta de modificación Girar. La activará de diferentes maneras y comprobará, girando varios de los objetos del dibujo, que los ángulos de giro positivos producen un giro en sentido contrario a las agujas del reloj y los negativos, en el sentido de las agujas del reloj.
- *Lección 3.5:* Con este ejercicio se pretende que el alumno conozca los diferentes métodos de creación de círculos que ofrece AutoCAD. Además de crear esta forma, aprenderá a utilizar la herramienta de modificación Recortar para suprimir la parte de un círculo que se incluye dentro de otro objeto.
- *Lección 3.6:* En este ejercicio el alumno comprobará que existen varios modos de crear círculos concéntricos. Utilizará, por una parte, la herramienta de modificación Desfase, con la que ya ha tenido ocasión de practicar en una lección anterior, y, por otra, el símbolo arroba para indicar al programa que tome como centro del segundo círculo el mismo que el del primero.

🖥 *Lección 3.7:* Como comprobará el alumno en esta lección, la herramienta de dibujo Polígono permite crear polígonos de distintos números de lados e inscritos o circunscritos a un círculo; basta con seguir las instrucciones que aparecen en la Ventana de comandos al activar la herramienta.

🖥 *Lección 3.8:* Con este ejercicio se pretende que el alumno aprenda a utilizar las diferentes opciones de la herramienta de dibujo Arco para trazar arcos que, en un plano, suelen simular el giro de una puerta o de una ventana. En concreto, le mostraremos cómo crear un espacio en una línea recta con la herramienta Partir para insertar en él un arco.

🖥 *Lección 3.9:* En esta lección el alumno aprenderá a trazar puertas y ventanas con sus respectivas hojas abiertas usando la herramienta de modificación Partir, la de dibujo Línea y las diferentes opciones de la herramienta Arco.

🖥 *Lección 3.10:* Las polilíneas son un tipo especial de línea compuestas por distintos tramos rectos o curvos que son consideradas como una única entidad, aunque pueden ser editadas independientemente. En este ejercicio se trazará un objeto sencillo utilizando las diferentes funciones de la herramienta de dibujo Polilínea.

🖥 *Lección 3.11:* Con este ejercicio se pretende que el alumno aprenda a activar y desactivar las opciones de relleno tanto desde el cuadro de opciones del programa como desde la Ventana de comandos. Comprobará además que para ver los efectos del cambio sobre una polilínea de un grosor considerable, se debe regenerar el dibujo.

🖥 *Lección 3.12:* En este ejercicio el alumno aprenderá a dibujar un objeto con forma irregular utilizando la herramienta de dibujo Spline. Las splines son curvas suaves que se crean indicando diferentes puntos de apoyo por los que deberá pasar y controlando la proximidad con la curva se ajustará a esos puntos.

🖥 *Lección 3.13:* Con este ejercicio se pretende que el alumno aprenda a utilizar algunas de las funciones de la herramienta de modificación Editar splines para cambiar por completo el aspecto de una spline.

🖥 *Lección 3.14:* El alumno comprobará en este ejercicio que para eliminar objetos de un dibujo se puede utilizar tanto la herramienta de modificación Borrar como la tecla Suprimir.

Además, aprenderá a reducir las dimensiones de otro objeto usando la herramienta Escalar.

- *Lección 3.15:* En esta lección el alumno aprenderá a utilizar dos herramientas de modificación más: la herramienta Desplazar, con la que se puede cambiar la ubicación de un objeto en la Zona gráfica y la herramienta Copiar, que permite obtener copias exactas de un objeto y situarlas en el punto de la Zona gráfica que se desee.

- *Lección 3.16:* En este sencillo ejercicio, el alumno aprenderá a crear una copia simétrica de un objeto, utilizando para ello la herramienta de modificación Simetría y conservando el objeto de origen.

- *Lección 3.17:* En este ejercicio daremos a conocer al alumno la herramienta de visualización Entrada dinámica, que permite mostrar información sobre el resto de herramientas en la propia Zona gráfica para evitar así tener que dirigirse siempre a la información de la Ventana de comandos.

- *Lección 4.1:* Con este ejercicio se pretende que el alumno aprenda a introducir texto en un plano. Para ello, deberá utilizar una de las dos herramientas de texto de que dispone AutoCAD, definir el punto a partir del cual se empezará a trazar el texto, especificar el tamaño del texto y determinar el grado de inclinación del mismo.

- *Lección 4.2:* En esta lección el alumno seguirá practicando con la herramienta de texto de AutoCAD. En concreto, aprenderá a añadir texto con diferentes justificaciones a un dibujo.

- *Lección 4.3:* En este ejercicio el alumno aprenderá a modificar las principales propiedades de un texto. Para ello, utilizará las diferentes opciones del cuadro Propiedades, con las que es posible cambiar, entre otros atributos, el color del texto, su posición, su inclinación, etc., y la herramienta de modificación Editar texto, que permite añadir o borrar texto.

- *Lección 4.4:* En este ejercicio el alumno practicará con la herramienta de edición de texto Editor de texto in situ. Como podrá comprobar, las diferentes herramientas incluidas en la barra Formato de texto (a las que se ha añadido la opción de crear texto en columnas en AutoCAD) permiten establecer las propiedades de un texto multilínea antes de insertarlo definitivamente en el dibujo.

⌨ *Lección 4.5:* En este ejercicio el alumno trabajará con el Editor de Texto Múltiple, mejorado notablemente en AutoCAD. Aprenderá a insertar texto en columnas y a modificar los parámetros de las mismas.

⌨ *Lección 4.6:* En este ejercicio el alumno aprenderá a crear sus propios estilos de texto y a aplicarlos al texto de un dibujo. Para ello, accederá al cuadro de diálogo Estilo de texto y modificará los atributos del estilo Standard, el predeterminado de AutoCAD. Además, conocerá otra de las novedades de AutoCAD, la característica Anotativo de los textos.

⌨ *Lección 4.7:* Se pretende con este ejercicio que el alumno aprenda a utilizar el revisor de ortografía, mejorado en AutoCAD, para evitar que sus proyectos contengan faltas o errores ortográficos. Para ello, comprobará que el texto insertado hasta ahora en el dibujo está bien escrito y añadirá una palabra con una falta de ortografía que podrá corregir posteriormente con la herramienta Revisión ortográfica.

⌨ *Lección 5.1:* En esta primera lección del apartado dedicado al trabajo con objetos, el alumno aprenderá a utilizar la herramienta de edición Copiar con punto base y su complementaria Pegar en coordenadas originales. Además, le mostraremos el modo de alargar las líneas de un objeto hasta que toquen a otro objeto con la herramienta de modificación Alargar.

⌨ *Lección 5.2:* En este ejercicio el alumno aprenderá a utilizar la herramienta de modificación Matriz rectangular, con la que es posible crear duplicados de un objeto siguiendo un patrón rectangular cuyos parámetros se pueden configurar en el cuadro Matriz.

⌨ *Lección 5.3:* El alumno seguirá practicando con la herramienta Matriz en este ejercicio. En concreto, aprenderá a crear una matriz polar o circular de uno de los objetos del dibujo.

⌨ *Lección 5.4:* Con este ejercicio se pretende que el alumno aprenda a utilizar la herramienta de dibujo Línea múltiple, con la que se pueden crear líneas paralelas de una sola vez. Una vez creados dos grupos de líneas múltiples del estilo predeterminado de AutoCAD, accederá al cuadro

Herramientas de edición de líneas múltiples para modificar su aspecto.

🖳 *Lección 5.5:* En este sencillo ejercicio, el alumno conocerá otra de las funciones de edición incluidas en el cuadro Herramientas de edición de líneas múltiples. Trazará una línea múltiple de forma irregular y comprobará el efecto que se consigue al eliminar algunos de sus vértices desde el mencionado cuadro.

🖳 *Lección 5.6:* En el siguiente ejercicio el alumno aprenderá a crear un estilo de línea múltiple que podrá almacenar en el equipo y utilizar siempre que lo necesite; para ello, accederá al cuadro Nuevo estilo de línea múltiple, donde se establecerán los atributos del nuevo estilo.

🖳 *Lección 5.7:* Con este ejercicio se pretende que el alumno conozca la utilidad de la herramienta de modificación Estirar. Como comprobará en la lección, esta herramienta actúa de manera diferente en función de si los objetos se seleccionan completa o parcialmente.

🖳 *Lección 5.8:* En este ejercicio el alumno practicará de nuevo con la herramienta de modificación Desfase, que ya tuvo ocasión de conocer en una lección anterior. Además de crear varios duplicados equidistantes de una línea recta, le mostraremos el modo de redondear una esquina con la herramienta Chaflán.

🖳 *Lección 6.1:* En este ejercicio el alumno empezará a trabajar con bloques, que son conjuntos de elementos asociados que actúan como una sola entidad. Para empezar la sección dedicada a estos elementos, aprenderá a crear un bloque.

🖳 *Lección 6.2:* Tras crear un bloque, el alumno aprenderá en este ejercicio a localizarlo en la biblioteca e insertarlo en cualquier otro dibujo, utilizando para ello las opciones del cuadro Insertar. Como verá en esta lección, es posible definir el punto de inserción, la escala y el ángulo de rotación del bloque que se va a insertar en la propia Zona gráfica o bien en el mencionado cuadro de diálogo.

🖳 *Lección 6.3:* Con este ejercicio se pretende que el alumno aprenda a "escribir un bloque", es decir, a guardarlo en su equipo como un elemento estándar para poder así insertarlo en un dibujo diferente al original.

🖳 *Lección 6.4:* En este ejercicio el alumno conocerá la utilidad del explorador de AutoCAD Design Center. Este explorador permite localizar en cualquier parte del equipo o de una red de equipos objetos con nombre tales como bloques, capas, etc. para poder insertarlos en otros dibujos.

🖳 *Lección 6.5:* En este ejercicio el alumno trabajará con la herramienta de creación y edición de bloques dinámicos Editor de bloques, con la que es posible añadir propiedades dinámicas a un bloque ya existente así como crear nuevas definiciones de bloques.

🖳 *Lección 6.6:* Con este ejercicio se pretende que el alumno aprenda a utilizar la herramienta para extraer atributos de bloques. El extractor de atributos de bloque permite crear tablas de datos que muestran los principales parámetros de los bloques que contiene un dibujo y que pueden almacenarse en el equipo e insertarse en cualquier punto de la Zona gráfica. En AutoCAD se han mejorado algunas de las características de esta herramienta para agilizarla y conseguir que los resultados sean aún más perfectos.

🖳 *Lección 7.1:* Con este primer ejercicio dedicado a los patrones de sombreado se pretende que el alumno practique con el mejorado cuadro Sombreado y degradado y aprenda a aplicar uno de los patrones de sombreado que ofrece AutoCAD como relleno de un objeto.

🖳 *Lección 7.2:* En este ejercicio el alumno aprenderá a crear un modelo de patrón de sombreado desde el cuadro Sombreado y degradado y a incluirlo en un dibujo.

🖳 *Lección 7.3:* Con esta lección se pretende que el alumno aprenda a modificar los atributos de un patrón de sombreado definido por el usuario y aplicado en un dibujo utilizando las diferentes opciones del nuevo cuadro Editar sombreado.

🖳 *Lección 7.4:* Con este ejercicio el alumno conocerá la utilidad de la herramienta Heredar propiedades, incluida en los cuadros Sombreado y degradado y Editar sombreado. Esta herramienta permite copiar las características propias de un patrón de sombreado para aplicarlo sobre cualquier otro objeto del dibujo.

🖳 *Lección 7.5:* Con este ejercicio el alumno aprenderá a crear un patrón de relleno degradado de dos colores, utilizando para ello la ficha Degradado del cuadro Sombreado y degradado. Una vez creado el patrón personalizado, lo aplicará sobre uno de los elementos del dibujo con el que está practicando.

⌨ *Lección 8.1:* La acotación es el proceso de añadir anotaciones de medidas a un dibujo. En este primer ejercicio dedicado a la acotación, el alumno aprenderá a añadir al dibujo acotaciones lineales, las más sencillas, y a situar en éste las anotaciones resultantes. Además conocerá algunas de las mejoras en cuestión de acotación que se han añadido a AutoCAD.

⌨ *Lección 8.2:* Con este ejercicio se pretende que el alumno aprenda a añadir acotaciones radiales, diametrales y angulares a sus creaciones. Los dos primeros tipos se utilizan para acotar arcos y círculos y las angulares permiten una acotación angular definida por dos líneas o un arco.

⌨ *Lección 8.3:* En este ejercicio el alumno practicará con la herramienta de acotación Con recodo, que permite crear cotas de radio con recodo cuando las dimensiones del arco o del círculo hacen que el centro del mismo se encuentre fuera del plano.

⌨ *Lección 8.4:* Con este ejercicio se pretende que el alumno aprenda a utilizar la herramienta de acotación Longitud de arco, con la cual es posible medir la distancia del segmento de un arco de polilínea o de un arco. Tras comprobar la utilidad de esta herramienta, se cambiarán algunas de sus propiedades desde el cuadro Modificar estilo de cota y desde su paleta de propiedades.

⌨ *Lección 8.5:* En este ejercicio el alumno trabajará con la herramienta de acotación Línea base, con la que es posible realizar varias medidas consecutivas desde una línea base que previamente debe ser designada por el usuario.

⌨ *Lección 8.6:* En este ejercicio el alumno practicará con otras dos herramientas de acotación: las cotas por coordenadas y las cotas rápidas. Como podrá comprobar en la lección, las primeras sirven para mostrar en el dibujo las coordenadas X e Y de un punto concreto de la Zona gráfica y las segundas permiten calcular rápidamente la distancia que existe entre varios objetos.

⌨ *Lección 8.7:* Con este ejercicio se pretende que el alumno conozca la utilidad de las herramientas de acotación Cota continua y Cota girada. Con la cota continua es posible crear acotaciones basadas en otras anteriores y la cota girada permite aplicar una cota con ángulo especificado antes de que se designe el primer punto de referencia y el punto final de la cota.

- *Lección 8.8:* En esta lección el alumno practicará con la herramienta Cotas de inspección, con la que es posible añadir indicaciones a cotas ya existentes para especificar información adicional sobre el objeto acotado, que puede ser de cualquier tipo. Como se verá en el ejercicio, la manera de insertar cotas de inspección es muy sencilla y similar a la adición de los otros tipos de cotas vistos anteriormente.

- *Lección 8.9:* En este ejercicio el alumno aprenderá a crear su propio estilo de cotas, definiendo sus principales propiedades en el cuadro Crear estilo de cota. Tras definir el estilo, comprobará cómo se refleja en el dibujo añadiendo una cota sencilla.

- *Lección 8.10:* En este ejercicio el alumno conocerá otra de las herramientas de acotación, Voltear flechas de cota, con la que es posible cambiar la dirección de las flechas de una cota añadida a un dibujo. Además, utilizará la función Marca de centro para señalizar en la Zona gráfica el centro de un arco o de un círculo.

- *Lección 8.11:* En esta lección el alumno practicará con otra de las herramientas de acotación disponibles, la denominada Directriz rápida. Esta herramienta permite aportar datos de objeto que pueden llegar a ser muy importantes, como el material de fabricación, la fecha de realización, etc.

- *Lección 8.12:* En AutoCAD. se ha añadido una nueva herramienta, el panel de directrices múltiples, que permite añadir directrices múltiples automáticamente a un plano así como modificar la orientación de las mismas en las notas. En esta lección se practicará con esta nueva y práctica función.

- *Lección 8.13:* La escala de anotación es otra de las novedades de AutoCAD. Se trata de una útil función con la que se automatiza el proceso de escalado de anotaciones, que ahora se lleva cabo desde la ventana gráfica o en el espacio Modelo. En este ejercicio, el alumno aprenderá a definir la escala de anotación de un dibujo en el espacio modelo y a crear un objeto.

- *Lección 8.14:* En esta lección el alumno practicará con las novedades en cuestión de creación de estilos de tabla que se han añadido a AutoCAD para mejorar su rendimiento. Se accederá para ello a los cuadros Estilo de tabla y Modificar estilo de tabla.

⌨ *Lección 9.1:* En esta lección el alumno aprenderá a insertar una imagen en un dibujo y a ajustar sus principales propiedades. También accederá al administrador de imágenes desde el cual es posible realizar acciones como enlazar y desenlazar imágenes y visualizar los detalles de las mismas.

⌨ *Lección 9.2:* En este ejercicio el alumno practicará con los diferentes modos de presentación que ofrece AutoCAD. Aprenderá a pasar de un espacio a otro, a cambiar el nombre de una presentación, a añadir presentaciones predeterminadas y a suprimirlas.

⌨ *Lección 9.3:* Con este ejercicio se pretende que el alumno aprenda a guardar una presentación como plantilla para poder recuperarla siempre que lo necesite. Además de llevar a cabo esa acción, le mostraremos cómo puede saber cuál es la ubicación predeterminada de las plantillas de AutoCAD.

⌨ *Lección 9.4:* En este ejercicio el alumno accederá al cuadro Trazar para configurar las opciones de impresión y visualizar las propiedades de la impresora con la que va a imprimir sus dibujos.

⌨ *Lección 10.1:* En este ejercicio el alumno empezará a trabajar con dibujos realizados en tres dimensiones. Para introducir este apartado del curso, se abrirán dos dibujos, uno de ellos bidimensional y otro tridimensional y se utilizará la nueva herramienta Órbita libre para desplazar los planos y comprobar cuál de ellos es el tridimensional.

⌨ *Lección 10.2:* En esta lección el alumno conocerá el Sistema de Coordenadas Universales y utilizará tanto las funciones que incluye el comando SCP como la Barra de herramientas SCP para modificar su ubicación en el plano.

⌨ *Lección 10.3:* Con este ejercicio se pretende que el alumno aprenda a crear una nueva vista personalizada que guardará en el dibujo para poder utilizarla siempre que sea necesario. Para ello, trabajará con el cuadro Ventanas gráficas que no sólo permite crear nuevas vistas, sino dividir la Zona gráfica en varias vistas predeterminadas.

⌨ *Lección 10.4:* En AutoCAD es posible que los objetos aparezcan de manera diferente en cada ventana gráfica del espacio papel mientras que sus propiedades se mantienen intactas en las capas originales del espacio modelo. Con esta nueva característica se practicará en esta lección. Para ello, el alumno accederá al cuadro de propiedades de capa y modificará las propiedades de las mismas.

- *Lección 10.5:* La barra de herramientas Vista permite modificar las vistas del dibujo que se muestran en las ventanas gráficas. En este ejercicio el alumno practicará con las diferentes opciones incluidas en esa barra y además aprenderá a crear y a definir como actual una vista personalizada que muestre sólo una parte concreta del dibujo.

- *Lección 10.6:* En este ejercicio se seguirá practicando con la herramienta de visualización Órbita libre. Además, el alumno aprenderá a ajustar los planos delimitadores y a utilizar otra útil herramienta de visualización en el espacio tridimensional: la herramienta Órbita continua.

- *Lección 11.1:* En este ejercicio el alumno trazará un objeto tridimensional usando herramientas de dibujo 2D y comprobará con la herramienta de visualización Órbita libre que el objeto es, efectivamente, tridimensional.

- *Lección 11.2:* Los filtros de coordenadas permiten especificar un punto en el dibujo usando las coordenadas X, Y y Z de otro punto. Con este ejercicio se pretende que el alumno entienda la funcionalidad de la herramienta Filtro XY, con ayuda de la cual creará un objeto tridimensional.

- *Lección 11.3*: Aunque los procesos de copiar y desplazar objetos tridimensionales son muy similares a los de copiar y desplazar objetos bidimensionales, hemos considerado oportuno dedicarles una lección. En este ejercicio, el alumno comprobará lo sencillo que resulta copiar un objeto tridimensional y pegarlo en otro dibujo así como desplazarlo en el espacio.

- *Lección 12.1:* En este ejercicio el alumno conocerá la utilidad de algunas de las funciones que incluye la herramienta de modificación Simetría 3D, con la que es posible generar copias simétricas de objetos tridimensionales.

- *Lección 12.2*: Con este ejercicio se pretende que el alumno aprenda a utilizar la herramienta Alinear con objetos tridimensionales. Para ello, alineará dos objetos del dibujo indicando gráficamente los puntos de origen y los de mira.

⌨ *Lección 12.3:* En el siguiente ejercicio el alumno creará un objeto tridimensional combinando varias formas creadas en el espacio bidimensional. Después, activará la herramienta de visualización Órbita libre para comprobar que efectivamente es un objeto con profundidad.

⌨ *Lección 12.4:* Como se ha visto en una lección anterior, en AutoCAD se pueden crear matrices de objetos bidimensionales de una manera rápida y sencilla, pero también es posible crear matrices rectangulares o polares de objetos tridimensionales, tal y como comprobará el alumno en esta lección.

⌨ *Lección 13.1:* En este ejercicio el alumno tendrá una primera toma de contacto con las denominadas regiones, áreas bidimensionales que se pueden crear a partir de formas cerradas y que actúan como objetos tridimensionales. Aprenderá a convertir un objeto en una región y a ocultar los elementos que se encuentran bajo ella.

⌨ *Lección 13.2:* En este primer ejercicio dedicado a las mallas o superficies, el alumno aprenderá a crear una malla reglada entre dos objetos usando para ello la herramienta de dibujo adecuada.

⌨ *Lección 13.3:* En este ejercicio el alumno seguirá practicando con la herramienta de dibujo Malla reglada, que esta vez utilizará para crear una malla entre dos líneas spline. Además, le mostraremos el efecto que produce en una malla reglada la modificación de la variable de sistema Surftab1, que controla la densidad de la malla de dicha superficie.

⌨ *Lección 13.4:* Con este sencillo ejercicio se pretende que el alumno aprenda a crear una malla tridimensional a partir de la extrusión de un objeto bidimensional a lo largo de un vector de dirección; para ello, utilizará la herramienta de dibujo Malla tabulada.

⌨ *Lección 13.5:* En este ejercicio el alumno seguirá trabajando con las herramientas de creación de superficies; en esta ocasión, creará una malla revolucionada tomando como contorno un círculo y como eje de revolución una línea.

⌨ *Lección 13.6:* Para seguir conociendo la funcionalidad de la herramienta de dibujo Malla revolucionada, el alumno dibujará en este ejercicio un objeto complejo utilizando esa herramienta y dos formas sencillas como base.

🖳 *Lección 13.7:* En este tercer ejercicio dedicado a la herramienta Malla revolucionada, el alumno aprenderá a crear una copa a partir de una polilínea con arco y una línea que previamente deberá trazar en el dibujo.

🖳 *Lección 13.8:* Con este ejercicio se pretende que el alumno aprenda a crear una superficie de malla tridimensional entre cuatro lados que se tocan en sus extremos usando para ello la herramienta de creación de mallas adecuada.

🖳 *Lección 13.9:* En este ejercicio el alumno aprenderá a utilizar la herramienta Giro 3D, cambiando la posición de un objeto tridimensional.

🖳 *Lección 14.1:* Con este ejercicio empieza la sección del curso dedicada a los sólidos, objetos tridimensionales con propiedades como masa, volumen, etc. En esta lección, el alumno tendrá una primera toma de contacto con este tipo de objetos y aprenderá a crear una mesa usando algunas de las herramientas incluidas en el panel de control Creación 3D del nuevo Centro de controles.

🖳 *Lección 14.2*: Los polisólidos se presentan como novedad en una versión anterior de AutoCAD. En esta lección, el alumno comprobará el sencillo procedimiento que debe llevarse a cabo para crear estas nuevas formas, originadas a partir de polilíneas y sólidos.

🖳 *Lección 14.3:* Tal y como comprobará el alumno en esta lección, con la herramienta Extrusión es posible convertir un objeto bidimensional en uno tridimensional, aplicándole altura y, si se desea, un grado de inclinación. En este ejercicio, el alumno practicará con esta herramienta.

🖳 *Lección 14.4:* En este ejercicio el alumno utilizará la herramienta de sólidos Revolución para convertir una polilínea cerrada en un objeto tridimensional, haciendo que gire alrededor de un eje de revolución.

🖳 *Lección 14.5*: La siguiente lección pretende mostrar una de las novedades de AutoCAD en cuanto a formas de sólidos 3D se refiere: la herramienta Hélice, con la cual es posible crear y modificar objetos con forma de espiral.

🖳 *Lección 14.6:* Con este ejercicio el alumno podrá comprobar cómo afecta a los objetos sólidos la modificación del valor de la variable de sistema Isolines, que determina la densidad alámbrica de los mismos. Además de cambiar dicha variable, utilizará la función Regenerar para que la modificación se aplique sobre todo el dibujo.

⌨ *Lección 14.7:* El comando Superficie plana se utiliza para crear, de un modo rápido e intuitivo, una superficie totalmente plana en cualquier dibujo. Dicho comando se presenta como novedad en esta versión del programa.

⌨ *Lección 15.1:* Con este ejercicio se pretende que el alumno aprenda a utilizar la herramienta booleana Diferencia, con la que es posible eliminar de un objeto una parte de otro que se le sobrepone y crear así un nuevo objeto individual.

⌨ *Lección 15.2:* En esta lección el alumno practicará de nuevo con la herramienta booleana Diferencia: en esta ocasión, se crearán cuatro muescas en las esquinas del tablero del dibujo usando esa herramienta en combinación con la herramienta de creación de sólidos Cilindro.

⌨ *Lección 15.3:* En este ejercicio el alumno utilizará la herramienta de modificación Empalme para redondear las esquinas de un objeto sólido que previamente habrá creado a partir de un objeto bidimensional con ayuda de la herramienta Extrusión.

⌨ *Lección 15.4:* Con la herramienta Chaflán es posible modificar el aspecto de un objeto sólido, ya que permite obtener un borde biselado en las aristas que se indiquen. En este ejercicio, el alumno conocerá el funcionamiento de esta importante herramienta de modificación.

⌨ *Lección 15.5:* En este ejercicio el alumno aprenderá a utilizar la herramienta de corte para dividir un objeto sólido en dos partes completamente independientes.

⌨ *Lección 15.6:* Con este ejercicio se pretende que el alumno aprenda a crear una región de un objeto utilizando para ello el comando Sección y designando en este caso 3 puntos del objeto. Una vez creada la región, se accederá al cuadro de propiedades de la misma para modificar su color.

⌨ *Lección 15.7:* En esta lección, el alumno aprenderá a crear un sólido independiente a partir de otros dos sólidos que interfieren y practicará con la nueva función Comprobación de interferencias.

⌨ *Lección 15.8:* En este ejercicio el alumno aprenderá a aplicar las herramientas de edición de sólidos Extruir caras e Inclinar caras sobre uno de los sólidos incluidos en el dibujo.

⌨ *Lección 15.9:* Con este sencillo ejercicio se pretende que el alumno aprenda a desfasar y a eliminar caras de un objeto sólido utilizando para ello las herramientas de edición de sólidos apropiadas.

⌨ *Lección 15.10:* En este ejercicio el alumno aprenderá a utilizar las herramientas de edición de sólidos Colorear caras, Colorear aristas y Copiar aristas. Tras cambiar el color de una arista y de una cara de uno de los objetos sólidos del dibujo, copiará la arista modificada para comprobar que la copia adopta el color de la capa en la que se encuentra, y no el color aplicado a la arista original.

⌨ *Lección 15.11:* En este último ejercicio dedicado a la modificación y la edición de sólidos, el alumno aprenderá a estampar un objeto sólido y a crear una funda sobre otro objeto de ese tipo, utilizando para ello las herramientas apropiadas.

⌨ *Lección 16.1:* Ésta es la primera lección del curso dedicada a los materiales en AutoCAD. En AutoCAD, la gran novedad en cuestión de materiales es la adición de nuevos mapas de procedimientos como Cuadros, Ruido, Moteado, Mosaico y Onda. Con este ejercicio, el alumno aprenderá a aplicar uno de los materiales que ofrece el programa en la nueva paleta de herramientas Materiales, sobre uno de los objetos sólidos del dibujo.

⌨ *Lección 16.2:* En AutoCAD se han añadido los paneles Escala y mosaico de materiales y Desfase y vista preliminar de material para poder ajustar los parámetros de escala y mosaico. Además, en esta versión es posible especificar un factor de escala y sincronizar los parámetros de manera que todos los mapas los compartan o definirlos en el nivel del mapa de procedimientos. Con este ejercicio se pretende que el alumno aprenda a modificar las propiedades de uno de los materiales que ofrece AutoCAD para después aplicarlo sobre un sólido.

⌨ *Lección 16.3:* Con este ejercicio se pretende que el alumno aprenda a crear un nuevo material utilizando como base una imagen o una de las texturas que ofrece AutoCAD. Tras ajustar la imagen, se procederá a aplicarla sobre uno de los sólidos del dibujo para comprobar el efecto que se consigue.

- *Lección 16.4:* En este ejercicio el alumno aprenderá a aplicar dos tipos de fondo diferentes a un dibujo. Le mostraremos el modo de aplicar un fondo degradado con los colores que elija y un fondo con una de las imágenes que tenga almacenadas en su equipo. En el segundo caso, verá también cómo se puede ajustar esa imagen al dibujo.
- *Lección 16.5:* En este ejercicio dedicado a las luces, el alumno aprenderá a crear una luz puntual y a aplicarla sobre un dibujo. Además modificará algunas de las propiedades de la luz puntual desde el nuevo panel Lista de luces de AutoCAD.
- *Lección 16.6:* Con este ejercicio se pretende que el alumno aprenda a situar en un punto de su dibujo un foco de luz personalizado.
- *Lección 16.7:* En el siguiente ejercicio el alumno aprenderá a borrar una luz de un dibujo y a añadir iluminación solar a una hora concreta y en un punto geográfico determinado. Tras crear la nueva luz, se procederá a modelizar el dibujo para comprobar el efecto conseguido.
- *Lección 16.8:* Las luces fotométricas son otra de las novedades de AutoCAD 2008 y permiten iluminar una escena con enorme realismo y aportando un control más preciso de la iluminación del modelizado. En este ejercicio, el alumno conocerá el modo de aplicar luces fotométricas a un plano.
- *Lección 16.9:* Con este ejercicio se pretende que el alumno aprenda a aplicar un efecto de niebla sobre la totalidad del dibujo, incluido el fondo, personalizando sus atributos.
- *Lección 16.10*: En esta última lección del apartado Modelado en 3D, se mostrarán dos nuevas formas de visualización de los dibujos en primera persona: se trata de los modos Paseo y Vuelo, muy útiles para conseguir efectos globales de los diseños creados.
- *Lección 17.1:* En el primer ejercicio del apartado Compartir proyectos, el alumno aprenderá a exportar un dibujo de dos maneras diferentes: usando la opción Exportar del menú Archivo y la opción Copiar vínculo del menú Edición. También se mostrará la utilidad de la herramienta, incluida en el menú Archivo, que permite convertir un dibujo en un archivo comprimido para enviarlo por Internet.

⌨ *Lección 17.2:* Con el siguiente ejercicio se pretende que el alumno aprenda a crear una nueva vista que muestre una parte concreta del dibujo y a definirla como vista actual para que se muestre tanto en la ventana de modelizado como en la Ventana gráfica.

⌨ *Lección 17.3:* En este ejercicio el alumno aprenderá a exportar un dibujo en formato comprimido DWF y a dejarlo preparado para su publicación en Internet, utilizando para ello la opción adecuada del cuadro de diálogo Trazar.

⌨ Lección 17.4: Este ejercicio muestra una de las funciones nuevas para compartir proyectos con otras personas: crear un PDF a partir de un dibujo trazado en AutoCAD.

⌨ *Lección 17.5:* En esta lección el alumno seguirá los pasos de un sencillo asistente para publicar un dibujo de AutoCAD en un sitio web.

⌨ *Lección 17.6:* En este ejercicio el alumno dará un paseo por la web de Autodesk en España. Consultará las novedades que ofrece AutoCAD usando para ello el nuevo Taller de novedades. También entrará en el foro de discusión y comprobará que son muchos los temas que se tratan en este tipo de sitios.

⌨ *Lección 17.7:* Con esta lección se pretende que el alumno aprenda a representar un dibujo en un archivo que guardará en su equipo. Para ello deberá seleccionar la opción de destino adecuada y definir la configuración del archivo que desee obtener.

⌨ *Lección 17.8:* En este ejercicio el alumno aprenderá a insertar un objeto OLE en un dibujo; en concreto, vinculará una hoja de Excel y comprobará que al realizar modificaciones en el archivo original, éstas afectan también al objeto incrustado. Además, le mostraremos la manera de mostrar el objeto en la Zona gráfica a modo de icono para que ocupe así menos espacio y esté accesible en todo momento.

⌨ *Lección 18.1:* Cuando se trabaja con un volumen de archivos importante, es habitual que el usuario no recuerde todos y cada uno de los nombres de los dibujos. Es por ello la versión de AutoCAD, el Explorador de Windows permite localizar en el equipo dibujos que contengan un término concreto en cualquiera de sus elementos, como se verá en este ejercicio.

⊟ *Lección 18.2:* Con este ejercicio se pretende que el alumno aprenda a crear una nueva tabla de estilos de trazado con unas propiedades determinadas. Para ello, utilizará el asistente que incluye AutoCAD en el Administrador de tablas de estilos de trazado y el Editor de tablas de estilos de trazado.

⊟ *Lección 18.3:* En este ejercicio el alumno accederá al cuadro de opciones de AutoCAD para modificar la dirección a la que accede por defecto el navegador al utilizar la herramienta Explorar la Web, incluida en la Barra de herramientas Web.

⊟ *Lección 18.4:* En AutoCAD se han introducido importantes mejoras en la Personalización de manera que ahora es posible añadir y eliminar comandos en las barras de herramientas, crear barras de herramientas a partir de menús o personalizar el centro de controles. En este ejercicio el alumno aprenderá a crear una barra de herramientas personalizada usando las opciones adecuadas del cuadro Personalizar interfaz de usuario; también le mostraremos el modo de fijar en la interfaz del programa las barras de herramientas de manera que no puedan desplazarse y a desbloquearlas después.

⊟ *Lección 18.5:* Con este ejercicio se pretende que el alumno aprenda a crear y a diseñar el contenido de un nuevo comando. Una vez creado, lo añadirá a una de las barras de herramientas del programa.

⊟ *Lección 18.6:* Como se comprobará en este ejercicio, con AutoCAD también es posible personalizar el centro de controles de manera rápida y sencilla, añadiéndole paneles o modificando los que ya se muestran. En este ejercicio, el alumno aprenderá a realizar las mencionadas tareas.

⊟ *Lección 18.7:* El lenguaje AutoLISP es el lenguaje de programación de AutoCAD. Aunque se trata de un código algo complicado y para conocerlo en profundidad se necesitaría quizás un curso completo, hemos querido dedicarle una lección con la que el alumno aprenderá a realizar operaciones matemáticas e incluso a crear una nueva y sencilla función.

⊟ *Lección 18.8:* En este sencillo ejercicio, el alumno aprenderá a utilizar la ayuda de AutoCAD y conocerá la nueva y útil herramienta nos ofrece completísima información sobre todo tipo de herramientas, procedimientos o conceptos del programa y, como podrá comprobar en la lección, su funcionamiento no reviste dificultad alguna.

⌨ *Lección 18.9*: En esta lección se presenta una novedad que AutoCAD incluye en la ayuda del programa. Se trata de una serie de animaciones, denominadas Show Me, referentes a temas concretas que ayudan al usuario a visualizar más claramente los procedimientos que hay que llevar a cabo para efectuar determinadas acciones.

⌨ *Lección 18.10*: En este ejercicio el alumno aprenderá a utilizar la calculadora rápida. Con esta herramienta es posible realizar operaciones matemáticas sencillas y científicas, convertir unidades y trabajar con variables. Además, como se verá en el ejercicio, es posible aumentar su nivel de transparencia para que su presencia en la Zona gráfica no moleste.

⌨ *Lección 18.11*: En el último ejercicio del curso, el alumno aprenderá a migrar los parámetros personalizados de una versión anterior a la actual a ésta. Una vez realizada la migración, se comprobará que se ha creado automáticamente el archivo migration.log, que contiene toda la información sobre el proceso e informa de si se han producido errores durante el mismo.

5. Recursos didácticos y otras ayudas para el docente el uso de la web

Esta web de la experiencia docente en educación básica (secundaria) a diferencia de los alumnos de nivel medio superior (bachillerato), y surge de la necesidad de superar las dificultades se supone el desarrollo de la unidad didáctica "diseño asistido por computadora". Los programas CAD, que está incluida en la programación de la materia de dibujo técnico en el segundo curso de bachillerato.

En ella se presenta una serie de recursos el docente que ha sido contrastado y que facilitan la consecución de los objetivos didácticos.

Aparte del sobre de esta web que ofrece una abundante y contrastada información sobre el diseño asistido por computadora y los programas CAD.

Los docentes pueden encontrar recursos específicos que les ayudaran en la programación y en el aula con un enfoque innovador basado en:

- La utilización intensiva de internet para la consecución de recursos CAD gratuitos. Las aplicaciones CAD siempre han sido punteras en aprovechamiento de la tecnología informática más avanzada y en esta línea, la apuesta por internet es clara y contundente. Prueba de ello es la abundante información que se ofrece producto de la cuidadosa búsqueda en la red. Ello nos permite ofrecer múltiples recursos gratuitos.
- La facilidad de instalación de esta aplicación en forma local sobre una computadora o dentro de la red local del aula.
- La posibilidad de ejecutar la aplicación con un CD-ROM, y la aplicación arranca automáticamente.

En el desarrollo de la unidad didáctica "Diseño Asistido por Computadora". Los programas "CAD", se detallan:

- Los objetivos didácticos y su relación con el currículo de la materia de dibujo de bachillerato.
- Los contenidos conceptuales, procedimentales y actitudinales.
- Actividades, criterios de evaluación y temporización.

Esta web será de ayuda para la consecución de estos objetivos y un apoyo indiscutible para el docente porque está caracterizada por su:

- Facilidad de utilización, con una estructura que los alumnos conocen muy bien porque tienen experiencia en navegación.
- Versatilidad en el uso ya que permite utilizarla a través de un servidor de la red o en forma local en una computadora en el aula o en el hogar.
- Bajo costo de reproducción, por su facilidad y su versatilidad en su uso.
- Su estructura y diseño que permite un mejor aprendizaje en distintos niveles.
- La información relacionada con la obtención de recursos gratuitos que ofrece los enlaces (Links) correspondientes.

⌨ Inducir y fomentar en el alumno el interés por esta tecnología y como obtener beneficios de ella.

⌨ El diseño pedagógico de sus contenidos acordes con los niveles indispensables para alcanzar las capacidades exigibles tanto en educación básica como en educación media.

En esta versión actualizada el 19 de Agosto de 2013, tomado del artículo publicado el 14 de febrero de 2005 que incluye en su página programas CAD gratuitos, especialmente indicados para para la signatura tecnológica en la ESO (Escuela Secundaria Obligatoria).

6. Lo que se va aprender de SolidWorks el docente para el alumno de secundaria

1) Introducción

Es un programa de Diseño Asistido por Computadora para modelado mecánico desarrollado en la actualidad por SolidWorks Corporation, una subsidiaria Sassult Systems (Francia) emplea el sistema operativo Microsoft Windows.

Es un modelador de sólidos paramétrico. Fue introducido en el mercado en 1995 para competir con otros programas CAD, como Autodesk Mechanical Desktop, AutoCad y ArchiCad. El programa permite modelar piezas y conjuntos y planos técnicos como otro tipo de información necesaria para la producción. Es un programa que funciona con base en las nuevas técnicas de modelado con sistemas CAD. El proceso consiste en trasvasar la idea mental del diseñador al sistema CAD, "construyendo virtualmente" la pieza o conjunto. Posteriormente todas las extracciones (planos y ficheros de intercambio) se realizan de manera bastante automatizada.

La empresa SolidWorks Corp. fue fundada en 1993 por Jon Hirschtick con su sede en Concord Massachusetts y lanzó su primer producto, SolidWorks 95, en 1995. En 1997 Dassault Systems, mejor conocida por su software CAD, adquirió la compañía. Actualmente posee el 100% de sus acciones y es liderada por Jeff Ray.

En un mundo globalizado en la actualidad (2013), el mercado mundial y otras organizaciones altamente competitivas requieren personal bien preparado y actualizado, labor que recae en las instituciones educativas desde la básica hasta la superior. En estos tiempos cambiantes ha alcanzado hasta niveles de maestría y doctorado.

SolidWorks es un método de diseño de productos y procesos que utiliza el poder dela computadora; cubre varias tecnologías automatizadas, como son los gráficos para examinar las características visuales de un producto y evalúa el diseño una vez concluido. Que van de piezas de acero, piezas de plástico hasta carrocerías de vehículos, pasando por una amplia gama de productos.

A continuación se muestra una serie de lecciones secuencias que el docente elaborara tanto en la adquisión de conocimientos este software que valorara el alcance, las posibilidad y capacidades de los alumnos, sin olvidar y tomando en cuenta el ámbito reducido de las instalaciones con que cuenta el plantel educativo.

a) Crear y guardar un documento de pieza

1. Haga clic en **Nuevo** (Barra de herramientas Estándar).
2. En el cuadro de diálogo **Nuevo documento de SolidWorks**, haga doble clic en **Pieza**.
   Para ver una descripción de la interfaz de usuario de SolidWorks, consulte el tema *Perspectiva general de la interfaz de usuario* en la *Ayuda de SolidWorks*.
3. Haga clic en **Guardar** (barra de herramientas Estándar).
4. En el cuadro de diálogo, escriba **Tutor1** en **Nombre de archivo**.
5. Haga clic en **Guardar**.

b) Crear la base

La Extrucción de un rectángulo con una esquina en el origen y acotado como se muestra.

Croquizar la base

1. Haga clic en **Extruir saliente/base** (en la barra de herramientas Operaciones).
   Aparecen los planos Alzado, Planta y Vista lateral, y el cursor cambia a. Observe que a medida que mueve el cursor sobre un plano, se resalta su borde.

432 GREGORIO SANCHEZ AVILA

2. Seleccione el plano Alzado. ò La visualización cambia para que el plano Alzado se oriente hacia usted. Los comandos de la barra de herramientas Croquis aparecen en el Administrador de comandos. Se abre un croquis en el plano Alzado.

3. Haga clic en **Rectángulo** ▢ (barra de herramientas Croquis).

4. Mueva el cursor al origen del croquis

5. Haga clic en el origen y arrastre el cursor hacia arriba a la derecha. Observe que muestra las cotas actuales del rectángulo.

 No es necesario que sea exacto con las cotas.

6. Suelte la herramienta **Rectángulo**.

c) Acotar la base

1. Haga clic en **Seleccionar** 🖈 en la barra de herramientas Estándar.

Los lados del rectángulo que están en contacto con el origen son negros. Como se inició el croquis en el origen, el vértice de estos dos lados coincide automáticamente con el origen, como muestra el símbolo. Esta relación restringe el croquis.

1. Arrastre uno de los lados azules o arrastre el vértice para ajustar el tamaño del rectángulo.

2. Haga clic en **Cota inteligente** ◇ (Administrador de comandos Croquis).

3. Seleccione la arista superior del rectángulo.

4. Haga clic por encima de la línea para colocar la cota. Aparece el cuadro de diálogo Modificar.

¿Qué ocurre si el cuadro de diálogo Modificar no aparece?

1. Establezca el valor en **120**.

2. Haga clic en El tamaño del croquis se ajusta para reflejar la cota de 120 mm.

5. Haga clic en **Zoom para ajustar** 🔍 (barra de herramientas Ver) para mostrar el rectángulo completo y centrarlo en la zona de gráficos.

6. Repita los pasos 2-6, con una línea vertical, y establezca la altura del rectángulo en 120 mm.

Ahora el croquis está completamente definido, como indica la barra de estado en la parte inferior de la ventana de SolidWorks.

d) Extruir la base

1. Haga clic en **Salir del croquis** (barra de herramientas Croquis).
   El PropertyManager **Saliente-Extruir** aparece en el panel izquierdo, la vista del croquis cambia a **Trimétrica** y aparece una vista preliminar de la extrusión en la zona de gráficos.
2. En el PropertyManager, en **Dirección 1**:
   Seleccione **Hasta profundidad especificada** en **Condición final**.
   ò Configure la **Profundidad** en **30**.
3. Haga clic en el icono con una palomita.
   La nueva operación, **Saliente-Extruir1**, aparece en el gestor de diseño del FeatureManager en la zona de gráficos.
   Presione la tecla **Z** para alejar o las teclas **Mayús+Z** para acercar.

e) Agregar el saliente

Compruebe ahora el modelo. Si no es correcto u omitió pasos anteriores, abra una versión correcta antes de continuar:

- Compruebe el modelo.
- Abra un modelo que sea correcto y esté listo para esta operación.

f) Tarea

- Extrucción de un saliente que esté centrado en el modelo y acotado como se muestra.
- Instrucciones Siguiente tarea (Cortar el taladro)

Con lo anterior se trabajará con la interfaz Modelado 3D en SolidWorks. Aprenderá a alternar entre la manera clásica y la vista Modelado 3D y el alumno comprobará la versatilidad al utilizar esta valiosa herramienta que al igual que con Autocad y Mastercam una visión más amplia que con los recursos convencionales que ha trabajado habitualmente en el ámbito reducido de las instalaciones del plantel. Es donde el docente como protagonista de la trasformación educativa, más que emisor de información es el fomentar la curiosidad intelectual, las habilidades en el interior del aula la generación de aprendizajes. Así como, la actitud frente a ellos que el aprendizaje sea significativo.

Menciona Escolano (1996), al definir al docente en la actualidad, lo hace en torno a tres fases:

1. El aprendizaje de los alumnos, así como su desempeño como docente relacionada con la tutoría, la gestión didáctica y la innovación
2. Los aspectos éticos y socializadores del docente, actitudes y otras pautas de conducta que exhibe o vincula, constituye un marco de referencia normativa para los alumnos en su formación.
3. Vincular las necesidades de autorrealización de los alumnos en su formación con los conocimientos previos desarrollando sus habilidades, y como enfatizar el papel del docente en su proceso de aprendizaje.

A continuación se mostrará los alumnos ponen en práctica sus conocimiento y ejemplos de lo realizado utilizando SolidWorks.

Alumnos dibujando en SolidWorks*

Alumnos dibujando en SolidWorks*

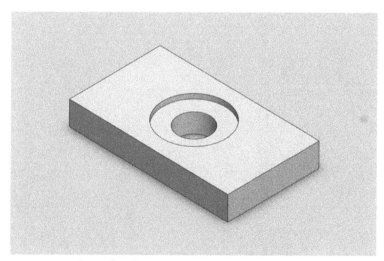

Ejemplo de una pieza en Solidworks*

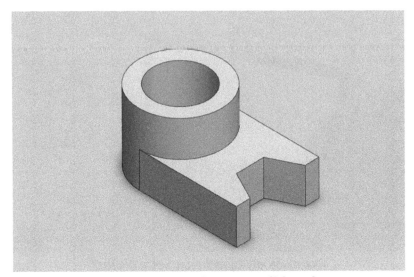

Ejemplo de una pieza en Solidworks*

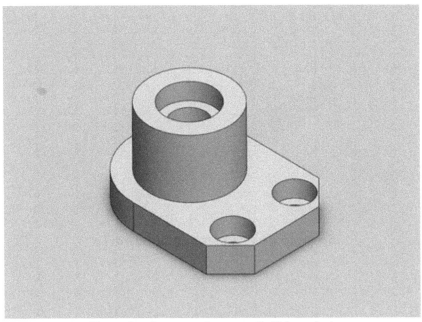

Ejemplo de una pieza en Solidworks*

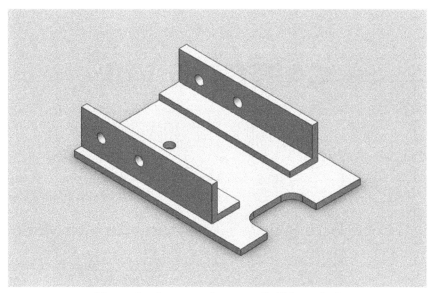

Ejemplo de una pieza en Solidworks*

Imágenes y ejemplos fueron tomadas por Dr. Gregorio Sánchez Ávila en el interior del aula de informática en la Escuela Secundaria Técnica 6 (EST 6), Tlalnepantla, Estado de México, México.

CAPITULO VIII

CITA CON EL PENSAMIENTO

¿Cuál es la tarea más difícil del mundo? .... Pensar
Ralph Waldo Emerson

1. Breve historia de la escuela secundaria en México

Ana Barahona

La escuela secundaria nace ligada a la escuela preparatoria a principios del siglo XX. El esquema educativo solo incluía la primaria que estaba dividida en elemental y superior, y la educación preparatoria que constaba de cinco años. En esa época estudiar la preparatoria era un privilegio de solo algunos cuantos.

La revolución mexicana fue un elemento importante en la reformulación de la función social de la preparatoria y su relación con la pobreza y el analfabetismo. En 1915 se realizó el Congreso Pedagógico estatal de Veracruz con el objetivo de vincular la preparación primaria superior con la preparatoria. Se3 propuso un nivel educativo, la secundaria, que funciona como puente entre primaria y la preparatoria, como un principio elemental de la socialización de la educación, al tiempo que se fijó como objetivo el aumentar la matricula a nivel nacional. Aunque esto último no ocurrió, antes de la creación formal de la secundaria, funcionaron varias secundarias reformadoras en el estado de Veracruz.

En 1915 se redujo el plan de estudios de la preparatoria de cinco a cuatro años, con el objetivo de que los estudiantes adquirieran conocimientos necesarios para ingresar a cualquier carrera universitaria, o dedicarse a otras actividades. Ese mismo año ingreso a la cámara de Diputados el proyecto de dividir el ciclo de la preparatoria ya que era necesaria una etapa intermedia entre la primaria superior y la preparatoria que permitiera "preparar para la vida" antes de ingresar a una educación que preparara para la actividad profesional. Durante el porfíriato un grupo intelectual formado por Justo Sierra, José Vasconcelos, Rafael Ramírez y Moisés Sáenz, constituyo una corriente nacionalista con un enfoque social y una pedagogía social orientada y dirigida por el Estado, que incluía la diferencia entre instrucción y educación, subrayando la necesidad de educar a la mujer.

En 1918, Moisés Sáenz introdujo la modalidad en la cual se dividía el nivel preparatoria que preparaba para la vida y para la actividad profesional, con lo cual ésta adquiría doble condición, ser propedéutica y terminal. En los primeros años se incluían materias de cultura general, y en el cuarto materias que preparaban para las profesiones.

Como en esa época la secundaria dependía de la Universidad nacional, sus dirigentes, al enterarse de la finalidad que se perseguía de separarla y pasarla a la Secretaria de Instrucción Pública (posteriormente SEP) decidieron realizar varias acciones para no permitirlo. Con esta finalidad, en 1923 los estudios de la preparatoria se dividieron en dos, un ciclo de tres años y uno de dos, para acceder a la educación universitaria posteriormente.

En 1925 se fundó la Escuela Secundaria Mexica por decreto del entonces presidente Plutarco Elías Calles, para responder a las necesidades educativas del nuevo orden emergió del movimiento revolucionario. Surge con la finalidad de: preparar para la vida, propiciar la participación en la producción y en el disfrute de sus riquezas y cultivar la personalidad independiente y libre. Los principios más importantes en que se fundamentó la enseñanza secundaria fueron:

1. El nacionalismo. La educación debería se esencialmente nacionalista y debería dotar a la juventud de un carácter propio que sería esencialmente mexicano.
2. La unidad nacional basada sobre la igualdad de todos los mexicanos, sin prejuicios de superioridad social o de raza.
3. El pragmatismo. La escuela debería ser practica en sus fines, los educadores debían fomentar el espíritu práctico, debía enseñar a adquirir conductas encaminadas a buscar siempre soluciones prácticas.
4. La escuela debería fomentar el espíritu de tolerancia y crear generaciones de ciudadanos democráticos y reflexivos.
5. Era necesario despertar en el alumnado el espíritu de acción, de movimiento e iniciativa, el deber de trabajar, emprender,

investigar, y arriesgar para engrandecer a México haciéndolo rico por la riqueza de sus hijos.

6. Las asignaturas de los cursos deberían de tratarse en la forma objetiva y concreta de la enseñanza moderna, en busca siempre de la explicación de hechos y fenómenos.

La orientación que se dio entonces a la secundaria fue la implícita en la pedagogía alemana (ir de lo concreto a lo abstracto) y los postulados democráticos de la pedagogía estadounidense (libertad y justicia), ajustándola a las necesidades y aspiraciones del pueblo mexicano. No se introdujeron nuevos cursos sino la orientación de los ya existentes.

Dos decretos posteriores le dieron independencia y personalidad propia a la escuela secundaria, separándola definitiva de la Escuela Nacional Preparatoria. Para 1930 funcionaban siete escuelas federales con una matrícula de 5, 500 alumnos. Narciso Bassols, Secretario de Educación Pública, en 1931 cambio el decreto de 1926, en que se hacía extensivo el carácter laico de las primarias a la secundarias particulares. Con este documento se impulsó la laicidad absoluta y vigilancia oficial a las escuelas secundarias privadas, con la correspondiente exclusión de los elementos eclesiásticos, símbolo, imágenes y enseñanza religiosa.

En 1934, el Artículo 3°. Constitucional fue reformado nuevamente. La educación que impartía el Estado debería ser socialista, robusteciendo el criterio científico en la educación. En 1939, durante la presidencia del Gral. Lázaro Cárdenas del Rio se modificó el programa de estudios de secundaria y se establecieron más laboratorios de educación científica y la práctica de la enseñanza activa. Este programa incluyo las ideas marxista y la pedagogía de Dewey y Decroly, para enfrentar a los estudiantes con los problemas sociales y naturales. Sin embargo, en el gobierno del Gral. Manuel Ávila Camacho se reformó en 1944 el currículo de secundaria, dándole más importancia a los talleres y a la educación cívica. En 1945 se modificó nuevamente en el Artículo 3°. La educación dejo de ser socialista, y se orientó al desarrollo armónico de las facultades de ser humano, hacia la vida democrática y hacia la solidaridad internacional, la independencia y la justicia. En 1955 se anunció una reforma más del currículo de secundaria, pero como solo se redujo el número de horas de algunas materias y se le cambio de nombre a otras, se decidió utilizar los programas de 1944 con algunos ajustes menores. En 1960 se modificó nuevamente el currículo de secundaria de la necesidad de que el adolecente participa en su propia formación, con una mayor objetividad en la enseñanza al intensificar la observación, la experimentación y el estudio dirigido.

En 1975 se concretó la siguiente reforma a los planes de estudio de la secundaria a la par con los cambios realizados en la educación primaria, en donde se elaborarían los libros de texto en 1971. Durante el gobierno del presidente Lic. Luis Echeverría Álvarez (1970-1976) se llamó a una consulta nacional, y se formaron 6 seminarios de discusión regionales organizados por el Consejo Nacional Técnico de la Educación. Los resultados de dichos seminarios se expusieron en una reunión nacional en Chetumal, Quintana Roo, con los siguientes resolutivos:

1. Contemplar un solo ciclo de nueve años de educación básica.
2. Impulsar la obligatoriedad de la secundaria.
3. Organización de los contenidos por áreas, y por asignaturas.
4. Fomentar una formación humanística, científica, técnica, artística y moral.
5. Base de la educación sexual orientada a la paternidad responsable.
6. Educación terminal (formación para el trabajo), y propedéutica (acceso al nivel inmediato superior)

Obviamente el punto crucial fue el de la organización por áreas, ya que hubo fuerte oposición de parte de los maestros que solo estaban capacitados para enseñar asignaturas. Las áreas, aunque respondían mejor a la filosofía de la reforma, fueron implementadas solo en algunas escuelas, y después de 18 años, solo impacto al 75% de escuelas secundarias federales. El caso de ciencias naturales agrupaba a la física, la química y la biología.

Durante el sexenio del presidente Lic. Carlos salinas de Gortari se propuso el programa para la Modernización Educativa que contenía un diagnóstico de la situación del país, y un cambio estructural de fondo. Este modelo implicaba cambios radicales en la estructura e innovación de prácticas modificando los contenidos educativos, la formación y la actualización de los distintos niveles educativos, la integración de la educación básica en un solo ciclo que incluyera la educación preescolar y la básica (primaria y secundaria), elevar la calidad de la educación abatiendo el rezago, y descentralizar el sistema educativo. A la fecha solo el D.F., no cuenta con los recursos federales para la educación básica.

En 1992 se modificó el esquema por áreas por el de asignaturas. Se redujeron en términos generales el número de horas a las ciencias y las matemáticas, pero el caso de Biología fue el más drástico, pues se redujeron 3 horas en primero y segundo año y se eliminó el curso de tercero.

El 4 de marzo de 1993 se reformo el Artículo 3°. Constitucional asignando el carácter obligatorio de la educación secundaria. Este hecho provoco uno de los cambios más importantes en los 70 años de vida de la secundaria desde que el maestro Moisés Sáenz la propusiera. Esta reforma quedó incorporada en la nueva Ley General de Educación, promulgada el 12 de Julio de 1993. De esta forma el gobierno federal, junto con las entidades federativas, se comprometieron a la descentralización educativa, a una cobertura del 100%, y elevar los niveles de la calidad educativa.

a) La reforma del 2006 y la enseñanza de la ciencia y la tecnología

Gracias a la reforma del 1993 hubo un gran avance en cuanto a la enseñanza de las ciencias en la educación básica, pues no solo se modificaron las currícula de primaria y secundaria, sino que se elaboraron nuevos libros de texto para primaria y nuevo material para el maestro, con un enfoque que pretendía la enseñanza de las ciencias en las posturas modernas de historia y filosofía de la ciencia que mencionamos más arriba.

En la última reforma, la reforma de la Escuela Secundaria (RES) emprendida por el gobierno federal en el Programa Nacional de Educación 2001-2006 se estableció que el "Estado Mexicano debe ofrecer una educación democrática, nacional intelectual, laica y obligatoria que favorezca el desarrollo del individuo y de su comunidad, así como el sentido de pertenencia a una nación multicultural y plurilingüe, y la conciencia de solidaridad internacional de los educandos". Es necesario enfatizar que la enseñanza de la ciencia y la tecnología no quedaron marginadas, sino que jugaron un papel fundamental en la elaboración del enfoque, de las currícula y de los libros de texto. Esta reforma ha significado un gran avance, aunque mejorable en un futuro, en cuanto a la enseñanza de la ciencia y la tecnología, y prometer ser un paso necesario para la consolidación de un programa nacional para la ciencia y tecnología. Basta mencionar algunos de estos aciertos.

La reforma establece los perfiles de egreso relativos a la ciencia y la tecnología entre los encontramos los siguientes:

1. Emplea la argumentación y el razonamiento al analizar situaciones, identificar problemas, formular preguntas, emitir juicios y proponer diversas soluciones.
2. Selecciona, analiza, evalúa y comparte información proveniente de diversas fuentes y aprovecha los recursos tecnológicos a su alcance para profundizar y ampliar sus aprendizajes de manera permanente.
3. Emplea los conocimientos adquiridos a fin de interpretar y explicar procesos sociales, económicos, culturales y naturales, así como para tomar decisiones y actuar, individual o colectivamente, en aras promover la salud y el cuidado ambiental, como formas para mejorar la calidad de vida.

También, se establece la necesidad de aprovechar las tecnologías de la información y la comunicación en la enseñanza en general, y científica en particular, ya que es una herramienta poderosa de socialización del conocimiento y de grandes posibilidades pedagógicas y didácticas. Se parte de una visión amplia de la educación tecnológica, entendida como un proceso social, cultural e histórico que permite a los alumnos desarrollar conocimientos para resolver situaciones problemáticas de manera organizada, responsable e informada, así como para satisfacer necesidades de diversa naturaleza. La educación tecnológica debe contribuir a la formación de los alumnos como usuarios competentes y críticos de las nuevas tecnologías, para poder enfrentar los retos de la sociedad actual.

En general, hubo una reducción de materias en secundaria, y los contenidos por asignaturas también se redujeron para ser tratados con mayor profundidad. De esta forma, los programas de educación científica son Ciencias I (biología), Ciencias II (Física) y Ciencias III (Química), y se corresponde con el año escolar. Las horas de clase4 se aumentaron a 6 en el caso de Biología, y se mantuvieron igual en otras dos asignaturas con respecto al plan 1993.

En la RES se establece que la formación científica es una meta para potenciar el desarrollo cognitivo, fortalecer los valores individuales y sociales de los adolescentes, así como aprender a reflexionar, ejercer la curiosidad, y la crítica y el escepticismo informados, que les permitan decidir y en su caso, actuar. Un aspecto epistemológico fundamental del enfoque de la enseñanza de las ciencias en la educación básica en esta reforma es el relativo al entendimiento de la ciencia y la tecnología como actividades sociales, histórica y sociológicamente constituidas, elaboradas por hombres y mujeres de diferentes culturas.

Las RES pretende que al finalizar la secundaria los estudiantes:

1. Amplíen su concepción de la ciencia, de sus procesos e interacciones con otras áreas del conocimiento, así como de sus impactos sociales y ambientales, y valoren de manera crítica sus contribuciones al mejoramiento de la calidad de vida de las personas y al desarrollo de la sociedad.

2. Avancen en la comprensión de las explicaciones y los argumentos de la ciencia acerca de la naturaleza y las aprovechen para comprender mejor los fenómenos naturales de su entorno, así como para ubicarse en el contexto del desarrollo científico y tecnológico de su tiempo. Ello implica que los alumnos construyan, enriquezcan o modifiquen sus primeras explicaciones y conceptos, así como que desarrollen habilidades y actitudes que les proporcionen elementos para configurar una visión interdisciplinaria e integrada del conocimiento científico.

3. Identifiquen las características y analicen los procesos que distinguen a los seres vivos, relacionándolos con su experiencia personal, familiar y social, para conocer más de si mismos, de su potencial, de su lugar entre los seres vivos y de su responsabilidad en la forma en que interactúan con el entorno, de modo que puedan participar en la promoción de la salud y la conservación sustentable del ambiente.

4. Desarrollen de manera progresiva conocimientos que favorezcan la comprensión de los conceptos, procesos, principios y lógicas explicativas de la ciencia y su aplicación a diversos fenómenos comunes. Profundicen en las ideas y conceptos científicos básicos y establezcan relaciones entre ellos de modo que puedan construir explicaciones coherentes basadas en el razonamiento lógico, el lenguaje simbólico y las representaciones gráficas.

5. Comprendan las características, propiedades y transformaciones de los materiales a partir de su estructura interna, y analicen acciones humanas para su transformación en función de la satisfacción de sus necesidades.
6. Potencien sus capacidades para el manejo de la información, la comunicación y la convivencia social. Ello implica aprender a valorar la diversidad de formas de pensar, a discernir entre argumentos fundamentados e ideas falsas y a tomar decisiones responsables e informadas, al mismo tiempo que fortalezca la confianza en sí mismos y el respeto por sus propias personas y por los demás.

De cumplirse con estos objetivos en el mediano plazo, se habrá logrado un gran avance con respecto a las reformas anteriores en el tema de ciencia y tecnología.

Bibliografía

  📖 *Declaración sobre la ciencia y el uso del saber científico.* 1999. Conferencia Mundial sobre la ciencia. Budapest, Hungría, UNESCO. http://www.unesco.org/science/wcs/esp/declaracion_s.htm

  📖 *Educación básica. Secundaria. Plan de Estudios 2006.* Dirección General de Desarrollo Curricular, Subsecretaria de Educación Básica de la Secretaria de Educación Pública. http://www.reformasecundaria.sep.gob.mx/doc/programas/2006/planestudios2006.pdf

  📖 Flores, Fernando &Barahona, Ana 2003. El currículo de Educación Básica: Contenidos y Prácticas Pedagógicas. En: Waldegg, Barahona, Macedo & Sánchez (Comps.), *Retos y Perspectivas de las Ciencias Naturales en la Escuela Secundaria.* SEP/OREALC/UNESCO. pp. 13-35.

  📖 Latour, Bruno 1987. *Science in Action.* Harvard University Press, Cambridge MA.

2. El enfoque de competencias en la educación

¿Una alternativa o un disfraz de cambio?

ÁNGEL DÍAZ BARRIGA*

Un elemento que caracteriza y distingue a las reformas educativas es el de la "innovación", tema que si bien significa un reto, su ejecución, la mayoría de las veces, va acompañada de una compulsividad que impide su consolidación y revisión conceptual. En este ensayo se parte de un cuestionamiento base: ¿realmente el enfoque de competencias representa una innovación, o sólo una apariencia de cambio? La idea es llegar a una articulación conceptual del término que permita caracterizar los elementos que definen a las competencias en educación y, desde un sentido más pedagógico, ubicar su posible aplicación en el campo curricular.

Introducción

En los últimos diez años, esto es desde mediados de la década de los noventa, en el campo de la educación se pueden encontrar muy diversas formulaciones y expresiones en torno al tema de las competencias, entre ellas destacan: formación por competencias, planes de estudio basados en el enfoque por competencias, propuestas educativas por competencias. De esta manera, la perspectiva centrada en las competencias se presenta como una opción alternativa en el terreno de la educación, con la promesa de que permitirá realizar mejores procesos de formación académica. Ello ha llevado a que la literatura sobre este tema se haya incrementado recientemente, en la cual se presentan diversas interpretaciones relacionadas con esta noción, se establecen algunas alternativas para poderla emplear en diversos ámbitos de la formación escolar, tales como la educación básica, la formación del técnico medio y la formación de profesionales con estudios de educación superior. La literatura también se concentra en realizar reportes sobre alguna experiencia en donde se ha aplicado la perspectiva de las competencias; o bien, en proponer estrategias para elaborar planes o programas de estudio bajo esta visión.

La mayor parte de la literatura se dedica a los últimos temas que hemos mencionado, desatendiendo o desconociendo la problemática conceptual que subyace en este tema. De suerte que las diversas aplicaciones del enfoque por competencias suelen ser parciales, en ocasiones superficiales, lo que es consecuencia de la negativa, muy generalizada en el ámbito de la educación, para atender la problemática conceptual que subyace en el concepto competencias. Esto suele llevar a generar orientaciones más o menos apresuradas que son insuficientes para promover el cambio que se busca o que se pretende en los documentos formales, y por supuesto con un impacto prácticamente inexistente en las prácticas educativas.

El objeto de este artículo es precisamente ofrecer una argumentación conceptual sobre el enfoque por competencias, delimitar el sentido pedagógico de esta propuesta y ofrecer algunas pistas para su aplicación en el ámbito educativo. Partimos de reconocer que esta tarea no es fácil ni simple y que, en todo caso, las instituciones educativas tienen que sopesar las ventajas y desventajas que este enfoque les ofrece. Este trabajo responde a una visión conceptual que pretende clarificar las opciones que tiene el uso del término competencias en el campo del currículo y de la educación, para lo cual hemos recurrido a revisar los fundamentos conceptuales del término competencia, así como algunas experiencias que se están estableciendo a partir del mismo en algunos ámbitos educativos. Para ello, organizamos nuestro análisis en tres secciones: la primera funge como preámbulo al tema; la segunda está centrada en las dificultades que tiene la conceptuación del término competencias, y la tercera examina algunas opciones para su empleo en la educación y en los planes de estudios.

La innovación: una problemática permanente en el campo de la educación

Cuando se observa la evolución del sistema educativo en México en los últimos cuarenta años se puede identificar que la innovación de la educación ha sido un argumento que continuamente se esgrime en los momentos de cambio, en las reformas educativas propuestas. Se ha creado un imaginario social donde lo nuevo aparece como un elemento que permite superar lo anterior, al hacer las cosas mejores.

Efectivamente, la innovación atiende la necesidad de incorporar elementos novedosos al funcionamiento del sistema educativo; es el resultado de la evolución impresionante que han tenido las tecnologías, así como de las propuestas que se van elaborando en el ámbito de la educación y de la enseñanza, como consecuencia de los desarrollos de diversos enfoques de investigación en el ámbito de la pedagogía, la didáctica, la psicología, la comunicación, entre otras disciplinas. Sin embargo, los planteamientos articulados a la innovación corren dos riesgos.

Uno emana de un desconocimiento, una especie de descalificación de lo anterior en donde la innovación es percibida como algo que supera lo que se estaba realizando, lo que impide reconocer y aceptar aquellos elementos de las prácticas educativas que tienen sentido, que merecen ser recuperados, que vale la pena seguir trabajando. Necesitamos reconocer que la acelerada innovación se vuelve contra sí misma; desde una perspectiva interna a estos procesos —sobre todo en el ámbito tecnológico—, los ciclos de la innovación se acortan más cada vez. De esta manera, por ejemplo, un nuevo elemento en el ámbito de la informática tiene un periodo de frontera mucho más corto porque prácticamente es desplazado por otro de manera inmediata. Este acortamiento también se observa en la educación como resultado de una perspectiva muy inmediatista[3] en donde convergen fundamentalmente lógicas que emanan de la educativa o de la política institucional, en las cuales al inicio de una gestión, sobre todo en la dinámica de los ciclos políticos, se pretende establecer un sello particular al trabajo educativo: la innovación es el mejor argumento que se expresa en estos casos.

De esta manera surge la compulsión al cambio como un rasgo que caracteriza el discurso de la innovación. Lejos estamos de pensar que toda propuesta de cambio realmente le imprime un rumbo diferente al trabajo cotidiano que se realiza en las aulas. No porque desconozcamos el valioso esfuerzo de un número importante de docentes por impulsar "nuevos sentidos y significados" a su práctica pedagógica, sino porque también es cierto que el espacio del aula aparece abandonado en la mayoría de los casos a la rutina, al desarrollo de formas de trabajo establecidas. Sin embargo, el discurso de la innovación aparece como la necesidad de incorporar nuevos modelos, conceptos o formas de trabajo, sólo para justificar eso "que discursivamente se está innovando". No se generan tiempos para analizar los resultados de lo que se ha propuesto, no se busca sedimentar una innovación para identificar sus aciertos y límites, sencillamente agotado el momento de una política global o particular, tiempo que en general se regula por la permanencia de las autoridades en determinada función, se procede a decretar una nueva perspectiva de innovación.

Así las diversas propuestas innovadoras se han multiplicado. Solo basta recordar el énfasis que en distintos momentos han tenido diversas propuestas muy en boga durante los años setenta: el currículo modular o por de áreas de conocimiento, de la dinámica de grupos, la programación curricular por objetivos, la organización de la educación superior por modelos departamentales. O bien, aquellos que se iniciaron en los años noventa como el empleo en las situaciones de enseñanza de enfoques constructivistas, el currículo flexible, la noción de aprendizaje colaborativo —que le concede un nuevo nombre al trabajo grupal—, la enseñanza situada, el aprendizaje basado en la resolución de problemas, el empleo de simuladores en la enseñanza. No perdamos de vista que algunos de estos enfoques, que incluso se pueden considerar como elementos vertebrales de algunas propuestas de la política educativa, en ocasiones entraron en contradicción con otras propuestas como el establecimiento de diversos exámenes masivos —técnicamente llamados a gran escala— los cuales tienden a centrarse en procesos de recuerdo y manejo de la información. Un elemento que caracteriza las propuestas que se impulsan en la primera década del nuevo siglo es el denominado enfoque por competencias (véase cuadro 1).

La innovación de esta manera es una compulsión, pues el sistema educativo no se concede tiempo para examinar con detenimiento los resultados de la misma. Los tiempos de la innovación no responden a una necesidad pedagógica, sino a la dinámica que la política educativa asume en cada ciclo presidencial.

Entonces junto con la innovación aparecen otros problemas ante los cuales se necesita reconocer que los tiempos de trabajo educativo y escolar de cada innovación son de mediano alcance, que los resultados de la misma no tienen una manifestación inmediata. Es conveniente en este contexto abordar con mayor detenimiento los procesos de innovación para permitir que realmente sean asumidos por quienes los pueden llevar a la práctica y se conviertan en acciones pedagógicas reales, al tiempo que se les concede un tiempo adecuado para realizar una adecuada valoración con respecto a sus aciertos y sus limitaciones. Consolidar un cambio en la educación, antes de iniciar un nuevo proceso, puede ser un principio que ayude a enfrentar este tema.

Temas estructurales en el ámbito pedagógico fundamentales para acercarse al enfoque por competencias

El tema de las competencias forma parte del ámbito discursivo de nuestros días y, en estricto sentido, de los discursos educativos actuales. Sin embargo, en la perspectiva de que sus planteamientos no sólo se queden en el plano del discurso sino que realmente se incorporen a la mejora de los procesos educativos, es necesario resolver algunas cuestiones fundamentales.

La ausencia de una perspectiva genealógica del concepto. Los estudios sobre historia de los conceptos han sido generalizados por diversos planteamientos foucaultianos, aunque sus antecedentes se pueden rastrear en la obra de Canguilhem y de Nietzche. De estos planteamientos de infiere que resulta conveniente clarificar la genealogía de conceptos como el de competencia para comprender la manera como reconstruyen ciertos aspectos de un momento histórico específico, esto es su pregnancia social.

Llama la atención que por el contrario hasta ahora la discusión del término competencia se ha realizado más cercana a sus significados etimológicos, en donde se ha clarificado su tránsito del campo de la lingüística, al laboral, para posteriormente adquirir significado en la atribución de pautas de desempeño en un sujeto, como capacidad para resolver algún problema. Por su parte, en el campo de la psicología se le asignan tres significados: desde un punto de vista biológico es la rivalidad para asegurarse de los medios que permitan conservar la vida; desde un punto de vista neurológico, el control reflejo que conduce a un músculo y en el ámbito psicológico propiamente dicho, "pugna de contenidos de la psique de un individuo" (Alonso, 1998, t. I, p. 1148). La reconstrucción del concepto competencias adquiere significados por las disciplinas o ámbitos en los que ha transitado. No existe ninguna pregunta específica sobre las connotaciones sociales que ha ido retomando en su devenir; una lectura del concepto moral en Nietzsche (1982) o del concepto normal en Canguilhem (1978) o en Foucault (1977) dan cuenta de todas estas pregnancias.

De esta manera podemos reconocer dos puntos de influencia específicos para el empleo del término competencias en educación. Uno proviene del campo de la lingüística, el otro del mundo del trabajo. Según especialistas, en su afán por identificar el objeto de estudio para la lingüística Chomsky construyó en 1964[4] el concepto "competencia lingüística" con el cual buscaba no sólo dar identidad a un conjunto de saberes, sino también sentar las bases sobre los procesos en los que se podría fincar el futuro de sus líneas de estudio de esa disciplina. En opinión del mismo Bustamante, a partir de esta formulación chomskiana se empezó a generalizar —no necesariamente acompañada de un proceso de reflexión rigurosa— el empleo del término competencias aplicado a diversos ámbitos o campos como por ejemplo: competencia ideológica (1970), competencia comunicativa (1972), competencia enciclopédica (1981), competencia discursiva (1982). Hasta hubo planteamientos que podrían parecer más exagerados: competencia poética (1998), semántica (1998), pragmática (1998), hermenéutica (2000). O bien en el campo de la educación didáctica (2000), epistémica (2000) metodológica (2000), investigativa (2000). Con ello se perdió el sentido originario del término (Bustamante, 2003, pp. 22 y 23).

No perdamos de vista que el término competencias tiene un sentido utilitario en el mundo del trabajo, donde se le compleja), en una serie de acciones más simples que permiten el dominio de la ejecución. La novedad con el enfoque de las competencias radica en una puntualización minuciosa de los aspectos en los cuales se debe concentrar "el entrenamiento" o "la enseñanza".

Los términos aptitudes y habilidades se encuentran de alguna forma relacionados con el de competencias, si bien el primero da cuenta de diversas disposiciones de cada individuo, el segundo remite a la pericia que ha desarrollado a partir de tales disposiciones. Ello ha llevado a algunos autores a precisar dos tipos de competencias: las competencias umbral y las diferenciado-ras. Se reconoce que las primeras reflejan los conocimientos y habilidades mínimas o básicas que una persona necesita para desempeñar un puesto, mientras que las competencias diferenciadoras "distinguen a quienes pueden realizar un desempeño superior y a quienes tienen un término medio" (Agut y Grau, 2001, pp. 2 y 7).

Este breve rastreo de la evolución del concepto permite concebir la cantidad de elementos que convergen y que pretenden tener una síntesis en la construcción de lo que se denominan competencias en el campo de la educación, pero al mismo tiempo no logran clarificar cuáles son los elementos genealógicos, los elementos del proceso social, que permanecen en el término. Un reto en este terreno será de-construir precisamente la pregnancia social que subyace en el mismo, en donde podemos enunciar que el término articula, por una parte, algo que es consecuencia de un desarrollo natural (visión chomskiana), con un sentido claramente utilitario (lo que a la larga contradice la necesidad de adquirir o mostrar conocimientos) para dar cuenta de la capacidad de resolver problemas. Lo utilitario sobre lo erudito e incluso en vez de lo erudito. Lo utilitario como elemento específico de la llamada sociedad del conocimiento. Ello está vinculado a un tercer elemento: lo laboral, que trata desempeños propios del mundo del trabajo, aunque también restringidos sólo a éste. Seguramente este triángulo constituye una forma de acercamiento a aspectos sustantivos de tal genealogía conceptual, aunque reconocemos que la tarea de de-construcción tiene metas más bastas.

Las limitaciones de su empleo en el campo del currículo. En la lógica de la innovación que hemos enunciado una novedad actual es el empleo del enfoque de competencias cuyo empleo se empieza a generalizar en el campo de la educación, en particular en los procesos de reforma de los planes de estudio.[5] Esta perspectiva se ha manifestado básicamente en formas distintas en la educación básica, en la educación técnica y en la superior. En el caso de la educación preescolar esta perspectiva se manifiesta en la formulación de múltiples competencias, lo que lleva a que en cada sesión de clase se suponga que se desarrollan cinco u ocho competencias. En otros casos, se trata de la enunciación de procesos genéricos que tienen su desarrollo a lo largo de la vida, tales como: competencia lectora, competencia matemática.

Una característica de estos procesos es que nunca se puede afirmar que "se tienen o no se tienen", sino que forman parte de un proceso, dado que su desarrollo puede ser siempre mejor. Así por ejemplo, el grupo que abordó competencias para la educación básica en la Unión Europea acordó que éstas se desarrollarían en torno a ocho campos: la comunicación en lengua materna y en lenguas extranjeras, las tecnologías de la información, el cálculo y las competencias en matemáticas, ciencia y tecnología, el espíritu empresarial, las competencias interpersonales y cívicas, el aprender a aprender y la cultura general (EURIDYCE, 2002, p. 21). En todo caso esta propuesta es altamente contrastante con la forma como se estableció la reforma en preescolar en nuestro país.

En el otro extremo del sistema educativo, el enfoque de competencias tiene impacto en el ámbito de la educación superior, y se busca que la formación de profesionistas universitarios (médicos, abogados, contadores) se realice a partir del enfoque de competencias. En la formación de estos profesionistas es relativamente factible identificar aquellas competencias complejas que pueden caracterizar el grado de conocimiento experto que pueden mantener en su vida profesional, tal es el caso de las propuestas de formación médica. Sin embargo, en el proceso de construcción de los planes de estudio se requiere elaborar una especie de mapa de competencias, el cual sólo se puede hacer a partir de un análisis de tareas. De esta manera, la propuesta curricular por competencias para la educación superior adquiere dos elementos contradictorios: por una parte tiene capacidad para establecer una formulación de alta integración en la competencia general, para luego dar paso a diversas competencias menores que fácilmente decaen en una propuesta de construcción curricular por objetivos fragmentarios.

Éste es uno de los retos que se observa en la perspectiva curricular por competencias, la desarticulación entre dos niveles, uno general incuestionable, junto con la reaparición de la teoría curricular por objetivos. Los expertos en el campo del currículo, en su apresuramiento por aplicar el enfoque de competencias al campo de la formación, (básica, técnica o de profesionistas universitarios) suelen cometer los errores que hemos descrito previamente, así enuncian las competencias genéricas como una declaración de lo que debe acontecer en un plan de estudios y posteriormente elaboran el plan de estudios con la orientación que eligen sea un modelo constructivista, de logros de calidad u otro. De igual forma se llega a confundir el tema de las competencias con el enunciado de objetivos de comportamiento.[6] Dado que la estrategia de formulación de competencias comparte con la teoría de objetivos diversos modelos de "análisis de tareas"[7] y tomando en consideración lo novedoso, esto es la falta de experiencia en la generación de un modelo de desarrollo curricular por competencias, se enuncian competencias de formación profesional bien definidas y posteriormente, precisamente por la aplicación del modelo de análisis de tareas que demanda descomponer un comportamiento complejo en comportamientos simples, se redactan objetivos comportamentales como se solía hacer en el otro modelo.

En medio de estas perspectivas se encuentra el desarrollo del examen internacional de la Organización para la Cooperación y el Desarrollo Económico (OCDE), examen que valora el grado en que los egresados del primer tramo de la educación media (los aproximadamente nueve años de educación básica) pueden manifestar "habilidades y destrezas para la vida", esto es emplear estos conocimientos no para mostrar el grado en que los han retenido o el grado en que pueden aplicarlos a situaciones, ejercicios o problemas escolares, sino la manera en que estos conocimientos se han convertido en una destreza que les permite resolver problemas cotidianos.

La ausencia de una reflexión conceptual que acompañe la generalización de una propuesta. Si se observa el funcionamiento de la educación a lo largo del tiempo se encuentra que algo que lo caracteriza es la tendencia a establecer diversas estrategias y de acciones con ausencia de una mínima reflexión conceptual. En general existe una prisa por aplicar una nueva tendencia o una nueva estrategia sin una reflexión conceptual, como si existiera presión por la realidad educativa para llevar a cabo acciones. Este tema se vincula con la necesidad del sistema de reconocer que está realizando innovaciones, pero el problema en el fondo es que en general estas acciones no alcanzan a realizarse con cierta solidez dado que la innovación es más una declaración verbal que una acción realizada por parte de los docentes a partir de un convencimiento de la importancia de la innovación o por lo menos de un dominio conceptual y técnico del significado de la misma. La carencia de una necesaria vinculación teoría-técnica lleva a que la generalización de la técnica en el mejor de los casos lleve a una especie de aplicación minuciosa con desconocimiento de los fundamentos conceptuales que permitan generar las adaptaciones que reclama la realidad. En otros casos, como probablemente en la aplicación del enfoque por competencias, tal vez esta ausencia de una dimensión conceptual sea la causante de la generación errática de procederes técnicos.

Éste es el caso del empleo del enfoque de las competencias en la educación. Si una certeza existe en este momento es que no existe claridad en cómo tal enfoque se puede aplicar en la educación básica o en la educación superior. Sin embargo cada vez más se recurre a su empleo, esto es a su declaración para la educación, lo que ocasiona que en ocasiones lo que se denomina un enfoque por competencias no se materialice en alguna acción específica. Hoy es el enfoque por competencias, como ayer fue la matemática por conjuntos, el empleo del cognoscitivismo en la educación, o la aplicación de un modelo flexible. La ausencia de la reflexión es una constante en todo ello. Al sistema educativo parece importarle más su capacidad para declarar la asunción de una innovación que realmente lograr una acción real, consistente y de mediano plazo en el sistema. Por ello al final, todo mundo desconfía de la potencialidad de cualquier propuesta pedagógica.

Dilucidar las aportaciones que el enfoque por competencias ofrece frente a otras perspectivas. Un último tema que es necesario clarificar al acudir al enfoque por competencias es dilucidar cuál es la aportación que ofrece al campo de la educación. Encontramos en primer lugar que muy pocos autores han desarrollado un enfoque pedagógico en el estudio de las competencias para la educación. Según Perrenaud, el enfoque por competencias remite al debate entre los paradigmas de la didáctica,[9] esto es aquellos que plantean la importancia del orden de cada uno de los temas de una disciplina, la necesidad de "estudiar" todos los contenidos que conforman esos saberes, distanciando el momento de su estudio o aprendizaje de otro momento siguiente en que pueden ser aplicados; la función de la escuela en esta perspectiva es preparar para la vida; el contenido escolar tiene valor en sí mismo y no por su utilidad práctica. La función de la erudición aparece consagrada en la acción escolar.

Una segunda perspectiva didáctica enfatiza la importancia de atender en el proceso de aprendizaje las exigencias del entorno y las necesidades que el estudiante percibe del mismo. Más que un orden de aprendizaje es necesario perspectiva es la vida misma. Diversos autores hacen énfasis en que no tiene sentido ningún contenido escolar, si no es aprendido en un contexto de gran intensidad, la que proviene de la realidad. Este elemento lo comparten propuestas muy diversas como las generadas en el movimiento escuela activa, las formulaciones recientes del aprendizaje situado, basado en problemas, en situaciones auténticas. Según Perrenaud el enfoque por competencias se sitúa en esta segunda perspectiva, y aporta la necesidad de "movilizar la información" en el proceso de la educación, aunque con detalle previene que los programas pueden usar el concepto competencias para no cambiar. "Es un traje nuevo con el que se visten ya sea las facultades de la inteligencia más antiguas, ya sea los saberes eruditos" (Perrenaud, 1999, p. 61).

Perrenaud enfatiza que una de las aportaciones más importantes de la perspectiva de las competencias es promover la movilización de la información en el proceso de aprendizaje. Recuerda en primer lugar que este enfoque permite materializar la perspectiva de Piaget sobre la conformación de los esquemas de acción, y al mismo tiempo, se encuentra relativamente cercana al enfoque de aprendizaje basado en la resolución de problemas. En el fondo este planteamiento constituye una lucha contra el enciclopedismo en la educación.

Sin agotar esta discusión, un problema básico en la aplicación de este enfoque es dilucidar su aportación en el terreno de la educación. Este planteamiento no se ha realizado, por ello, quienes dicen aplicar este enfoque en la educación tienen dificultades para presentar su significado, lo que evidentemente dificulta el convencimiento que puedan tener los responsables de llevar este enfoque a la práctica. En primer término están los que asumen la tarea de realizar una revisión a los planes y programas de estudio y en segundo término, los docentes que reciben una propuesta curricular que aparentemente se sustenta en este enfoque, sin encontrar el punto de identidad de la misma.

Analizar lo que deriva de estos cuatro temas es importante para el futuro del enfoque por competencias en el campo de la educación. La claridad que se tenga sobre los mismos puede rendir frutos insospechados en el terreno de la educación, o bien puede mostrar los límites del empleo de dicho enfoque.

El enfoque de competencia en el campo de la educación y del currículo

En los últimos años nos encontramos en lo que se podría denominar el enfoque de competencias en la educación. Desde diversos sectores se impulsa el empleo de este concepto primero en el ámbito de la formación laboral del técnico medio, en donde el enfoque apareció con mucha fuerza a mediados de los años ochenta[10] y se convirtió muy rápido en una estrategia prometedora de la formación de este técnico medio o en un instrumento que permitiera la certificación de sus destrezas. La definición de competencias del técnico medio permitiría a su vez definir con claridad los tramos de formación —en general módulos— a la medida de las exigencias que cada desempeño técnico tuviese. Tal es la mirada economicista, incluso promovida por el Banco Mundial en su documento sobre "educación técnica" (Banco Mundial, 1992) donde la eficiencia se encontraba anclada a sólo proveer el número de módulos exacto para el desempeño de la tarea técnica así concebida.

No hay demasiada novedad en la aplicación de este enfoque pues la disección de las actividades que desempeña un técnico medio se realiza a partir del análisis de tareas, instrumento que ya se utilizaba en el campo de la educación desde los años cincuenta, como lo podemos ejemplificar con el caso de un técnico automotriz.

En la Unión Europea el tema de las competencias del técnico medio también tuvo cierto impacto debido a la necesidad de reconocer en sus diferentes países las habilidades que se exigen para cada uno de ellos. Sin embargo, debemos reconocer que esta situación permitió una primera discusión sobre el término competencias donde quizá lo más relevante fue reconocer que no existía un acuerdo sobre el significado del mismo en los diversos países que utilizaban este concepto.

Aunque no es fácil aceptar una conceptuación del término competencias podríamos reconocer que supone la combinación de tres elementos: *a)* una información, *b)* el desarrollo de una habilidad y, *c)* puestos en acción en una situación inédita. La mejor manera de observar una competencia es en la combinación de estos tres aspectos, lo que significa que toda competencia requiere del dominio de una información específica, al mismo tiempo que reclama el desarrollo de una habilidad o mejor dicho una serie de habilidades derivadas de los procesos de información, pero es en una situación problema, esto es, en una situación real inédita, donde la competencia se puede generar. Eso mismo dificulta su situación escolar, ya que en la escuela se pueden promover ejercicios, y a veces estos ejercicios son bastante rutinarios, lo que aleja de la formación de una habilidad propiamente dicha. También en la escuela se pueden "simular" situaciones de la vida cotidiana o de la vida profesional, pero si bien tales simulaciones guardan un valor importante en el proceso de formación —constituyen lo que Bruner (Bruner y Olson, 1973) llegó a denominar una experiencia indirecta en la educación—, no necesariamente son los problemas que constituyen la vida real aunque son una buena aproximación a esos problemas.

De igual manera no es fácil establecer una clasificación o una organización de las competencias dado que su aplicación a la educación data de muy pocos años, lo que significa que no existe un planteamiento sólido sobre las mismas y lo mismo explica que en las diversas propuestas que se han elaborado al respecto cada autor o cada programa genere las denominaciones que considere pertinentes.

En este rubro se impone una reflexión, ya que cuando la teoría de objetivos se mundializó en los años setenta, esa teoría tenía más de sesenta años de haberse generado en Estados Unidos, lo que llevó a mundializar un discurso y un conjunto de técnicas relativamente probadas, relativamente estables. El tema de las competencias es muy reciente, tiene elementos que le hacen repetir planteamientos de otras posiciones, lo cual dificulta tanto la denominación que se hace de las mismas como los instrumentos técnicos que ayuden a su definición.

Aun reconociendo esta dificultad consideramos que es importante establecer una primera clasificación y ordenamiento de las mismas. Esta clasificación la estamos elaborando a partir de la observación con la que contamos en este momento sobre las diversas formas en que los autores o los programas conciben las competencias en el ámbito de la educación y en particular en los planes y programas de estudio:

- Genéricas o Para la vida (competencia ciudadana, de convivencia) o Académicas (competencia comunicativa, lectora)
- Desde el currículo o Disciplinares (competencia anatómica) o Transversales (competencia clínica)
- Desde la formación profesional o Complejas o profesionales (integradoras) o Derivadas (su riesgo es regresar al tema de comportamientos) o Sub-competencias o competencias genéricas (usar un *software*, competencia para entrevistar) (generales de formación profesional)
- Desde el desempeño profesional o Competencias básicas: la transición en los cinco años de estudios universitarios de una práctica supervisada o Competencias iniciales: la transición de una práctica supervisada a la independiente (primera etapa del ejercicio profesional) o Competencias avanzadas: las que se pueden mostrar después de cinco años de práctica independiente

Competencias genéricas

En el caso de lo que denominamos competencias genéricas debemos reconocer que tiene dos usos en los planes y programas de estudio, uno vinculado a la educación básica y otro a la formación profesional en la educación superior. Es pertinente hacer un tratamiento de las mismas conservando esta diferenciación.

En el caso de la educación básica se puede observar que en la Unión Europea consideraron más pertinente hacer referencia con la denominación de competencias clave (EURIDYCE, 2002). Esta denominación la construyen a partir de una reflexión muy libre sobre las conclusiones de la Conferencia Mundial de la Educación de 1990, en las que se establece que para lograr una educación para todos es necesario lograr que "Todas las personas —niños, jóvenes y adultos— se puedan beneficiar de las oportunidades educativas diseñadas para satisfacer las necesidades básicas de aprendizaje". Si bien el concepto competencias clave no se encuentra de esta manera enunciado en tal documento, responde al sentido del mismo (EURIDYCE, 2002, p. 12).

De esta manera se le asignó a la educación básica la responsabilidad de iniciar la formación en dos tipos de competencias genéricas: genéricas para la vida social y personal, y genéricas académicas.

Las competencias genéricas para la vida social y personal son aquellas cuya formación permitirá el mejor desempeño ciudadano. No habría que olvidar que ese fue uno de los temas centrales del debate pedagógico con el que se inició el siglo XX, sea en la perspectiva de Durkheim para quien la función de la educación es la transmisión de los valores de una generación adulta a una generación nueva, o en el razonamiento de John Dewey que ve en la educación el factor de progreso, de la adquisición de la ciudadanía en una sociedad de inmigrantes. Estos autores no hicieron referencia al tema competencias, pero en el núcleo de su propuesta se pueden identificar esas competencias consideradas para la vida social, tales como competencia para la ciudadanía, para la tolerancia, para la comunicación, así como competencias personales, tales como honradez, entusiasmo, autoestima, confianza, responsabilidad, iniciativa y perseverancia.

Por su parte, las competencias genéricas académicas consisten en aquellas competencias centrales que se deben formar en la educación básica como un instrumento que permita el acceso general a la cultura. Dos competencias encabezan este planteamiento, las que guardan relación con la lectura y escritura, y las que se refieren al manejo de las nociones matemáticas, así como al dominio de conceptos básicos de ciencia y tecnología y una competencia en lenguas extranjeras.

Dos problemas surgen con esta perspectiva en el manejo de las competencias. En primer término se trata de procesos que nunca concluyen, pues siempre se puede mejorar la competencia ciudadana o para la tolerancia; de igual manera la habilidad lectora se encuentra en un proceso incremental cualitativo no sólo a lo largo de la escolarización, en el caso de que el sujeto concluya con estudios superiores e incluso de posgrado, sino a lo largo de su vida. Esto significa que en ningún momento se puede afirmar "esta competencia ya se logró", en el fondo cada una de las actividades que se realizan en un grado escolar de la educación básica contribuye a su adquisición, pero su logro es un proceso de desarrollo que en realidad ocurre en toda la existencia humana.

Un segundo problema surge para la operación de un plan de estudios a partir de la enunciación de tales competencias: su grado de generalidad es tan amplio que en estricto sentido no orientan la formulación del plan. En algunas ocasiones esta situación se intenta resolver colocando algunos indicadores de desempeño a cada competencia enunciada, pero los indicadores de desempeño, perfectamente aceptados en el análisis de tareas

o claramente aplicados en la "teoría de objetivos conductuales", significan un retroceso en el empleo del enfoque por competencias. Si finalmente la elaboración de un plan de estudios con el enfoque por competencias concluye en una serie de indicadores de desempeño, será necesario aclarar cuál es la aportación de este enfoque al campo de la teoría curricular. En todo caso con el mismo se regresa a la década de los años cincuenta del siglo pasado.

Si bien se reconoce que el conjunto de estas competencias no se puede promover sólo desde la escuela, sí se considera que su promoción permitirá que el estudiante "actúe de una manera más eficaz fuera del contexto escolar" (EURIDYCE, 2002, p. 17).

La denominación de competencias genéricas puede adquirir otros nombres, aunque su sentido permanece como aquellas que logran la mayor integración posible de un aprendizaje en el sentido amplio del término, esto es, una síntesis de contenido, habilidad y capacidad de resolución de situaciones inéditas.

Competencias disciplinares o transversales

En el caso de los planes de estudio, es factible reconocer diversas competencias que surgen de la necesidad de desarrollar esos conocimientos y habilidades vinculadas directamente a una disciplina, así como aquellas que responden a procesos que requieren ser impulsados por un trabajo que se realice desde un conjunto de asignaturas del plan de estudios.

En el primer caso, el trabajo disciplinario responde a la necesidad de desarrollar un pensamiento matemático, sociológico, histórico o científico. Debemos reconocer que este desarrollo del pensamiento es más complejo que solamente la adquisición de diversos conocimientos, aunque requieren de esos conocimientos. Así por ejemplo, un estudiante puede desarrollar la habilidad para resolver alguna resolución de binomios del cuadrado perfecto. La resolución de ambos tipos de problemas matemáticos se puede realizar mediante la aplicación mecánica de una regla que domina de manera nemotécnica, que no necesariamente constituye una evidencia del desarrollo de un pensamiento matemático. Así, quien recuerde que la división de quebrados requiere de una multiplicación de numerador por denominador, o quien haya memorizado que un binomio del cuadrado perfecto se resuelve mediante la siguiente regla: cuadrado del primero, más doble producto del primero por el segundo, más cuadrado del segundo, tiene fuertes posibilidades de ofrecer un resultado correcto.

Perrenaud (1999, p. 75) recuerda que en la historia de la didáctica el ejercicio fue degenerando hasta convertirse en una actividad rutinaria que, lejos de promover el desarrollo de un proceso de pensamiento, se quedó anclado en mecanizaciones que fueron perdiendo su sentido. Éste es un aspecto sobre el cual el autor desea prevenir con toda claridad a quienes asumen el enfoque por competencias, cuando recuerda que una práctica escolar es construir un problema artificial y descontextualizado, en colocar un problema sólo para que éste sea resuelto. La sección realista de problemas en el ámbito escolar es una forma de posibilitar una movilización de la información en la perspectiva de vincularse con un problema específico.

El desarrollo de procesos de pensamiento vinculado a una disciplina podría considerarse una opción para la aplicación del enfoque de competencias en la educación, con la limitación de que no necesariamente cumpliría con el factor de "situación real inédita", pues ciertamente este aprendizaje es mucho más complejo que la exclusiva retención de conocimientos. Algunas perspectivas constructivistas suelen llamarlo aprendizaje de conceptos y también aprendizaje de procedimientos. De esta manera, en el campo de la matemática, del lenguaje, de la historia o de las ciencias naturales, no sólo se requiere del dominio de alguna información (aprendizaje de datos) en la cual la memorización es el principal proceso cognitivo puesto en operación; sino que los otros dos tipos de aprendizaje (conceptos y procedimientos) reclaman de un desarrollo cualitativo de actividades mentales que requieren generar una comprensión, una explicación, una traducción de los temas al lenguaje de cada uno de los aprendices, así como un reconocimiento de que para generar un conocimiento matemático o histórico se sigue un proceso de ordenamiento mental diferente, se establece una secuencia de ordenamiento de la información, una secuencia de interrogaciones distintas. El aprendizaje de procedimientos permite efectivamente enfrentar situaciones inéditas, porque finalmente ha permitido que cada sujeto adquiera el mecanismo de construcción del conocimiento en una disciplina específica.

Una discusión que desde la perspectiva de competencias se abre en esta situación es si realmente esto se puede reconocer como la aplicación de dicho enfoque. Esto es, si un aprendizaje de información, conceptos y procedimientos es en sí una competencia matemática.

Otra opción, y quizá con mucho mayor sentido es la que plantea Roe al reconocer que no todo lo que se enseña y aprende de una disciplina en un ambiente escolar puede ser abordado con el enfoque por competencias. Para este autor las disciplinas forman también aprendizajes básicos (Roe, 2003) que deben ser aprendidos en la lógica y estructura del pensamiento de cada disciplina. Existen otros momentos o tramos de formación en un plan de estudios en los cuales con un enfoque de problemas se puede promover la integración de la formación disciplinar adquirida. Una consecuencia de esta posición llevaría a reconocer que ciertos conocimientos básicos: habilidades y destrezas matemáticas, físicas o químicas; conocimiento de la historia, la literatura, requieren de una base disciplinar específica que posteriormente, en el mismo plan de estudios, requiere movilizarse en la resolución de problemas que articulen la información de varias disciplinas con problemas específicos.

Un punto fundamental en una perspectiva de este tipo es reconocer que sin la movilización de la información[13] difícilmente se impulsará una perspectiva de formación en competencias, y que la movilización de la información es el resultado del empleo que cada estudiante requiere efectuar de tal información en el marco de un problema real que tiene que solucionar. En opinión de Perrenaud (1999, p. 29) esta movilización de la información acerca el enfoque de competencias al concepto esquema de acción de la teoría piagetiana, y al tiempo que permite una mejor fundamentación de lo que se puede enunciar como aplicación del enfoque de competencias a la educación, posibilita una explicación del efecto de esta movilización de la En cuanto a las llamadas competencias transversales, varios autores coinciden que en estricto sentido éste es el enfoque de educación por competencias, puesto que en la vida profesional un sujeto no utiliza los conocimientos de una disciplina de manera aislada; los problemas que tiene que resolver reclaman de la conjunción de saberes y habilidades procedentes de diversos campos de conocimiento.[14] De esta manera, los enfoques interplurimultidisciplinarios constituyen una manera anterior para reconocer el desarrollo de estas competencias.

Las competencias transversales pueden ser de dos tipos: aquellas más vinculadas con el ámbito de desempeño profesional, lo que en otros términos podría denominarse una habilidad profesional, una práctica profesional en donde convergen los conocimientos y habilidades que un profesionista requiere para atender diversas situaciones en el ámbito específico de los conocimientos que ha adquirido. Así por ejemplo el documento sobre "Competencias a adquirir por los estudiantes de Medicina de la Universidad de Barcelona" (2002) a partir del modelo de Harden establece tres niveles de competencias integradoras de la formación profesional. La base genérica de las mismas es un médico competente y reflexivo: *a)* capaz de hacer (competencia técnica), *b)* capaz de fundamentar la manera como aborda su práctica (hacer lo que es correcto de manera correcta, esto es mostrar competencias académicas, nivel conceptual y pensamiento crítico) y, *c)* capaz de mostrar una competencia profesional (hacer lo que es correcto, de manera correcta, por la persona correcta). A partir de esta integración de competencias se desprenden otro conjunto de ellas para determinar la formación profesional.

Debo reconocer que en el planteamiento de estos autores no se definen las anteriores como competencias transversales, pero dado su carácter tienen este sentido, ya que integran los aprendizajes de todas las disciplinas que forman un plan de estudios. Sin embargo, el grado de generalidad de las mismas dificulta su interpretación en el conjunto del plan de estudios. Otra forma de manejar las competencias transversales se encuentra referida a un conjunto de aprendizajes que se pueden promover en la educación básica, como lo establece el documento "Competencias clave para la vida" al enunciar: "el término transversal no se refiere a los elementos comunes de las diferentes competencias específicas de las materias, sino a los aspectos complementarios e independientes que pueden ser utilizados en otros campos" (EURIDYCE, 2002, p. 14), al ejemplificar esta visión plantea como destrezas genéricas la comunicación, la resolución de problemas, el razonamiento, el liderazgo, el trabajo en equipo, la capacidad de aprender. Un énfasis particular adquiere la perspectiva de conocimientos para la vida y la necesidad de mantener una actitud que permita el aprendizaje continuo.

En este caso la perspectiva del aprendizaje basado en la resolución de problemas o los modelos que se reconocen articulados como enseñanza situada constituyen una expresión específica de tales acciones. En opinión de Roe, la formación en competencias corresponde a una segunda etapa de los tramos de formación curricular, donde se aplican conocimientos aprendidos en una forma más disciplinaria.

De igual forma vale la pena mencionar que para Bernard Rey otra forma de analizar las competencias transversales es concebirlas como competencias-elementos. Ello abre la posibilidad de encontrar una transversalidad interior en cada disciplina. La identificación de diversos micro-competencias se convierte en esta perspectiva en un elemento constitutivo de toda operación. "Saber leer —dice— es una competencia que encontramos tanto para resolver un problema de matemáticas, como para aprender un poema, pero el elemento saber leer no ocupa el mismo lugar en ambas actividades" (Rey, 1999).

Una segunda perspectiva de las competencias transversales se encuentra vinculada con el desarrollo de ciertas actitudes que se encuentran basadas en conocimientos, tal es el caso del desarrollo de una perspectiva ambiental, del respeto a los derechos humanos o de la educación en democracia. Las competencias en este rubro son el resultado no sólo del manejo de la información y del desarrollo de habilidades específicas, sino que requieren de igual forma el desarrollo de una actitud, de una valoración que incorpora un elemento diferente en esta perspectiva.

Etapas de las competencias en la formación profesional

En la perspectiva de Roe (2003) las competencias profesionales se pueden clasificar por la temporalidad en su proceso de formación. Para este autor existe una etapa básica en la formación en competencias, una inicial y otra avanzada.

Para este autor, la etapa básica corresponde a la formación de las competencias profesionales en el trayecto del plan de estudios, en el proceso de formación. En esta perspectiva un plan de estudios debe no sólo establecer los contenidos básicos que el estudiante debe dominar ni dejar como un problema para el egresado la integración de las mismas una vez que haya concluido sus estudios. Las competencias básicas forman parte de la formación profesional y en el plan de estudios se requiere determinar con claridad tanto las competencias profesionales que son objeto de formación, como los mecanismos que se promoverán en el trayecto curricular con la finalidad de establecer con claridad no sólo la elección de lo que se debe formar, sino los mecanismos y etapas en las cuales ocurriría la formación.

Por su parte las etapas inicial y avanzada de las competencias responden a la vida profesional; en estricto sentido se podrían estudiar mediante diversos estudios sobre el desempeño de los egresados en el mercado ocupacional. Las iniciales son aquellas que puede mostrar el egresado en sus primeros cinco años de ejercicio profesional, y constituyen una primera etapa de la vida profesional, donde el egresado puede requerir de algunos apoyos para potenciar su desempeño. Por el contrario, es de esperarse que después de los primeros cinco años de ejercicio profesional el egresado haya adquirido un conocimiento experto que le permita desempeñarse con eficiencia en el mundo del trabajo.

Dos alternativas en la construcción de planes de estudios basadas en el enfoque de competencias desde la perspectiva de la formación profesional

Un tema que con claridad emerge de la discusión para la aplicación del enfoque de competencias para el campo de los planes de estudio permite concluir que para la construcción de planes de estudios por competencias se pueden derivar dos alternativas. A la primera la denominamos enfoque integral por competencias en donde lo que se busca es aplicar hasta sus últimas consecuencias esta perspectiva. En algunos casos se postula que se trata de abandonar la construcción de planes de estudio por objetivos de desempeño, para transitar a una construcción por demostración de competencias, para lo cual se acude a múltiples clasificaciones de competencias: competencias generales o clave, competencias derivadas, secundarias o particulares.

Una segunda estrategia metodológica adopta el enfoque de competencias vinculado a otras perspectivas, la denominamos mixta porque en ella la definición de competencias coexiste con otros enfoques, particularmente con la delimitación de contenidos. Ambas perspectivas contienen al mismo tiempo una posición frente al aprendizaje. Una sostiene un enfoque de aprendizaje que reivindica el papel de la aplicación del conocimiento, del empleo del conocimiento en la resolución de problemas, mientras que la que denominamos mixta reconoce que hay momentos del aprendizaje de una disciplina (matemáticas, cien cias básicas, etc.) que tienen la función de promover una formación en el sujeto, de posibilitar los procesos de comprensión y explicación de los fenómenos y que no necesariamente se debe juzgar por la empleabilidad directa del contenido aprendido. En este sentido podemos afirmar que ambas perspectivas contienen su ventaja y desventaja, de suerte que conviene hacer una presentación y ponderación de ambas.

La construcción de un plan de estudios empleando únicamente el enfoque de competencias, esto es, estableciendo como su punto de partida la delimitación de competencias complejas o integradoras, permite elaborar una visión integrada de la formación del profesional en la educación superior. Así se puede determinar, por ejemplo, la habilidad del médico para resolver problemas clínicos de diversa índole, la capacidad de un arquitecto para diseñar un complejo hospitalario, etc. La integración de la información y de diversas habilidades es el elemento característico de esta perspectiva. Sin embargo, su grado de generalidad dificulta su carácter orientador para la toma de decisiones puntuales en diversos tramos de los planes de estudio.

Es precisamente su carácter integrador el que facilita de alguna manera su enunciación. Las competencias complejas, integradoras o profesionales, dan respuesta a la pregunta: ¿en qué es competente un profesionista específico?, ¿en qué ámbitos muestra competencia? En instituciones acostumbradas a elaborar perfiles de egreso o a determinar las prácticas profesionales de sus egresados esta respuesta no necesariamente es problemática. Una perspectiva como la que ofrece el Plan de Estudios de la Facultad de Medicina de la Universidad de Barcelona define este ámbito de las competencias generales de formación profesional en tres ámbitos: un médico competente y reflexivo con capacidad de hacer (competencia técnica), de fundamentar la manera como aborda su práctica (competencia académica, nivel conceptual y planteamiento crítico), y de hacer lo correcto por la persona correcta (competencia profesional). De estas tres competencias generales que engloban toda la formación profesional realizan, mediante la perspectiva del análisis de tareas, una desagregación en otros tres niveles de generalidad, buscando una mayor especificidad en esta actividad (véase cuadro 4).

El punto problemático de esta perspectiva es que si bien las tres competencias generales que orientan la construcción del plan de estudios tienen la característica de ser integradoras y suficientemente amplias, para poder ser objeto de trabajo en el plan de estudios tienen que dar paso a un proceso de desagregación. Pero este proceso de desagregación va dando pauta a la formulación no sólo de tareas más simples, o de competencias derivadas, como se sostiene en el enfoque, sino de comportamientos o ejecuciones simples. Con ello en el proceso de elaboración de un plan de estudios se llega a un punto de acción donde la formulación de competencias simples coincide con la formulación de objetivos específicos. En realidad no se observa ninguna diferencia entre ellos, más que la formal de su elaboración.

El problema es tan crucial que incluso se recomienda que se establezca un nivel de ejecución aceptable para ese comportamiento simple, lo cual regresa toda la formulación de un plan de estudios, a las perspectivas educativas cercanas a los planteamientos conductuales de la década de los años sesenta mediante el pensamiento de Robert Mager (1970) o de Popham y Baker (1970). No se percibe pero la estrategia de implementación de un objetivo conductual es la misma que subyace en la que se sigue para descomponer una competencia compleja en una derivada o simple y al mismo tiempo establecer en ésta un nivel de ejecución.

En este sentido podemos afirmar que la perspectiva de las competencias ha sido el espacio para que en muchos planes de estudio se vuelva a establecer la teoría de formulación de planes y programas de estudio por objetivos de comportamiento.

Por ello tendremos que preguntarnos cuál es la aportación que la perspectiva de competencias hace al campo de la enseñanza de la medicina, en donde históricamente los planes de estudio se integran con un tramo de formación básica —las ciencias básicas que habitualmente se integran en el mismo—, para dar paso a un segundo tramo de la enseñanza clínica que se efectúa centrado en casos, que por su característica tiene situaciones inéditas y reclama la formación de habilidades a partir del manejo de los conocimientos básicos. El enfoque por competencias en este caso tiene la responsabilidad de clarificar su aportación a esta perspectiva.

Una segunda alternativa para la elaboración de planes de estudio en la perspectiva de las competencias es lo que hemos denominado un enfoque mixto. Es donde coexiste el enfoque de competencias con otros, fundamentalmente los contenidos. Una realidad en los procesos de formación de conocimientos es que para poder realizar aprendizajes complejos se requiere haber adquirido aprendizajes más simples. Esta perspectiva regresa a una visión sostenida por los modelos educativos anteriores al siglo XX, en los que se hacía una importante defensa del orden del contenido. El caso del aprendizaje de las matemáticas, sin lugar a dudas, es el que ofrece el mayor número de ejemplos en esta perspectiva. No se puede abordar la multiplicación sin la noción de suma; no se puede realizar un cálculo de estructuras sin un estudio de procesos algebraicos.

Pero el problema no se reduce sólo a esta disciplina. En varios planes de estudio pensados para la formación profesional se tienen tramos denominados ciencias básicas frente a otros de conocimiento aplicado. Roe sostiene que éste es un modelo que puede incorporar la perspectiva de una formación en competencias, respetando un proceso de aprendizaje básico, centrado en el conocimiento de diversas disciplinas que posteriormente permitirán la integración de la información en varias subcompetencias y competencias profesionales. En este sentido considera que desde la estructura global del plan de estudios ambos elementos deben quedar claramente formulados. Incluso de su pensamiento se puede derivar con toda claridad que el perfil de formación profesional puede establecerse determinando los conocimientos, habilidades y actitudes que debe adquirir el estudiante durante su proceso de formación escolar y, al mismo tiempo, delimitar las competencias profesionales que singularizan esta formación.

Vistas de esta manera, las competencias responden a una etapa de integración de la información a partir de problemas que provienen de la realidad profesional, de la práctica profesional. La perspectiva del aprendizaje situado, del aprendizaje basado en problemas o de las llamadas tareas auténticas se articula con claridad en esta posición.

Más aún, en el fondo permite reiterar una visión curricular que organiza la formación profesional en dos tramos: uno de formación básica (ciencias básicas) centrado en la adquisición de los conocimientos que derivan de las disciplinas y otro de formación aplicada, centrado en la vinculación de los conocimientos y habilidades adquiridas a problemas profesionales reales.

La experiencia que se está promoviendo en varios planes de estudio de vinculación, de prácticas profesionales, de estancias formativas en ámbitos laborales, responde con claridad a esta perspectiva. En este sentido el enfoque mixto es el más prometedor para incorporar el punto de vista de las competencias en el plano curricular.

A manera de conclusión

Es paradójico que frente a un tema tan incipiente en el terreno de la educación surjan múltiples conclusiones, pero precisamente la dificultad que ha tenido el concepto competencias para desarrollarse en el campo de la educación y las aportaciones que podrían ocurrir en el debate educativo permite entender esta situación.

En primer lugar, el empleo del término competencias ha dado origen a un lenguaje muy amplio en el terreno de la educación. Esta diversificación lleva a promover clasificaciones distintas de las competencias y origina una enorme confusión. No existe en el momento, y es necesario reconocerlo, una clasificación completa, racional y funcional que oriente los procesos de diseño curricular y los sistemas de enseñanza.

El término competencia procede del mundo del trabajo y del campo de la lingüística. Su aplicación en la formación del técnico medio ha rendido buenos dividendos; su aplicación a la educación básica y a la educación superior ha traído nuevas dificultades. No se puede desconocer que bajo la discusión de las competencias se ha efectuado un debate de carácter más estructural en el campo de la educación, y en esto reside la riqueza del concepto, pero al mismo tiempo ha contribuido al establecimiento de un discurso hueco de innovación.

Entre sus principales aportaciones se encuentra el volver a plantear el sentido del aprendizaje en el contexto escolar. Cuál es la finalidad de lo que se enseña: llenar la cabeza de información que se retenga y sea reproducida en los esquemas y textos mostrados en la escuela, o formar un individuo con capacidad propia de razonamiento y con un conjunto de habilidades que le permitan resolver situaciones cotidianas. Sin lugar a dudas que éste es el centro del debate de los paradigmas en el campo de la didáctica en los últimos cien años, un debate que nos permite vislumbrar lo difícil que es para un sistema educativo, para un sistema de enseñanza docente y seguramente para un sistema de examinación, particularmente exacerbado en la era de los exámenes masivos, abandonar la mirada enciclopedista de la educación para desarrollar una visión atenta a la sociedad de la información, acorde con las exigencias de resolver situaciones problemáticas.

No existe en este momento una propuesta clara y definitiva sobre el empleo del enfoque por competencias en el campo de la educación; no existe un planteamiento claro que permita una formulación curricular segura. En el caso del currículo, podemos afirmar que encontramos múltiples clasificaciones que no necesariamente permiten orientar los procesos de diseño curricular. No se tiene claridad sobre las ventajas que subyacen en emplear el término competencias referido a ámbitos disciplinares: competencia matemática, etc., o al señalamiento de habilidades específicas como competencia lectora, lo que también ha dado pauta a determinar diversas sub-competencias que van delimitando mucho más lo que se denomina un contenido académico. Al mismo tiempo, se puede reconocer que este enfoque permite avanzar en la lucha contra el enciclopedismo y el saber erudito como finalidad de la educación.

La discusión sobre sus aportaciones y las inercias que puede esconder este planteamiento invitan a realizar una reflexión mucho más serena sobre el valor de esta propuesta.

Más allá de la discusión pedagógica que se renueva con la incorporación del término, surgen nuevas dificultades. Algunas guardan relación con lo que se podría denominar una metodología para la elaboración de planes de estudio; otras con las estrategias para aplicar tales propuestas a situaciones prácticas en el aula.

Es difícil construir una metodología de diseño curricular apoyada en la perspectiva de las competencias. Con claridad hemos presentado un enfoque que integralmente toma esta propuesta y otro que elabora una construcción mixta. El valor del primero es la construcción de un mapa general de competencias, con la dificultad de encontrar un mecanismo coherente para diseminar esta postulación en una construcción curricular, mientras que el mérito del segundo —el que en mi opinión tiene más futuro— es reconocer el sentido de las competencias a partir del respeto de enfoques académicos que tiendan a precisar una estrategia de diseño curricular donde los contenidos básicos se puedan aprender. Esto deja abierta la problemática de las llamadas competencias disciplinares: matemáticas, científicas entre otras. Sin embargo, también se puede observar la forma como estas competencias finalmente quedan fundidas en términos como desarrollo de capacidades y destrezas.

Aquí surge un problema mayor, que incluso se puede concebir con las conceptuaciones que la OCDE plantea en la elaboración de sus exámenes internacionales. Concebir las habilidades y destrezas para la vida, como las denomina esta organización, puede ayudar a definir una estrategia de evaluación y a construir los diversos reactivos de la prueba que elaboran, pero no permite realizar una construcción curricular. Nuestros planes de estudio con sus diferentes enfoques continúan centrados en un ordenamiento relativamente jerárquico de temas que deben ser abordados. Con el enfoque por competencias pasa exactamente lo mismo: la definición de las competencias genéricas o profesionales efectivamente ayudan a delimitar los desempeños que deben tener los individuos, pero no permite una construcción curricular consistente, no permite orientar con precisión la elaboración de un plan de estudios ni la forma de graduar el trabajo en su interior.

Quizá la clave se encuentre en el segundo aspecto: el enfoque por competencias puede tener una incidencia significativa en la modificación de los modelos de enseñanza. Entonces las diversas estrategias: aprendizaje situado, aprendizaje basado en problemas, aprendizaje colaborativo, adquieren un sentido de posibilidad que podría ser interesante examinar.

Es probable que el enfoque de competencias pueda mostrar su mayor riqueza si se logra incorporar de manera real en la tarea docente, en la promoción de ambientes de aprendizaje escolares. En este sentido se trataría de pasar de los modelos centrados en la información hacia modelos centrados en desempeños. Los conceptos de movilización de la información, de transferencia de las habilidades hacia situaciones inéditas adquieren una importancia en esta perspectiva.

En todo caso el reto del enfoque de las competencias en la educación es enorme, ya que requiere clarificar su propia propuesta, lo cual significa construir un lenguaje que contenga tanto su propuesta como sus límites. Esto es, se requiere evitar la diversidad tan amplia de interpretaciones que desde la perspectiva de las competencias se están elaborando en el campo de la educación. Al mismo tiempo, se requiere explorar con mayor cuidado las dimensiones pedagógicas de un tema, que evidentemente reinicia una discusión sobre el sentido del aprendizaje escolar, pero que la mayoría de los autores que lo abordan sencillamente lo omiten o lo desconocen.

Los temas presentados en este ensayo indudablemente merecen un análisis mucho más detallado con la finalidad de determinar sus posibilidades. En particular, los términos competencias transversales y competencias disciplinarias, con los riesgos que existen para ser abordados en perspectivas reductivas, pueden ofrecer aspectos interesantes que coadyuven a crear condiciones distintas para la práctica educativa. Indudablemente, el enfoque es muy joven todavía para mostrar cuáles serán los derroteros que asuma en el terreno educativo.

3. Las inteligencias múltiples en la escuela secundaria

Dra. María Dolores García Perea
ISCEEM, 2005

La educación que México demanda, es una educación es una educación calidad en los procesos de enseñanza y en los niveles de aprendizaje, que lejos de considerar las políticas y organizaciones educativas, debe concretarse eficientemente en la escuela y específicamente en el salón de clases. La búsqueda del conocimiento, debe convertirse en una práctica cotidiana que le permita al alumno tener recursos para enfrentar los retos de la vida.

El Sistema Educativo Nacional, que busca equidad y calidad, debe ofrecer a la población estudiantil una educación pertinente, incluyente e integralmente formativa.

Entre las competencias cognoscitivas fundamentales, que deben adquirir los alumnos a través de la educación básica, están las habilidades comunicativas básicas — leer, escribir, hablar, escuchar— el desarrollo del pensamiento lógico, de la creatividad, así como la asimilación de conocimientos que les permita comprender el mundo natural y social, su evolución y su dinámica. En el nivel de secundaria es importante también, dentro de la formación integral de los alumnos, que la escuela les brinde la oportunidad de desarrollar plenamente sus capacidades de expresión, mediante diversos recursos como el arte, la actividad física, la educación tecnológica, y que desarrollen su sensibilidad y sentido estético. La conciencia del cuidado del cuerpo y el desarrollo de capacidades físicas, es otro aspecto fundamental. La escuela, también habrá de propiciar la formación de personas íntegras en su trato con los demás.

Sin embargo, ¿qué tanto ha considerado el sistema educativo los aspectos que conjuguen el acontecer y la dinámica moderna, mismos que demandan de este sector nuevas propuestas de desarrollo, actualización y resultados? ¿Hasta qué punto, en el nivel de secundaria se le enseña al alumno a comprender la realidad, a partir de la estructuración de nuevas formas de representación mental? ¿Qué tanto se activa en la escuela secundaria el perfil intelectual, para que los alumnos aprender y demostrar su aprendizaje de manera que sentido para ellos?

Las preguntas de investigación planteadas en este trabajo, fueron las siguientes:

¿Cuál es la concepción de inteligencia que se presenta en alumnos mexiquenses de secundaria y cuál es el papel que éstos atribuyen a la escuela en el desarrollo de la misma?

¿Qué relación tienen factores como el sexo, la edad y el rendimiento académico con la concepción de inteligencia que presentan los alumnos mexiquenses de secundaria?

¿En qué medida el currículo formal que se aplica en las secundarias públicas del Estado de México, coadyuva al desarrollo del espectro intelectual entre los estudiantes?

¿Cuál es la concepción de inteligencia que presenta el profesor mexiquense de Educación Secundaria, y cuáles estrategias implementa para desarrollarla en los alumnos a través de la intervención pedagógica?

¿De qué manera se promueve a través del currículo real, el desarrollo del espectro intelectual en adolescentes mexiquenses de nivel secundaria?

OBJETIVOS

✳ Explorar la presencia o ausencia de las Inteligencias Múltiples en la escuela secundaria.

⁂ Establecer algunos lineamientos para la intervención pedagógica en la Educación Secundaria desde la perspectiva de la Teoría de las Inteligencias Múltiples.

⁂ Explorar el concepto de inteligencia que prevalece en adolescentes mexiquenses de nivel escolar secundaria.

⁂ Valorar el papel del currículo formal de secundaria como coadyuvante para el desarrollo del espectro intelectual en alumnos mexiquenses.

⁂ Identificar la relación de factores como sexo, edad y rendimiento académico, con la concepción de inteligencia que presentan los alumnos mexiquenses de secundaria.

⁂ Destacar la importancia de promover el desarrollo del espectro intelectual entre alumnos de educación secundaria.

MARCO TEÓRICO

El marco teórico consta de seis apartados, en el primero de ellos se abordan las concepciones clásicas de 1 inteligencia y las implicaciones educativas que perduran hasta la escuela actual, para lo cual se parte de los filósofos griegos Sócrates, Platón y Aristóteles; se analiza la postura de los filósofos de la Edad Media, como San Agustín y Santo Tomás de Aquino, así como la de los filósofos del Renacimiento, Descartes, Kant y Hegel, todos ellos con su valoración y reconocimiento de la lingüistica y el razonamiento.

En el segundo apartado se analizan las concepciones modernas de la inteligencia así, como sus implicaciones educativas, se inicia con el surgimiento de la Psicología Científica; Binet y su interés en cuantificar las diferencias individuales; Piaget y su Teoría Psicogenética; Guilford y el modelo estructural de la inteligencia; la Teoría de la Gestalt y su inclinación hacia la solución de problemas como forma de expresión de la inteligencia.

El tercer apartado corresponde a las concepciones contemporáneas de inteligencia y su impacto en las aulas, se analiza la Inteligencia Emocional, propuesta por Daniel Goleman; la Inteligencia Triádica de Robert Sternberg; la modificabilidad cognitiva de Reuven Feuerstein; y la Teoría de las Inteligencias Múltiples de Howard Gardner.

En el cuarto apartado se retoma la Teoría de las Inteligencias Múltiples y se hace una descripción de cada una de ellas. En el quinto apartado se establece una distinción de las implicaciones educativas de la Teoría de las Inteligencias Múltiples. Y en el apartado seis se da un panorama de la Educación Secundaria, Plan de Estudios, población estudiantil y docente de este nivel educativo.

METODOLOGÍA

Esta investigación se realizó como un estudio exploratorio, y pretendió determinar la existencia de una posible aplicación del enfoque de la Teoría de las Inteligencias Múltiples, propuesto por Howard Gardner, sobre el proceso de enseñanza- aprendizaje en una escuela secundaria pública, en la Ciudad de Toluca. El trabajo tiene una orientación psicopedagógica y en él se delimitan dos planos:

- **El Plano psicológico**. Dentro de éste, se exploraron algunos conceptos que tienen docentes y alumnos mexiquenses del nivel secundaria como son: el concepto general de inteligencia, la vinculación de la inteligencia con otros procesos, las características de la inteligencia y la posición que mantienen frente a la Teoría de las Inteligencias Múltiples; se exploró también el papel que atribuyen a la educación, a la escuela, a la asignatura y a un tema específico, |en el desarrollo del espectro intelectual, la relación de algunos factores intra extraescolares relacionados con dicho espectro.
- **Plano pedagógico**. En éste se analizaron, por un lado, el contenido del currículo formal — los objetivos, los procesos de enseñanza-aprendizaje, el contenido y la evaluación— para identificar el concepto general de inteligencia que prevalece, la vinculación de la inteligencia con otros procesos, las características de la inteligencia y la posición que mantienen frente a la Teoría de las Inteligencias Múltiples y su influencia sobre la intervención pedagógica. Y por otro, el currículo real — cuál es el concepto general de inteligencia del que parte el docente, hace o no una vinculación de la inteligencia con otros procesos, cómo caracteriza a la inteligencia, cuál es su posición frente a la Teoría de las Inteligencias múltiples — con la finalidad de determinar qué tanto su intervención pedagógica promueve el desarrollo del espectro intelectual de sus alumnos.
- **Plano pedagógico**. Termina con la propuesta de algunos lineamientos para la intervención didáctica en el nivel

de secundaria. Para lograr una complementariedad metodológica, la investigación tiene rasgos cualitativos y cuantitativos. Se hizo un estudio grupal cuantitativo para, primeramente, proporcionar una visión de conjunto; se establecieron categorías de análisis, se determinó número y porcentaje de alumnos y docentes que contestaron cada pregunta y así se obtuvieron indicadores estadísticos descriptivos; y se determinó una correlación estadística de los factores intra y extraescolares.

El aspecto cualitativo consistió en hacer un análisis interpretativo inferencial de las respuestas, se dio una explicación y se estableció una valoración de ellas, esto permitió ahondar en las entrevistas, aplicadas a docentes y alumnos, en la caracterización de la práctica docente y en el análisis del currículo formal, representado por el plan y los programas de estudio del nivel de secundaria.

ANÁLISIS DE DATOS

En esta sección se pretende dar respuesta a las preguntas de investigación, está organizada por planteamientos e intenta dar una explicación interpretativa de los datos obtenidos durante la implantación metodológica de los instrumentos; en cada pregunta el abordaje se realizó en dos planos: cuantitativo y cualitativo. La lógica de trabajo en cada pregunta se explica con los siguientes niveles:

* **Primer nivel. Análisis categorial cuantitativo**. Se realizó un estudio grupal cuantitativo, y se establecieron análisis de casos sintonizados con las categorías propuestas para cada pregunta. Se determinó el número y el porcentaje de alumnos o docentes que contestaron cada respuesta, para obtener indicadores estadísticos descriptivos y proporcionar una visión de conjunto.

* **Segundo nivel. Descripción cualitativa**. Bajo el enfoque cualitativo se intentó dar una explicación-interpretativa y/o hacer un análisis interpretativo inferencial del fenómeno estudiado. Se realizó una descripción cualitativa y un análisis de las respuestas, se pretendió dar una explicación y finalmente se estableció una valoración de ellas.

⁂ **Tercer nivel. Valoración**. Se pretendió hacer una valoración crítica de las respuestas obtenidas de cada categoría, y llegar a conclusiones al relacionarlas con la Teoría de las Inteligencias Múltiples.

En este análisis de datos se presenta un continuo: describir, explicar, analizar, interpretar y establecer opiniones personales de tipo crítico que no pretenden descalificar a los profesores, establecer juicio sumario de su trabajo, ni mucho menos etiquetar buenos y malos docentes. Pero naturalmente sí se establecen, desde el marco teórico, valoraciones críticas sobre el Plan y Programas de Estudio y sobre los profesores en términos de lo que ellos piensan y hacen, y qué tanto identifican o refutan esta postura contemporánea de la inteligencia.

RESULTADOS Y CONCLUSIONES

La importancia de un nuevo concepto de Inteligencia. De la manera de entender la inteligencia dependen el autoconcepto de alumnos y profesionales de la educación, los objetivos individuales planteados en cada actor y las acciones que promuevan para su desempeño en este ámbito.

Los estudiantes y docentes de la escuela secundaria en estudio, no tienen una visión pluralista de la inteligencia basada en este enfoque distinto de la mente, esta ausencia se refleja en la práctica docente y en el desempeño escolar, que en gran medida, no proveen de oportunidades mínimas para acrecentar los diversos potenciales intelectuales de los alumnos. Aún no perciben que el ámbito escolar desempeña un papel determinante en el grado que alcanza el perfil intelectual de los escolares.

La escuela secundaria inserta en la educación básica, se caracteriza por la complejidad, la diversidad y también por la masificación, en ella todos los adolescentes sin distinción, ejercen su derecho a la educación. La escuela, para ser pertinente, requiere proveer la construcción de conocimientos, el desarrollo de competencias y nivelar el perfil intelectual de los estudiantes, componentes necesarios de una cultura

I básica para continuar la formación escolarizada y seguir aprendiendo [durante la vida.

La educación secundaria no ha cumplido íntegramente con su cometido, prueba de ello son las frecuentes críticas sobre la educación básica en México o las estadísticas referidas en el Programa Nacional de Educación

2001- 2006, donde se señala la deserción en el nivel medio superior y superior, situación que puede deberse a que los estudiantes no aprenden lo necesario, o no se les induce el desarrollo armónico del perfil intelectual, o ambas cosas. Muchas veces esas críticas se dirigen hacia los docentes, sin considerar que el sistema económico y educativo dificulta su labor pedagógica. Sin embargo, no se puede culpar al sistema sin que cada quien acepte su responsabilidad.

La realidad educativa en la escuela secundaria. El concepto de inteligencia presente en el currículo formal del nivel de secundaria, se acerca a la propuesta de la Teoría de las Inteligencias Múltiples. De manera global, el Plan de Estudios de este nivel educativo da prioridad a la adquisición de conocimientos, al desarrollo de competencias lingüísticas, a la conformación del pensamiento crítico a través de la estimulación de la capacidad de análisis, síntesis y reflexión, al razonamiento y solución de problemas y además propone generar y orientar propósitos educativos a partir del movimiento corporal y la expresión artística.

Este Plan de Estudios propicia de manera implícita, el desarrollo del perfil intelectual de los alumnos sugerir el abordaje de contenidos de las asignaturas y el logro de competencias, a partir de un enfoque integrador, tanto de conocimientos como de procesos; y reconoce, de manera supuesta, a las Inteligencias Múltiples como una estrategia para abordar los contenidos en las diferentes asignaturas. Sin embargo, las estrategias de enseñanza son parte de la organización de la práctica pedagógica de los profesores para lograr los objetivos planteados, y éstas dependerán de la concepción que el docente tenga acerca de su quehacer.

De la Teoría a la Práctica. El concepto de inteligencia del docente trasciende a la planeación del trabajo académico. Esta figura educativa es la pieza clave para crear un currículo real, en el cual los estudiantes desarrollen íntegramente sus perfiles intelectuales. En la escuela secundaria, los profesores no ofrecen una variedad de experiencias, ni obtienen ventaja de las inteligencias más destacadas en cada estudiante para expandir las demás habilidades. En el aula, el mejor ambiente es el que ofrece una amplia gama de oportunidades en las que los docentes utilizan diferentes herramientas y estrategias novedosas. El acento está en la actividad y no en la pasividad de los estudiantes.

El currículo real de la educación secundaria dista de lo propuesto por la Teoría de las Inteligencias Múltiples, cuyo propósito es desarrollar íntegramente el perfil intelectual de los alumnos en un ambiente interactivo y social, creado mediante la interdisciplinariedad, la cooperación y el sentimiento de comunidad en el aula.

Transitar un camino diferente. Representa todo un reto para el docente instituir un currículo significativo para los adolescentes, en el cual piensen y actúen como lo hacen en situaciones cotidianas reales, que les permita desarrollar las competencias necesarias para la vida, resolver problemas reales, comunicar sus ideas, tomar decisiones relevantes, así como pensar crítica y creativamente.

Convertir el salón de clases en una comunidad de aprendizaje, conlleva abandonar el modelo fabril del pasado y permite crear espacios de comunicación y de indagación, donde se construye el conocimiento. Lo importante es conformar en el aula un enfoque centrado en el aprendizaje de los estudiantes y no en el docente y en el proceso de enseñanza, para ello es relevante fomentar el diálogo constructivo con los alumnos y evitar el proporcionar toda la información a los escolares ya que no les permite buscar y encontrar información, ni vivir diferentes experiencias.

Las Inteligencias Múltiples en el aula. El desarrollo del perfil intelectual de los estudiantes está en manos de los profesores, una inteligencia puede debilitarse si no se estimula adecuadamente.

Desde la planeación del trabajo docente debe considerarse, como parte de los objetivos de la asignatura, el desarrollo del perfil intelectual de los estudiantes y preparar actividades que relacionen varias materias de manera interdisciplinaria para crear un auténtico contexto de aprendizaje. En la tesis se ofrecen ejemplos de técnicas, estrategias y actividades para cada inteligencia, la elección de una de cada categoría asegura el trabajo con el espectro intelectual, algunas sirven para estimular más de una inteligencia y se pueden trabajar individualmente o en equipo.

Uno de los elementos más importantes en la intervención pedagógica es la evaluación, la cual debe ser congruente con la propuesta educativa. El desempeño dentro del salón de clases es un contexto ideal para evaluar e identificar la manera en la que cada alumno se aproxima al conocimiento con experiencias significativas. En el ámbito de la Teoría de las Inteligencias Múltiples, la evaluación verdadera debe ser continua e implica crear, entrevistar, demostrar, solucionar problemas, reflexionar, dibujar, discutir y participar activamente en diferentes actividades de aprendizaje, es decir, las situaciones de evaluación son las situaciones de aprendizaje. Para sistematizar la observación del desempeño de los alumnos en diferentes situaciones de aprendizaje es conveniente elaborar un portafolio donde el docente y los alumnos incorporen muestras significativas del trabajo realizado durante el ciclo escolar.

Aportes de la Investigación. Modificar el concepto de inteligencia en docentes y alumnos implica redimensionar la práctica pedagógica, congruente para desarrollar en los estudiantes el potencial cognitivo en forma integral, tomando en cuenta la individualidad del alumno.

Desde el marco de la educación formal, corresponde a los docentes la creación de un currículo significativo para los estudiantes, centrado en el aprendizaje. No basta implementar técnicas de enseñanza - aprendizaje desde un enfoque de transformación, que solamente moldeen el comportamiento deseado a través de acciones repetitivas o convencionales, sino que enfaticen el desarrollo del espectro intelectual de los alumnos. El Plan de Estudios de Secundaria y los programas de asignatura, proponen implícitamente el desarrollo del perfil intelectual de los escolares, y corresponde a los profesores, a partir de la organización y ejecución de la práctica docente, alcanzar este objetivo.

Es importante continuar con esta línea de investigación en el Estado de México, indagar acerca de las Inteligencias Múltiples en otros niveles educativos y en diferentes contextos, con la intención de acercamos a un currículo significativo.

4. Semblanza histórica del Instituto Politécnico Nacional

Las grandes aportaciones están plasmadas en el presente artículo elaborado por el Dr. Juan Manuel Ortiz de Zarate y publicado en los talleres gráficos, publicado el 7 de Octubre de 1976 conmemorando el cuarenta aniversario de su fundación, tomándome la libertad de rescatarlo ya que mi señor padre fue uno de los maestros fundadores que le pusieron alma vida y corazón a ésta institución, como un merecido tributo para todos ellos y para las generaciones presentes, pasadas y las futuras, tengan siempre vivo en la mente y los corazones tanto de propios y extraños del gran legado que han dejado grabado con letras de oro con las que el *Instituto Politécnico Nacional, ha contribuido al progreso de México. Como son:*

1. *La democratización de la enseñanza superior abriendo sus puertas a todo el pueblo de México que sin distingos de clase social, de raza o de credo político o religioso y de manera gratuita forma a los profesionales indispensables para el progreso del país.*
2. *El proceso acelerado de la industrialización del país, merced a la contribución eficaz de los egresados del Instituto Politécnico Nacional.*
3. *La inclusión de talleres y laboratorios en los planes de estudio de la segunda enseñanza y para la totalidad de las escuelas de ese sistema nacional, siguiendo el esquema pedagógico que trazara el Instituto Politécnico Nacional, al instituir el ciclo prevocaci.onal en 1936.*
4. *La implantación en 1948, por primera vez en México del Servicio Social Multidisciplinario que desde entonces viene operando como ordenamiento legal y obligatorio para todos los pasantes del Instituto Politécnico Nacional*
5. *La Reforma Educativa de positivos y promisorios alcances Nacionales que el actual gobierno de la República, al través de la Secretaría de Educación Pública, ha introducido en todos los niveles de la enseñanza y cuya inspiración se halla contenida en el pensamiento y filosofía del Instituto Politécnico Nacional, al iniciar sus tareas en 1936.*

INTRODUCCION

Al cumplirse casi ocho décadas de fundado el Instituto Politécnico Nacional, hemos considerado oportuno publicar este trabajo que glosa a grandes rasgos la historia de nuestro Instituto, que en el presente significa al través de su desarrollo y prestigio, la más elevada posición de rector de la Educación Técnica en México, pero que tiene los antecedentes que corren paralelos al devenir histórico de nuestra patria y los que por su significada jerarquía, ocupan lugar de primer orden en la marca que el progreso va dejando desde el remoto pero luminoso tiempo en que nuestra inicial cultura Olmeca hace 3.500 años, fincara el testimonio de su grandeza en el corazón de la selva chiapaneca y con los mayas, los zapotecas y mixtecas, los purépechas, los toltecas y los mexicas, establecen el cordón umbilical de nuestro vigoroso perfil étnico-cultural al consumarse el 13 de agosto de 1521 la derrota por Hernán Cortés, del valiente ejército comandado por el joven abuelo, el rey Cuauhtémoc y nacer de entre las ruinas de esa gran cultura, una nueva concepción racial, el mestizo, el mexicano de hoy.

De este mestizaje fecundo han de surgir los exponentes más preclaros que le han dado perfil a México y de cuya ubicación en el campo de la Enseñanza Técnica dan testimonio en la bitácora del tiempo la Escuela de Artesanías fundada por el Padre Hidalgo en Dolores, más tarde la creación de la Escuela Nacional de Artes y Oficios, fundada por el Presidente Juárez. Durante el Gobierno de Podido Díaz. la fundación de Escuelas de Artes y Oficios para mujeres y finalmente la decidida y generosa acción de la Revolución Mexicana, entregando a México, primero la EPIME después la Escuela de Constructores. el Instituto Técnico Industrial y finalmente el Instituto Politécnico Nacional. Y por supuesto el desarrollo de México técnico e industrial obedece en gran medida a la creación del I.P.N., merced a la decisión de un gran mexicano, el Presidente Lázaro Cárdenas, que rasgando el velo del porvenir supo entregar a la Patria en1936 el mejor instrumento para la realización de uno de sus más caros anhelos, industrializar a México. Este propósito encontró a su más fiel intérprete en la persona de un cabal revolucionario que muy a pesar de los embates de miopes intereses creados, dio aliento y vida a tan elevados propósitos al través de la férrea voluntad del ingeniero Juan de Dios Batiz, su realizador.

La creación del Instituto Politécnico Nacional en el año de 1936, señala el cambio radical de las estructuras de la educación en México, particularmente por lo que a educación superior se refiere, la que hasta ese entonces y a pesar de la conmoción socio-política que la Revolución trajo consigo. continuaba impartiéndose para formar profesionales llamados de corte liberal que sólo aspiraban a la obtención de un título para explotarlo en su beneficio o para complacer vanidades de familia, Estos profesionales respondieron a una etapa de nuestro desarrollo que se inicia cuando en el año de 1535 se organiza el régimen interno de la Colonia, entregando el gobierno central al Virrey y a la Audiencia, También se estructura el poder eclesiástico y con él se establecen los primeros colegios: de Tlatelolco, Teripitío, de Todos los Santos, de San Pedro y San Pablo, de San Gregorio, de San Ildefonso y por Cédula del 21 de septiembre de 1551, el Emperador Carlos V acuerda la fundación de la Real y Pontificia Universidad de México, la que se convirtió en el eje de la cultura de la Nueva España ya que los Colegios tenían por objeto extirpar la idolatría, predicar, catequizar, existir a los enfermos, enterrar a los difuntos, Estos propósitos los llevaron al cabo los misioneros franciscanos, dominicos, agustinos y jesuitas que hicieron su arribo desde 1523, El Colegio de Santa Cruz de Tlatelolco fue el que más fama alcanzó, así como los manejados por jesuitas que acabaron por adueñarse de la educación en la Nueva España, La Real y Pontificia Universidad, copiada de la de Salamanca siguiendo el trazo medieval, se encargaba de formar dirigentes del gobierno civil y eclesiástico y contribuyó a consolidar el régimen político de la Colonia.

En lo que atañe a la enseñanza de la ingeniería, el Colegio de Minería que abrió sus aulas en enero de 1762, se convirtió con el tiempo en una escuela especial para ingenieros.

Los grandes movimientos sociales, económicos y políticos que México sufrió al través de la Independencia, la Reforma y la Revolución, no modificaron sustancialmente la mentalidad de los profesionales formados en sus aulas ya que la Independencia con su guerra de generosa y gigantescas proporciones paralizó toda actividad creativa en busca de sus nobles ideales. Sin embargo, en el centro de la República, un cura enciclopedista y culto Miguel Hidalgo, establece una escuela-taller para la enseñanza de la cerámica, el cultivo de la morera y el gusano de seda, de la vid y del olivo, actividades éstas prohibidas por la Audiencia y el Virreinato.

La primera intervención francesa, la instalación del gobierno de Santa Anna once veces en el poder establece una escuela de Artes y Oficios, *en* donde se impartía en forma elemental cursos de carpintería, herrería, fundición y una Escuela de Agricultura.

Se crea en 1845 bajo la incidental presidencia del general José Joaquín Herrera, la Escuela de Comercio y Administración en la que por vez primera se prepara profesionales en estas disciplinas.

En 1847 la intervención norteamericana y la mutilación dolorosa de la Patria. Con el pensamiento liberal mexicano del doctor José María Mora y la Guerra de Reforma contra el partido conservador, el liberalismo jefaturado por el Presidente Juárez y su grupo de gigantes arrebata al clero el monopolio de la educación y las Leyes de Reforma conceden al Estado el derecho de impartirla en conceptos laicos, sin dogmatismos y con apego al conocimiento científico. La intervención francesa en 1862 y la defensa heroica de nuestra soberanía contra el llamado Imperio de Maximiliano, el triunfo de la causa republicana en 1867 y la expedición de la Ley de Instrucción Pública que dio origen a la Escuela Nacional Preparatoria encomendada al doctor Gabino Barreda, la reinstalación del gobierno legítimo y el 2 de diciembre del mismo año la promulgación del Decreto del Presidente Juárez, creando la Escuela Nacional de Artes y Oficios.

En 1872 la muerte del Benemérito y el efímero gobierno de Lerdo de Tejada. Después, el Plan de la Noria de Porfirio Díaz Morí, y a su triunfo la instalación de la Dictadura.

En el año de 1883 ya se habían multiplicado las profesiones que se estudiaban; recibían enseñanza los telegrafistas, los ensayadores, ingenieros topógrafos e hidrógrafos, ingenieros industriales, ingenieros de minas y metalúrgicos e ingenieros geógrafos.

En el año de 1889 se creó la carrera de ingeniero electricista y en el año de 1897 la carrera de ingeniero en caminos, puentes y canales, la que adoptó el nombre actual de ingeniero civil. En 1890 se estableció una Escuela Práctica de Maquinistas. En 1901 la Escuela Comercial "Miguel Lerdo de Tejada", le ofrece oportunidad a la mujer de participar en la vida económica del país. En 1905 se fundó otro centro similar, y en 1910 la Escuela Primaria Industrial "Corregidora de Querétaro". Sin embargo, la educación superior sigue modelada en el tradicionalismo verbalista y la aristocracia afrancesada del porfiriato cierra sus puertas a todo propósito de superación de las clases económicamente débiles y considera denigrante el uso de las manos, de esas manos del mexicano cuyas prodigiosas aptitudes heredadas de sus ancestros y materializadas en los restos incomparables de su cultura que alcanzaron esplendor hace 3,500 años con los olmecas en el corazón de la selva chiapaneca, con los mayas en Yucatán, los mixtecos-zapotecos en Oaxaca, los purépechas en Michoacán, los toltecas en Tula, los teotihuacanos en el altiplano y los mexicas en el Valle de México, fundando la Gran Tenochtitlan, corazón y cerebro del magnífico Imperio Azteca, éstos últimos herederos genéticamente de aptitudes manuales de alta calidad de todos los anteriores.

El ejército de Hernán Cortés llega sediento de oro a despojar a los hombres de Moctezuma y merced a una tecnología superior, el caballo y la pólvora vencen el valor de los caballeros águilas y los caballeros tigres del heroico Cuauhtémoc y el 13 de agosto de 1521, cae para siempre la Gran Tenochtitlan y al derrumbarse una gran cultura nace una nacionalidad, el mexicano.

No obstante, la Corona Española del siglo XVI representa la cúspide de todo el proceso histórico que ha recorrido España aglutinando y absorbiendo culturas desde Asiría, Caldea, Egipto, Roma, Grecia y 800 años de cultura mora y con ese bagaje llega a las tierras de Anáhuac para producir el mestizaje entre dos culturas que se hallaban en el vértice de su grandeza.

De este mestizaje, sin duda el más fecundo de América, ha de surgir el mexicano, heredero de cualidades y defectos de las corrientes biológicas que lo formaron, poniendo de manifiesto muy temprano las excepcionales aptitudes manuales que en algunos casos los frailes franciscanos supieron fomentar mejorando sus técnicas e introduciendo materiales nuevos para superar el rendimiento de sus trabajos. Las figuras venerables de Vasco de Quiroga, Fray de Junípero Serra, de Fray Pedro de Gante, de Fray Sebastián de Aparicio, de Fray Martín de Valencia entre otros, dieron aliento y estímulo a las prodigiosas artes del indio que sin quitarles su inspiración les entregaron nuevas técnicas para facilitar su fecundo trabajo.

Pero el vasallaje al que estuvieron sometidos durante 300 años merced a la esclavitud colonial pretendieron ahogar el impulso creador de los sometidos ya que sólo se aprovechaban de su fuerza humana en faenas extenuante s construyendo templos y los palacios señoriales de los criollos españoles o cultivando las enormes extensiones de tierra arrebatada a los nativos, agostando su salud y su vida en las entrañas de las mortales minas de oro y plata que enriquecieron hasta la opulencia al imperio español. No obstante esa feroz tiranía las manos prodigiosas del mexicano elaboraban con sufrida paciencia y fecunda imaginación, lo mismo artículos para el uso doméstico que obras maestras empleando el barro, la piedra, madera, algodón, seda, lana, vidrio, pluma, lacas, cobre, oro, plata, etc., y así nacen en todo el territorio mexicano las artesanías que forman el mosaico que en cada región dan perfil a ese caudal impresionante de sensibilidad que nos caracteriza.

La Revolución de 1910 sacude la conciencia nacional adormilada por la brutal explotación del obrero y del campesino en un régimen de gobierno que conculcando los derechos humanos e influenciado por parámetros extranjeros pretendía borrar todo el pasado luminoso de México, todos sus aportes culturales, sus tradiciones, su esencia misma y despreciaba todo cuanto significara expresión viva del pueblo, todo cuanto fuese hecho por sus manos hábiles, tratando de imponer una mentalidad de importación, hueca y sin más soporte que la consideración de juzgar cursi y paya todo lo mexicano y refinado y superior lo extranjero.

El triunfo de la Revolución contra la dictadura pretoriana primero y contra la usurpación después y a pesar de la situación precaria en que la lucha armada deja a México, la sangría de un millón de hombres como saldo, en 1917 el Presidente Venustiano Carranza y su Ministro de Educación licenciado Félix F. Palavicini, transforman la antigua Escuela Nacional de Artes y Oficios, dándole rango profesional en Escuela Práctica de Ingenieros Mecánicos Electricistas para tomar sucesivamente en fechas posteriores los nombres de Escuela de Ingenieros Mecánicos Electricistas y Escuela Superior de Ingeniería Mecánica y Eléctrica.

Flores Palafox hace mención de lo siguiente:

> "El 30 de Octubre de 1915, La Escuela Nacional de Artes y Oficios cambia su nombre a Escuela Práctica de Ingenieros Mecánicos, Electricistas y Mecánicos-Electricistas (EPIME ME), precursora de la actual ESIME. El Ing. Manuel L. Stampa propone, a la Dirección de Enseñanza Técnica de la SEP, el cambio de nombre de la Escuela Práctica de Ingenieros Mecánicos, Electricistas y Mecánicos-Electricistas (EPIME-ME) por el de Escuela Práctica de Ingenieros Mecánicos Electricistas (EPIME). En 1916, se aprueban oficialmente los planes de estudio de la EPIME".

Continúa mencionado:

> "El 29/09/1921 El presidente Álvaro Obregón expide el decreto de creación de la Secretaría de Educación Pública, el cual aparece publicado en el Diario Oficial el 3 de Octubre del mismo año. Nombra al Lic. José Vasconcelos secretario del despacho, y a su vez el Lic. Vasconcelos nombra a al Ing. Luis V. Massieu Pérez, egresado del H. Colegio Militar, Jefe del Departamento de Enseñanza Técnica Industrial y Comercial. Reunidas estas tres personalidades, coincidieron en la idea de crear una escuela de carácter técnico, con inclinación específica a la capacitación de mecánicos ferrocarrileros, ya que en aquella época era un elemento principal para el desarrollo económico del País. Esta idea fraguó finalmente en la creación del ITI, Instituto Técnico Industrial cuyos terrenos

fueron asignados por el Gral. Álvaro Obregón en ese mismo 1921 y que son los mismos que hoy ocupa la Unidad Profesional "Lázaro Cárdenas" en la que fue Hacienda de Santo Tomás". (Flores Palafox, Jesús. La ESIME en la Historia de la Enseñanza Técnica. p. 124).

Esta determinación del gobierno revolucionario señala el primer intento para preparar técnicos en disciplinas hasta ese momento ejercidas por extranjeros o por un reducido número de mexicanos preparados en otros países. Por otro lado la dinámica de la filosofía revolucionaria planteaba la urgencia de aprovechar nuestras materias primas transformándolas en productos elaborados, rompiendo el desastroso círculo que desde la época del dominio español caracteriza a la América Latina y así fue como en 1922 se funda la Escuela de Constructores durante el gobierno del general Álvaro Obregón y de su Secretario de Educación, el Maestro de América licenciado José Vasconcelos. En 192.4 se funda en el Casco de la Ex Hacienda de Santo Tomás el Instituto Técnico Industrial, institución de glorioso linaje que marca en la historia de la enseñanza técnica el haber creado una mentalidad acorde con el promisorio futuro de la industrialización de México y el arranque de su liberación económica. En este Instituto se establecen carreras a nivel medio en disciplinas diversas tales como mecánico en automóviles, electricista, maestro mecánico, posteriormente se establecen la de maestro en la construcción que señala el paso del aprendizaje desordenado y autodidacta del obrero a una preparación disciplinada de conocimientos jerarquizados que dieron al técnico ahí formado una preparación calificada. Fue el Secretario de Educación Pública, licenciado José Vas cancelo s quien dio al Instituto Técnico Industrial gran impulso, así como su primer director el ingeniero Wilfrido Massieu, figura de singular relieve quien entregó lo mejor de su esfuerzo cristalizando en obra material el generoso y fecundo propósito de la Revolución: ADIESTRAR LAS MANOS DEL MEXICANO.

Pero la tarea sólo empezada requirió de mayores esfuerzos y bien pronto encontró a un hombre de excepción, de calidades nada comunes, científico, humanista, literato, cuita, modesto y caballeroso quien trazó desde la tribuna de la Cámara de Diputados el esquema de la palpitante y urgente necesidad de establecer un sistema de enseñanza técnica que desde los niveles escolares de la segunda enseñanza proporcionase al adolescente entrenamientos manuales, al mismo tiempo que cubriese programas de preparación general, este hombre se llamó Luis Enrique Erro, quien jefaturando el Departamento de Enseñanza Técnica Industrial y Comercial sumó su pensamiento al de otro gran mexicano el entonces Secretario de Educación Pública, licenciado Narciso Bassols quienes fueron los forjadores del pensamiento que posteriormente con Carlos Vallejo Márquez. Miguel Bernard y los hermanos Luis y Wilfrido Massieu dieron cima a ese gran programa que hoy sigue en marcha.

Mientras tanto la educación continuaba desde los grados inferiores hasta los profesionales siendo impartida en el arcaico tradicionalismo ver balista que los señoritos españoles criollos primero y los burgueses del porfíriato después, menospreciaban toda actividad manual la que consideraban denigrante y propia de jornaleros; sus hijos, nacidos en cuna de seda y no tenían por qué ensuciarse las manos, su destino era la banca, la medicina, la ingeniería, la arquitectura, la abogacía y por supuesto el ingreso a las órdenes religiosas, en tanto la economía de México a merced de las potencias extranjeras, contemplaba el saqueo de sus recursos naturales, de sus materias primas y recibía a cambio de aquellas toda clase de productos elaborados; desde los modestos alfileres, clavos, broches para el papel, herramientas, aperos de labranza, etc., hasta motores de todo tipo, artículos eléctricos, alimentos enlatados. etc.

El arribo a la Presidencia de la República en 1934 de un gran estadista, de un revolucionario cabal y con la mira de la Patria puesta en el horizonte promisorio, determina el estudio y proyecto de una gran institución educativa con espíritu y filosofía propios que rompiendo moldes y tradicionalismo s obsoletos abriera las puertas de la educación superior a todos los mexicanos, sin distingo de origen, de credo o de condición económica y social a una educación de ascenso vertical, pero dotada de salidas horizontales en cualquier nivel, con objeto de permitir que toda persona que aspirase a la obtención de un título profesional pudiese adquirir una preparación calificada e incorporarse de inmediato a la vida productiva del país, cualquiera que fuese el rango de los conocimientos alcanzados y de manera primordial a una educación que a partir de la segunda enseñanza adiestrase las manos del adolescente hombre o mujer, de esas manos prodigiosamente dotadas, herencia magnífica de nuestros ancestros de los exponentes que hicieron florecer la gran cultura mesoamericana expresada en la Venta, Chichen Itzá, Palenque, Uxmal, Kabá, Monte

Albán, Mitla, Teotihuacán, Tula, las manos anónimas que con el buril y la gubia elaboraron la encajería de los altares barrocos dejando el testimonio de su genio en catedrales y conventos, Tepotzotlán, Santo Domingo de Oaxaca, Santa Rosa de Lima en Querétaro, la Catedral de México, etc., o cincelando las canteras multicolores escribieron poemas de piedra en fachadas, arquitrabes, arcos y columnas, vaciando su sensibilidad exquisita en techos, muros, sotocoros, altares y manejando la argamasa con singular maestría, nos legaron la interpretación mestiza de su credo religioso en San Francisco Tonazintla de Tlaxcala, la Universidad en Puebla, Tlacolula de Oaxaca, etc., ese gran mexicano fue el Presidente Lázaro Cárdenas, el estadista que al revitalizar la Revolución Mexicana y atento a la difícil problemática de México dio a la educación su más vigoroso cambio con la creación en 1936 del Instituto Politécnico Nacional.

Este fue concebido como la idea más original de cuanto en educación se había realizado hasta entonces, sin copiar moldes ajenos, sin extranjerismos malinchistas, sin cerebros mágicos de importación y sí en cambio con el propósito de formar a los técnicos que urgían para el desarrollo del país, técnicos mexicanos, con mentalidad mexicana, y mística de servicio al pueblo que hiciera posible, con su esfuerzo, su formación.

La estructura del Instituto Politécnico Nacional se apoya por una parte en el debido aprovechamiento de la recia tradición de las aptitudes manuales del mexicano, no adiestradas hasta entonces y sí explotados por los colonialismos sucesivos anteriores a la Revolución y por otra en la necesidad de preparar los cuadros humanos para la integración y desarrollo de la industria, desde el obrero calificado hasta el ingeniero, el biólogo, el economista, etc., y naturalmente a los investigadores indispensables para el desarrollo científico y tecnológico a nivel nacional.

La tarea no fue fácil, muchos intereses mezquinos pronto afloraron y múltiples obstáculos fueron atravezados en el camino, mentalidades de diversos niveles atacaron el generoso propósito, pero surgió un hombre de cualidades y tan a excepcional, que con su dinamismo y amor entrañables a su patria y la fuerza de sus convicciones supo interpretar las ideas del Presidente Lázaro Cárdenas llevándolas hasta su culminación, ese hombre que militó sucesivamente en las fuerzas revolucionarias contra la usurpación huertista, senador y gobernador de su estado natal, Sinaloa y Jefe del Departamento de Enseñanza Técnica Industrial y Comercial de la Secretaría de Educación Pública, de la que fue titular en esa época el licenciado Gonzalo Vázquez Vela, gran impulsor de nuestro Instituto; es el ingeniero Juan de Dios Bátiz a quien cabe la gloria de ser el fundador del Instituto Politécnico Nacional. Y así culminan grandes y renovados esfuerzos para nevar a cabo los propósitos largamente esperados por tantos mexicanos que entregaron lo mejor de su vida, la integridad de sus convicciones y su acendrado patriotismo para la fundación del Instituto Politécnico Nacional. que inicia sus actividades el 1° de enero de 1936, sin contar con el documento oficial que legalizara su creación.

Para darle vida se agruparon algunas escuelas profesionales ya existentes: la de Comercio y Administración, la de Ingeniería Mecánica y Eléctrica, la de Ingeniería Textil, la de Medicina Homeopática, la de Ingeniería y Arquitectura que resultó de la transformación como tal de la Escuela de Maestros en la Construcción del antiguo Instituto Técnico Industrial. la de Ciencias Biológicas que se formó teniendo como base la Escuela de Bacteriología de la Universidad Obrera "Gabino Barreda" que dirigía el licenciado Vicente Lombarda Toledano. Esta Escuela Nacional de Ciencias Biológicas contó en su seno con la carrera de Antropólogo, separada más tarde para constituir la Escuela Nacional de Antropología actual; el Instituto Técnico Industrial también dio origen a la Escuela Técnica Industrial "Wilfrido Massieu" actualmente Centro de Estudios Científicos y Tecnológicos "Wilfrido Massieu" para preparar técnicos a nivel medio y se incorporaron a este conjunto de escuelas todas las de Artes y Oficios Industriales y Comerciales, así como las escuelas "Hijos' de Trabajadores" e "Hijos del Ejército".

EL INSTITUTO POLITECNICO NACIONAL fue vertebrado académicamente en tres ramas: Ingeniería, Ciencias Biológicas y Ciencias Sociales y fue creado para cada rama el ciclo llamado Vocacional de dos años al que se negaba después de haber cursado en tres años lo que se llamó Ciclo Prevocacional; este ciclo educativo fue sin duda la aportación más vigorosa y la contribución más certera que permitió el cambio radical en el pensamiento y la mecánica educativa de México. El ciclo prevocacional Introdujo por primera vez en el plan de estudios de enseñanza secundaria entonces vigente, al propio tiempo que las materias académicas de este ciclo, cinco talleres de adiestramiento manual: hojalatería, carpintería, electricidad, ajuste y modelado, por los que debieran pasar todos los estudiantes hombres y mujeres, como antecedente escolar para ingresar al ciclo vocacional siguiente, el que también fue programado incluyendo talleres y laboratorios a nivel adecuado para dar oportunidad a quienes no pudiendo seguir en línea vertical con el propósito de obtener un título, bien por carencia de recursos económicos o por incapacidad intelectual, al abandonar sus estudios se incorporasen de inmediato a la vida productiva del país, evitando la frustración del individuo y el aprovechamiento al máximo de la única y verdadera riqueza de un pueblo; **SUS HOMBRES PREPARADOS EN TODOS LOS NIVELES.**

Estas reformas desencadenaron una ola de críticas en algunos sectores, de modo particular entre la burguesía intelectualoide la que seguía aferrada a la idea de considerar que todo adiestramiento de las manos era patrimonio de niveles inferiores ajenos a la supuesta alta misión que el profesional debía cumplir.

Posteriormente en el seno de la Escuela Nacional de Ciencias Biológicas fue creada la carrera de Médico Rural que dio origen a la Escuela Superior de Medicina Rural hoy Escuela Superior de Medicina. A las escuelas profesionales se les agregó el de superiores excepción hecha a las de Ciencias Biológicas y la de Medicina Homeopática que conservan el de nacionales.

La Escuela Superior de Ingeniería y Arquitectura dio origen más tarde a la actual Escuela Superior de Ingeniería Química e Industrias Extractivas.

Años después se funda la Escuela Superior de Economía, que había iniciado precariamente sus funciones en el seno de la Escuela Superior de Comercio y Administración. Surgen después la Escuela de Enfermería y Obstetricia; la Escuela Superior de Física y Matemáticas, la Preparatoria Técnica "Cuauhtémoc' actualmente Centro de Estudios Científicos y Tecnológicos No. 7, la Unidad Profesional Interdisciplinaria de Ingeniería y Ciencias Sociales (U.P.I.I.C.S.A.), y la Escuela Superior de Turismo.

El Instituto Politécnico Nacional, cuenta con instalaciones en diversas partes de la ciudad, siendo las principales la Unidad Profesional de Zacatenco, residencia de su Dirección General, y dependencias Administrativas, así como de las escuelas de Ingeniería y Ciencias Fisicomatemáticas y Centros de Educación Superior, las Escuelas localizadas en Zacatenco son: la Escuela Superior de Ingeniería Mecánica y Eléctrica, la Escuela Superior de Ingeniería y Arquitectura, la Escuela Superior de Ingeniería Química e Industrias Extractivas, la Escuela Superior de Física y Matemáticas, la Escuela Superior de Ingeniería Textil, la Escuela Nacional de

Medicina Homeopática, ubicada en la Ex Hacienda de la Escalera en el Noroeste de Zacatenco. Centro de Investigación y Estudios Avanzados, Centro Cultural de Zacatenco, Planetario "Luis Enrique Erro", asimismo con magníficas instalaciones deportivas, localizadas al Noroeste de la Col. Lindavista. La Unidad de Santo Tomás, en la Colonia del mismo nombre, asiento de escuelas superiores de ciencias médicas y biológicas, económicas y administrativas, las escuelas ubicadas en "Santo Tomás son: la Escuela Superior de Comercio y Administración (ESCA). Escuela Superior de Medicina (ESM). Escuela Nacional de Ciencias Biológicas (ENCB). Escuela Superior de Economía (ESE). Escuela Superior de Enfermería y Obstetricia (ESEO). Centro Científico y Tecnológico No. 3 y Centro Científico y Tecnológico "Wilfrido Massieu". Canal **11** XE-IPN TV. Departamento de Audiovisual, Departamento de Servicios Médicos. Pagaduría General. Departamento de Transportes. Departamento de Intendencia. Almacén General. etc.

Debido a las necesidades propias del Instituto en lo referente a la demanda estudiantil cada vez más apremiante, ha sido necesaria la construcción de nuevos edificios de las siguientes Escuelas:

Los Centros de Estudios Científicos y Tecnológicos en Jacarandas y Taxqueña para Ciencias Administrativas, el de Jacarandas para Ciencias Biomédicas, y el de la Col. Aragón para Ciencias Electromecánicas, la creación de la Unidad de Ciencias Básicas de la Escuela, Superior de Ingeniería Mecánica y Eléctrica (ESIME) en Culhuacán, la Escuela Superior de Ingeniería y Arquitectura (ESIA), ubicada en Agua Caliente y Av. del Conscripto en Tecamachalco, la Escuela Superior de Comercio y Administración (ESCA), ubicada en Calle del Arenal Tepepan, así como el C.I.C.S en Milpa Alta.

La vigorosa aportación del Instituto Politécnico Nacional al desarrollo de México, bien pronto se hizo sentir cuando la naciente industrialización recibió a los técnicos de sólida preparación y generoso espíritu de entrega a los intereses de la patria que diseminados en· toda la extensión de nuestro territorio dan aliento en los campos de la producción, de la administración, de la investigación científica y tecnológica, en la docencia, creando y promoviendo riqueza y bienestar en la ciudad y en el agro.

Por disposición del C. Secretario de Educación Pública don **Jaime Torres Bodet**, y tomando como arquetipo la estructura del ciclo prevocacional del Instituto Politécnico Nacional, fueron incluidas en el Ciclo de Enseñanza Secundaria para todo el país materias de actividad práctica, esto es talleres de diversos tipos para el adiestramiento manual de hombres y mujeres, disposición que dio el aval más categórico a quienes se adelantaron al fundar con esos propósitos el Instituto Politécnico Nacional.

En el año de 1948 por primera vez en el país se integraron brigadas interdisciplinarias formadas por los diversos técnicos egresados de las Escuelas Superiores, los que a nivel de pasantes y asesorados adecuadamente por sus maestros se diseminaron por diversos rumbos de nuestra geografía para estudiar la problemática bien fuera de regiones predeterminadas o de poblaciones en vías de desarrollo y merced a la aplicación de sus conocimientos proponer la solución de esos problemas para ser entregadas a las autoridades municipales o estatales. El pensamiento normativo de este servicio está apoyado en la obligación que todo egresado del Instituto Politécnico Nacional tiene de devolver, aunque sea en forma muy modesta, el esfuerzo que el pueblo ha hecho para formarlo; sensibilizar al pasante en la urgente necesidad de resolver los problemas viviéndolos objetivamente y además abriendo él mismo, posibilidades ocupacional les cuando se titule.

El Instituto Politécnico Nacional por primera vez establece el Servicio Social interdisciplinario en México. La marcha de la Institución ha continuado en forma acelerada:

La primera Ley Orgánica del Instituto Politécnico Nacional se expidió en 1949, posteriormente fue modificada el 31 de diciembre de 1956 y actualmente la nueva Ley Orgánica fue aprobada con fecha 15 de diciembre de 1974 y que está en vigor.

Se reestructuraron y crearon varias Direcciones para mejorar el funcionamiento general del Instituto.

En el año de 1950 se creó en el Instituto Politécnico Nacional, la Comisión de Estudios de los Institutos Tecnológicos Foráneos, cuyas funciones se orientaron hacia la planeación del establecimiento de estos centros de enseñanza, así como el estudio de las necesidades materiales inherentes a su programa educativo,

La creación de los Institutos Tecnológicos representa el esfuerzo coordinado conjunto del gobierno federal y de los gobiernos estatales y en algunos casos de las organizaciones obreras y privadas, mediante convenios que garantizan el aporte económico de su funcionamiento.

Los Institutos Tecnológicos Regionales hoy en número de 47 cristalizan el vigoroso impulso que el Gobierno de la República, al través de la Secretaría de Educación Pública está realizando para dar oportunidad a los jóvenes que aspiran a la educación técnica superior, preparándose en disciplinas que correspondan primordialmente al aprovechamiento integral de los recursos naturales de las regiones que circunscribe su influencia, evitando el éxodo hacia las grandes ciudades en busca de los satisfactores que implican sus facultades, preferencias y vocaciones.

La acción fecunda de estos importantísimos centros educativos, manifiestan cada vez con mayor claridad la razón de su existencia y certifican cómo el pensamiento y la acción desarrollada durante 40 años de vida del Instituto Politécnico Nacional, se proyecta cada vez con más vigor haciendo posible la integración del Sistema Nacional de Enseñanza Técnica.

El 7 de enero de 1957, por Decreto se creó el Patronato para las Obras del Instituto Politécnico Nacional.

Con fecha 2 de marzo de 1959, se instaló para su plena operación la estación de televisión XE-IPN TV CANAL 11, primera estación de orden "educativo.

El 14 de enero de 1960 publicado en el Diario Oficial, por Decreto se crea el Patronato de Talleres, Laboratorios y Equipos del I.P.N., por razones de estructuración el PATLE dejó de funcionar como tal, habiéndose creado con fecha 2 de marzo de 1967 por Decreto, la Comisión de Operación y Fomento de Actividades Académicas del I.P.N. (C.O.F.A.A.), siendo este organismo el que sustituyó al anterior.

El 16 de abril de 1961, se creó el Patronato y el Centro de Investigación y Estudios Avanzados, que constituye la culminación de la estructura piramidal de la educación técnica como centro específico de investigación científica y tecnológica. Además en algunas escuelas superiores se crearon los cursos de postgrado para otorgar maestrías y doctorados en diversas especialidades.

Con fecha 20 de agosto de 1962, se creó el Centro Nacional de Cálculo como una gran central de computación para uso educativo y de investigación y control de programas nacionales.

El 2 de enero de 1967 se creó el Planetario "Luis Enrique Erro". Se establecieron laboratorios de idiomas en la Escuela Superior de Comercio y Administración, así como en el Centro de Estudios Científicos y Tecnológicos "Luis Enrique Erro".

La Institución cuenta también con un Centro de Lenguas Extranjeras (G.E.N.L.E.X.), en la Unidad Profesional de Zacatenco.

La Unidad Profesional de Zacatenco, dispone de un Centro de T. V. educativa en Circuito Cerrado.

Los ciclos de enseñanza que actualmente se cursan en las diferentes escuelas del Instituto son: de enseñanza media superior (con duración de seis grados semestrales), contando con los Centros de Estudios Científicos y Tecnológicos No.1 "GONZALO VAZQUEZ VELA", 2 "MIGUEL BERNARD", 3 "ING. ESTANISLAO RAMIREZ RUIZ", 4 "GRAL. LAZARO CARDENAS", 7 "CUAUHTEMOC", 8 "NARCISO BASSOLS", 9 "JUAN DE DIOS BATIZ", 1 O "CARLOS VALLEJO MARQUEZ" y "WILFRIDO MASSIEU", para la rama de Ingeniería y Ciencias Exactas, en el Centro de Estudios Científicos y Tecnológicos No, 6 "MIGUEL OTHON DE MENDIZA- BAL" la especialidad de Médicas y Biológicas y en los Centros de Estudios Científicos y Tecnológicos y Administrativos "LUIS ENRIQUE ERRO", 5 Ciudadela, "BENITO JUAREZ", 5Taxqueña, "RICARDO FLORES MAGON", 5 Jacarandas, ''JOSE MARIA MORELOS y PAVON" en la rama de Ciencias Sociales. Este tipo de enseñanza tiene una doble finalidad:

a) Preparar profesionales especializados de nivel medio.
b) Ser antecedente del tipo de enseñanza superior en la rama correspondiente.

Los Centros de Estudios Científicos y Tecnológicos también podrán impartir cursos de especialización con carácter terminal, previa autorización de la Dirección de Estudios Profesionales.

Las escuelas profesionales del Instituto Politécnico Nacional se clasifican en cuatro áreas.

Área de *Ingeniería y Ciencias Exactas*

* **Escuela Superior de Ingeniería Mecánica y Eléctrica**. (E.S.I.M.E.)
* **Escuela Superior de Ingeniería y Arquitectura**. (E.S.I.A.)
* **Escuela Superior de Ingeniería Química e Industrias Extractivas**. (E.S.I.Q.I.E.)
* **Escuela Superior de Física y Matemáticas**. (ES.F.M.)
* **Escuela Superior de Ingeniería Textil**. (E.S.I.T.)

Área de *Ciencias Biomédicas*

* **Escuela Superior de Medicina**. (E.S.M.)
* **Escuela Nacional de Ciencias Biológicas**. (EN.C.B.)

⁂ **Escuela Nacional de Medicina Homeopática**. (E.N.M.H.)
⁂ **Escuela de Enfermería y Obstetricia**. (E.E.O.)

Área de Ciencias Sociales

⁂ **Escuela Superior de Comercio y Administración** (E.S.C.A.).
⁂ **Escuela Superior de Economía** (E.S.E.).
⁂ **Escuela Superior de Turismo** (EST).
⁂ En la **Escuela Superior de Economía** (ESE), se estableció en septiembre de 1972, el Sistema de Créditos.

En el año de 1974 se iniciaron los Cursos Abiertos

⁂ **Escuela Superior de Economía** (ESE). Enero de 1974
⁂ **Escuela Superior de Comercio y Administración** (ESCA). Septiembre de 1974
⁂ Centro de Estudios Científicos y Tecnológicos **"Luis Enrique Erro"** Noviembre de 1974
⁂ Centro de Estudios Científicos y Tecnológicos No. 4 **"Gral. Lázaro Cárdenas"**. Desde 1975

Unidades Interdisciplinarias

⁂ **U.P.I.I.C.S.A.** Unidad Profesional Interdisciplinaria de Ingeniería y Ciencias Sociales y Administrativas.
⁂ **C.I.C.S.** Centro Interdisciplinario de Ciencias de la Salud, que está destinado.

El impartir seis carreras a nivel licenciatura:

Medicina, Odontología, Optometría, Enfermería, Trabajo Social y Nutrición.

Además existen las maestrías en Ingeniería Industrial, en Estructuras, en Hidráulica, en Ingeniería Nuclear, en Ciencias Morfológicas y en Ciencias Administrativas, así como Doctorados en Ciencias Biológicas, Ciencias Administrativas y Ciencias Económicas.

En fecha se iniciaron las obras del Centro Interdisciplinario de Ciencias Marinas, en la Paz, Baja California.

La dirección de Graduados y de Investigación Científica y Tecnológica del instituto Politécnico Nacional, tiene a su cargo la coordinación y supervisión de las actividades académicas de

Maestría y Doctorado, así como la organización, desarrollo y coordinación de la investigación científica que se desarrolle en los centros, departamentos y planteles de Instituto Politécnico Nacional con base en el Reglamento que para tal efecto está en vigor.

El Instituto se ha venido desarrollando de acuerdo con un programa general que abarca diversos aspectos. Así en materia de programas y planes de estudio, se han realizado modificaciones sustanciales en los distintos ciclos de la enseñanza.

El instituto podrá impartir eventualmente o permanentemente cursos abiertos y educativos en todos los niveles y su organización, financiamiento y modalidad deberán ser autorizados por la Dirección General en coordinación con la Dirección de Servicios Escolares, Dirección de Estudios Profesionales y Dirección Administrativa en lo concerniente al presupuesto, y las escuelas implantarán dichos cursos abiertos y de educación extraescolar. Por lo que se refiere a los cursos de especialización estos serán promovidos por las escuelas.

Nuestro Instituto cuenta por mandato de Ley con un Consejo General Consultivo siendo el Organismo de más alto nivel dela Institución. El Consejo General Consultivo está integrado por:

I.   El Director General del Instituto quien lo preside.
II. El Secretario General del Instituto quien funge como Secretario.
III. Los titulares de las Direcciones previstas en el artículo siete de la respectiva Ley Orgánica.
IV. Los directores de las Escuelas.
V.   Dos representantes de los profesores de educación tipo superior, por cada una de las divisiones de la Dirección de Estudios Profesionales.
VI. Dos representantes de los profesores de educación tipo medio-superior, por cada una de las divisiones de la Dirección de Estudios Profesionales.
VII. Dos representantes de los alumnos de educación tipo medio-superior, por cada una de las divisiones de la Dirección de Estudios Profesionales.
VIII.Dos representantes de los profesores de educación tipo medio-superior, por cada una de las divisiones de la Dirección de Estudios Profesionales; y

IX. Un representante de los profesores y otro de los alumnos de la Dirección de Graduados y de Investigación Científica y Tecnológica.

Artículo 26 de la Ley Orgánica del IPN

El funcionamiento del Consejo General Consultivo, así como la organización y funcionamiento de los Consejos Técnicos Consultivos de las Escuelas, se rigen de acuerdo con lo dispuesto en el reglamento de la presente Ley.

La Reforma Educativa

Durante la gestión del entonces Presidente de la Republica, Lic. Luis Echeverría Álvarez, y estando al frente de los destinos de la Secretaria de Educación Pública **Víctor Bravo Ahuja**, distinguido egresado del I.P.N., se ha impreso un sustancial y profunda modificación de la enseñanza en todos los niveles y para todo el país, la que con el nombre de Reforma Educativa, ha marcado el paso más trascendental en el propósito de aprovechar al máximo posible el rico y generoso caudal que representa sus recursos humanos (hoy capital humanos), a través de ofrecerle las mejores oportunidades para que se preparen en la gama de disciplinas que son indispensables para el desarrollo de México, oportunidades de preparación éstas, que van desde la Segunda Enseñanza, hasta los más altos grados académicos. La existencia actual de 1,100 planteles de educación técnica en toda Republica que atiene a más de 800,000 educandos en enseñanza industrial, agrícola rural, pesquera, etc., equipados con los más recientes adelantos que la ciencia impone, la multiplicación de Institutos Tecnológicos Regionales, la preparación específica de maestros de enseñanza técnica y las cuantiosas inversiones que hace el Estado para mantener al día y en optima operación talleres y laboratorios de todos los planteles oficiales del país, son el mejor tributo que se puede ofrecer a quienes con su talento y patriotismo crearon el I.P.N., crisol de las más puras esencias las que han dado inspiración y vida merced al tesonero esfuerzo del Ing. Bravo Ahuja, generador de la Reforma Educativa de cuyos frutos, darán cuenta la venideras generaciones de mexicanos.

El Consejo del Sistema Nacional de Educación Técnica

El día 6 de Noviembre de 1975 el Presidente de la República Lic. Luis Echeverría Álvarez, firmó el Decreto para su publicación en el Diario Oficial del Proyecto de Ley previamente habían discutido y aprobado en las Cámaras de Diputados y de Senadores respectivamente, creando el Consejo del Sistema Nacional de Educación Técnica.

Este importante instrumento legal es la culminación de los propósitos y elevados afanes del Ing. Víctor Bravo Ahuja, que de manera tan singular y durante la vigencia del actual gobierno federal, ha luchado hasta conseguirlo para que la estructura de la Educación Técnica tan definitiva y promisoria para el desarrollo de México, sea la culminación del más generoso impulso que gobierno alguno le ha dado desde los años azarosos y difíciles en los que surgiera a la vida educacional el I.P.N., y el que marcó y sigue marcando su sello y personalidad en el desarrollo progresivo y ascendente de la Educación Técnica.

El Consejo del Sistema Nacional de Educación Técnica tiene como finalidad promover, impulsar y coordinar el desarrollo de la Educación Técnica y dela Investigación Científica y Tecnológica, acorde con los adelantos que le impone la impresionante dinámica del progreso y tanto su integración como las funciones a él encomienda afirman el papel que el ejecutivo ha considerado deberá jugar el I.P.N., como rector del pensamiento y desarrollo de la Educación Técnica, merced al prestigio que ha logrado en casi cuarenta años de servir con lealtad y patriotismo a México.

5. Breve reseña histórica del Ing. Juan de Dios Batiz Paredes

Hablar de hombres ilustres, es hablar de Juan de Dios Bátiz Paredes, su paso por la vida siempre se destacó por su dedicación y valor, y como resultado de ello fue posible la creación del Instituto Politécnico Nacional.

El Ing. Bátiz nació un día 2 de abril de 1890, en Sataya, Culiacán, Sin., hizo sus estudios primarlos en Culiacán; de ahí pasó al Colegio Civil de Rosales, de la misma ciudad, donde terminó la preparatoria, cursó posteriormente la carrera de Ingeniería, pero incidentes estudiantiles lo hacen trasladarse a la ciudad de México, donde prosigue sus estudios superiores en el H. Colegio Militar.

En 1916 fue secretario y profesor de la Universidad de Occidente (antiguo Colegio Rosales). Para 1920 que nombrado regidor de la Ciudad y en 1922, diputado al Congreso del Estado.

De 1922 a 1928 representa a su Estado como diputado al Congreso de la Unión, y en el último año, jefe del Departamento de Enseñanza Técnica de la Secretaría de Educación Pública, éste fue el primer paso en el papel que desempeñó en pro de la educación técnica.

De 1930 a 32 es nuevamente diputado al Congreso Federal; 1934 fue designado senador por el Estado de Sinaloa. Es en este momento en que el Presidente Lázaro Cárdenas, conociendo su vocación y amplia experiencia en materia educativa, le llamó a colaborar como Subsecretario de la S.E.P. Pero siendo él absolutamente sincero, declinó este honor y solicitó se le permitiera seguir laborando como Jefe de Enseñanza Técnica, esto con un solo fin: la creación del Instituto Politécnico Nacional.

En aquellos años, el Instituto empieza su camino por la senda educativa, todavía sin presupuesto determinado para sus propósitos, y es hasta un año más tarde que viendo la trascendencia que tendría el IPN, en aquella época con un número aproximado de 30 mil estudiantes que pasa a formar parte del Presupuesto de Egresos de la Nación.

Como reconocimiento a su labor el Senado de la República le impuso el 7 de octubre de 1977, la Medalla Belisario Domínguez, siendo ésta la mayor distinción que otorga la Nación a quien de alguna manera se ha destacado por sus servicios a la misma.

"Sólo vale la pena vivir si se vive o se muere por la patria..."
"Ing. Juan de Dios Batiz Paredes" (1890 – 1979)

6. Historia de los Servicios Educativos Integrados al Estado de México (SEIEM)

En México a partir de 1921 hasta nuestros días, se ha construido un sistema educativo, cultural articulado diferenciado orgánico, sujeto a normas, en el que participan cordialmente los Estados v la Federación.

Presento una breve reseña histórica de los SEIEM, así mismo justifico que no fue posible recabar toca la información solo lo más sobresaliente.

El 5 de abril de 1973, se expide el derecho presidencial que establece la puesta en marcha del programa de Descentralización de funciones.

En cumplimiento de dicho decreto se instalan 9 unidades regionales y 37 subunidades en las ciudades más importantes del país, cuyo objetivo fue dar mayor fluidez a los trámites administrativos.

En el año de 1978, con el objeto de acercar aún más ¡a toma de decisiones a los lugares en los que se proporciona e!

servicio educativo, se inicia e procese ce desconcentración con el establecimiento de 31 delegaciones generales con estructura y funciones definidas y que tendría a su cargo tanto la coordinación de la acción educativa en cada entidad, como dar solución a los problemas en el lugar en que se atiende la demanda de los servicios.

La Descentralización tiene como objeto principal dar cumplimiento a la política social del gobierno, al devolver a los Estados sus atribuciones, como integrantes del pacto federal, mediante la ampliación ce! acceso a toca la población a los servicios, el mejoramiento de la presentación de los mismos, la promoción de -desarrollo integral del individuo y la sociedad en su conjunto.

Posteriormente en el Diario Oficial de la Federación del 8 de agosto de 1983, se publica el Decreto por medio del cual el Ejecutivo Federal faculta a la Secretaría de Educación Pública para proponer a los Gobernadores de los Estados la Celebración de Acuerdos de coordinación en el marco de los Convenios Únicos de Desarrollo, a fin de establecer un Comité Consultivo para la Descentralización Educativa en cada entidad federativa.

Se establece también el cambio de denominación de las delegaciones generales por unidades de servicios educativos a descentralizar, se crea la Coordinación General para la Descentralización Educativa con dos direcciones generales y desaparece la Dirección General de Delegaciones

El 20 de marzo de 1984, se publicó en e Diario Oficial de la Federación, establece los lineamientos que orientan las acciones de Descentralización de los Servicios de Educación Básica y Normal; previendo la celebración de acuerdos de coordinación con los gobiernos estatales, así mismo las modalidades y mecanismo para la prestación de manera coordinada, de los servicios federales de educación básica y normal de los servicios educativos estatales, de tal suerte contempla la creación del Consejo Estatal de Educación Pública en cada Estado.

En el año de 1984 en el mes de junio, se inicia la firma de los Acuerdos de Coordinación para la Descentralización de la Educación Básica y Normal, culminando en el año de 1987 en e! mes de abril: quedando establecidos los 31 Servicios Coordinados de Educación Pública en los Estados.

El Gobierno Federal, los Gobiernos Estatales de la República y el Sindicato Nacional de Trabajadores de la Educación, suscribieron el Acuerdo Nacional para la Modernización de la Educación Básica. Este Acuerdo Nacional compromete recursos presupuéstales para ¡a Educación Pública y propone la reorganización del sistema educativo, la reformulación de los contenidos y materiales educativos y la revaloración de la función magisterial.

Por último el 3 de junio de 1992, como consecuencia del Acuerdo Nacional para ¡a Modernización de la Educación Básica, la LI Legislatura del estado de México decretó la ley que crea el Organismo Público Descentra izado de carácter estatal "Servicies Educativos Integrados al estado de México". SEIEM, que tiene como objeto hacerse cargo integralmente de los servicios de Educación Básica y Normal que le fueron transferidos por el gobierno federal".

Así mismo la Gaceta de Gobierno en el decreto número 103, establece por el poder Ejecutivo del Estado e Licenciado Ignacio Pichardo Pagaza, la ley que orea e organismo público descentralizado denominado SEIEM; en su artículo No. 1a que dice lo siguiente:

Se crea el organismo Público Descentralizado de carácter estatal, denominado Servicios Educativos Integrados al Estado de México con Personalidad Jurídica y patrimonio propios.

Los SEIEM regulan su organización y funcionamiento de acuerdo con la legislación vigente para el Sistema Educativo Nacional, la aplicable a los organismos auxiliares de la administración pública estatal, así corno, por la normatividad propia del organismo.

En el Estado de México la educación pública se ubica entre las prioridades de la agenda estatal; por ello, de acuerdo con la política del actual gobierno constitucional, planear con responsabilidad implica para los Servicios Educativos Integrados al Estado de México", definir con claridad los fines a los que se oriente la acción gubernamental y establecer los medios para alcanzarlos".

El cumplimiento a lo dispuesto por el artículo 305 del código Financiero del estado de México y Municipios y, de conformidad con el artículo 3° de la ley de Creación de los SEIEM, establece el "Programa de Desarrollo Institucional 2000 - 2005 de los SEIEM" (PRODI); En el marco de los lineamientos establecidos por el Plan de Desarrollo del Estado de México 1999 - 2005 y por las Bases para el Programa 2000 - 2006 del Sector Educativo emitidas por el Gobierno Federal, para dar viabilidad al desarrollo social.

BIBLIOGRAFIA

MANUFACTURA EN CONTROL E INFORMATICA

- González Núñez Juan, "El Control Numérico en las Máquinas Herramienta" Editorial, CECSA, México, 1990.
- Grasa Soler Pedro Luis "Tecnología y Programación de Máquinas Herramienta de Control Numérico", Editorial, U.A.M., 1° Edición, México, 1985.
- Jiménez Campos Salomón, "Sistemas Modernos de Manufactura", Apuntes de seminario de titulación, ITTLA, Marzo - Junio 2000.
- Jiménez Caro Silva Francisco, "Diseño y Fabricación de piezas fundidas", Editorial, U.A.M., 1° Edición, México, 1985.
- Manuales de Programación "HITACHI SEIKI", Japón, 1984
- Nadreau Robert, "El torno y la fresadora", Editorial, Gustavo Gili, 8° Edición, México, 1984.
- Rosales Fernández Víctor Manuel, "Diseño de una Grúa Viajera", Tesis, UNAM, México, 1989.
- Sánchez Ávila Gregorio, "Reporte Final de Prácticas Profesionales" realizadas en la empresa FIMSA del 20 de Enero al 27 de Marzo de 1992.
- SANDVIK Coromant "Herramientas para el Mecanizado del Metal", Suecia, 1990.
- TITEX PLUS "Herramientas para el Mecanizado del Metal", Alemania, 1995.
- Vargas Rodríguez Raúl, "Manual de Operación y Programación de Torno C.N.C. HITACHI SEIKI" Tesis, CONALEP, México, 1987.

PEDAGOGIA Y EDUCACIÓN

- Alcalá, Manuel. (2002). La construcción del lenguaje matemático, Grao, España, 1ª.

Álvarez-Gayou Jurgenson, José Luís (2007). Cómo hacer investigación cualitativa. *Fundamentos y metodología, Paidós, España, 1ª. reimp.*

Antonio Alonso, José. (2008). Metodología, Limusa, México, 1ª.

Arancibia C, Violeta. (2007). Psicología de la educación, Alfaomega, México, 2ª.

Bigge, Morris L. (2007). Teorías de aprendizaje para maestros, Trillas, México, 1ª. reimpresión.

Booth, Wayne C. & Colomb, Gregory G. & Williams, Joseph M. (2008). Cómo convertirse en un hábil investigador, Gedisa, España, 3ª. reimpresión.

Bórquez Bustos, Rodolfo. (2006). Pedagogía critica, Trillas, México, 1ª.

Bower, Gordon H. & Hilgard, Ernest R. (2006). Teorías de aprendizaje, Trillas, México, 1ª. reimpresión.

Briones Guillermo. (2008). Teorías de las ciencias sociales y de la educación. Epistemología. Trillas, México, Reimp.

Bruner, Jerome **(2006).** Actos Significativos. *Más allá de la revolución cognitiva,* Alianza Editorial, España, 8ª.

_____ (2007). Acción, Pensamiento y Lenguaje, Alianza Editorial, España, 7ª. Reimp.

_____ (2004). Desarrollo cognitivo y educación. *Selección de textos por Jesús Palacios,* Morata, España, 5ª.

_____ (1990). La elaboración del sentido, Paidós, España, 3ª.

_____ (2004). La importancia de la educación, Paidós, España, 2ª.

_____ (2004). Realidad mental y mundos posibles. *Los actos de la imaginación que dan sentido a la experiencia,* Gedisa, España.

Cabero Almenara J. & Romero Tena, R. (2007). Diseño y producción de TIC para la formación. *Nuevas tecnologías de la información y la comunicación,* Editorial UOC, España, 1ª.

Carretero, Mario. (2009). Constructivismo y Educación, Paidós, Argentina, 1ª. ampliada.

Castorina, José Antonio. (2008). Piaget-Vygotski: contribuciones para replantear el debate, Paidos educador, Argentina, 4ª. reimpresión.

Chadwick, Clifton B. (1998). Tecnología educacional para el docente, Piados Educador, España, 5ª.

Cohen, Dorothy H. (2007). Como aprenden los niños, FCE, México, 4ª. reimpresión.

Coll Salvador, Cesar. (2008) Aprendizaje Escolar y Construcción del Conocimiento, Paidos, México, 1ª.

_____ (2007). El constructivismo en el aula, Grao, México, 17ª.

_____ (2007). Psicología y curriculum, Paidós, México, 1ª. reimpresión

Comboni S. & Juárez Manuel J. (2007). Introducción a las técnicas de investigación, Trillas, México, 3ª.

Cruz Feliu, Jaume. (1998). Teorías de aprendizaje y tecnologías de la enseñanza, Trillas, México, 3ª. reimpresión.

Day, Christopher. (2006). Pasión por enseñar, Narcea, España, 2ª.

De Zubirian Samper, Julián. (2001). De la escuela nueva al constructivismo. *Un análisis crítico*. Aula abierta, Colombia 1ª.

Delgado Reynoso, Juan Manuel. (2009). La práctica de la investigación educativa. *La construcción del objeto de estudio*, Colpos & UPN, 2ª.

Escamilla de los Santos, José Guadalupe. (2005). Selección y uso de tecnología educativa, Trillas-ILCE, México, 6ª. reimpresión.

Espíndola Castro, José Luis. (2000). Reingeniería educativa. El pensamiento crítico: cómo fomentarlo en los alumnos, Pax, México, 1ª.

Eyssautier de la Mora, Maurice. (2002). Metodología de la investigación. *Desarrollo de la inteligencia*. Thomson Learning, México, 4ª.

Fierro, Cecilia. (2010). Transformando la práctica docente. *Una propuesta basada en la investigación-acción*, Paidós, 1ª. reimpresión.

Flavell, John H. (2007). La psicología evolutiva de Jean Piaget, Paidos, México, 1ª. reimpresión.

Freire, Paulo. (2007). La educación como práctica de la libertad, Siglo veintiuno, México, 53ª.

_____ (2006). La importancia de leer y el proceso de liberación, siglo veintiuno, México, 18ª.

_____ (2005). Pedagogía del oprimido, siglo XXI, México, 58ª.

Gagné, R.M. (1999). La planificación de la enseñanza. *Sus principios*, Trillas, México, 15ª.

García González, Enrique. (2008). Vygotsky. *La construcción histórica de la psique*, Trillas, México, 1ª. reimpresión.

García González, Enrique. (2007). Piaget. La formación de la inteligencia, Trillas, México, 1ª. reimpresión.

García Rolando (2000). El conocimiento en construcción de las formulaciones de Jean Piaget a la teoría de sistemas complejos, Gedisa, España, 1ª.

Gardner, H. (2007). Estructuras de la mente, *La teoría de las múltiples inteligencias*, F.C.E., México, 6ª.

_____ (2005). Inteligencias Múltiples. *La teoría en la práctica*, Paidos, España, 1ª.

Gaubeca Naylon, Luz María. (2008). Teoría del conocimiento. Tomas de Aquino y Jean Piaget. Publicaciones Cruz, México, 1ª.

Garza María, R, & Levanthal S. (2006). Aprender cómo aprender, Trillas-ILCE, México, 1ª. reimpresión.

Giménez, Joaquim. (2004). La actividad matemática en el aula, Grao, España, 1ª.

Giry, Marcel. (2006). Aprender a razonar. *Aprende a pensar*, siglo veintiuno, México, 4ª.

González Rey, Fernando L. (2007). Investigación cualitativa y subjetividad. Los procesos de construcción de la información, Mc Graw Hill, India 1ª.

Guevara Nieva, G. & de Leonardo P. (2007). Introducción a la teoría de la educación, Trillas, México, 3ª.

Gutiérrez Sáenz, Raúl. (2008). Introducción a la didáctica, Esfinge, México, 2ª. reimpresión.

Hernández Rojas, Gerardo. (2008). Paradigmas en psicología de la educación, Paidos, México, 19ª.

Horrocks, John E. (2008). Psicología de la adolescencia, Trillas México, 1ª. reimpresión.

Imbernón, F. (2008). La investigación educativa como herramienta de formación del profesorado, Grao, España, 4ª.

Kasuga de Y, L. Gutiérrez de Muñoz, C. & Muñoz Hinojosa J. D. (2004). Aprendizaje acelerado, Grupo Editorial Tomo, México, 5ª.

Kuhn, Thomas S. (2007). La estructura de las revoluciones científicas, FCE, México, 1ª. reimpresión.

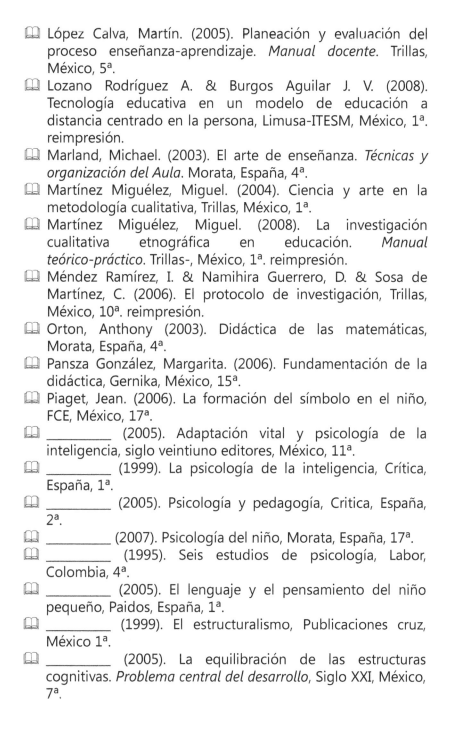 López Calva, Martín. (2005). Planeación y evaluación del proceso enseñanza-aprendizaje. *Manual docente.* Trillas, México, 5ª.

 Lozano Rodríguez A. & Burgos Aguilar J. V. (2008). Tecnología educativa en un modelo de educación a distancia centrado en la persona, Limusa-ITESM, México, 1ª. reimpresión.

 Marland, Michael. (2003). El arte de enseñanza. *Técnicas y organización del Aula.* Morata, España, 4ª.

 Martínez Miguélez, Miguel. (2004). Ciencia y arte en la metodología cualitativa, Trillas, México, 1ª.

 Martínez Miguélez, Miguel. (2008). La investigación cualitativa etnográfica en educación. *Manual teórico-práctico.* Trillas-, México, 1ª. reimpresión.

 Méndez Ramírez, I. & Namihira Guerrero, D. & Sosa de Martínez, C. (2006). El protocolo de investigación, Trillas, México, 10ª. reimpresión.

 Orton, Anthony (2003). Didáctica de las matemáticas, Morata, España, 4ª.

 Pansza González, Margarita. (2006). Fundamentación de la didáctica, Gernika, México, 15ª.

 Piaget, Jean. (2006). La formación del símbolo en el niño, FCE, México, 17ª.

 _____ (2005). Adaptación vital y psicología de la inteligencia, siglo veintiuno editores, México, 11ª.

 _____ (1999). La psicología de la inteligencia, Crítica, España, 1ª.

 _____ (2005). Psicología y pedagogía, Critica, España, 2ª.

 _____ (2007). Psicología del niño, Morata, España, 17ª.

 _____ (1995). Seis estudios de psicología, Labor, Colombia, 4ª.

 _____ (2005). El lenguaje y el pensamiento del niño pequeño, Paidos, España, 1ª.

 _____ (1999). El estructuralismo, Publicaciones cruz, México 1ª.

 _____ (2005). La equilibración de las estructuras cognitivas. *Problema central del desarrollo*, Siglo XXI, México, 7ª.

📖 Phillips, Estelle M. & Pugh, Derek S. (2003). Cómo obtener un doctorado. *Manual para estudiantes y tutores*, Gedisa, España, 1ª. reimpresión.

📖 Pimienta Prieto, Julio Herminio. (2007). Método Constructivista. *Guía para la planificación docente*, Pearson-Pretende Hall, México, 2ª.

📖 Ponce, Miriam (2008). Como enseñar mejor. Técnicas de asesoramiento para docentes. Paidos, México, 1ª. reimpresión.

📖 Popper, Karl R. (2007). Conocimiento objetivo. Un enfoque evolucionista, Tecnos, España, 5ª.

📖 R. Bartolomé, Antonio. (2003). Nuevas tecnologías en el aula, Grao, España, 4ª.

📖 Saint-Onge, Michel. (1997). Yo explico pero ello ¿aprenden?, Ediciones Mensajero, España, 3ª.

📖 Sierra Bravo, Restituto. (2007). Tesis doctorales y trabajos de investigación científica, Thomson, España, 5ª. reimpresión.

📖 Skemp Richard. (1999). Psicología del aprendizaje de las matemáticas, Morata, España, 2ª. reimpresión.

📖 Stenhouse, Lawrence. (2007). La investigación como base de la enseñanza, Morata, España, 6ª.

📖 Wilber, Ken. (2007). La visión integral. Introducción al revolucionario enfoque sobre la vida, dios y el universo. Kairos, España, 1ª.

📖 Woolfolk, Anita. (2006). Psicología educativa. Pearson-Addison Wesley, México, 9ª.

📖 Zarzar Charur, Carlos A. (2008). Habilidades básicas para la docencia, Editorial Patria, México, 1ª. reimpresión.

GEOMETRÍA DESCRIPTIVA

📖 ADROER, I.Mª. (1953). *Proyecciones cónicas.* Madrid. Dossat.

📖 ALSINA CATALÁ, C. (1989). *Invitación a la didáctica de la geometría.* Madrid. Síntesis.

📖 ALSINA, C. BURGUÉS, C. FORTUNY, J.Mª (1995). *Invitación a la didáctica de la geometría.* Madrid: Síntesis.

📖 ALSINA, C. TRILLAS, E. (1986). *Lecciones de Algebra y Geometría para estudiantes de Arquitectura.* Barcelona.

📖 ALVAREZ PAÑEDA, Jose Luis. (1986). *Dibujo Técnico 2. Trazados de dibujo geométrico.* Gijón.

📖 ANIDO ADEGA, Raimundo Manuel. (1984). *Atlas de iniciación a la geometría descriptiva. Sistema diédrico.* Ferrol.

📖 ARGÜELLES, Agustín. (1986). *Cuaderno de ejercicios de geometría descriptiva.* Sevilla.

📖 AROLA y SALA, F. (1913). *Perspectiva práctica y elementos de composición.* Ediciones Científicas y Artísticas. Sucesores de J.M. Fabré.

📖 AUBERT, Jean. (1976). *Las razones de la arquitectura.* Madrid. Miguel Castellote.

📖 AZINIÁN, H. (1997). *Resolución de problemas matemáticos. Visualización y manipulación por computadora.* Buenos Aires: Novedades educativas.

📖 BACHMANN, A. (1973). *Dibujo Técnico.* Barcelona. Labor

📖 BARNECHEA SALÓ, E. (1992). *Dibujo Técnico.* MEC. Dirección General de Renovación Pedagógica.

📖 BARTOLOMÉ RAMIREZ, Ricardo. (1984). *Problemas resueltos de geometría descriptiva.* Logroño. Universidad de la Rioja.

📖 BERMEJO HERRERO, Miguel. (1973). *Elementos de geometría descriptiva.* Madrid. Tebar Flores.

📖 BERMEJO HERRERO, Miguel. (1996). *Geometría descriptiva aplicada.* Madrid. Tebar Flores.

📖 BONET MINGUET, E. (1944). *Perspectiva Axonométrica y Caballera.* Valencia. Unión Gráfica.

📖 BONET MINGUET, E. (1978). *Perspectiva cónica.* Valencia. P. Quiles.

📖 CAMPOS ASENJO, J. (1976). *Dibujo técnico. Dibujo geométrico.* Madrid. Campos.

📖 CAMPOS ASENJO, José. (1973). *Elementos de geometría descriptiva.* Madrid.

📖 CHEVALIER, A. (1979). *Dibujo industrial.* Barcelona. Montaner y Simón

📖 S.A. -CLAUDI, C. (1914). *Manual de perspectiva.* Barcelona. Gustavo Gili.

📖 COMMELERAN, A. (1958). *Tratado práctico de Dibujo artístico e industrial.* Albatros. Buenos Aires.

📖 CORBELLA BARRIOS. (1993). *Técnicas de representación geométrica.* Madrid. Gráficas Don Bosco.

📖 CORRALES, C. (2000). *Contando el espacio.* Madrid.

📖 COXETER, H.S.M. Escher: (1986). *Art and science.* New Jork.

📖 CRUSAT PRATS, Leopoldo; DAURELLA RULL, Manuel. (1950). *Geometría descriptiva aplicada al dibujo.* Barcelona.

📖 DIAZ MARTÍNEZ, Emilio. (1980). *Problemas de geometría descriptiva*. Sevilla,.

📖 DIEGUEZ GONZÁLEZ, A. (1974). *Dibujo geométrico y normalización*. Mc Graw Hill. México.

📖 FERNÁNDEZ, Francisco. (1975). *Problemas de geometría descriptiva*. Madrid.

📖 FERRER GARCÉS, Rafael. (1985). *Geometría descriptiva*. Madrid.

📖 FERRER GARCÉS, Rafael. (1988). *Geometría descriptiva. Perspectiva Axonométrica*. Madrid. -FRENCH, T. (1981). *Dibujo Técnico. México. Gustavo Gili*. -FUENTES ALONSO, J. (1975). *Solución lógica a la perspectiva natural*. Nacional. Madrid. 1975. -FUENTES FERRERA, Demetrio. (1989). *Prácticas de geometría descriptiva. Perspectivas. Sistema diédrico*. Almadén. -GARCERÁN PIQUERAS, R. (1988). *Espacio representado*. Madrid.

📖 U.C.M. -GARCÍA SÁNCHEZ, F. J. (1977). *Geometría descriptiva*. Madrid.

📖 GARMENDIA GARCÍA, Justo. (1969). *Problemas de geometría descriptiva*. Madrid.

📖 GIMÉNEZ MORELL, Roberto; VIDAL ALAMAR, M. Dolores. (1969). *Temario de geometría descriptiva*. Madrid.

📖 GIMÉNEZ, I. (1967). *Estudio de los sistemas de representación*. Madrid. Prensa española.

📖 GÓMEZ CANO, Constantino. (1985). *Prácticas y didácticas de geometría descriptiva*. Abaran.

📖 GÓMEZ MOLINA, J.J. (1995). *Las lecciones del dibujo*. Madrid. Cátedra.

📖 GOMIS MARTÍ, José Mª. (1993). *Ejercicios de Dibujo Técnico. Curvas y superficies. Valencia*. Universidad Politécnica.

📖 GOMIS MARTÍ, José Mª; MIRA LLOSA, José Ramón. (1989). *Problemas de geometría descriptiva resueltos y comentados en los sistemas axonométrico, diédrico y acotado*. Valencia.

📖 GONZÁLEZ MONSALVE, Mario. (1990). *Geometría descriptiva*. Sevilla.

📖 GRANT, Hiram E. (1969). *Geometría descriptiva práctica*. Madrid.

📖 GUILLEN, G. (1990). *Poliedros*. Madrid. -GULL, E. (1948). *Perspectiva*. Barcelona. Reverté.

📖 GUTIERREZ VÁZQUEZ, A. y otros. (1986). *Dibujo Técnico*. Madrid. Anaya. -HAWK, M. C. (1970). *Teoría y problemas de*

Geometría Descriptiva. México. Mc Graw Hill. -HOHENBERG, F. (1965). *Geometría constructiva aplicada a la técnica*. Barcelona. Labor. -IZQUIERDO ASENSI, F. (1987). *Ejercicios de geometría descriptiva*. Madrid. Dossat. -IZQUIERDO ASENSI, F. (1987). *Geometría descriptiva superior y aplicada*. Madrid. Dossat. IZQUIERDO ASENSI, F. (1987). *Geometría descriptiva*. Madrid. Dossat.

LASALA MILLARUELO, Jesús de. (1960). *Curso de geometría descriptiva*. Editorial Saeta. Madrid.

PALANCAR PENELLA, Manuel. (1985). *Geometría descriptiva*. Madrid.

PANOFSKY, E. (1973). *La perspectiva como forma simbólica*. Barcelona. Tusquets.

PASCUAL ALCARAZ, Juan José. (1983). *Ejercicios y problemas resueltos de geometría descriptiva*. Madrid.

PIRENNE. (1974). *Óptica, perspectiva, visión en la pintura, pintura y fotografía*. Buenos Aires. Víctor Lerú.

PUIG ADAM, P. (1958). *Curso de geometría métrica. Tomo I y II*. Madrid. Nuevas Gráficas.

QUINCE SALAS, Ricardo. (1982). *Geometría descriptiva. Sistema diédrico*. Santander. -RANELLETTI, C. (1963). *Elementos de geometría descriptiva*. Barcelona. -RAYA, B. (1980). *Perspectiva*. México D.F. Gustavo Gili.

REINER THOMAE. (1981). *Perspectiva y axonometría*. México. Ediciones Gustavo Gili.

RODRIGUEZ ABAJO, F. Javier. (1970). *Tratado de perspectiva*. Donostiarra. San Sebastián.

RODRIGUEZ ABAJO, F. Javier. (1986). *Problemas de geometría descriptiva*. Ed. Donostiarra. Alcoy.

RODRIGUEZ ABAJO, F. Javier. (1987). *Geometría descriptiva. Sistema axonométrico*. Ed. Donostiarra. Alcoy.

RODRIGUEZ ABAJO, F. Javier. (1990). *Curso de dibujo geométrico y de croquización*. Ed. Donostiarra. Alcoy.

ROWE Y MC FARLAND. (1967). *Geometría Descriptiva*. CECSA. México.

SAINZ, J. (1990). *El dibujo de arquitectura. Teoría e historia de un lenguaje gráfico*. Madrid. Nerea.

Sánchez Ávila Gregorio (2013) Uso dela Tecnología en el aula, Palibrio, EE. UU.

📖 _____(2001) Manufactura de un conjunto de caja reductora de velocidad, Tesis de licenciatura en Ingenieria Industrial Mecanica, ITTLA; México

📖 SANCHEZ GALLEGO, Juan Antonio. (1993). _Geometría descriptiva. Sistemas de proyección cilíndrica._ Ed. U.P.C. Barcelona.

📖 SCHAARWÄCHTER, G. (1978). _Perspectiva para arquitectos._ México. Ediciones Gustavo Gili.

📖 SCHIMIDT, R. (1990). _Geometría descriptiva con figuras estereoscópicas._ Barcelona.

📖 SCHNEIDER, W. (1966). _Manual práctico de Dibujo Técnico._ Barcelona. Reverté.

📖 TAIBO FERNÁNDEZ, Ángel. (1983). _Geometría descriptiva y sus aplicaciones._ Madrid. Tébar Flores.

📖 THOMAE, R. (1976). _Perspectiva y Axonometría._ México. Gustavo Gili.

📖 THOMAE, R. (1980). _El encuadre de la perspectiva._ Barcelona. Gustavo Gili.

📖 UNIVERSIDAD POLITÉCNICA DE CATALUÑA. (1990). Depto. de Expresión Gráfica. _Curso de geometría descriptiva._ Barcelona.

📖 UNIVERSIDAD POLITÉCNICA DE MADRID. E. T. S. Arquitectura. (1989). _Curso de geometría descriptiva._

📖 VERO, R. (1981). _El modo de entender la perspectiva._ México. Gustavo Gili.

📖 VILLANUEVA BARTRINA, Lluís. (1993). _Perspectiva lineal, su relación con la fotografía._ Universidad Politécnica de Cataluña. Barcelona. –

📖 VILLAR DEL FRESNO, R. OTERO GONZÁLEZ, C. (1987). _Cincuenta problemas resueltos de geometría descriptiva. Sistema diédrico._ Santander.

📖 VVAA. (1990). _Homenaje a M.C. Escher._ Madrid. U.C.M.

📖 WRIGHT, L. (1985). _Tratado de perspectiva._ Barcelona. Stylos.

DISEÑO

📖 BRAHAM, B. (1991). _Manual del diseñador gráfico._ Madrid. Celeste. -CIRLOT, J. E. _Diccionario de símbolos._ Barcelona. Labor.

📖 KRAMPEN, A. *Sistemas de signos en la comunicación visual.* Barcelona. Gustavo Gili. LAING, J. *Haga Ud. mismo su diseño gráfico.* Madrid. Blume.

📖 MAGNUS, G.H. (1987*). Manual para dibujantes e ilustradores.* Barcelona. Gustavo Gili.

📖 MAIER. *Curso básico de diseño. Escuela de artes aplicadas de Basilea.* Barcelona. Gustavo Gili.

📖 MOLES, A. (1999). *Publicidad y diseño.* Buenos Aires: Infinito.

www.ingramcontent.com/pod-product-compliance
Lightning Source LLC
Chambersburg PA
CBHW051220050326
40689CB00007B/739